中国蒙古族系列丛书之六

蒙古历史一百名人

孛儿只斤·苏和
孛儿只斤·苏日娜
包·巴雅尔
牧人 著

内蒙古人民出版社

图书在版编目（CIP）数据

蒙古历史一百名人／孛儿只斤·苏和等著. —呼和浩特：内蒙古人民出版社，2016.12

（中国蒙古族系列丛书）

ISBN 978-7-204-14505-8

Ⅰ. ①蒙… Ⅱ.①孛… Ⅲ. ①蒙古族－名人—生平事迹—中国 Ⅳ. ①K828.712

中国版本图书馆CIP数据核字（2017）第003803号

蒙古历史一百名人

作　　者	孛儿只斤·苏和　孛儿只斤·苏日娜　包·巴雅尔　牧人
责任编辑	王世喜
责任校对	李向东
装帧设计	刘那日苏
责任印刷	王丽燕
出版发行	内蒙古人民出版社
地　　址	呼和浩特市新城区中山东路8号波士名人国际B座5层
印　　刷	内蒙古爱信达教育印务有限责任公司
开　　本	720×1000　1/16
印　　张	35
字　　数	240千
版　　次	2017年1月第一版
印　　次	2017年1月第1次印刷
印　　数	1—4000册
书　　号	ISBN978-7-204-14505-8
定　　价	88.00元

如出现印装质量问题，请与我社联系。

联系电话：（0471）3946230　3946120

网址：http://www.impph.com

《中国蒙古族系列丛书》编委会

赵如意 摄

前　言

蒙古族曾经是一个有过辉煌历史的民族。在蒙古圣主成吉思汗的统帅下，建立了横跨欧亚大陆的蒙古大帝国，使蒙古民族的历史载入人类历史史册。在中国，由于蒙古民族建立了中国历史上空前统一的大元王朝，结束了中国自唐朝以来364年的分裂局面，也使蒙古族成为中华民族中的佼佼者和举足轻重的一员。从成吉思汗的蒙古帝国时期到近代长达七百多年的漫长岁月里，蒙古民族叱咤风云、前仆后继，为中华民族做出了突出的贡献，这体现在中国的国家版图、政治体系、哲学、宗教、科技、战争、商业、文化等诸方面。

蒙古民族在历史的进程中走过了一条独特的道路。蒙元帝国时期是她最辉煌灿烂的时期。

到了明朝，蒙古族退居漠北，史称“北元”。初期大汗的统治衰落，使蒙古族内部进入纷争之中，并形成各部落割据状态。达延汗再度统一蒙古，成为“蒙古中兴英主”，他把蒙古各部分封给诸子，形成了成吉思汗黄金家族一统天下的统治局面。但是随着时间的延续、黄金家族亲缘关系的逐渐远离、游牧地域的扩展和游离，使蒙古各部落的关系渐行渐远，形成了事实上的部落割据状态。但不管怎么样，蒙古北元政权对漠北的统治一直维持到1636年清王朝建立时为止。这期间形成了蒙古左右翼六万户、科尔沁及阿鲁蒙古、兀良哈三卫、四卫拉特等蒙古诸部，以及滞留在中国内地隐居下来的蒙古族。蒙古族近现代各部落和群体就在这个时期基本形成了雏形。

在这以后，蒙古民族对中国的影响不再是以整体民族出现，而是体现在蒙古各部落之中。这是由于达延汗以后的北元蒙古大汗对蒙古族整体的统治权随着各部落的崛起和割据而逐渐趋于弱化。一些崛起的部落纷纷进入了各自的历史角色，这些蒙古部落的政治和军事活动的结果，从不同的程度和角度上对中国的政治历史产生了重大影响。这个时期的蒙古族历史更突出了部落的独立性。

我们举例来说明这种影响。在明朝，其实际疆域不含明长城以北、以西的蒙古高原和西域（现新疆）地区，对青藏地区也影响甚微。而蒙古族各部落正是这一地区的实际统治者和控制者，蒙古族作为中国元朝的统治民族和曾经担任过中国皇帝的民族，他们对这一地区的控制实际上起到了防止这一部分国土从中国分裂出去的危险。察哈尔部是北元大汗的直属部落，达延汗的蒙古中兴使蒙古族对这一地区的控制得到了加强。土默特部的阿勒坦汗缓和了明蒙矛盾，并引进了农业、手工业经济，使蒙古地区与明王朝和睦相处了几十年。到了清朝，科尔沁及其漠南蒙古诸部作为清朝统治者的同盟军，为清朝巩固北部边疆和开疆扩土做出了重大贡献。西部卫拉特蒙古所起的作用更不容忽视。准噶尔部在西域建立了疆域广大的准噶尔汗国，和硕特部在青藏高原建立了和硕特汗国，他们归附了清朝，使这一地区继元朝以后重新纳入了中国的版图。土尔扈特部在欧洲伏尔加河建立土尔扈特汗国，后因不堪忍受沙俄的统治毅然东归故土，这一举动起到了巩固国家和增强民族凝聚力的作用。

再比如，蒙古族接受藏传佛教以后，利用其威势巩固了藏传佛教——黄教在青藏高原的统治地位。1578年，土默特部首领阿拉坦汗赠封青海藏传佛教格鲁派领袖索南嘉措为“达赖喇嘛”称号。1645年，和硕特部首领固实汗加封西藏扎什伦布寺寺主罗桑却吉坚赞为“班禅博克多”的称号。从此确立了藏传佛教“达赖”、“班禅”佛教体制。事隔多年以后的1653年（清顺治十年），这一封号才得到了清朝政府的承认。

现在中国蒙古族聚居地区的很多地名都来源于蒙古族的部落名称。但是由于历史的变迁，很多人不十分清楚这些地名的历史沿革，这些地名本身就隐含着一部蒙古部落的历史。蒙古族的民俗文化博大精深，世人皆知，她除了继承蒙古族的主体文化以外，各部落还独具特色。这是由于蒙古族各部落的历史、居住地域广阔，以及与周边不同民族接触和影响所造成的，因此蒙古各部落的民俗文化也各具特点。

综上所述，这些蒙古族鲜为人知、尘封多年的历史文化，在不同的蒙古族部落里也不尽相同。要真正了解蒙古族的历史文化，必须从蒙古族各部落和群体的角度来加以研究，才能清晰地勾画出来龙去脉而展现其历史的本来面目。

孛儿只斤·苏和先生经过多年对蒙古族历史文化的倾心研究，把他的研究成果以《中国蒙古族系列丛书》的形式展现在读者面前。该书系统介绍了中国境内蒙古部落和群体。相信这部系列丛书与读者见面以后，能够起到在广大读者中普及蒙古民族历史文化的作用，为落实中央关于推动社会主义文化大发展、大繁荣，以及为我们内蒙古自治区文化大区建设做出贡献。

内蒙古民族事务委员会主任

于二〇一一年十月

目　录

赵如意 摄

赵如意 摄

苏和 摄

赵如意 摄

成吉思汗（1162～1227）

1. 孛儿帖赤那

孛儿帖赤那（生卒年月不详）

孛儿帖赤那是成吉思汗二十二世祖先，他的准确生卒年月不详，根据《蒙古秘史》和有关资料推测，大约生活在8世纪中叶的唐朝天宝年间，与唐玄宗李隆基是同一个时代的人物。孛儿帖赤那多妻多子女，他的结发妻子为豁埃马阑勒，他们所生的儿子叫巴塔赤罕，后来继承了孛儿帖赤那蒙古部首领之位。蒙古部落在孛儿帖赤那的带领之下，走出深山老林，来到不儿罕山脚下的蒙古大草原。

孛儿帖赤那与妻子豁埃马阑勒的名字是古蒙古语，翻译成汉语是“苍狼”与“白鹿”的意思。他们之所以采用“苍狼”与“白鹿”来命名，揭示了他们那个时代，蒙古族的先民是森林狩猎部落。他们崇拜“苍狼”，并以苍狼为部落图腾，这在北亚各民族中是司空见惯的事情。据各种史料记载，匈奴、东胡、乌桓、鲜卑、柔然、突厥、回鹘、契丹、室韦、鞑靼等北方游牧民族很多都以狼作为崇拜的图腾。“白鹿”也反映了蒙古族先民在狩猎时代对母系鹿祖图腾观念的崇拜和继承。苍狼具有坚忍不拔的意志，敢于拼搏的精神和冲击一切的勇气，它象征着阳刚、崇高和奋进。白鹿具有优美的仪态、温柔的性格和细腻的感情，它象征着宽容、和谐和团结。它们二者相辅相成，完全体现了

蒙古民族的诞生地——大兴安岭与额尔古纳河

蒙古民族先民具备的勇敢顽强精神与和谐团结的凝聚力，这是他们能够在那个群雄逐鹿的乱世之中由弱变强，逐渐成为统治亚洲威震世界的强悍民族之原始精神力量的体现。

孛儿帖赤那是当时号称“蒙古”部落的首领。早在公元4世纪中叶，居住于兴安岭以西（今额尔古纳河与大兴安岭东西一带）的鲜卑人的一支则称“室韦”。蒙古，是室韦人的一支，始见于《旧唐书》，称作“蒙兀室韦”，它是成吉思汗家族所属蒙古部的直系祖先。在历代汉籍中对“蒙古”一词有种种不同译写，如，“萌古”“朦骨”“萌骨”等等。至于写作“蒙古”，最早见于《三朝北盟汇编》所引《炀王江上录》。他们居住在大兴安岭北麓的额尔古纳河流域的高山密林中，以狩猎为生。到了公元8世纪中叶，孛儿帖赤那统领了蒙古部落。在他的领导下，部落逐渐强盛。山林狩猎这种生产、生活方式已经远远满足不了他们人口逐渐增长，对生活物资的需求，迫切希望追求新的生产、生活方式来改善蒙古部落的现状。

孛儿帖赤那召集部落长老们召开氏族会议，商议解决人口增长带来的贫困和物资需求问题。会议上大家一致决定不能困守在这深山密林中，必须开辟一片新的沃土来供部民休养生息。于是孛儿帖赤那毅然带领蒙古部落扶老携幼，走出了额尔古纳河流域的高山密林。首先渡过了腾吉思海子，即今天内蒙古的呼伦湖，逐步到达斡难河（今鄂嫩河）源头、不儿罕山之下。他们发现这座山比原来的山还高大，自以为是世界上最高的山、至高无上的山，因此起名为“罕山”，这就是今天蒙古国境内的肯特山。肯特山地区不仅是斡难河的发源地，而且是怯绿连河（今克鲁伦河）、土兀剌河（今土拉河）的发源地，因此蒙古人称之为“三河源”。这里水草丰美、土地肥沃，为蒙古民族的发展提供了有利条件。可以说，这一地区正是西迁后的蒙古族的发祥地。

对于这一段历史，在蒙古族民间留下了一段千古绝唱，即“化铁熔山”的故事。相传，蒙古部落的祖先与突厥部落发生了战争。由于蒙古部落寡不敌众，突厥人战胜了蒙古人，对他们进行了大屠杀，使他们只剩下两男两女。这两家人害怕遭到杀戮，逃到了一处人迹罕至的地方，那里四周群山环绕、森林密布，除了通过一条羊肠小道，历尽艰难险阻可到达之外，没有任何其他路径通达山外。这个群山环绕的山林，有丰富的獐狍野鹿等各种猎物，自然环境十分优美，堪称世外桃源，但是这里冬季天寒

“化铁熔山”（《蒙古历史油画长卷》王延青等创作）

地冻大雪封山。这个地方名叫额儿古涅—昆。“昆”字意为“山坡”，而“额儿古涅”意为“险峻”，这个地方意即“峻岭”。这两家人的丈夫名字分别叫“捏古思”和“乞颜”。他们两家人的后裔长时期在“额儿古涅—昆”这个地方生息繁衍。经过数代以后逐渐人丁兴旺，形成了蒙古这个部落。这个时候“额儿古涅—昆”地方已经显得日益狭窄，不能满足人们生活上的需要，他们就互相商量，有什么好办法可使他们走出这个严寒的峡谷和狭窄的山道呢？于是，他们找到了一处从前经常在那里熔铁的铁矿产地。他们全体聚集在一起，在森林中整堆整堆地准备了许多木柴和煤，宰杀了七十头牛马，从它们身上剥下整张的皮张，用这些皮革做成了风箱。然后在那山坡脚下堆起木柴和煤，安置就绪后点燃大火，然后使用这七十个风箱一齐煽起木柴和煤下面的火焰，大火弥漫山崖烧红了岩石，直到山壁熔化。结果，从那里获得了大量的铁，打造成刀枪和生产、生活用具；与此同时，大火熔化了山崖，通往山外的道路也被开辟出来了。蒙古部落举部一起迁徙出“额儿古涅-昆”，从那个峻岭走向蔚蓝的蒙古大草原。这段在蒙古族内部口传千年的历史故事，正是孛儿帖赤那时代蒙古人经历的写照。

2. 阿兰豁阿

阿兰豁阿（生卒年月不详）

阿兰豁阿是成吉思汗十一世祖母。具体生卒年月不详，大约生活在10世纪初叶（契丹建国初期）。阿兰豁阿天生丽质、聪慧能干，是成吉思汗祖先中比较出名的女性人物。她出身于勒拿河上游的秃麻惕部，很多学者认为秃麻惕部就是土默特部的古代名称。

阿兰豁阿的父亲豁里剌尔原是秃麻惕部的“官人”（部落首领），因为与其他麻惕部的首领在狩猎问题上意见不合，遭到禁猎惩罚。听闻不儿罕山一带猎物丰富，遂携其全家移居到不儿罕山（今蒙古国肯特山一带）。来到不儿罕山以后，豁里剌尔把自己的爱女阿兰豁阿嫁给了成吉思汗十一世祖朵奔蔑儿干为妻。

阿兰豁阿与朵奔蔑儿干生育了两个儿子。长子叫不古讷台、次子叫别勒古讷台。但是阿兰豁阿的丈夫朵奔蔑儿干英年早亡，她不得已寡居。在这之后，阿兰豁阿又生育了三个儿子，三子叫不忽合塔吉、四子叫不合秃撒勒吉、幼子叫孛端察儿。前四个儿子眼睛都是栗黄色，唯独孛端察儿的眼睛是灰色，在婴儿时期就举止不

不儿罕山（现蒙古国肯特山）

凡，很受阿兰豁阿的钟爱。她的五个儿子的后代繁衍成蒙古民族五个姓氏，其中孛端察儿就是传说中的成吉思汗十世祖，其姓氏为孛儿只斤氏。阿兰豁阿这段生活经历引来了“感光而生、折箭训子”这一段流传千古的蒙古族民间传说故事。

折箭训子（成邦创作）

这段故事讲述的是阿兰豁阿成为成吉思汗第十一代祖先朵奔蔑儿干的妻子以后，朵奔蔑儿干英年早逝，留下不古讷台、别勒古讷台两个儿子。然而后来寡居的阿兰豁阿又连续生养了三个儿子：不忽合塔吉、不合秃撒勒吉、孛端察儿。于是，在两位长子懂事之后，对三个弟弟的身世产生了疑心，背地里议论母亲，怀疑三个弟弟是母亲和男仆生养的儿子。阿兰豁阿发觉之后，首先考虑的并不是母亲的尊严，而是两位长子的怀疑必然殃及三个弟弟的健康成长，最后唯恐酿成骨肉相残的悲剧。于是她召集五个儿子，讲述了三个弟弟的来历，并教育儿子们互相团结，才能成就大事的道理。

这在《蒙古秘史》中有翔实的记载：阿兰豁阿辛苦地抚养着五个儿子。在孛端察儿10岁的时候，那年春天的一个晚上，阿兰豁阿在锅里煮着鲜嫩的羊肉，把五个儿子召集到一

起，叫他们围绕自己坐成一圈，让五兄弟吃着喷香的手把羊肉，紧接着讲起了三个弟弟的身世。母亲说：不古讷台、别勒古讷台，你们两人怀疑这三个弟弟是怎么生的，是谁的孩子，你们的怀疑是有道理的。然而你们不知道事情的真相，那我就讲给你们听吧。当初我每次怀孕前的夜晚，都有一束日月的光芒从毡房的天窗处照耀进来，如同有个黄白色的人在抚摸着我洁白的腰和肚皮，那光芒透入我的肚皮深入我的身心，致使我怀孕，随后那束日月的光芒就从天窗一闪而出，于是我就孕育出了你们的弟弟。你们的弟弟是长生天赐予我们家的孩子，这样看起来三个弟弟将是“天子”吧！他们怎么可以和凡人相比呢？将来他们的后人做了普天下的帝王，人们才能够懂得这个道理。讲完这段故事之后，母亲随即从箭囊中拿出五支箭分给五兄弟，让他们分别折断手中的箭，五兄弟个个都毫不费力地折断了各自手中的箭。这时母亲又从箭囊中拿出五支箭捆绑在一起，分别让五兄弟逐个用劲折，他们任何一人都没有能够折断捆绑在一起的箭束。阿兰豁阿就用折一支箭和同时折五支箭做比喻，教育五个儿子要同心同德，团结一致，才能做出大事情，久后才能做帝王的远大理想。

阿兰豁阿感光生子的故事，说明了蒙古人对天的一种敬仰，并且反映出蒙古人认为自己祖先是出自天赐的一种观念。由于阿兰豁阿的三个儿子是传说中感光而生的，他们被后来人称为是从阿兰豁阿洁白的腰里出生的，是血统纯洁的“天子”。所以他们的后裔被称为“尼伦蒙古”，被称为出身纯洁高贵的蒙古人。尼伦蒙古中，以孛端察儿为始祖的孛儿只斤氏最为著名。一些不属于阿兰豁阿夫人后裔的蒙古人，被称作“迭儿列斤”，其意为一般出身的蒙古人。自阿兰豁阿以后，蒙古人逐渐形成了尼伦蒙古和迭儿列斤蒙古两大部落集团。

3. 海都

海都（生卒年月不详）

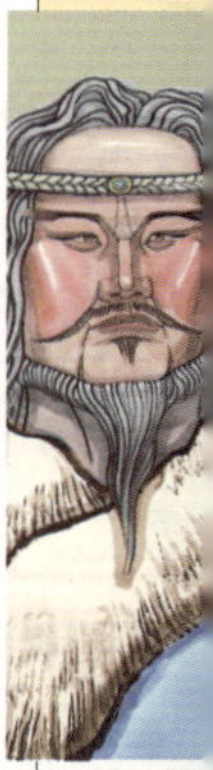

海都，生卒年月不详，孛儿只斤氏，为成吉思汗六世祖，大约生活在11世纪上半叶。在蒙古历史上，海都是颇具影响的人物。当年在海都的领导下，蒙古孛儿只斤部势力逐渐强盛，打败了宿敌札剌亦儿部，附近各部相继归附，臣民人数日渐增加，形成了最初蒙古国的雏形，海都最早有了“汗”的尊号。

海都幼年生活在部落争斗、外敌入侵的乱世中。海都的祖父蔑年土敦去世很早，留下妻子那莫伦，他们居住在忽黑亦·昔牙黑的地方。那莫伦性格刚毅，被部民推举为部族首领。在她的带领下，当时蒙古部落经济有了很大发展，牛羊成群，逐渐富裕起来，部落拥有了巨额财富。就在这时，强大的大辽契丹军侵入蒙古草原，他们首先进攻住在怯绿连河（克鲁伦河）流域的札剌亦儿部。札剌亦儿人据守怯绿连河北岸，契丹军乘木筏渡河，大破札剌亦儿部，札剌亦儿人的部队全军覆没。他们战败后，余部逃到那莫伦管辖地区，这支溃散的部族因饥饿而掘草根为食，造成大片牧场被毁。札剌亦儿人的侵入威胁到那莫伦属部的安危。那莫伦率众展开了驱逐

海都最早拥有了蒙古“汗”的尊号

在海都母亲那莫伦的带领下，蒙古部落有了很大发展

札剌亦儿人的战斗。在作战中，那莫伦和她的几个儿子都英勇战死。唯独留下长孙海都（《史集》记载为幼子），海都当时被叔父们藏在盛酸马奶的瓮下，才得以幸免。当时海都还有一个堂叔名叫纳臣把秃儿，他由于远在几百里开外的巴儿忽惕部（巴尔虎部）居住而幸免于难。几年前，纳臣把秃儿娶了巴儿忽惕部妇人为妻，并在那里成家立业。当他听到家人被害后，立即奔回家乡。他找到了侄儿海都，并把海都带到了巴儿忽真隘（今贝加尔湖东南巴尔古精河谷）的巴儿忽惕部营地。

战争、苦难和复杂的外部环境磨炼了海都的意志，他在堂叔纳臣把秃儿的呵护下茁壮成长，青年的海都逐渐成了英勇彪悍远近闻名的勇士，他为人真诚热情颇具人缘，逐渐博得了巴儿忽惕部民众的好感，大家一致推举海都为首领。海都成为巴儿忽惕部的首领以后，又励志图强，开始收拢当年被札剌亦儿人打散的蒙古孛儿只斤部自己的属民，迅速恢复了蒙古部落的阵容，其他同宗的“尼伦蒙古”和“迭儿列斤蒙古”部众也逐渐前来归附他。在这之后，海都组织起强大的军队进入札剌亦儿人地界，以报昔日札剌亦儿人入侵之仇。海都英勇善战，带领本部人马打败札剌亦儿人并使之归顺，部分札剌亦儿人成为了孛儿只斤部的家奴。在这种形势下，附近其他部族也纷纷前来投靠，他的臣民人数日渐增加，部落逐渐强大。这就形成了早期的蒙古部落联合体 “兀鲁思“（国家）。根据北方草原民族的习惯，在兀鲁思内一致推举海都为大汗，这就形成了蒙古国家的早期形式。这段历史在拉施特的《史集》中，有翔实的记载，海都最早拥有了蒙古“汗”的尊号。

海都称汗后，他又迅速医治战争的创伤，组织属民大力发展生产，人畜逐渐兴旺。当时牛羊遍野、百姓安居乐业，海都的兀鲁思成为了蒙古高原的强盛大部。在兀鲁思内，既有蒙古人，又有巴儿忽惕人；还有被其征服的札剌亦儿人和“四傍部族归之者”。这就包括史书上称之为靠狩猎为生的“林木中百姓”和靠放牧为生的“毡房中百姓”。海都的兀鲁思完全是由各部落混合组成的。海都的兀鲁思为13世纪后蒙古的兴起确立了坚实的基础。

陶制蒙古马

4. 合不勒汗

合不勒汗（生卒年月不详）

合不勒汗，生卒年月不详，大约生活在11世纪末至12世纪初，是成吉思汗曾祖父。他在海都强盛蒙古孛儿只斤部的基础上，进一步统一蒙古各部，被尊为“全体蒙古人”的首领，并被推举为蒙古大汗。他与当时金朝统治者进行了不屈不挠的斗争，在成吉思汗之前的蒙古历史上留下了重彩一笔。

合不勒汗坐像

在合不勒汗时代，北亚蒙古高原部落纷争、风起云涌，一些氏族和部落为了壮大自己的势力，组成了各自的部落联盟。约在11世纪上半叶，蒙古部首领海都，征服了斡难河南的强部——札剌亦儿部。从此，“各处部落陆续归之，其民日众”。金朝初年，全蒙古各氏族和部落组成大联盟，推举海都长子之孙合不勒为“蒙古诸部落一部之长”统治了“合木黑·忙豁勒（全体蒙古）”。尊称合不勒汗。蒙古部首领自此正式使用“汗”号。

由于金朝全力向南方征伐宋朝，无暇后顾蒙古高原，使蒙古诸部获得了喘息发展的机会，蒙古部落日益发展壮大，并为以后的发展奠定了基础。自从合不勒被推举为蒙古大汗以后，他带领部民开疆扩土，实力日益壮大，建立了早期的蒙古“兀鲁思”（国家），史称“祖元皇帝”。这是在蒙古民族历史上的第一个兴盛时期。蒙古诸部在合不勒汗领导下组成了较大规模的统一体，形成了若干氏族、部落的联盟。1161年（宋绍兴二十一年），金王朝在致宋高宗的公文中说：“北方的蒙古、鞑靼，比之以前，保聚尤其，众至数十万。”可见蒙古诸部的势力和地域之广大。

合不勒汗的事迹在《蒙古秘史》《史集》中都有大量记载。他当时领有众多百姓，在蒙古高原诸部中名望极高，金朝皇帝得知这一消息，也便派使者去蒙古邀请合不勒汗入朝。合不勒汗遂带随行人员数人，乘快马进入金朝京城，以便亲自探查金朝虚实。金主以厚礼殷勤款待。合不勒汗唯恐宴席下毒，托词离席，到外面呕吐食物，然后照常入席吃喝，在席宴中与金主周旋。合不勒汗内心极其藐视金主，他走到金主面前，拍手起舞、抓住金主的胡子戏弄他。金朝大臣见他举止粗鲁，便向他扑了过来。合不勒汗见此哈哈大笑，便走上前去假装谢罪。金主当作开玩笑和嬉闹，强压下了怒火。接着，金主为了笼络这位草原霸主，便命下人从国库取来许多金银财宝和衣服饰品赐给合不勒汗，并允诺他返回，合不勒汗称谢而出，便快马加鞭赶回蒙古。合不勒汗走后，金国大臣都说合不勒汗怀有歹意，不该轻易将他放走。金主听信谗言后立即派人去追赶，合不勒汗拒绝返回。在这之后，金朝又派使者前来蒙古，被合不勒汗杀掉。从此，金王朝与蒙古关系恶化。金朝便派军征讨蒙古数次之多，时间长达十余年，征讨均以金朝的彻底失败而告终。

在合不勒汗时代，蒙古高原部落纷争（《蒙古历史油画长卷》王延青等创作）

第一次金兵征讨蒙古，始于1135年冬。金主以蒙古叛乱罪，遣领三省事宋国王宗盘起兵进讨，被蒙古兵击退。第二次金兵征讨蒙古，始于1139年。遣女真万户呼沙虎率兵征讨，金兵攻入蒙古境，合不勒汗率兵避开金兵、埋伏山中，坚壁不出击，金兵到处扑空，日久粮尽，人困马乏，收兵退回，刚离境遭到蒙古兵出击，在海林（海拉尔河）一带打败了金兵。合不勒汗取得胜利后，继续备战，秣马厉兵，以防金兵更大规模的征讨。第三次蒙古兵出击，1143年3月，金新主将征讨蒙古。当时金主晟死后其从孙

亶继位，因其从叔挞懒专权与其叔父兀术密谋，诱杀挞懒。挞懒遗族，北往漠北至合不勒汗处复仇。合不勒汗见有隙可乘，便派兵协助屡犯金边，

蒙古与金兵作战

陆续夺取西平以北二十余团寨。第四次金兵派重兵征讨蒙古，金主闻北部边疆屡次被侵，遂与南宋议和，积极调兵遣将，加强北部边防。从1135年开始构筑边堡堑壕。金朝称为“金源边堡”，由点到面，共设警戒、主阵、预备三道阵地，又派精兵，分守要塞。

在四次征讨蒙古彻底失败的情况下，金朝皇帝又于1146年8月第五次调功臣皇叔兀术由征宋的南线带兵回朝。命他亲率中原精兵8万之众，出征蒙古，大小数十仗，屡战不胜，不得不于1147年3月与蒙古订立协议议和，并把西平以北27团寨割与蒙古，每年供应蒙古相当数额的牛羊和粮食，并册封合不勒汗为“蒙兀国王”，才得罢兵修好。

合不勒汗逝世前，指定其从弟泰赤乌部的俺巴孩为第二代蒙古大汗。俺巴孩称汗初期，蒙古国国势如旧。金朝为求得后方安全，对蒙古族一直采取分化、压榨和屠杀的政策。金世宗时，又实行残酷的“减丁”政策，每三年派兵向蒙古地区剿杀一次，迫使蒙古每年进贡大量物品。实行“以夷制夷”政策，挑起蒙古与各周边部落、民族之间的冲突。对各部落、民族使用恩赏、厚封、分化、离间政策，致使蒙古高原上的各部落、民族各自为政，彼此为敌，互相攻杀，以消耗其实力。

合不勒汗生有七子，俺巴孩汗被金朝钉于木驴背上杀害后，蒙古诸部落联盟，在斡难河的豁纳黑主不儿召开大会，推举合不勒汗第四子忽图刺为蒙古国第三代汗。为报仇雪恨，忽图刺汗率部攻金，金兵高垒固守，屡攻不克，伐金无功，又去攻打塔塔儿部。

1161年，金国与塔塔儿部联军在捕鱼儿湖一带打败了蒙古军。从此，蒙古国衰落，部族战争连年不断，蒙古高原重新陷入混乱分裂状态。

5. 诃额仑

诃额仑（生卒年月不详）

诃额仑是成吉思汗的生身母亲，其准确生卒年月不详，她是蒙古族历史上出类拔萃的一名巾帼英雄。诃额仑一生专心致力于孛儿只斤氏家族的复兴和蒙古民族的兴旺发展事业，她以自己的聪明才智抚育出了像成吉思汗那样的民族英雄；因而她的历史作用和功勋是不可磨灭的。她为蒙古民族的生存发展和实现大蒙古的统一，走完了令人钦佩的人生旅程。

成吉思汗的诞生（思沁创作）

在诃额仑时代，蒙古族中还保留了氏族社会中古老的抢亲习俗。诃额仑夫人本是篾儿乞部也客赤列都的妻子。当年诃额仑从娘家归来去篾儿乞部的路上，恰好遇上正在斡难河狩猎的也速该，也速该瞧见车里面坐着一位美丽的妇人，于是与其哥哥捏坤太石和弟弟答里台，把诃额仑夫人抢了回来，娶为自己的妻子，诃额仑来到也速该家之后，在也速该的英雄气概影响之下，很快以身相许并相夫教子，先后为也速该生了铁木真（成吉思汗）、哈撒儿、哈赤温、斡赤斤四子和一女帖木仑。

也速该被塔塔儿人的毒酒害死以后，同宗的泰赤乌人在春天一年一度的祭祀祖先活动中，排斥诃额仑孤儿寡母，以他们来晚为由，拒绝分配本属代表祖先福分的祭祀物给诃额仑母子，更有甚者趁当晚夜幕之际，泰赤乌人抛弃诃额仑一家，并夺走其部众，举部迁徙他处。诃额仑在如此严峻的情况下，亲自举旄旗上马，追回一半部众，但最后这部分人还是在泰赤乌人的教唆下离诃额仑一家而去。同宗的泰赤乌人为什么做出这种大逆不道、伤天害理的事情呢？唯一的理由是最终怕蒙古大汗之位落到诃额仑之子身上。

诃额仑手持旄旗在收拢自己的部民（《蒙古历史油画长卷》王延青等创作）

面对这样的处境，诃额仑毅然带领自己的子女支撑起这个家。她首先想到了自己的重任，要为死去的丈夫复仇雪恨，要抚育子女长大成人，培养他们成为继承父业的英雄。她拭去腮边的泪水，挺起腰板，迎着艰苦困难的环境，顽强生活下去。诃额仑含辛茹苦抚养着几个孩子，拾野果，挖野菜，免强度日。在极其艰难困苦的状态下，哺育他们成长。当铁木真和哈撒儿与异母兄弟别克帖儿发生矛盾而将其致死后，诃额仑好像是受到了晴天霹雳的打击，孩子们的团结是家庭兴旺的基础，不能内部残杀消耗自己，她进而用祖先阿兰豁阿“折箭训子”的故事开导孩子们团结友爱并胸怀大志。她用慈母般的爱心，谆谆教导孩子们，如果兄弟团结，就可以战胜外敌，兄弟相残，则被敌人吃掉。同时时刻牢记向泰赤乌人复仇，以复兴自己的家族和完成蒙古民族统一大业。在诃额仑精心教育和培养之下，几个儿女茁壮成长。

诃额仑在孩子们长大成人以后，又以远大的眼光和聪慧的谋略来辅佐帮助铁木真统一蒙古诸部，并带领部民做好蒙古大军的后方保障工作。在很多危急时刻，诃额仑出谋划策并独当一面，如在与札答阑部札木合的十三翼之战中，她亲率一翼兵马与之鏖战。诃额仑用慈母般的胸怀和爱心来抚育虏获来的敌方部落的孩子，她对宿敌塔塔儿部的孤儿失吉忽秃忽等四个幼童精心培养成将才，后来成了儿子的亲信和重臣。当有恶人离间铁木真与弟弟哈撒儿的关系时，诃额仑晓之以理动之以情来维护子女的团结。在诃额仑的辅佐之下，铁木真的事业蒸蒸日上，最终被推举为成吉思汗。1206年，蒙古建国，她与幼子斡赤斤共分得一万属民，在母亲诃额仑的辅佐之下，成吉思汗最终完成了统一蒙古的大业。

诃额仑和她的两个儿子成吉思汗、哈撒儿

6. 成吉思汗

成吉思汗（1162～1227，1206～1227年在位）

成吉思汗（1162～1227，1206～1227年在位），蒙古开国君主，本名铁木真，出生在蒙古乞颜部，姓孛儿只斤氏。元朝追认庙号为“太祖”。

成吉思汗出生于蒙古贵族家庭，五世祖、四世祖曾经被辽王朝任命为详稳官（“将军”的契丹语音译），曾祖父合不勒汗、伯祖父忽图刺汗都做过蒙古部大汗。铁木真父亲也速该，有拔阿秃儿（勇士）称号，是一个实力雄厚的贵族。当时，蒙古高原部落林立，塔塔儿、蒙古、弘吉剌、克烈、乃蛮、篾儿乞、斡亦剌各个部落互相攻伐，战乱不止。这些部落以前都曾经对辽王朝有臣属、纳贡的关系，后来有的成为金王朝的守边部落，但又有时归附有时叛离。金王朝为了巩固对蒙古高原各部落的统治，采用拉拢一些部落征伐不服管制部落的策略，使得蒙古高原的局势日益复杂化。导致部落战争频繁，规模呈扩大化，原有部落结构被打乱，形成了许多跨部落的新的部落联盟，其中大的部落联盟逐渐向封建军事国家发展过渡。

1162年，以金朝为后盾的塔塔儿部与蒙古部发生激战，也速该大获全胜，俘获了塔塔儿部首领铁木真。

1162年，诃额仑夫人生下成吉思汗（《蒙古历史油画长卷》王延青等创作）

凯旋时正值他的妻子诃额仑生出他们的长子，这个婴儿就是以后威震世界的一代天骄成吉思汗。也速该便用被俘塔塔儿首领“铁木真”的名字为自己的儿子命名，以纪念胜利。

成吉思汗参加“十三翼之战”（《蒙古历史油画长卷》王延青等创作）

“铁木真”一词意为铁，表示坚硬。约在1170年，也速该被塔塔儿人毒死，所属部众纷纷离散，也速该的遗孀诃额仑夫人抚养铁木真和他的几个子女度过数年艰难生活。铁木真曾被同宗的泰赤乌头领掳去囚禁，逃回后投靠了蒙古高原最强大的克烈部首领脱斡邻勒汗。不久，铁木真的妻子孛儿帖又被篾儿乞人掳去，他请求脱斡邻勒汗和札答阑部首领札木合共同出兵，打败了篾儿乞人，夺回了自己的妻子。早年的艰辛经历，培育出了铁木真坚毅顽强的性格。

札答阑部曾经是蒙古高原的强部，其首领札木合幼年时期曾经与铁木真结拜为安答（结拜兄弟），因此铁木真信任札木合并一起游牧。但心胸狭窄的札木合容不得铁木真，不得已铁木真带领部众游走他乡，终于使昔日的安答成了敌手。铁木真在草原深得人心并招兵买马，建立了自己的中军大帐斡耳朵。12世纪80年代初，铁木真被拥立为蒙古乞颜部大汗。随即遭到札木合率领的札答阑、泰赤乌等13部的攻击，铁木真兵分十三翼迎战，因实力不敌而败退，史称“十三翼之战”。1196年，金兵征塔塔儿部，铁木真和克烈部脱斡邻勒汗出兵帮助金朝，于斡里札河（今蒙古国乔巴山省乌尔扎河）打败塔塔儿人。金右丞相完颜襄授铁木真以察兀忽鲁（有力的官长）之职，封脱斡邻勒汗为王，因此脱斡邻勒汗以后被称王汗。此后，铁木真在蒙古高原不断扩大自己的势力。

九游白纛（敖恩、张项军、那顺孟和 创作）

王汗见铁木真势力不断壮大，害怕危及自己在蒙古高原的霸主地位，便在1203年对铁木真发起攻击，双方在哈喇哈真沙陀激战，铁木真失败被迫退到哈勒哈河以北地区避敌。在这之后，铁木真迅速收集溃散的部众，并收降弘吉剌部，势力逐渐恢复。王汗则率兵攻打金朝，结果大败而归。铁木真抓住这一时机，乘王汗不备，进行奇袭，直捣王汗大帐，克烈部亡。王汗的胞弟杜阿绀孛顺应潮流投奔明主，率领其部众归附铁木真，其后裔就是近代土尔扈特部。同年，为金朝看守界壕的汪古部也归附铁木真。1204年，铁木真与乃蛮部决战于纳忽昆山（今塔米尔河入鄂尔浑河处以东）一举消灭了乃蛮部塔阳汗的大军。至此，铁木真成为蒙古高原最强大的统治者，蒙古高原各部纷纷归顺。

1206年，铁木真在斡难河（今蒙古鄂嫩河）源召开忽里台大会，树九游白纛，即蒙古国大汗位，汗号“成吉思”。国家名称为“也客·蒙古·兀鲁思”，即大蒙古国。大蒙古国建国初期，成吉思汗把全体蒙古民众划分为95个千户。千户下设百户、十户。千户长都是成吉思汗的功臣，各千户内的牧民对千户长有人身隶属关系。成吉思汗把一部分千户作为属民分封给诸弟诸子，形成后来蒙古历史上的东道诸王和西道诸王。成吉思汗直辖中央蒙古。成吉思汗的分封和后来的历史变迁，导致了历史上蒙古四大汗国和近现代蒙古部落的形成。成吉思汗以木华黎、博尔术为左右翼万户长，成为两个最大的军事长官。为了加强大汗权威，成吉思汗把原来小规模的怯薛军（侍卫）扩充到万人，征调各千户长、百户长、十户长的优秀子弟充当怯薛，以此守卫大帐斡耳朵和控制全国。同时设置札鲁忽赤掌管户籍、词讼等行政、司法事务，形成了中央国家机器。至此成吉思汗建立了强大的游牧军事封建帝国。

新兴的大蒙古国及其蒙古贵族渴望占有大量的土地和财富，从此又展开了开疆扩土的战争。西夏成为成吉思汗首先征服的目标，1205、1207年，成吉思汗侵入西夏，掠走大批骆驼和财物。1209年又大举入侵，引黄河水淹灌西夏都城中兴府（今宁夏银川），西夏不得已，纳女求和。

成吉思汗即大汗之初，蒙古仍向金朝纳贡，成吉思汗看到金朝处于重重社会危机之中，政治腐朽，经济萎靡，财政拮据，阶级矛盾和民族矛盾不断激化，毅然断绝了对金朝的臣属关系。1211年，成吉思汗率领大军南下攻金。在野狐岭战役中，蒙古大军一举击溃40万金军。在浍河堡战役中，成吉思汗实行中央突破，全歼金军主力。1213年，在缙山战役中，金军精锐消耗殆尽，成吉思汗南出紫荆关，蒙古大军分三路横扫华北平原，获得大量的财物、粮食、棉绢和军械。金朝无力抵抗，在这种情况下金朝向蒙古求和。1214年金朝向成吉思汗献岐国公主，并给蒙古大批金银珠宝，成吉思汗允诺退出居庸关北返。金宣宗随

成吉思汗祭天后南下向金朝进兵，欲报杀祖之仇（《蒙古历史油画长卷》王延青等创作）

后从中都（今北京）逃迁南京（今河南开封）。1215年，蒙古军占领中都，在辽西全歼金朝守军，攻占北京（在今内蒙古宁城西）。被

成吉思汗率领蒙古大军西征，灭花剌子模国（《蒙古历史油画长卷》王延青等创作）

占领金朝领地的地主武装纷纷投降蒙古，倒戈攻金。1217年，成吉思汗封木华黎为太师国王，专门负责攻金事略，自己准备西征西域。

1218年，派大将者别灭亡了被乃蛮太阳汗之子屈出律篡夺王位的西辽政权。于是，西域的花剌子模王朝统治下的中亚地区便与大蒙古国直接接壤。1219年，成吉思汗向花剌子模派去由500匹骆驼组成的商队进行贸易往来，但花剌子模的昏庸君主沙赫穆罕默德心生歹意，夺走了价值连城的商队货物并处死了所有随队的商人，成吉思汗得知消息后大怒，遂亲率20万大军西征，向花剌子模发动了复仇战争。蒙古人的铁骑确实举世无敌，沙赫穆罕默德号称40万人的大军被迅速击溃。这位君主为他的贪婪付出了惨重的代价。随即，布哈拉、撒马尔罕这两个中亚重镇也落入蒙古人之手。

战争中，蒙古人创建了炮兵和技术兵器部队，利用火炮和抛石器攻城，威震敌胆，所向披靡。他们首先使用了闪电战，靠马的机动性，“来如天坠，去如电逝”，如飙风迅雷，迅速消灭了敢于抵抗之敌，蒙古人作战的凶悍令中亚人为之色变。

跟随成吉思汗西征的四个儿子英勇善战，术赤、窝阔台、察合台率兵攻克花剌子模都城玉龙杰赤（今土库曼斯坦乌尔根奇），拖雷一军进入呼罗珊地区。大将者别、速不台奉成吉思汗之命穷追沙赫穆罕默德，这个昏庸君主逃至里海孤岛病死。者别、

速不台率军继续西侵，远抵东欧克里米亚半岛。1221年，拖雷占领呼罗珊全境。1222年，成吉思汗在占领区设置达鲁花赤进行行政管理，此后，东欧、西亚、中亚被占领区成为大蒙古帝国的一部分。1224年，成吉思汗返回蒙古本部。

1226年，成吉思汗以西夏皇帝献宗没有履约为由，兵分东西两路夹攻西夏，开始了对西夏的战争。成吉思汗率主力部队攻陷黑水城，然后迂回进军贺兰山地区（宁夏银川西北），击溃西夏主力。另一路军借道回鹘之地，攻陷沙州、肃州与甘州。至此河西走廊地区全部沦陷。西夏献宗忧患而死，皇位由李睍继位 。同年八月，成吉思汗率军攻占应理（宁夏中卫）。尔后分兵攻陷夏州，主力包围灵州和中兴府，并且分兵南下攻陷积石州（青海循化）、西宁（青海西宁）等西夏领地。西夏都城中兴府被困半年后，次年西夏末代皇帝李睍投降蒙古，西夏亡。此时成吉思汗屯兵六盘山，1227年，夏历七月十二日，成吉思汗不幸染病在西夏朵儿蔑该城（灵州）驻地病逝，临终前嘱咐秘不发丧，并留下联宋灭金的战略。巨星陨落，蒙古民族伟大英雄成吉思汗在位22年，享年66岁。

成吉思汗坐像

成吉思汗有四位夫人。大皇后孛儿帖生子四人：长子术赤，为金帐汗国诸汗之祖；次子察合台，为察合台国诸汗之祖；三子窝阔台，为蒙古第二位大汗；第四子拖雷，后人为元朝和伊儿汗国皇室。忽兰皇后所生一子阔列坚，后裔在元朝被封为“河间王”。

成吉思汗的历史功绩是空前绝后的。他创建了世界上版图最大的帝国，总面积达三千多万平方公里，先后有四十多个国家、七百多个民族都归附于他，他把远东、南亚、中亚、西亚、欧洲的各种文明都统一在一个王朝政权的统治之下；成吉思汗是一个天才的军事家，他将军事艺术推向冷兵器时代最高峰，他发动了人类历史上规模最大的战争，他建立了世界上一流的蒙古骑兵，首先使用“闪电战”战术，他在战略上重视联远攻近，力避树敌过多，用兵注重详探敌情、分割包围、远程奇袭、佯退诱敌、运动中歼敌等战法，史称“深沉有大略，用兵如神”；成吉思汗最早拉开了人类全球化的序幕，他所建立的“驿站”运输联络系统把万里之遥的欧亚大陆紧密联系在一起，大大促进了东西方科学、文化和物资的交流；成吉思汗是最早实现政治民主的帝王，他本人通过蒙古各部落长、族长、诸王、群臣组成的忽里台推举成为蒙古大汗，他开创了民主选举大汗的先河，凡是重大问题决策，都通过召开忽里台决定，忽里台成为类似现代议会的民主制度；成吉思汗奉行宗教信仰自由的政策，在欧亚大陆的大蒙古帝国范围内，允许萨满教、佛教、道教、基督教、伊斯兰教等各种宗教自由发展，成吉思汗得到了宗教界的拥护。历史学家把成吉思汗以“世界征服者”“史无前例的成功者”“千年风云第一人”的称号载入人类历史史册。

蒙古大帝国版图

7. 哈撒儿

哈撒儿（1164～1215）

哈撒儿（1164～1215），出生于尼伦蒙古乞颜部孛儿只斤氏贵族家庭，是元太祖铁木真（成吉思汗）的二弟。《蒙古秘史》上译为拙赤合撒儿，《元史》《亲征录》写作哈撒儿，拉施特《史集》译文为拙赤•合撒儿，《诸汗源流黄金史纲》《蒙古源流》《大黄册》《金轮千辐》《水晶鉴》等蒙文史籍记载为拙赤哈撒儿或哈布图哈撒儿。他生于公元1164年（金世宗大定四年、南宋隆兴二年），卒世时间尚无定论，一般认为是在1215年征战金朝后去逝的（还有一说是在1227年病故）。

在辅佐成吉思汗统一蒙古诸部，建立蒙古帝国时，哈撒儿立下了丰功伟绩。成吉思汗曾评论说：“有别里古台之力，哈撒儿之射，此朕之所以取天下也。”因此，成吉思汗特别看重与他患难与共的胞弟哈撒儿。成吉思汗之所以获得巨大的成功，是离不开哈撒儿的支持的。在每个重要关头，哈撒儿都挺身而出，化险为夷。没有哈撒儿鼎立相助，就没有成吉思汗的大业。哈撒儿是长生天恩赐于成吉思汗的得力助手。在成吉

哈撒儿箭技超人，是成吉思汗时代的第二号人物，是蒙古历史上伟大的政治家和军事家（思沁创作）

思汗黄金家族中的全体叔伯和堂兄弟之中只有哈撒儿坐于宗王之列，其余都坐在异密之列，由此可见哈撒儿在黄金家族中的地位。所以他是成吉思汗时代的第二号人物，是蒙古历史上值得纪念的伟大的政治家和军事家。

哈撒儿自幼箭技超人，一生英勇善战。他身健力魁，肩与胸很宽，腰很细，所以他侧卧的时候，能让一条狗从他肋下穿过，并能用双手抓起一个人，把他的脊椎骨像支木箭般地折断。据蒙古历史学家萨冈彻辰记载：一天，成吉思汗要他射一只空中翱翔的秃鹫，百发百中的射手哈撒儿问：“你要我射中秃鹫的哪个部位?”成吉思汗说：“要射中其头部黄纹与黑纹之间。”哈撒儿即张弓搭箭射去，秃鹫应声一头栽了下来。经过查看，箭射中的部位恰恰是成吉思汗所要求射中的部位。

哈撒儿与兄铁木真用弓箭射死了别克帖儿，母亲诃额仑严肃批评教育了他们

哈撒儿出生在一个动乱的年代。当时金朝政权妄图统治蒙古诸部，金世宗不仅定期出兵劫杀蒙古百姓，而且在蒙古诸部之间进行挑拨离间，使他们长年相互残杀，混战不休。那时的蒙古高原正如《蒙古秘史》中形容的那样“星空抟抟旋转，各部纷纷作乱，谁能在床铺上安睡！都去劫掠财源。大地滚滚腾翻，天下到处作乱，谁能在被窝里安睡！人们相互行残。”哈撒儿的曾祖父俺巴孩汗被金朝残酷杀害。其父也速该在哈撒儿七岁那年也被受金朝唆使的塔塔尔部毒死。蒙古部众纷纷离去，投奔他处。从此哈撒儿一家孤儿寡母无依无靠，在斡难河畔拾野菜，挖草根，捕鱼打猎，过着极为艰难困苦的生活。险恶的社会环境和艰难困苦的生活经历，不仅造就和磨练了哈撒儿刚毅的性

哈撒儿被任命为云都赤（摄于科尔沁博物馆）

格，也培养了强者生存的意识。

哈撒儿10岁那年，因不堪忍受同父异母弟别克贴儿争夺猎物的行为，一怒之下与兄铁木真合计用弓箭射死了别克帖儿。事后母亲诃额仑严肃批评教育了他们，指出：现在形势严峻，你们却像雄狮一样内斗，却不知道如何报仇，这样能够成大事吗？在母亲谆谆教导之下，哈撒儿兄弟几个逐渐茁壮成长，养成了尊重亲人疾恶如仇的性格。一天，同宗仇敌泰赤乌人来捉拿铁木真，妄图斩草除根，哈撒儿手持弓箭进行抵御，掩护铁木真逃出虎口，隐藏在帖儿古捏山的密林里。在哈撒儿14岁时，当时他们一家住在孛儿罕山脚下的桑沽儿河畔。一天，来了几个强盗抢走了他家的八匹骏马。铁木真与哈撒儿追赶途中巧遇行猎中的孛斡尔出（后来成为成吉思汗的著名功臣），于是三人共同追赶强盗。由于哈撒儿与孛斡尔出高超的骑射技能，一下子射死强盗七人，其余见事不妙慌忙扔下八匹骏马逃走。哈撒儿15岁

成吉思汗与乃蛮部进行决战中，哈撒儿冲杀在前（《蒙古历史油画长卷》王延青等创作）

哈撒儿与成吉思汗（摄于科尔沁博物馆）

那年，先后两次伴随其兄铁木真到克烈部与王汗结为义父义子。另一次率弟弟别勒古台去札答阑部，会见哥哥铁木真的“安达”扎木合，并借助他们的势力打败了宿敌篾儿乞部。少年时期的哈撒儿不仅勇敢无畏有着高超的射箭技能，而且尊兄爱弟，处处以保护亲人的勇士自居，受到了母亲诃额仑的赞扬和兄长铁木真的尊重。

12世纪80年代初，铁木真被尼伦蒙古贵族们拥戴为蒙古大汗，号成吉思汗。为了巩固新生的蒙古汗国政权，成吉思汗组建了一支强大的怯薛军。是年26岁的哈撒儿浑身充满着英雄气概，箭术精湛，思维敏捷，神机妙算，出手锐利，对成吉思汗忠贞不贰，对强大敌人无所畏惧，因此被任命为云都赤（贴身护卫官），在汗帐前佩刀护卫，并监督军事，行使对逞强跋扈者的砍杀权。同时，哈撒儿可以直接参与汗廷的军机大事，协助其兄长成吉思汗完成统一蒙古诸部的战争，为建立蒙古帝国的宏图大业，立下了汗马功劳。

1189年（金大定29年），成吉思汗当年的安答扎木合不甘心蒙古汗位让铁木真所居，他以其弟给察儿抢劫铁木真部马群被射死为由，联合泰赤乌、塔塔儿、合答斤等十三部三万余兵前来攻打成吉思汗，史称“十三翼之战”。成吉思汗统率军队进行抵抗。哈撒儿亲自率领先头部队出击，

将敌人的将帅一剑刺于马下，敌人惊慌逃跑，十三部来犯之敌溃退。由于敌众我寡，成吉思汗率队退出了战场，战斗中不少十三翼军士被俘。扎木合倒行逆施，用70口大锅蒸煮十三翼被俘部众，这种倒行逆施的残酷手段，被札木合属下的十三部部众看在眼里，他们鄙视这种做法，转而纷纷投靠成吉思汗，真是得道多助，失道寡助。扎木合迅速走向衰败，后来不得已投靠了王汗。

1199年，成吉思汗联合克烈部的王汗征战乃蛮部。但是在战斗即将打响之际，王汗听信扎木合的挑拨，率部退出了战场。在得到消息后，为了保密起见，成吉思汗与哈撒儿单独商量，共同决定退师萨里河。可见成吉思汗每每遇到重大军情时，总是与哈撒儿协商并征求意见。1200年，合答斤、塔塔儿、弘吉剌等部组成联军，进攻成吉思汗。成吉思汗再度与王汗组成联军在贝尔湖地区迎战并大获全胜，杀死了塔塔儿部首领，夺取了他们的全部牲畜和财产，把土地和属民分给各部族。以后，王汗在儿子桑昆的挑唆之下，不顾与成吉思汗、哈撒儿的义父子情谊，决心与成吉思汗一争天下，开始了与成吉思汗的战争。

1203年春天，成吉思汗与克烈部王汗在哈喇哈真沙陀展开了一场激战，哈撒儿当时不在成吉思汗身边。这次战斗双方损失惨重，撤出战场后成吉思汗清点人马，身边只剩下19人。由于哈撒儿没有参战，这也可能是导致战役失败的原因之一。离开成吉思汗的哈撒儿也遭遇到了不幸，王汗的军队袭击并截获了他的妻子和儿女，哈撒儿独自逃回到成吉思汗

哈撒儿组成左路军对金作战（摄于科尔沁博物馆）

处。成吉思汗见二弟归来大喜，于是与哈撒儿商量破王汗之策，哈撒儿献出诈降之计，派出两名亲信到王汗驻地，诡称自己的妻儿都在王

达尔罕茂明安联合旗、新宝力格苏木、哈撒儿祭典堂

汗处，愿意投奔王汗义父合兵一处，王汗信以为真派遣大将迎接哈撒儿。这时成吉思汗与哈撒儿已向克烈部驻地进军。前来迎接哈撒儿投诚的克烈部大将发觉中计，想逃跑，却被哈撒儿捉拿。成吉思汗与哈撒儿从他们嘴里得知，王汗毫无发觉，正在摆宴做乐。于是率部日夜兼程，以迅雷不及掩耳之势，将王汗包围在折额温都儿山（今蒙古乌兰巴托东南）隘口。双方厮杀三昼夜，王汗只身逃出，但在途中被乃蛮部人擒杀。蒙古高原上的古老而势力强大的克烈部就这样消亡了。在这场统一蒙古的战争中，哈撒儿施以计谋，为彻底消灭劲敌，赢得战争转机，起到了决定性的作用。

1204年，成吉思汗与蒙古高原上最后的劲敌乃蛮部进行了决战。在战斗中，乃蛮部的塔阳汗望见一员大将率中军冲杀而来，忙问身旁的扎木合，“来人是谁？”扎木合巧妙地回答道：“是诃额仑用人肉喂养的儿子哈撒儿，他身高力大，能吞食三岁小牛；身穿三层铠钾，能拽三头犍牛；把背弓带箭的人整个吞下，也噎不着他的喉咙！在他发怒时，弯弓可同射三箭，能翻越远山，把10人、20人一起射穿！大拽弓能射900度，小拽弓也能射500度。”塔阳汗听后十分畏惧，慌忙率部逃向纳忽昆山。成吉思汗与哈撒儿指挥军队将纳忽昆山紧紧围住，第二天捉住塔阳汗，蒙古高原上最后的劲敌乃蛮部就这样灭亡了。在哈撒儿的辅佐之下，成吉思汗统一了草原蒙古各部。

1211年，成吉思汗开始对金朝作

战。1213年的秋天，成吉思汗兵分两路对金展开了强大的军事进攻，命哈撒儿组成左路军，深入到金国腹地，进攻中都以东各州府和辽西地区。哈撒儿一路奋勇作战，率左路军直逼金北京（今内蒙古宁城）。北京金朝大将奥屯襄统帅二十万大军不敌哈撒儿统帅的蒙古大军，奥屯襄大败并退守北京城，哈撒儿率军对北京城展开了强大的攻势，在凌厉的进攻下，守城金兵投降。攻克北京后哈撒儿乘胜追击，归途中又攻克金国东北诸城镇，而后沿洮儿河回到了蒙古本土。对金的作战充分体现出了哈撒儿的军事统帅和指挥才能。

从铁木真被蒙古部推举为大汗，到1206年建立蒙古大帝国为止的18年中，在统一蒙古诸部的征战中，由于哈撒儿作为勇猛无敌的将帅立下卓著功勋，成吉思汗因此将崇高的官位和封号授予他和他的儿子们。1206年，成吉思汗建立蒙古帝国后，将征服的领土与属民分封给了自己的黄金家族成员。哈撒儿做为这个家族中的功臣，最初分得了四千户属民，并且得到了蒙古民族的发源地额尔古纳河流域富饶的土地。具体地域为：北至外兴安岭，东达大兴安岭，南抵呼伦湖、贝尔湖，西到石勒喀河、斡难河。哈撒儿封地的东北与幼弟斡赤斤的封地为邻，南靠三弟哈赤温封地，西接异母兄弟别里古台封地。境内有额尔古纳河、斡难河、德尔布干河、根河、海拉尔河、乌尔逊河。包括今内蒙古呼伦贝尔盟的大部分地区以及俄罗斯、蒙古国的一部分地区。按照成吉思汗的命令，哈撒儿的封地享有特殊的地位，有权确定子孙的继承权，有权成立兀鲁思，有权以汗作为称号。因此，有相对的独立性，实际上是大蒙古国境内的一个封国。

哈撒儿分得的领地和属民广而多，又有自己的军队，仅次于幼弟斡赤斤。哈撒儿及其后裔子孙在分封的领地额尔古纳河流域、呼伦贝尔大草原上游牧生息，仅八十年间就由原来的四十人繁衍成了八百人，因而元世祖忽必烈发出了“哈撒儿的兀鲁斯强大而富有”的感叹。

哈撒儿是近现代科尔沁及其分支部落的始祖，该部是由蒙古帝国时期的哈撒儿千户属民发展演变而来的。科尔沁部蒙古族是中国蒙古族的重要组成部分，其人口占据我国蒙古族人口的一半以上。科尔沁及其分支部落包括扎赉特、杜尔伯特、郭尔罗斯、阿鲁科尔沁、乌拉特、茂明安、四子王、和硕特等蒙古部落。

8. 别里古台

别里古台（1164～？）

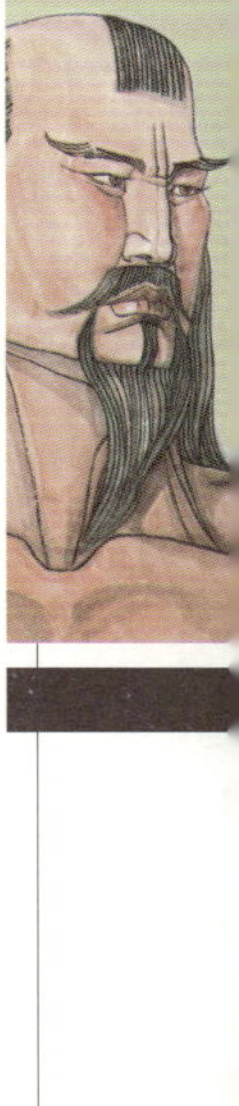

别里古台（1164～？），孛儿只斤氏，是蒙古圣主成吉思汗铁木真的异母兄弟，他的母亲是也速该侧妃速赤格勒。按年龄排列应该是也速该第四子，大约出生于1164年。《元史》和《史集》中记载为也速该第五子，是根据其庶子地位而论的。除别里古台外，他母亲速赤格勒还生有另一个儿子别克帖儿，年长于别里古台。在成吉思汗少年时代，因别克帖儿、别里古台兄弟俩夺走了铁木真、哈撒儿钓得的鱼和射得的雀儿，于是铁木真、哈撒儿一怒之下，就背着母亲诃额仑用弓箭射死了别克帖儿。这之后，遭到母亲痛斥的铁木真深感愧疚，加之有别克帖儿要善待别里古台的临终遗言，别里古台在日后得到成吉思汗的重用和信任。

别里古台为蒙古帝国的建立立下了不朽的功劳（思沁创作）

别里古台一生致力于成吉思汗统一蒙古的大业。他自幼跟随哥哥铁木真南征北战，参加过历次的战争，是铁木真的得力帮手。他为人厚道并忠诚于成吉思汗的伟业，他聪慧过人智勇双全，他身材魁梧力大无穷。成吉思汗曾经赞许他的两个弟弟别里古台和哈撒儿：“有别里古台之力，哈撒儿之射，此朕之所以取天下也。”在成吉思汗黄金家族中的全体叔伯和堂兄弟之中，别里古台战功卓著，深受成吉思汗的信任、重视和喜爱，他身经百战，为蒙古帝国的建立立下了不朽的功劳，他是成吉思汗时代的重要人物，是蒙古历史上值得纪念的伟人之一。

别里古台出生在一个动乱的年代。当时金朝政权横征暴敛，定期出兵劫杀蒙古百姓，常常挑拨离间，使蒙古各部百姓相互残杀混战不休。那时的蒙古高原正如《蒙古秘史》中形容的那样“星空抟抟旋转，各部纷纷作乱，谁能在床铺上安睡！都去劫掠财源。大地滚滚腾翻，天下到处作乱，谁能在被窝里安睡！人们相互行残。”别里古台的曾祖父俺巴孩汗被金朝残酷杀害。其父也速该也在幼年时期被受金朝唆使的塔塔尔部毒死，本部百姓纷纷离去投奔他处。金朝的残酷压迫、祖上的耻辱遭遇、现实的动乱生活，深深地在别里古台的心灵上打下了不灭的烙印。

也速该死后，乞颜部遭受泰赤乌人的袭击，诃额仑母亲

成吉思汗家族又走出一位叱咤风云的英雄人物，蒙古帝国的奠基人之一——别里古台

成吉思汗让别里古台与不里孛阔相搏以除之（摄于阿巴嘎博物馆）

领着孩子们逃到不儿罕山密林中。别里古台砍树木做寨，把年幼的弟弟哈赤温、斡赤斤及妹妹帖木仑隐藏起来，使他们脱离了危险。后来他们又徙牧到桑古儿河之滨，在生计困窘时，全家仅靠别里古台打猎来维持生活。不久，家里又遭到蔑儿乞人的攻击，别里古台的母亲与哥哥铁木真妻子孛儿帖被抢走。别里古台随铁木真、哈撒儿二兄前往土剌河的黑林去拜见王汗，又同哈撒儿去见昔日哥哥的安达扎木合，借助他们的兵力，大败了蔑儿乞部。据说，这时别里古台母亲觉得无颜见儿辈，逃到密林中再也没出来。别里古台因未寻见母亲，一怒之下射杀蔑儿乞男人三百，把他们的妻子们“可以做妻的做了妻，做奴婢的做了奴婢”。

险恶的社会环境和艰难困苦的生活经历，造就了别里古台强健的身躯，练就出聪慧的头脑，也磨炼出别里古台刚毅的性格。哥哥铁木真的言传身教和影响，培养出别里古台的将帅品格。从此铁木真家族又走出一位叱咤风云的英雄人物，蒙古帝国的奠基人之一——别里古台。

根据《元朝秘史》记载，在斡难河之宴上，别里古台为成吉思汗的执事官。主儿乞人薛扯别乞的党羽不里孛阔的随从偷盗马缰，被别里古台捉住。不里孛阔袒护自己的随从，砍伤了别里古台的右臂。别里古台也不以为事。流血期间，被成吉思汗看见，问道：“你如何被他这般做？”别里古台说：“虽伤了不曾十分重，为我上头，弟兄每休恶了。”意思是不要为我引起争斗坏了大事。可见别里古台能够忍辱负重、顾全大局。后来成吉思汗灭主儿乞部，杀薛扯别乞，不里孛阔只好投靠了成吉思汗。“孛阔”是力士的意思，不里孛阔有“一国不及之力”，以“多力善搏”而闻名，所以目中无人。成吉思汗让别里古台与之相搏，借别里古台之手除掉了不里孛阔。

乃蛮部塔阳汗率部前来攻打蒙古部，成吉思汗为是否应敌而犹豫不决，最后听取了别里古台与斡赤斤的劝说，迎击乃蛮部，在纳忽昆山大败塔阳汗，取得了统一蒙古高原的最后胜利。因别里古台功勋卓著，成吉思汗把他“立为国相，又掌扎鲁忽赤”。这就是指1202年（金泰和二年）成吉思汗灭塔塔儿部后，命令别里古台整治外事，审断斗殴、偷盗等案件之事。他是大蒙古国历史上第一个札鲁忽赤即断事官。总之，因别里古台的功勋卓著，在成吉思汗分封诸

别里古台参加蒙古开疆扩土的战争（摄于呼伦贝尔民族博物院）

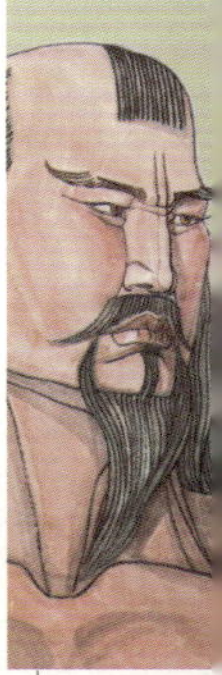

蒙古军用铁锅

子诸弟时，身为庶弟的他同样得到了属于自己的属民和领地，得到了蒙古众臣的尊敬。

别里古台不仅对成吉思汗而且对成吉思汗子孙也忠心耿耿。他以东道诸王之一的身份参加了在克鲁伦河畔举行的推举窝阔台为蒙古大汗的忽里台。别里古台一直活到蒙哥汗时期，年龄已经九十多岁而且德高望重，深受蒙哥汗的敬重。

据《史集》记载，蒙哥汗多次听取别里古台的建议进行了重大的军事部署。对于大蒙古国的建立，成吉思汗诸弟中哈撒儿和别里古台所建功勋最大。对此各种史料均有确凿的记载。但是，作为成吉思汗同母兄弟的哈撒儿多次遭到成吉思汗猜忌，而作为成吉思汗异母兄弟的别里古台，却往往得到成吉思汗的信任。或许在成吉思汗看来，庶出的别里古台不会威胁到他的汗位。

别里古台是近现代阿巴嘎、阿巴哈纳尔部的始祖，该部蒙古族主要分布在内蒙古锡林郭勒盟。

9. 塔塔统阿

塔塔统阿（生卒年月不详）

塔塔统阿，生卒年月不详，畏兀儿人。原是乃蛮部塔阳汗的大臣，掌管金印、钱谷。乃蛮部灭亡后，投降成吉思汗。他的最大功绩是以回鹘字母为基础创制蒙古文字。蒙古文字的产生，对蒙古帝国的建立及后来元朝的产生，以及蒙古民族的文化发展具有深远影响。

根据《元史》记载，塔塔统阿曾经是蒙古高原西部的大部落——乃蛮部塔阳汗执掌汗廷金印的大臣，同时管理钱财和粮秣。由于塔塔统阿满腹经纶、聪明睿智、能言善辩，精通乃蛮国回鹘文字。因此，很受乃蛮汗廷器重，被尊为国师。

1204年，成吉思汗率领强大的蒙古铁骑，一举攻破乃蛮部。塔阳汗负重伤而死，乃蛮兵败如山倒，其大臣、嫔妃、将士四处溃逃，这一蒙古高原上最后显赫一时的大部落从此灭亡。身为乃蛮掌印重臣的塔塔统阿，怀揣乃蛮国金印逃走，但还是被蒙古军追剿截获，被送到了成吉思汗大帐前。成吉思汗对塔塔统阿的才能早有耳闻，决定亲自审问。成吉思汗问道：“乃蛮的土地和百姓都已经全部归于了我，你携带金印逃跑有什么用？”塔塔统阿回答：“我身为执掌国家金印的大臣，这

塔塔统阿最大的功绩是以回鹘字母为基础创制蒙古文字（思沁创作）

是我的职责所在，我将以死守之，来完成故主塔阳汗给我的守印之责，我怎么敢有其他非分之想！”成吉思汗听了以后感慨万千，说道：“真是一位忠孝之臣呀！”成吉思汗又问：“你保管的这枚金印有什么用途呢？”塔塔统阿答道：“国库出纳粮食，汗廷重要人事任命等重要文书，都要用金印作为印鉴来使用，以示尊严和庄重。”成吉思汗觉得塔塔统阿说得很有道理。从此，大蒙古国也借鉴了这一各国常用的印章管理模式，使用汗廷大印来处理各种重大事物。成吉思汗十分爱惜人才，积极说服塔塔统阿为己所用，并任命他为御前大臣，也掌管汗廷大印。塔塔统阿深深被成吉思汗的真诚和伟人的气魄和魅力所感动，欣然接受。从此，塔塔统阿跟随在成吉思汗左右，为大蒙古国鞠躬尽瘁，其后半生效忠于成吉思汗，致力于他的事业。

成吉思汗任命塔塔统阿为御前大臣并掌管大印
（《蒙古历史油画长卷》王延青等创作）

13世纪之初，蒙古民族刚刚兴起，当时还没有本民族的文字。由于蒙古首领很少感到使用文字的迫切性，在发布命令、传达信息时都仅仅依靠口头语言和刻木结绳。后来在内部管理、战争及与周边交往中，逐渐感到文字对于处理国家事务的重要性。塔塔统阿被成吉思汗任命为身边的大臣之后，成吉思汗慧眼识金，他看到了塔塔统阿既精通本民族的回鹘文字，又懂得蒙古语言，就想让这位大才子创造出蒙古文字。有一次，成

吉思汗问塔塔统阿是否深通回鹘文，塔塔统阿没有自谦，据实作了回答。成吉思汗即命令他用回鹘文书写蒙古语。这话说来容易，做起来实在不是一件简单的事，但塔塔统阿还是接受了这一艰巨的任务。他凭借自己深厚的回鹘文修养和丰富的蒙古语言知识，靠着自己的智慧和钻研精神，终于创制出以回鹘文字母为基础的蒙古拼音文字。这种文字上下连书，行款从左至右，比较适合蒙古语言的记录习惯。蒙古本民族的文字终于诞生了，成吉思汗对塔塔统阿更加信任。他又命令自己的儿子、孙子和诸王在内的贵族子弟们跟随塔塔统阿学习新创造的蒙古文字。可以说，塔塔统阿为蒙古民族培养了第一批知识分子。这样，蒙古文字很快就在蒙古民族中通行开来。

塔塔统阿创制的蒙古文字，适应了蒙古民族政治、经济、军事发展的需要。成吉思汗从此开始发布用本民族文字书写的诏书，蒙古官员们开始用文字来登记户口、记录所办案件、编制法令。蒙古军队中开始设立“必阁赤”，也就是书记官。蒙古文字的出现，对于蒙古民族的团结、稳定和增强民族凝聚力起着重要的作用。同时，也为蒙古民族文化的发展奠定了良好的基础。新的蒙古文字的产生，这在大蒙古国历史上是一个创举。就在塔塔统阿创造蒙古文的30年后，蒙古族历史、文学的不朽巨著《蒙古秘史》得以书面形式出现，成吉思汗才有可能颁布《大札撒》和《青册》。13至15世纪间，在横跨欧亚大陆的金帐汗国、察合台汗国、窝阔台汗国、伊儿汗国和帖木儿帝国也一度采用回鹘蒙古文作

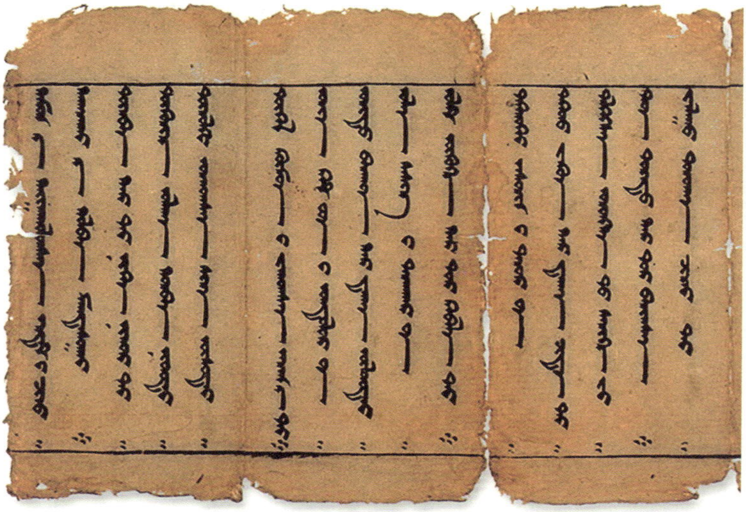

古老的回鹘蒙古文

用回鹘蒙古文、汉文书写的腰牌

为官方文字。这种回鹘蒙古文在16世纪又被改造成满文、锡伯文，被中国其他少数民族采用。古老的回鹘蒙古文字，经过14世纪初及后人的改革，在书写上、语法上和读音的准确性上愈加完善，一直被蒙古族人民延续使用至今天。可见塔塔统阿创造的回鹘蒙古文字对中国和世界的影响极其深远。

1229年，窝阔台继承蒙古大汗之位。由于塔塔统阿对汗廷的忠诚和恪尽职守，窝阔台汗更加器重塔塔统阿，命他继续掌管汗廷的金印和国库内的金银珠宝及贵重的丝帛品。大汗和塔塔统阿两家的私交也十分密切，窝阔台汗命塔塔统阿的妻子吾和利氏作自己的皇太子哈剌察儿的乳母，并赐予了塔塔统阿很多贵重物品。塔塔统阿把自己的四个儿子们召集到一起说：“大汗让你们的母亲抚育太子，赐予了很多贵重物品，你们不能据为己有，应当首先供太子享用，如果有多余的则可以分享。”这些话被窝阔台汗知道以后，对身边大臣说：“塔塔统阿把我赐予他的物品都给了太子享用，自己却没留下丝毫，可见他的人品高尚，是个十分廉洁的人呀！”于是大汗又赐予了他更多的物品，倍受礼遇。

后来，塔塔统阿由于得了重病而不幸去世。1310年（元至大三年）元朝追封塔塔统阿为“雁门郡公”名号。塔塔统阿的四个儿子日后也都成为了蒙古和元朝的重臣。

成吉思汗和群臣雕像

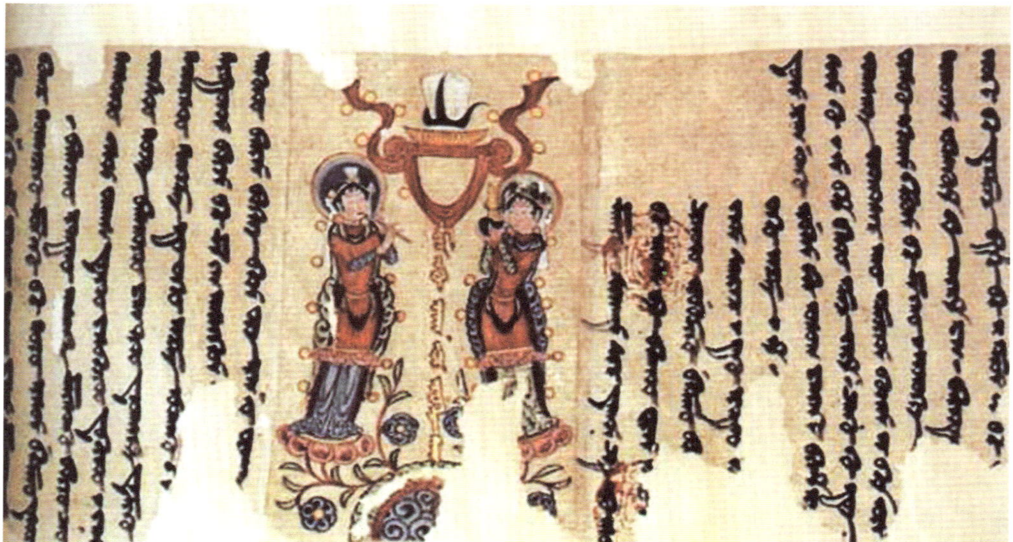

用回鹘蒙古文书写的经书

10. 耶律楚材

耶律楚材（1190～1244）

耶律楚材（1190～1244）蒙古名为吾图撒合里，字晋卿，契丹族，杰出的政治家，大蒙古国名臣。1215年， 蒙古大军攻占金中都，成吉思汗收耶律楚材为臣，他的到来，对蒙古历史产生了深远的影响，他以儒家治国之道提出和制定了各种施政方略，为蒙古帝国的发展和元朝的建立奠定了基础。

耶律楚材出身于契丹贵族家庭，是辽太祖耶律阿保机的九世孙，生于金中都（今北京）。其父耶律突欲是契丹皇族中最早接受中原文化的人。他在父亲的熏陶下，自幼学习儒家文化并博览群书，具备很深厚的汉学功底。耶律楚材的理想是按照儒家的学说来治理天下。但身处腐朽的金朝统治，对金朝已经全然失去信心。正在这个时期，蒙古崛起，北方草原吹来了一股清风。蒙古军占领金中都，后改名为燕京，成吉思汗派大断事官失吉忽秃忽在城中找到了仰慕已久的才子耶律楚材。他“身长八尺，美髯宏声，”博得了成吉思汗的喜爱，遂给他起蒙古名为“吾图撒合里”（长须之人），并被任命为臣跟随左右。

耶律楚材为蒙古帝国的发展和元朝的建立奠定了基础（思沁创作）

蒙古族在漠北草原建国，南战西征，建立了横跨欧亚大陆的大蒙古帝国，成为13世纪亚洲乃至世界历史的一件大事。但是成吉思汗时期，蒙古社会还处于奴隶制社会向封建制转型时期。大规模地征战和劫掠土地、财富是蒙古贵族的主要目标，蒙古治国方略还处于摸索阶段。由于战争规模的不断扩大，破坏程度也不断升级。面对干戈四起、生灵涂炭的神州大地，做为一介儒臣的耶律楚材看在眼里，极想扭转这种趋势，拯救水深火热中的人民；实现其儒家“仁政”治国的理想，创造一个太平盛世。于是，耶律楚材以自身的才华和儒家思想开始逐渐影响蒙古汗廷的治国理念。

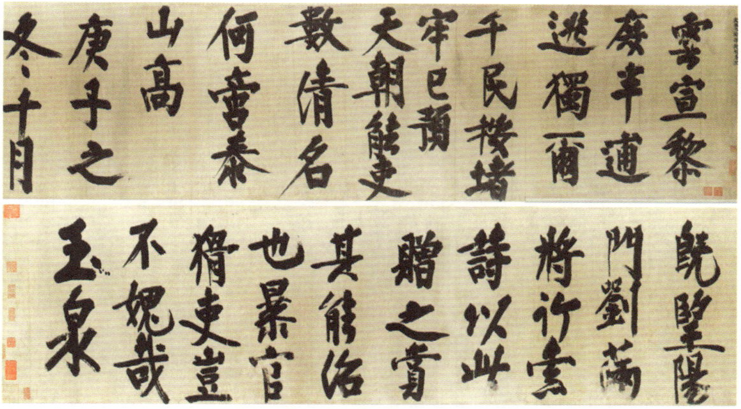

耶律楚材遗留下的书法作品

1218年春，耶律楚材应成吉思汗的征召，来到漠北大汗的行宫。第二年夏天，他便跟随成吉思汗西征。此后六七年间，他一直跟随蒙古大军在西域各地。他先负责大汗帐下的各种文书管理工作，后来也一度负责西域塔剌思城（现哈萨克斯坦江布尔）的屯垦工作。但是由于耶律楚材精通天象、地理、历史、音乐等，知识渊博，成吉思汗要他掌管战事中的观看星相和占卜吉凶之事。有一次，正值6月盛夏，在起兵祭旗的早晨突然下起小雨，顷刻转为大雪。好多人都怀疑这次出兵不吉利，耶律楚材却说：“隆冬之气，见于盛夏，这是克敌制胜的吉兆。”成吉思汗便决定不改变出征日期，鼓励将士英勇作战，从而一鼓作气奋勇冲杀，最后终于获得了大胜。耶律楚材对战争的分析每言必中，成吉思汗对他更加信任，备受器重。耶律楚材利用占卜吉凶这一机会，时常来奉劝大汗在战争中少事杀戮，以安定民生，这使得蒙古军在战争中的屠城现象逐步减少。在西域期间，耶律楚材还撰写了《西征庚午元历》，根据西域较为科学的历法，纠正了中原地区使用的《大明历》中积累下来的季节误差。他又撰写了《西游录》，真实记录了蒙古的西征，详细介绍了西域见闻。

蒙古大军占领金中都，获得金国旧臣耶律楚材，成吉思汗十分赏识其才能（《蒙古历史油画长卷》王延青等创作）

1227年秋天，成吉思汗在六盘山的军营中逝世。他在临终前的病榻上曾指着身边的耶律楚材对窝阔台说：“这个人是天踢给我家的，今后一定要重用他。”在追随成吉思汗的10年中，可以说耶律楚材的才能并没有得到充分发挥。他真正发挥作用，是在窝阔台汗当政时期。

1228年，在托雷监国时期，由于燕京的社会秩序很乱，一些强盗竟公然赶着牛车闯进富家劫财行凶，燕京当局无法禁止。托雷听说后，便从漠北派耶律楚材与自己的侍卫到燕京共同处理此事。耶律楚材一到燕京，马上命人把这些强盗全部抓了起来。经过审讯，发现这些强盗大多是燕京最高长官的亲属，其余的也都是有权势人物的子弟。托雷的侍卫感到涉及权贵不好处理。耶律楚材却果断地下令把其中16个人押到闹市上斩首示众以示安民。耶律楚材后来又提出《便宜十八事》作为临时法律，严禁地方官吏擅自滥杀老百姓，不准商人和财主贪污公物，打击地痞流氓杀人盗窃，禁止地主富豪夺取农民田地；这样，各地社会秩序就渐渐安定了下来。

到了1229 年，拖雷已监国两年，汗位却仍然虚悬。耶律楚材认识到，这将可能酿成黄金家族内部骨肉相残的局面，决定说服托雷让窝阔台早日即位。在议定汗位继承人的忽里台大会上，40天未曾决断。耶律楚材决定挺身而出，冒着生命危险劝说托雷。拖雷见到耶律楚材后说：“父汗在世时曾经说过，你是天赐我家的。我从来不曾薄待过你，你为什么要和我分心呢？”耶律楚材说：“因为窝阔台是大汗指定的继位人！大汗生前有恩

于在下，在下必须肝脑涂地来报答。所以我不能因为你已在监国就见风使舵，做出违背大汗的事来。”拖雷问道：“可你知道这样做的后果吗？”耶律楚材淡淡一笑地说：“一死而已，也好早日拜见大汗。可你百年之后，将如何面对你的父汗呢？”拖雷无言以对。由于耶律楚材苦口婆心，终于说服了拖雷，使他顺利把政权移交给了窝阔台。

1229年，窝阔台汗即位以后，对耶律楚材十分重用，充分发挥了他的治国才能。蒙古建国之初，延续了蒙古旧制，实行的是万户、千户、百户军政合一的制度，只有统帅军队的长官，没有治理地方行政的长官，攻下城镇后不派兵镇守，只顾抢掠物资，这对大蒙古国的发展极为不利。耶律楚材为了改变这种状况，向窝阔台汗建议：“地方上应设置官吏统治老百姓，另设万户总管军队，使军政相互遏制，防止独断专行。”窝阔台汗采纳了这一建议，在中央设立了最高行政机构中书省，任命耶律楚材为中书令。耶律楚材担任此职后，逐步实施“以儒治国”的方案。具体内容概括为“定制度 、议礼乐、立宗庙、建宫室、创学校、设科举、拔隐逸、访遗老、举贤良、求方正、劝农桑、抑游惰、省刑罚、薄赋敛、尚名节、斥纵横、去冗员、黜酷吏、崇孝悌、赈困穷”。 在教育上，耶律楚材大力倡导儒学，推崇孔子。他征得窝阔台汗的同意，修复了孔庙，优待孔子后裔，建立了国子学，用封建文化教育民众。1237年，耶律楚材又提出恢复科

耶律楚材墓位于北京颐和园这个小庭院中

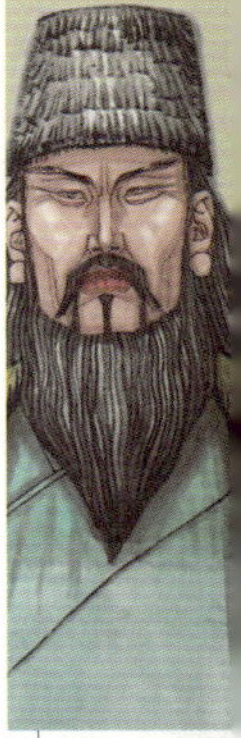

举制度。第二年，首次开科举，一次录取了四千多人。科举考试的恢复，提高了中原儒生的地位，为国家发现招揽了大量的人才，为忽必烈时期大元帝国的发展繁荣积蓄了人才。

耶律楚材根据中原王朝的统治方法，制定了相应的赋税制度。大蒙古国建国初期向外扩张，其目的是掠夺物资。作战时把敌方的财产抢劫一空，把掳来的人民和工匠充做奴隶，战利品按战功大小分给贵族和将领。这种掠夺方式对社会和生产力破坏十分巨大。当时的蒙古族统治者还不明确赋税是国家财政收入的重要手段。一些大臣甚至提出把中原农耕土地撂荒变成牧场放牧。耶律楚材对这一做法进行了坚决抵制，他抓住窝阔台汗想增加财政收入和伐宋的心理，提出：军队需要大量物资，可以通过地、商、盐、酒、铁等税收获取，一年可获得银五十万两、帛八万匹、粮食四十余万石，足以满足前线战事的需求。于是窝阔台汗采纳了耶律楚材的建议，把全国分为十路，每路设正副课税使，他们直接隶属于大汗，独立于各地的文官和武官系统。这十路分别是：燕京、宣德、西京、太原、平阳、真定、东平、北京、平州、济南。到了1236年，地方税收政策基本定型，分为土地税、人丁税和户税三大类。对土地税，则根据土地灌溉条件和肥沃程度分水田、旱田（上、中、下三等）四类分别收取。人丁税则按照所清点的实际户籍人数缴纳，青壮年男丁足额，女子减半，老幼免税。户税则以户为单位缴纳，可收丝绢或银两。中原地区实行了这一税制后，一定程度上促进了农业经济的发展。

综上所述，耶律楚材提出的新政，使新兴的蒙古贵族逐渐放弃了落后的游牧管理方式，逐渐采用汉族以儒教为中心的传统思想和制度来治理国家。使战争不断的乱世转为和平的盛世，使先进的中原封建农业文明得以保存和继续发展，也为后来忽必烈建立元朝奠定了基础。因而，耶律楚材也成为促进蒙古族接受中原传统文化的第一人。

耶律楚材在成吉思汗、窝阔台汗两朝供职近三十年，建立了很多功勋。窝阔台汗驾崩后，其皇妃乃马真摄政，耶律楚材因为多次弹劾皇后乃马真的宠臣奥都剌合蛮，逐渐被排挤。不幸于1244年的5月14日悲愤而死，终年54岁。“砥柱中流断，藏舟半夜移”，消息传出，倾国悲哀，许多蒙古人都哭了，如同丧失了自己的亲人。汉族的士大夫更是流着眼泪凭吊这位功勋卓著的契丹族政治家，他们的良师益友。大蒙古国数日内不闻乐声。

11. 丘处机

丘处机（1148～1227）

丘处机（1148～1227），字通密，道号长春子，中国宋代著名道教主流派全真道掌门人，思想家、政治家、文学家、养生学家和医药学家。丘处机为南宋、金朝、蒙古帝国统治者以及广大人民群众所共同敬重，并因以74岁高龄而远赴西域行程35000里，劝说成吉思汗止杀爱民而闻名世界。

丘处机出生于山东登州栖霞，自幼失去双亲，尝遍人间辛苦。19岁时，丘处机出家，在宁海昆嵛山（今山东牟平境内）开始学道，拜全真道祖师王重阳为师，取名为丘处机，他们在山东和河南一带传教。经过多年的传道和修炼，丘处机成为全真道龙门派创始人。1203年，丘处机接任全真道第五任掌教，其掌教时间长达24年，在政治和社会上影响极大，使全真道乃至整个道教的发展都进入了兴盛时期。丘处机不仅是一位杰出的道教领袖，而且也是一位重要的思想家和政治家，他的最大贡献是将其济世安民的思想付诸实践，对当时社会产生重大影响。丘处机对社会问题有着敏锐的洞察力。他深知要使自己的理论有长盛不衰的生命力，必须要在实践中给人民带来好处，而这种实践又必须要得到最高统治当局的全力支持。

丘处机不仅是一位道教领袖，而且也是一位思想家和政治家

丘处机生活的时代正是13世纪蒙古民族崛起的时代。一代天骄成吉思汗，率领蒙古铁

丘处机于1222年在大雪山与成吉思汗会见（《蒙古历史油画长卷》王延青等创作）

骑驰骋在欧亚大陆，先后有四十多个国家、七百多个民族都归附于他，建立了一个世界历史上国土面积最大的国家。但是这个刚刚从草原游牧社会走出的蒙古民族，尚缺乏统治世界的经验、能力和方法，在军事占领的同时还存在着大量的无辜杀戮，致使蒙古铁骑所到之处人口锐减田园荒芜，并摧毁了很多古代文明，这很不利于大蒙古国的正常发展。但是成吉思汗是一位心胸十分宽广、能够容纳世界的英主，当他得知中原有一位熟知治理天下大事，并且法术十分高超的道家领袖丘处机时，便于1219年（金兴定三年）派使臣从万里之遥的中原盛邀丘处机到蒙古西征前线，以求治国之道。

1220年秋天，丘处机率弟子随蒙古使臣从山东莱州动身，经宣化（今河北宣德），越野狐岭，向东北行至呼伦贝尔，再沿怯绿连河西行，穿越蒙古高原、阿尔泰山、昌八里（今新疆昌吉）、阿力麻里、塔剌思河、塞蓝（今哈萨克斯坦奇姆肯特）、锡尔河、撒马尔罕、碣石（今乌兹别克斯坦沙赫里·沙勃兹），越阿姆河而南下。1222年初夏，在大雪山（今阿富汗兴都库什山）与成吉思汗会见。

在此之前，丘处机看到金朝国势衰败，南宋政权也日渐颓势，所以

先后谢绝了金朝与南宋统治者欲请其辅政的邀请，一心隐居于家乡传道授徒。然而他却毅然接受了成吉思汗之邀，不辞数万里艰苦跋涉，西行至雪山行营，面见蒙古大汗，充分表现出这位道教领袖在政治上高瞻远瞩的洞察力。一方面，他深明天下大势，看到了结束战乱、使天下一统的重任已历史性地落到成吉思汗及蒙元政权身上。另一方面，丘处机也从成吉思汗向其下达的诏书中看到了希望，受到了鼓舞。成吉思汗的邀请书表面上请丘处机为己讲养生之道，实际上则是询问治国安邦大计。成吉思汗为治理国家求贤若渴的心情深深地打动了丘处机，所以他不顾自己年事已高，历尽艰辛，万里西行，开始又一次“外修真功”的重大实践活动。

在驻扎今阿富汗境内的成吉思汗西征军行营内，丘处机与成吉思汗朝夕相处数月。这位大汗与丘处机一见如故，两人促膝长谈，恳谈养生哲学和治理天下之事。成吉思汗深感丘处机知识渊博，以长者之礼待之，丘处机于是以中原文化、孔孟之道引导成吉思汗。丘处机针对成吉思汗希望长

丘处机曾经任主持的北京白云观

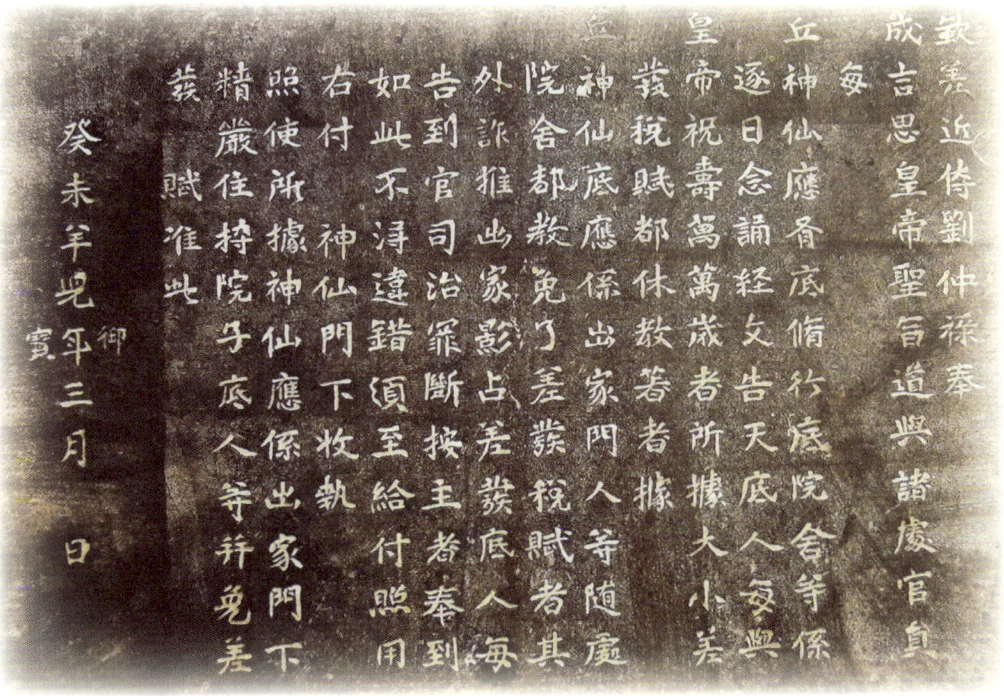

《成吉思汗圣旨碑》碑文拓片，褒奖长春真人丘处机

寿的心理，要他将追求长寿与行善结合起来，劝告成吉思汗，养生之道重在外修阴德，“救生灵于鼎镬之中，夺性命于刀锯之下”，就是要去暴安民。丘处机首先赞扬了成吉思汗起兵灭西夏和金是符合天意民心的，迎合了这位大汗的心理，然后劝其务须禁止残暴杀戮，才能使事业最后成功。由于丘处机循循善诱的说教，对成吉思汗思想多有所触动。于是，成吉思汗内心豁然开朗，并下达了“一言止杀”令，致使蒙古大军在前线战斗中屠城现象逐渐禁止，也使后来成吉思汗放弃了攻进中原后大肆屠城掠夺的打算。

丘处机不仅宣传济世安民主张，而且也身体力行。在蒙古军控制的邪米思干城（今阿富汗境内）和撒马尔罕，他就将从蒙古贵族那里得到的粮食救济饥民，为蒙古统治者树立了榜样。丘处机西行途中遍及今蒙古、吉尔吉斯斯坦、哈萨克斯坦、乌兹别克斯坦、阿富汗等国，在所经过的沿途城市，宣传道教和中国传统文化，让当地人民了解中国和中国的传统文化，起到了很好的宣传和弘扬中华文明的作用。

当他返回中原时，没有要成吉思

汗馈赠的大批金银财宝，却接受了成吉思汗授予他“掌管天下道门”的特权和免除全真教徒赋税的“圣旨”，在黄河流域大建全真教道观，接受和安抚了大批无以为生的流民，使之加入全真教，从而免除了他们承担的苛捐杂税。

丘处机还是一位杰出的养生学家和医药学家。他认为养生学和医学知识是救人性命不可缺少的手段。因此他长期研习中国传统医学知识，充分汲取《内经》等理论，写出了《摄生消息论》这部养生学、医药学专著。在这部书中，他根据人身及其活动应与四时相适应的原则，从起居、饮食、精神、环境和防病等方面进行了详细的研究，有助于人们的养生和健身。

1227年（金正大四年），丘处机在长春宫宝玄堂逝世，享龄80岁，瑞香弥漫整个燕京城三日，世人称奇。元世祖时，追尊其为“长春演道主教真人”。天下百姓为纪念“邱神仙”的无量功德，遂定其生辰正月十九为燕九节，岁岁庆祝至今，是京津地区的著名风俗之一。

12. 孛斡儿出

孛斡儿出（1162～1226）

孛斡儿出（1162～1226），是蒙古阿鲁剌惕部人，自幼跟随成吉思汗，曾多次立下奇功，是成吉思汗名将四杰之一，十大开国功臣之一。

成吉思汗年轻时，为寻找家中被盗马贼偷走仅有的八匹马，中途与孛斡儿出相遇。他与成吉思汗结伴同行，协助夺回了八匹马。从此孛斡儿出来到成吉思汗身边做伴，终身为其尽忠效力。《元史》记载：“志意沉雄，善战知兵，事太祖于潜邸，共履艰危，义均同气，征伐四出，无往不从”。孛斡儿出历任内侍卫总队长（怯薛长）、万户长、右翼军统帅，管辖地直至阿尔泰山。在成吉思汗所册封的95个千户中，他排在第二位，其位在众人之上。成吉思汗曾经放话，对孛斡儿出“赦九罪而不惩”。元成宗铁穆耳于1301年追赠孛斡儿出为“忠协谋佐运功臣、太师、广平王”。

孛斡儿出是成吉思汗名将四杰之一，十大开国功臣之一（思沁画）

孛斡儿出一生追随成吉思汗，鞍前马后侍奉大汗，被赞誉“除影子外无伴当，尾子外无鞭子”的朋友，成为成吉思汗身边的第一个那可儿（“伴当”），他参加了历次统一蒙古高原的战争。

有一次，成吉思汗同孛斡儿出在山里被12个敌人包围。当时，成吉思汗在前，孛斡儿出在后，成吉思汗未等孛斡儿出过来，凭借自己的匹夫之勇去攻打敌入，但敌人特别狡猾，不敢靠近却乱箭齐射，其中一支箭射中了成吉思汗嘴部，因伤势过重跌倒在地失去了知觉。这时，孛斡儿出快马赶上来迅速对大

孛斡儿出协助成吉思汗夺回了八匹马（思沁创作）

汗进行抢救。他立即烧出热水送来让其漱干净嘴，吐出了喉咙里的凝血，使得成吉思汗很快恢复了知觉和体力。成吉思汗站起来，重新向敌人冲过去，孛斡儿出紧随其后，敌人顿时大惊失色，全都从山崖上跌落下去摔死了。

另有一日清早，宿敌蔑儿乞惕人突然袭击了成吉思汗一家，这时的成吉思汗身边人马不多。诃额仑和女仆听到了大队兵马奔袭的声音，立即叫醒全家，乘马逃进了不儿罕山。可成吉思汗的夫人孛儿帖却因无马可骑，同女仆坐上牛车逃跑，途中被蔑儿乞惕人抓获。蔑儿乞惕人围绕不儿罕山寻找三遍，因林密谷深，易陷泥沼，道路难行，因已夺得孛儿帖，随即退走。成吉思汗派孛斡儿出、者勒蔑、别勒古台三人，随蔑儿乞惕人之后跟随侦察，等敌人远离后，成吉思汗投奔到王汗、札木合处，与他们组成联军，一举救出了孛儿帖夫人，这期间成吉思汗和札木合同住一年半的时间，孛斡儿出、者勒蔑一直陪伴着。

成吉思汗的乞颜部与泰赤乌部是同宗，但泰赤乌部为争夺蒙古大汗之位很早就与乞颜部结下仇恨。1200年，成吉思汗为攻打泰赤乌部、派孛斡儿出等四杰在伊里河以东的山地设埋伏，自己率一队人马向泰赤乌部出击，两军交战不久，成吉思汗率军且战且退。泰赤乌部首领塔儿忽台以为得胜随即追击、进入四杰的设伏阵地，孛斡儿出率领人马奋勇冲杀，经激战击溃了泰赤乌部，其首领塔儿忽台被赤老温斩首，其余残部逃往巴尔忽真地区。

1202年秋，成吉思汗、王汗联合袭击乃蛮部，夺其人畜财物极多，王汗弟在押送掠获品返回途中，在额垤儿阿勒台地区遭到乃蛮部塔阳汗军队的突袭，俘获桑昆妻及大批牲畜财产，所获战利品全部失尽。王汗派其儿子桑昆率军前往增援，又派使臣向成吉思汗求助，成吉思汗立即派其四

杰前往救援。与乃蛮军激战时桑昆乘马受伤，在正面临被俘之危急时刻，孛斡儿出率军冲过来救出桑昆，并把自己的坐骑交给桑昆骑。四杰击溃了乃蛮军，救出了桑昆妻子，夺回了大批辎重和财产，并返还给了王汗。王汗感谢四杰的援助，赠给孛斡儿出10个金碗，亲自给他穿上赠送的裘皮外衣。

孛斡儿出参加了成吉思汗历次统一蒙古各部的战争（《蒙古历史油画长卷》王延青等创作）

1203年初，王汗父子背信弃义，计谋败露后，出动军队，追击成吉思汗并偷袭其西部牧场。孛斡儿出在受命联络哈撒儿时被王汗军队包围，孛斡儿出冲出包围圈，把面临的严重状况通知哈撒儿并传令其急速突围，到卯温都尔山集合。突围后他俩失散。孛斡儿出所乘战马中箭倒下，他便徒步而战，遇敌军正在后撤，乘机抢夺一匹战马，追寻成吉思汗的踪迹而去，第三日中午见到成吉思汗交令。

孛斡儿出随成吉思汗西征中亚时，术赤、察合台、窝阔台在攻克玉笼杰赤城后，三个人把战利品全部分光，一点也未留给其父亲。对此，成吉思汗很生气，决定不接见儿子们。这时，孛斡儿出等人进言相劝，才接见了儿子们，并严厉地批评了他们，要求他们要吸取教训，不许再犯。

察合台出征西域，成吉思汗让其去孛斡儿出那里请教。孛斡儿出对察合台说：“人生经涉险阻、必获善地，所过无轻舍止。”其大意是人的一生经历各种艰难险阻，必然获得成功的经验和好的结果，所有经历的事情都是必要的，没有什么好坏之分和割舍的必要。成吉思汗对这一教诲特别赞同，对察合台说，让我教你也超不过这些话了。察合台获得这一珍贵赠言，在西征中横刀立马，立下了很多战功。

1226年，孛斡儿出在跟随成吉思汗征讨西夏国的战争中不幸逝世。对此，成吉思汗极其悲痛，向众人赞扬孛斡儿出一生功绩。

13. 孛罗忽勒

孛罗忽勒（？ ～1217）

孛罗忽勒（？～1217）是蒙古主儿勤部人。是成吉思汗的名将四杰之一、蒙古十大开国功臣之一。在95个千户中，名列第15位。初为成吉思汗御食供奉和司膳（宝儿赤）。后来当了护卫、百户长、千户长、怯薛长、万户长，右翼军副统帅。他立下了很多功劳，成吉思汗很敬重他。

1194年，成吉思汗征讨主儿勤部叛乱，在搜索营地时，捡到一个孤儿，起名叫孛罗忽勒，他把这个孤儿交给自己的母亲收养，孛罗忽勒成为诃额仑夫人的第四个养子。

1202年，成吉思汗在统一蒙古各部的战争中，率领大军一举歼灭了塔塔儿部。这时有一个叫合儿吉勒失剌的塔塔儿人逃跑，他为寻找食物，逃进诃额仑夫人的帐篷里。善良的诃额仑夫人见他饥饿难耐，准备给他拿食物并让他坐在帐篷内等候。这时，成吉思汗年仅5岁的幼子托雷从外边走进帐篷，这个塔塔儿人忽然跳起，把拖雷夹在肘下劫持人质便向外跑，同时抽刀妄图杀害拖雷。诃额仑夫人见此状，大声呼喊，孛罗忽勒妻子阿勒塔尼立即赶来，她急中生智，用一只手将逃犯的头发抓住，另一只手奋力夺刀，把逃犯的刀打落在地。这时，在帐篷后面宰杀牛羊的

孛罗忽勒是成吉思汗的名将四杰之一、蒙古十大开国功臣之一（思沁创作）

孛罗忽勒曾经当过护卫、百户长、千户长、怯薛长、万户长，右翼军副统帅

者别、者勒蔑二人，听到阿勒培尼的嘶喊搏斗声、拿着刀迅速跑过来，刀斧齐下，就地杀掉了劫持人犯。阿勒塔尼得了头功。

乃蛮部名将可克薛兀撒剌黑率部队截击王汗的部队。一举成功，俘获了桑昆（王汗之子）的妻子，还缴获了大批人畜和财物。王汗向成吉思汗求援，成吉思汗立即派孛罗忽勒等四杰前去救援。四杰率部击溃了乃蛮军、救出了遇险的桑昆及其被俘之妻，同时夺回了人畜和财物并全部交还给王汗。

1203年春，王汗父子以联姻为名抓成吉思汗的计谋败露后，出动军队追击成吉思汗，又派兵袭击成吉思汗西部牧场。两军在哈喇哈真沙陀地面交战，敌人进攻受挫，成吉思汗也因为自己的兵马太少而主动撤离战场，向东面自己的根据地退走。在王汗军队袭击时，成吉思汗三子窝阔台受箭伤病情严重。孛罗忽勒扶持左右，为防止窝阔台伤口流血感染，用自己的嘴来吸其伤口内的脓血，使窝阔台的伤口减轻疼痛，次日早晨因窝阔台伤重不能乘马，孛罗忽勒就抱住他共乘一匹马，于第三天傍晚终于与成吉思汗会合。

蒙古弯刀

成吉思汗奖赏开国功臣时，对孛罗忽勒和众臣说：“他能还报我母亲养育之恩，并救我二子的性命。凡百艰难处，也不曾怠慢。今后犯九罪而不罚。”

1204年秋季，成吉思汗征讨蔑儿乞惕部，蔑儿乞惕部下属兀洼思部首领带儿兀孙率部投降。后来，该部又叛变，叛逃到色楞格河地区。成吉思汗派孛罗忽勒和赤老温的弟弟沉白二人率右翼军去征讨叛军。他们领旨后率军勇猛攻下叛军固守的山寨，迅速平息了叛乱，并俘获了叛军全部部众，受到了成吉思汗的赞扬。

1217年，成吉思汗率领大军远离本土进军金国时，北部林木中百姓秃马惕部乘机叛乱。成吉思汗得知后就派孛罗忽勒率军前往平叛。孛罗忽勒将妻子、儿女托付给大汗后，率军到达贝加尔湖森林地带的秃马惕部居住地区。他只身带三个人行于大军前面，在深山密林中，依小径而行时，敌人侦察兵突然从其背后攻击，将他杀害，一代名将陨落。成吉思汗听到这一消息后大怒，准备亲自率军征讨秃马惕部，在孛斡儿出等人劝阻下，改派博罗欢、朵儿伯率军前去征讨，他们乘秃马惕部百姓筵席时突然袭击重创该部，收复了秃马惕部百。成吉思汗对孛罗忽勒的死非常悲伤，说道：“我要像心肝般地看待他留下的子女，他们不要悲伤，我会很好地爱护他们的!”

14. 者勒蔑

者勒蔑（约1160～1210）

者勒蔑（约1160～1210），兀良哈部人。蒙元帝国名将，成吉思汗的四獒（四勇）将军之一，十大开国功臣之一。早年辅佐成吉思汗，参加了统一蒙古高原各部族的战争。以骁勇善战著称，享有“巴特尔”（勇士）称号。蒙古建国时，封千户长。

者勒蔑的父亲札儿赤歹老人是个铁匠，是成吉思汗的父亲也速该的好朋友。当也速该被塔塔儿人毒死，蒙古部众纷纷离去，在成吉思汗一家最艰难的时候，札儿赤歹老人毅然从怯绿连河源不儿吉的家乡来到不儿罕山前，领着自己的儿子者勒蔑，并背着风箱和打铁的工具，毅然把者勒蔑送交成吉思汗做仆人，要求他一生追随其主。从此，者勒蔑和孛斡儿出二人成为成吉思汗的伴当，一直侍奉在成吉思汗左右。

者勒蔑是成吉思汗的四獒（四勇）将军之一，十大开国功臣之一（思沁创作）

1179年，篾儿乞惕部首领脱黑脱阿率300名骑兵，突袭成吉思汗一家，以报当年成吉思汗之父也速该抢走篾儿乞惕部赤列都的新娘诃额仑的旧仇。在这次突袭中，幸亏家中的老仆豁阿黑臣发现得早，赶紧叫醒了正在睡梦中的一家人。成吉思汗来不及集合全家，随即让身边的家人骑上了九匹马逃往不儿罕山。但是，成吉思汗的异母速赤格勒夫人、妻子孛儿帖及老仆三人还是被篾儿乞惕人抓住了。敌人寻着马踪追寻到不儿罕山里。反复搜查数日也没有搜寻到成吉思汗的踪迹，不得已退兵。待敌撤走后，成吉思汗怕其中有诈，派者勒篾、孛斡儿出尾随敌人三天三夜侦察敌情，翻过了八道山梁，确信敌人已经走远，这才回来禀报，大家才放心回家。当时成吉思汗身边只有者勒篾和孛斡儿出二人跟随，在危机时刻帮助他全家逃难，又敢于孤身深入敌后，可见他们对成吉思汗的忠心。

1189年，成吉思汗被乞颜部推举为蒙古大汗，者勒蔑和孛斡儿出二人出任怯薛长，总览侍卫事物，其中者勒蔑担任外侍卫护卫总队长。他们二人参与汗廷大事的运筹，随从成吉思汗统一蒙古各部，以果敢善战著称。

成吉思汗在阔亦田之战中受伤，者勒篾把乳酪调和好，端给成吉思汗喝（《蒙古历史油画长卷》王延青等创作）

1202年秋天，成吉思汗在阔亦田地区与泰赤乌部发生了激烈的战斗，双方你砍我杀，难解难分；直至红日西坠，仍不分胜负。恰在此时，成吉思汗颈部中了一箭，伤势十分严重。天黑后，两军已杀得疲惫不堪，隔河相望分别在两岸扎营。这时的成吉思汗颈部流血不止，由于伤势过重已经

者勒篾在与克列部的战斗中一马当先冲锋在前（《蒙古历史油画长卷》王延青等创作）

昏迷过去。守候在身边的者勒蔑见此状，用嘴来吸吮其颈部伤口内的瘀血并进行包扎，一直守候到深夜。这时成吉思汗微醒过来，对者勒蔑说他饥渴难忍，者勒蔑听后迅速脱掉衣服，裸体潜水渡河来到了对岸敌人的营地，在他们的车子上找寻马奶，很侥幸寻到一大桶乳酪，避开敌人的警戒取回来。者勒篾把乳酪调和好，端给成吉思汗喝，连饮三次。成吉思汗体力逐渐恢复并坐了起来，对者勒蔑说道："从前篾儿乞惕人在不儿罕山追剿我时是你救了我一家人的性命。现在又口吮瘀血救我的命，还深入敌营为我寻找饮料，你的救命之恩我是永远不能忘的。"第二天，成吉思汗带伤率大军一举歼灭了宿敌泰赤乌部。

同年，成吉思汗歼灭了塔塔儿部后，有一个叫合儿吉勒失剌的塔塔儿人逃到诃额仑夫人的帐篷里。见到成吉思汗年仅5岁的幼子托雷，这个塔塔儿人把拖雷夹在肘下妄图杀害。诃额仑夫人见此状大声呼喊，孛罗忽勒的妻子阿勒塔尼迅速上去与逃犯厮打。这时在帐篷后面宰杀牛羊的者勒蔑、者别二人，听到嘶喊和搏斗声，拿着刀迅速跑过来，刀斧齐下，就地杀掉了劫持人犯，者勒蔑又救了成吉思汗幼子托雷的性命。

1203年春，王汗之子桑昆设计

陷害成吉思汗。以两家联姻为名邀请成吉思汗赴宴，妄图加害于他。成吉思汗仅率十骑赴宴，途经蒙力克老人家时，老人看穿了桑昆的阴谋，说服成吉思汗不要前往，听到了蒙力克老人的见解以后成吉思汗大悟，派二人前往桑昆处通报，以春初马瘦为由不能前来，带领其他八骑返回驻地。桑昆见阴谋败露，立即起兵突袭。但此事被两位牧马人得知，并星夜驰报成吉思汗。成吉思汗手下不足3000兵马，为避敌锋芒，藏匿了军器辎重后撤退，命令大将者勒篾断后并观察敌情。第二天下午，者勒篾看到王汗的追军已到，只见远处尘土飞扬，便派人禀告，成吉思汗排兵布阵。会战时，两军各出动猛将冲锋，者勒篾一马当先冲锋在前。战斗激烈，箭飞如雨。双方伤亡极其惨重。王汗的爱子桑昆颊上中箭，被士卒救起。直到夜幕，王汗引军西归。在这之后，克烈部迅速走向衰亡，很快被成吉思汗歼灭。

1204年春，成吉思汗发兵攻打乃蛮部，者勒篾随军出发。乃蛮部是蒙古高原最后一个未被剿灭的大部，其首领塔阳汗收罗了很多被成吉思汗击溃的各部残余势力，包括成吉思汗当年的安达、后来与其作对的札木合，因此乃蛮部人多势众。蒙古军先

出土的蒙古帝国时期的弓箭

锋部队首先到达了撒阿里客额儿之地后与乃蛮军相遇，蒙古军一匹瘦马被乃蛮哨兵缴获后送至塔阳汗帐内。乃蛮君臣看到瘦马后认为蒙古军长途奔袭到此，人马多已疲惫，并不可怕。面对这样的形势，成吉思汗采纳了疑兵之计的策略。命令在夜间扎营时每人点五堆篝火，要求将士养足精神喂饱战马随时待命。此情况被乃蛮哨兵发现，迅速向塔阳汗报告说蒙古军队人数众多，夜间燃起的火，比天上的星星还多。塔阳汗见此状不敢贸然进攻，认为应该采用诱敌深入的策略，然后围而歼之。但是却遭到了他的儿子屈出律的反对。塔阳汗只好率五万余兵向蒙古军进攻。成吉思汗亲自担任先锋，哈撒儿为中军，斡赤斤断后。成吉思汗手下的猛将者勒蔑等率本部人马冲击，把乃蛮军一直逼到纳忽昆前的大本营。塔阳汗见蒙古铁骑有排山倒海、雷霆万钧之势，顿时颇感畏惧，转身问跟随身边的札木合："那像狼一样冲入羊圈的蒙古将领是什么人？"扎木合答道："那是我的铁木真安答用人肉喂养的四獒（四狗），他们生得铜额凿齿，锥舌铁心，以环刀为鞭子，饮露骑风，每逢战争，生吃人肉，现已脱去铁索，毫无拘束，如入无人之境。他们就是者勒篾、者别、忽必来、速不台四个人。"塔阳汗听后十分畏惧，更不敢恋战，慌忙率部逃向纳忽昆山，蒙古军两翼包抄，将乃蛮军困在两边陡峭的山谷里，由于天色漆黑，掉下悬崖摔死的人不计其数。第二天乃蛮残部纷纷投降，塔阳汗负伤而死。蒙古高原上最后的劲敌乃蛮部就这样灭亡了。

者勒篾虽然久经沙场，屡建奇功，但大蒙古国建立不久，他就去世了。因此其名不再见诸于史。《蒙兀儿史记》称者勒篾"鸷悍善战"，即像雄鹰一样凶猛强悍，同时又足智多谋，善于灵活应战。他作为"四獒"之首，当之无愧。者勒篾的后人现在分布在内蒙古赤峰市喀喇沁旗、辽宁省喀喇沁左翼蒙古族自治县、阜新蒙古族自治县三地及周边地区。

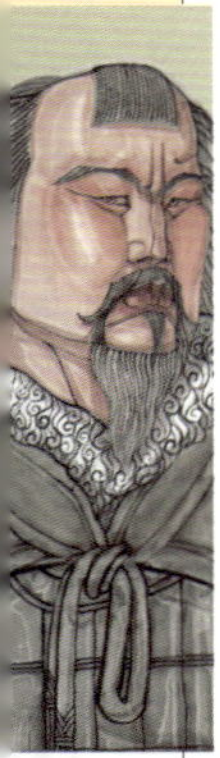

15. 木华黎

木华黎（1170～1223）

木华黎(1170～1223)，札剌亦儿部人，祖居蒙古高原斡难河东。他是大蒙古国开国功臣，是成吉思汗的名将四杰之一。蒙古开国时，成吉思汗封木华黎、孛斡儿出二人为左右万户长，木华黎称为左手军统帅，在95个千户官中，排位第三。被成吉思汗称之为开国元勋和左膀右臂。

1194年，成吉思汗战胜了蒙古高原的主儿勤部，札剌亦儿部老人帖列格秃伯颜率领他的三子四孙前来投奔，要求他的子孙们要永世效忠成吉思汗，其中木华黎是他的第三子。木华黎智勇双全并善于骑射。有一次，成吉思汗作战失利，丢失了帐篷又遇上大风雪天气，只能露营。木华黎、孛斡儿出二人，为使大汗休息好将自己的裘皮衣展开围成帐篷为之保暖，而自己则站立在风雪中一直坚持到天亮。还有一次，成吉思汗仅率领三十余骑兵行进到一个山谷间，他随口问木华黎：在这种情况下遇到敌人该怎么办？木华黎回答说：用自己的身体来保护大汗！正说着，敌人果真出现了，他们向成吉思汗射出了罪恶之箭。在这个紧急关头，木华黎挺身而出，立即拉弓搭箭射向敌方，连发三箭，箭箭

木华黎是大蒙古国开国功臣，成古思汗的名将四杰之一（思沁创作）

射中敌人要害之处；敌人见势不妙，纷纷四处溃散逃跑。木华黎用自己娴熟的弓箭术保护了大汗。还有一次，成吉思汗带着木华黎、孛斡儿出、者勒蔑、孛罗忽勒、绰儿马罕、失吉忽秃忽六员大将去狩猎，遇上三百余强敌，木华黎一马当先英勇杀敌，在成吉思汗的带领下经过激战，打死敌人一百多，缴获战马百余匹。1203年秋，成吉思汗为征讨王汗父子，率军

木华黎随成吉思汗大军南下攻金（《蒙古历史油画长卷》王延青等创作）

至怯绿连河，在得知王汗正在大摆筵席寻欢作乐时，连夜西进，成吉思汗派遣木华黎带领精锐骑兵夜袭王汗大营并首战成功，王汗父子逃走。至此，征服了克烈部。木华黎一生追随成吉思汗，参加了统一蒙古高原的历次战争，屡建战功，并且一生对成吉思汗忠贞不贰。

成吉思汗在1206年统一了蒙古高原，建立了大蒙古国以后，开始了对金朝的攻略。1211年，成吉思汗率大军进攻金国，进至野狐岭地区，遇到号称40万之众的金军顽强抵抗。木华黎亲率一线敢死队、奋勇向前、策马扬鞭、冲入敌阵，蒙古后续大军跟进冲入敌营，金军顿时乱了阵脚溃乱后

中国河南省木华黎后裔保存的木华黎遗像

退，蒙古军追至浍河堡，敌军伤亡惨重，一路丢盔卸甲，可谓僵尸百里。

1213年至1216年间，蒙古铁骑深入到金国腹地，进攻中都以东各州府和辽西地区，进而扫荡黄河以北诸郡州，获得了金国大片国土。其间，成吉思汗派木华黎随哈撒儿的左路行进，木华黎率军攻取惠和（今内蒙古宁城附近）、金源、龙山（今辽宁朝阳凤凰山）、和众（今辽宁凌源）、富庶（辽宁喀左县）等15座城池，逼近金北京城（今内蒙古宁城）。金北京守将奥屯襄率兵二十万出城迎战蒙古军，结果被歼八万余人，奥屯襄被迫退守北京城，数日后城中粮尽金兵大乱，奥屯襄被其部将杀死，余部投降。木华黎率领军队继续南下，金军节节败退，北京五府之内各州县皆降，各地投降的官吏、地主武装陆续加入蒙古军，助蒙攻金。至此，辽西平定。

1217年8月，成吉思汗封木华黎为太师、国王，命木华黎率领汪古、弘吉剌、亦乞列思、兀鲁兀、忙兀等部蒙古军和契丹、西夏、汉等降军，攻掠金地，经营中原地区。成吉思汗对木华黎说："太行以北，我自己去经略，太行以南，由你去尽力吧！"成吉思汗把作为大汗象征的苏勒德赐给木华黎，授以发布号令的全权。从此，成吉思汗即把蒙古兵主力转向西方，侵掠金朝的战争完全由木华黎指挥。

木华黎受命经略中原之后，连年进攻河北、河南、山东、山西各地。他改变以往蒙古军春去秋来，只重视抢掠物资的做法，积极利用矛盾，收降大批地方武装首领为其守城夺地。

发挥蒙古军善于突袭和野战之长。并下令，禁止烧杀抢掠，对占领区的老幼百姓，鼓励他们回去种田。

1217年10月，木华黎进攻河北诸府县，中山府（今定县）、新乐县、赵、威（今井陉）、邢、磁、洺（今永年县）等州相继投降，又派兵攻下大名府。11月，木华黎率军进入山东，连续攻破滨、棣（今惠民）、博（今聊城）、淄、沂（今临沂）、密（今诸城）等州。12月，攻下益都。

1218年8月，木华黎率蒙古军数万人，自大同府入山西，攻占代、古、石、岚等州。9月、攻入太原，留下大将攸兴哥镇守太原，进而攻入汾、潞二州。接着，木华黎获取平阳。1218年，蒙古军出紫荆关、金将张柔在狼牙岭迎战，战败后投降蒙古军。木华黎仍命张柔任河北都元帅。

1219年5月，张柔奉命攻取河北尚未占领地区。先后占领雄、易、安、保诸州。张柔军攻占满城，打败金将武仙，乘胜攻占完州。1220年，木华黎在真定城收降金将武仙又分兵攻占卫、怀（今河南沁阳）孟三州。

1220年7月，木华黎进军尚属宋朝管辖的中原部分地区。在蒙古军的威震之下，宋朝济南治中（军政首脑）严实，带领其管辖下的彰德（今河南安阳）、大名、滋、洺、恩、博、滑、浚等州30万户军民叛宋投奔蒙古，木华黎任命严实为金紫光禄大夫，行

木华黎后裔供奉的木华黎雕像

尚书之职。严实投奔蒙古军后，率军攻占楚丘（今山东曹县）、濮（今山东鄄城）、单（今山东单县）三州。木华黎率蒙、汉军进攻黄陵岗（今山东曹县西南）。金军20万大败，又围困东平（今山东东平）。1221年4月，东平粮尽，金守将弃城携数百骑逃走，木华黎命严实在东平建行省。

1221年秋，木华黎率军自东胜入陕西。10月，攻破葭州（今陕西葭县）、绥德州（今陕西绥德）。11月，进攻延安。金军退入城内坚守，蒙古军久攻不下，便留兵围困。木华黎继续率军南下，12月攻破鄜（今陕西富县）、坊（今陕西黄陵）等州。

1222年8月，木华黎回师云中，夺回太原府，孟州（今山西孟县）守将投降。木华黎又攻破青龙堡和金胜堡，花帽军向木华黎投降。10月，木华黎军经绛州攻破荣州（今山西万荣），汾水以东地区相继投附蒙古军。木华黎又围攻并占领了河中府。同年冬，木华黎率军经蒲城直驰京兆（今陕西西安）。金将完颜合达领兵20万固守，木华黎见进攻不利，留6000人屯驻，又派兵攻打潼关。

1223年2月，木华黎亲自率大军围攻凤翔，围攻月余久攻不下，时下的木华黎戎马一生已经鞍马劳顿，自己感觉身心疲惫力不从心了，木华黎留下重兵驻渭水南，自己率兵返回蒙古草原。在返回途中，经过山西闻喜县病重，不幸病逝，享年54岁。

木华黎一生对成吉思汗的事业鞠躬尽瘁、死而后已。1321年，元朝英宗皇帝追谥木华黎为“忠武鲁国王”。

鄂尔多斯市乌审旗乌兰陶勒盖镇木华黎神矛祭坛

16. 速不台

速不台（1175～1248）

速不台（1175～1248），兀良哈部人，蒙元帝国名将，成吉思汗的四獒（四勇）将军之一。早年辅佐成吉思汗，参加了统一蒙古高原各部族的战争，以及征西夏灭金朝的战争。以骁勇善战著称，享有“巴特尔”（勇士）称号。蒙古建国时，封千户长。曾参与蒙古第一、第二次西征，使蒙古帝国版图扩展至欧洲一带。其征战所及东至高丽，西达俄罗斯、波兰、

速不台是成吉思汗的四獒（四勇）将军之一，也是驰骋世界征战范围最广的将领之一（思沁创作）

匈牙利，北到西伯利亚，南抵中原开封。是古代驰骋世界征战范围最广的将领之一。

1204年7月，成吉思汗率蒙古大军进攻乃蛮部，速不台作为左翼军副指挥，从翁金河一线发起进攻，从杭爱山南侧实施深远迂回追击，进至阿尔泰山东侧，切断了乃蛮军主力退却的路线，与前、中军会合后，一举消灭了乃蛮军，并迫使塔塔儿、朵儿边、合塔斤、撒勒只兀等部残余势力投降，统一了蒙古高原。

1206年，建立大蒙古国。成吉思汗即位后论功封赏，速不台被封为第51世袭千户，是蒙古国十大开国功臣之一。

1211年，成吉思汗率蒙古大军进攻金朝，分一路东

进辽河上游地区。当年7月，进攻桓州（今内蒙古正蓝旗西北），速不台率军为先锋，迅速攻城破寨旗开得胜，成吉思汗特奖励速不台一车金帛。1213年，金兵在居庸关设险坚守，成吉思汗留一部兵力在居庸关北口，

成吉思汗派往花剌子模的商队无端被杀害，促使蒙古西征（《蒙古历史油画长卷》王延青等创作）

佯攻以牵制金兵，亲率大军经山西广灵、灵邱，出紫荆关，向中部以南金朝纵深地区迂回。派遣速不台、者别各率其所部，趁敌不备迂回杀了个回马枪，攻破居庸关南口，迫使金守将献出居庸关北口投降。蒙古军南北会师，随之进围中都（今北京）。

1216年，当成吉思汗率大军全力征讨金朝时，蔑儿乞残部脱黑脱阿之子忽都、赤剌温等，乘机潜回阿尔泰山附近，纠合一伙人伺机复辟，并与篡夺西辽政权的乃蛮部塔阳汗之子屈出律相勾结，妄图动摇蒙古后方根据地。成吉思汗得知消息后，在攻占金朝中都后迅速返回漠北哈剌和林。他召集诸将领开会商讨军情。成吉思汗问："谁能为我征蔑儿乞部？"速不台自告奋勇起来请战，成吉思汗极其信任速不台，同意他率一部兵马出征。1217年，速不台越过阿尔泰山向西穷追蔑儿乞残部，终于在垂河地区与敌相遇并激战，一举歼灭了蔑儿乞残部，活捉了忽都、赤剌温兄弟二人，用铁车把他们运回东方，献给了成吉思汗并处死。

1219年，成吉思汗由于花剌子模国王无端杀害自己的商队而组织了蒙古历史上的第一次西征。蒙古铁骑兵分四路攻击细浑河下游诸城。成吉思汗率主力，以速不台为前锋，渡过细浑河下游，攻破赛尔奴克城，尔后从人迹罕至的希基尔库姆大沙漠通过，

急赴布哈拉城，于1220年3月攻占布哈拉。作战中，蒙古人创建了炮兵和技术兵器部队，利用火炮和抛石器攻城，威震敌胆，所向披靡。他们首先使用了闪电战，靠马的机动性，“来如天坠，去如电逝”，如飙风迅雷，迅速消灭了敢于抵抗之敌，蒙古人作战的凶悍令中亚人为之色变。同年春，成吉思汗率军奔向花剌子模名城撒马尔罕。在围攻撒马尔罕城时，侦查得知花剌子模的国王沙赫穆罕默德已逃走，便派速不台、者别前往追击。

在蒙古第一次西征中，速不台、者别打开了通往欧洲的大门（《蒙古历史油画长卷》王延青等创作）

速不台、者别二将受命各率万骑，从撒马尔罕启程。在般札卜渡过阿姆河，长驱直入呼罗珊。沙赫穆罕默德得知情报后，于1220年5月12日逃往伊拉克。速不台军招降巴里黑城的军民后，沿着通往札木和徒恩的大道继续前进。徒恩以东各城全部望风而降，故获得了赦免。只有徒恩城军民进行了顽抗，被蒙古铁骑强力攻占，并对抵抗者进行了严惩。速不台军继续前进，陆续攻破了哈不珊、额思法剌因、达蔑干、西模娘诸城，但没有追赶上沙赫穆罕默德，便继续向西往伊拉克方向追去。这时者别所率领的大军从祃拶答城翻过群山向南来到了剌夷城下，与速不台两军会合攻破了剌夷城。沙赫穆罕默德被迫登上舟船逃往里海的一个小岛避难，一个月后便病死在该岛上。在出征途中，速不台、者别二将缴获了很多花剌子模王国的奇珍异宝，并献给了成吉思汗，他们获得了成吉思汗的由衷称赞和奖赏。

速不台、者别率军获胜后，继续进军阿哲儿拜占等国。1222年春天，向北攻破谷儿只城，进占打耳班地区，在这里他们开凿通道越过天险太和岭，打败了阿兰、钦察等国的联军。1223年5月，在窝勒迦河畔歼灭俄罗斯、钦察联军，继而攻入俄罗斯南部地区，扫荡

高加索山脉南北。同年底，奉成吉思汗的命令班师东归。归途中又打败不里阿耳、康里各部的大军，在这之后与从波斯归来的蒙古军主力会合，东返蒙古本土。

这次蒙古军西征转战三年，征服14国，破城四十余座，歼敌近十七万，行程五千余公里，蒙古军以极小的代价取得了硕大的战果，为后来的两次蒙古军西征打下了坚实的基础。他们在作战中运用了追击战、伏击战、围城战、袭击战、运动战、歼灭战和分化瓦解之战。蒙古第一次西征取得了辉煌的胜利。

1226年，成吉思汗出征西夏，考虑到速不台转战万里、威震欧亚、功劳卓著，特批假期，让他回家探亲。可是速不台看到大军又要出征，他请战并上奏成吉思汗要求随驾出征。成吉思汗看到速不台的忠义，同意了他的要求。速不台率军作战，屡战屡胜，为了迂回攻取西夏，借道金国地界，攻取了临洮路和凤翔路的一些州县。1227年8月，噩耗传来，成吉思汗不幸驾崩。速不台与其他将领护送成吉思汗的灵柩北返漠北草原。

1229年窝阔台汗继位，首先制定了灭金的策略，并亲率蒙古军征金。从1231年春天起，速不台就在拖雷麾下效力，作为大军的右翼，先攻克陕西宝鸡，入大散关，尔后绕道南宋境内的凤州（今陕西凤县东北）、洋州（今陕西洋县）、兴元（今陕西汉中）、金州（今陕西安康）、房州（今湖北房县），然后渡汉水向北，兵锋直指汴京（今河南开封）。大军在光化附近渡过汉水到达禹山（今河南省邓州市西南部），遇到金国二相完颜合达、移剌蒲阿率领的步骑兵15万在禹山布阵，计划夹击蒙古军。速不台献计，根据

西征途中的成吉思汗大帐

金军不耐劳苦，不利野战的特点，使用小股部队多次出击使之疲劳，一战则胜。于是，蒙古军改变作战计划，派出部队多次骚扰金军，使得金军疲惫不堪。蒙古军迅速从禹山撤退，分路直逼汴京（今河南开封）。金二相唯恐蒙古军乘虚侵入汴京，率所部从邓州出发增援汴京。蒙古军在鈞州三峰山摆出口袋阵，终于一举歼灭金军重兵集团。从此，金军一蹶不振。

在这种形势下，窝阔台汗与拖雷返回漠北，留下速不台为元帅，统帅诸路兵马在河南继续围攻汴京。金朝皇帝哀宗在蒙古军强大的阵势威逼下，丢弃汴京撤退到归德（今河南商丘），后又转赴蔡州（今河南汝南）。1233年，金元帅程立献汴京投降，蒙古军入汴京。1234年初，速不台派遣大将塔察儿率军与宋军组成联军攻入蔡州，金王朝灭亡。

灭金后，根据蒙宋两国联兵灭金作战中达成的“约以陈蔡为界”的协议，蒙宋双方均从河南战区撤出自己的军队。蒙古将塔察儿撤至黄河北岸，受命镇守河南。速不台率军“增屯设伏于陕府、撞关”，防备金在秦巩一带的二十余城的残余势力。

窝阔台汗继位后，速不台领兵进行的攻金战争

1234年6月，宋理宗悍然决定出师河南收复三京（开封、洛阳、郑州）失地，这是毁约之举。速不台、塔察儿得知宋军毁盟，乘虚出兵占领河南的消息后，积极采取了粉碎宋军进攻的措施，决开黄河南部的寸金堤，用洪水来迟滞宋军西进，增加宋军运输粮食的困难，在三京周围遍布暗哨并屯兵设伏，实行空城诱敌之策。留驻洛阳的蒙古军主动撤离，而在洛阳城东宋军必经之路上设伏兵。速不台、塔察儿率军反击宋军的进攻，迅速收复了汴京、洛阳。宋军收复三京之

举，以丧失三万兵力的代价而告终。

1235年，窝阔台汗召开蒙古诸王大会，决定远征钦察、俄罗斯及东欧、中欧各国。命令各黄金家族宗室均以长子率军出征，万户以下各级那颜也派长子率军从征。这就是历史上有名的蒙古第二次西征，也叫“长子西征”。这次西征以术赤长子拔都为主帅，招回了具有丰富西征作战经验、目前还在中原作战的老将速不台为副帅。

蒙古第二次西征中，速不台率军作战，屡战屡胜

1236年春，诸王所率领的军队在不里阿耳（今保加利亚）边境会师。速不台率领先锋军首先突入，攻取了不里阿耳的都城，在蒙古大军勇猛突击下，其军队纳贡投降。但不久，不里阿耳又发生叛乱，速不台又率军征讨，最后彻底征服了不里阿耳部众。

1237年12月，蒙古军入侵俄罗斯。先破梁赞、利罗母纳、莫斯科诸城，紧接着攻破弗拉基米尔城，相继占领了俄罗斯北部、中部各俄罗斯公国，1238年，蒙古军转向伏尔加河支流窝勒伽河、顿河下游地区休整。在这时，有一支蒙古军在围攻利泽尔斯克城时失利，遭到该城守将瓦西里的顽强抵抗，蒙古军伤亡惨重，并且损失了三员大将，战局危急，主帅拔都派合丹和不里率军增援，又命令速不台督战。蒙古军强攻三日，终于攻克该城。1238年至1239年，蒙古军分兵扫荡了太和岭、黑海以北的钦察、薛儿客速、阿速等部。

1240年，蒙古军又转而重新进入俄罗斯南部，攻取了乞瓦，平定了南俄罗斯诸公国，整个俄罗斯纳入蒙古军的囊中。在蒙古西征军占领俄罗斯全境后，于1240年12月集结于加里西亚境内休整。

1241年，速不台与诸王拔都、拜答儿、昔班、合丹分五路进攻波兰、匈牙利。进攻前，召开作战会议，讨论作战态势，大家一致认为各

路军中匈牙利军最强悍，不可轻进。速不台献出妙计，引诱匈牙利军离开防守严密的城堡，把他们诱骗到蒂萨河（多瑙河的支流）地区，然后围而歼之，大家采纳了这一计谋。蒙古军主力由拔都、速不台指挥。拔都率一路从俄罗斯关隘口前进，速不台率一路从罗马尼亚达兰西勒宛尼亚山隘进兵。当佩斯特城内乱时，拔都与速不台两军会合。匈牙利结集军队后，国王别剌率兵自佩斯特出城。拔都率军边退边撤，匈牙利军追至蒂萨河的西岸扎营，蒙古军退至河东，这里地势险要、易守难攻。两军相持数日，拔都见敌军虽然人数众多，但有机可趁，便把进攻部队一分为二，一路夺桥，一路由速不台率领，迂回到下游渡河回击。蒙古军首先用炮轰桥，敌守桥军顿时溃散。速不台率领的一路军从河下游涉水渡河，并迂回绕到敌后冲杀过来。匈牙利军腹背受敌，营中顿时大乱，不敢迎战，几次出击失利。两军激战时，很多匈牙利军溃散逃走，蒙古军网开一面，让开一条血路，余下的匈牙利军见有路可逃，争相逃走。蒙古军利用骑兵的优势，从后面追击砍杀，一举歼灭了匈牙利军。别剌王逃入密林。举世闻名的蒂萨河歼灭战胜利结束。速不台又率军攻取匈牙利首都布达佩斯特。拔都高度评价了匈牙利战役中速不台的功绩。

1242年4月，窝阔台汗驾崩，消息传到蒙古西征军，拔都下令东返蒙古，蒙古第二次西征结束。速不台在蒙古西征中开疆扩土的功劳为日后蒙古四大汗国的建立打下了坚实的基础。

1246年，速不台参加了贵由汗登基大典后，返回了土拉河自己的营地。1248年逝世，享年73岁。速不台一生转战大漠南北、中原、中亚、西亚、欧洲，前后四十余年，以多谋善断、英勇善战而闻名。后追封速不台为河南王。

速不台在蒂萨河一举歼灭了匈牙利军

17. 者别

者别（？ ~1224年）

者别，（？～1224）别速惕部人，蒙元帝国名将，是成吉思汗的四獒（四勇）将军之一，也是十大开国功臣。由于他英勇善战，忠心效力，被成吉思汗授予十户长、百户长直至被任命为第47世袭千户长之职。者别跟随成吉思汗参加了统一蒙古高原各部族的战争，参加了对金朝的作战，也参加了蒙古第一次西征。者别骁勇善战，每战总是担任前锋，他精于射术，能百发百中地射击飞动中的碗。在一次战斗中，曾徒手抓住敌军射来的箭镞，仍搭上自己的弓射回去，竟然一箭穿透敌方主将的心窝，被传为美谈。此外，者别的刀法也非常厉害，在一生中南征北讨，手持蒙古弯刀杀敌无数，如入无人之境。

1201年，成吉思汗在阔亦田战役中，击溃泰赤乌部后，一名叫只儿豁阿歹的敌将归顺了成吉思汗。在被召见时，成吉思汗问只儿豁阿歹："在阔亦田战斗中，是谁从山岭上用弓箭把我坐骑的马项骨射断的？"只儿豁阿歹敢作敢为，立即回答道："是我所为，若大汗赐我一死，只不过是玷污了巴掌大的一块土地。如果不让我死，我愿意肝脑涂地为大汗效力，将深水可以斩断，将坚石可以撞碎。"成吉思汗听到这一表白后深深感到了他的坦诚，很有感触地说："凡是敌人做了害人的事情后，都要隐瞒真相，可是你却毫不隐晦这件事，

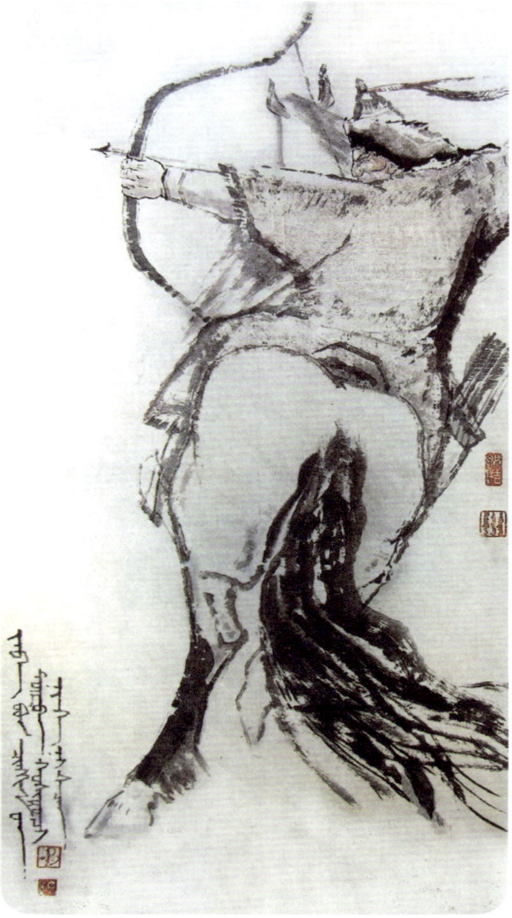

者别是成吉思汗的四獒（四勇）将军之一，也是十大开国功臣之一（思沁创作）

可以做我的伴当。”成吉思汗随即把只儿豁阿歹收为随身侍卫，并赐名为者别（意为箭镞）。从此，者别成为成吉思汗麾下的一员得力大将。

1202年，成吉思汗征伐塔塔儿诸部时，曾给部下立下严格规定，凡在作战时获取的战利品，不得擅自占为私有，等待战事结束后统一分配。但是成吉思汗的族人按坛、火察儿和答力台却私分了缴获塔塔尔部的牲畜和财物，成吉思汗得知后极为愤怒，为了严肃纪律，派者别和忽必来二将索回掠获的全部战利品，并按照大汗的旨意分给参战各军，可见者别执行命令坚贞不二。后来成吉思汗建立保卫汗廷的怯薛军时，选派者别为怯薛军的重要首领之一。

在阔亦田战役中，成吉思汗把者别收为随身侍卫（《蒙古历史油画长卷》王延青等创作）

1204年4月，成吉思汗征讨蒙古高原最后一个劲敌乃蛮部时，者别与忽必来二人担任前卫。7月，者别作为前锋一马当先冲锋在前，一举突破了乃蛮军阵地，直逼纳忽昆山崖前的塔阳汗大营，乃蛮军大败，塔阳汗受伤而死。从此，者别之骁勇路人皆知。者别与忽必来、者勒蔑、速不台以成吉思汗的四勇而闻名，被形容为具有“铜的额颅、凿子似的嘴、铁的心、锥子似的舌”的凶猛战将。

1211年，成吉思汗率大军进军金国。3月，到达金国北部边境的汪古部。4月，前锋者别率军攻取了大水泺和丰利等地。因气候渐热便撤回汪古部草原休整兵马。1211年7月，蒙古军从汪古部出发进军金国。前锋者别轻兵突入乌沙堡，又攻占乌月营。10月，金国居庸关守将闻风而逃，者别

便率军首次占领居庸关，然后直抵金国中都（今北京）。12月间攻中都不克，后退兵。

1212年冬，者别自中都率兵直捣金国东京（今辽宁辽阳）。见城池防守坚固，不易强攻，便使用计谋。者别首先率军后退500里，给金兵以蒙古军已经撤走的假象，金兵便放松了戒备。者别把辎重留在后方，命令部下一人骑一马牵一马，一昼夜奔袭到东京城下，乘金军不备突然发动袭击，一举夺取东京城，扫荡月余而返。

1213年9月，蒙古军二次进攻居庸关受阻。成吉思汗率大军沿桑乾河西行，经山西广灵、灵丘等地，然后绕道东出，迂回居庸关。者别、速不台各率其所部，趁敌不备迂回杀了个回马枪，攻破居庸关南口，迫使金守将献出居庸关北口投降。蒙古军南北会师，再度围攻金中都，于1215年，攻占金国中都。

1216年春，成吉思汗率师返回蒙古草原，准备剿灭乃蛮塔阳汗之子屈出律的复辟势力。乃蛮部被成吉思汗歼灭以后，塔阳汗之子屈出律出走投奔西辽，采用阴谋手段篡夺了西辽政权，进而谋求恢复乃蛮故国，并派人到乃蛮故地收罗旧部。1218年，成吉思汗派者别率领两万骑兵进军西辽，这是蒙古军西征的先声。者别军进入西辽境内，按照成吉思汗的旨令，宣布宗教信仰自由，从而赢得了伊斯兰教信徒的支持。各地居民奋起杀死西辽士兵，并纷纷迎降。西辽可散八思哈管民官曷思麦里投降蒙古军，并为者别军作先锋，引领蒙古军追击屈出律，者别穷追到巴达合伤的撒里黑昆山谷，抓获屈出律并就地正法。接着，喀什喀尔、和阗、叶尔羌等地相继投降，建国86年的西辽国灭亡。者别在征讨西辽过程中，缴获良马千匹，口色皆白，献给成吉思汗，以补偿昔日曾经射死的大汗坐骑。

金中都重要军事关口——居庸关

成古思汗派者别进军西辽，抓获屈出律并就地正法
（《蒙古历史油画长卷》王延青等创作）

这时，蒙古疆界与中亚古国花剌子模国开始接壤。

1219年，成吉思汗向花剌子模国派去由500峰骆驼组成的商队，并带去了友好通商的亲笔信件。但花剌子模的昏君沙赫穆罕默德却无端掠夺了所有货物并杀害了随队商人，这一卑劣行径极大地激怒了成吉思汗，他决定亲征花剌子模王国，这就促成了蒙古历史上的第一次西征。

这年秋天，成吉思汗为西征花剌子模国，亲率大军自也儿的石河源地出发，经乌鲁木齐到伊犁，在巴尔喀什湖以南地区集结。成吉思汗派遣者别率领三万骑兵，从合失合儿（今新疆疏勒）出发，历尽千辛万苦，翻越帕米尔、天山之间高山峡谷，进入细浑河上游的费尔干纳盆地，出其不意地从南面迂回到了花剌子模国，切断了花剌子模与阿富汗之间的联系。沙赫穆罕默德得到者别军出现在花剌子模军侧背的消息后，将大部分兵力调往细浑河上游，企图消灭者别军，保障其侧翼安全。成吉思汗率主力趁细浑河防线空虚，突然出现在细浑河北岸，兵分四路进袭沿河岸诸城。沙赫穆罕默德被四面包围，通向花剌子模纵深的通道，也已经被蒙古军堵住。

蒙古军弓箭手

蒙古军在扫荡了花剌子模名城撒马尔罕周边之后，进逼撒马尔罕城。

成吉思汗率军抵达撒马尔罕城下，侦察得知沙赫穆罕默德已经逃走。便命令者别、速不台两位将军随后追击。他们在般札卜渡过阿姆河，奔袭呼罗珊（今伊朗、阿富汗、土库曼斯坦一带）。二将行进到巴里黑城（今阿富汗巴尔赫）时，城内守军迫于蒙古军强大压力献城投降。者别、速不台指派部分兵将留下镇守，自己率领军队迅速前进。者别军于 6月5日进抵沙不儿城，逼迫守军投降，后沿着通往术维因的道路进军到祃拶答城，又向西追往伊拉克，继而南下到剌夷城下，与速不台两军会合，共同攻破该城。

沙赫穆罕默德逃到了他的儿子鲁克那丁的军营，决定留守伊拉克。得知蒙古军已攻占剌夷城，沙赫穆罕默德的王亲和随从争先出逃，士兵溃散。沙赫穆罕默德与他的几个儿子先逃往哈仑堡，仅留一天，又逃往他处。他们刚离开哈仑堡，者别军就追到这里，但由于沙赫穆罕默德行踪诡秘而暂时失去了追击目标，者别军北还。沙赫穆罕默德迫于两位蒙古悍将的穷追猛打，被迫登上舟船逃往里海的一个小岛上避难，一个月后，于1221年1月病死在该岛上。者别、速不台二将随后俘获了沙赫穆罕默德的母亲和王后，大获全胜，花剌子模王国灭亡。

随后，者别、速不台二将横扫西亚、高加索地区，首先攻占忽木、哈马丹等城，尔后率军北上，开进到阿哲儿拜占（阿塞拜疆）的都城帖必力思。该国国王月即伯请和，二将便退出了阿哲儿拜占境，军队驻扎在里海沿岸的木干地区休整。1221年2月，取道入侵谷儿只（格鲁吉亚），一举打败谷儿只军一万人，接着转战蔑剌合、哈马丹、额儿迭比勒、撒剌卜及阿兰（黑海东北部草原）境内的拜勒寒等地。1221年10月，经阿兰都城干札再度进军谷儿只境内，谷儿只军布阵以待，者别率领5000兵，组成口袋阵伏击圈，速不台率军迎战，佯装败退，吸引谷儿只兵进入伏击地域，一举歼灭谷儿只军三万人。

二将由谷儿只境转向东，进至设里汪，破其都城沙马气，攻占打耳班。由设里汪人当向导，越过太和岭（今高加索山脉），来到了居民众多的阿兰地区（伏尔加河、顿河草原地区）。阿兰、勒思吉、薛儿客速、钦察等部合力抗击蒙古军。两军交战胜负未决。者别鉴于敌众我寡，便派使臣离间钦察部与其他诸部之间的关系，并以重金收买，使钦察军离开同盟军撤走。者别、速不台便大举进攻其他诸部，达到了各个击破的目的。打败阿兰等诸部后，又出其不意地迂回攻入钦察部境内围剿钦察军，夺回了用于收买他们的重金，钦察残部向俄罗斯方向逃走。蒙古军在冬季驻扎在钦察草原地区休整。

钦察部的一个叫忽难的首领，带领他的家属逃到了俄罗斯乞瓦公国其女婿处求援。俄罗斯南部各公国决定与钦察部组成联军抗击蒙古军。俄罗斯军进至第聂伯河一线，俘获了蒙古军前锋，并让钦察人杀掉，继而又杀蒙古使者。于是者别、速不台二将决心迎战。为了使敌人远离其境，蒙古军不战佯退。俄罗斯、钦察联军以为蒙古军不敢迎战，连续追击十二天，来到了顿河与伏尔加河之间的草原地带。1222年冬，者别、速不台利用伏尔加河冰冻渡河西进，以一部兵力布阵以待，又派遣一军运动到亚速海东南，渡亚速海到黑海，扫荡当地俄罗斯驻军凯旋。两军会合后，准备迎战俄罗斯、钦察联军。联军兵力达八万之众，分南北

者别、速不台二将率军横扫西亚、高加索地区

两部屯兵。北军统帅西里西亚王自信可以胜敌，不与南军联络便于1223年5月31日率军渡河冒进，在孩儿桑地区与蒙古军展开激战，蒙古军发挥骑兵运动战的特点，激战数日大获全胜，只杀得北军丢盔卸甲、弃尸遍野。西里西亚王丢弃自己的将士只顾个人逃命。而南军统帅乞瓦王，看到北军惨败，也不敢擅自出兵支援。蒙古军一面分兵追歼溃军，一面进攻乞瓦王的南军。乞瓦王仓促进行防御，抵抗三天不敌蒙古铁骑的凶猛攻势，不得已率部投降以求免死。这次战役使蒙古军在俄罗斯名声大震。者别、速不台率军长驱直入俄罗斯境内，扫荡俄罗斯南部地区，沿途未遇到任何敢于抵抗者。又挥师进入黑海、亚速海沿岸及克里米亚半岛。

1223年冬天，者别、速不台两位将军奉成吉思汗之命班师东归。回师途中又向东侵入伏尔加河地区的不里阿耳国，二将又采取设伏的方式大败敌军，敌伤亡大半，仅逃出4000人。者别、速不台又取道撒哈辛之地（现俄罗斯乌拉尔地区），打败了康里兵。最后经锡尔河北边的草原与成吉思汗的蒙古大军会师。

1224年，东归的途中曾经威震蒙古草原，痛击金国，横扫花剌子模、西辽、钦察草原、俄罗斯的征服者，成吉思汗的“神箭”陨落了。者别因年事已高和长年远征的辛劳，不幸病死于军中，他没有能够再一次回到蒙古草原。成吉思汗得知噩耗后极其悲痛，命令以国葬规格厚葬，优厚抚恤家属。

成吉思汗结束西征班师图（《蒙古历史油画长卷》王延青等创作）

18. 失吉忽秃忽

失吉忽秃忽（约1180～1260）

失吉忽秃忽，生卒年月不详（约1180～1260），塔塔儿氏，蒙元帝国大将。随成吉思汗统一蒙古诸部，也参加了蒙古第一次西征。蒙古建国后，被封为千户长，任“札尔忽赤”（大断事官），掌管司法和财赋。他作为蒙古首任法律官员，建章立制，治世理政，赏罚分明，为当时社会的和平安定做出了突出的贡献。

失吉忽秃忽的身世颇为传奇。据《元史》记载：金朝皇帝派丞相完颜襄到蒙古草原追剿塔塔儿部。成吉思汗得到这个消息以后，说道：“塔塔儿人害死我的父亲，大仇未报，如今正好趁这机会，前去夹攻。” 蒙古铁骑在攻破塔塔儿人的营寨以后，在打扫战场的时候，发现一个英气勃发，头角峥嵘的小孩。成吉思汗慧眼识英才，将这个孩子带回家交给自己的母亲诃额仑抚养，这个小孩就是失吉忽秃忽。另据《史集》记载，失吉忽秃忽少年时代勇猛无比，胆识过人。有一年，在一个极其寒冷的冬日，成吉思汗率领大军在雪地中行进。途中，

成吉思汗击败了塔塔尔部，在作战中捡到了孤儿失吉忽秃忽（《蒙古历史油画长卷》王延青等创作）

大家看见一群麋鹿飞奔而过。这时已经是15岁的失吉忽秃忽对成吉思汗的御前官提出前去追赶这些麋鹿，他得到了允许就出发了。到了晚上，成吉思汗问起失吉忽秃忽时，得知出去狩猎。成吉思汗大怒道：“这个小孩子要冻死了！”正在十分着急的时刻，年轻的失吉忽秃忽回来了，并且告诉大家，在追赶的30只麋鹿中被他射杀了27只。这个少年勇敢的举动竟使成吉思汗大为惊愕。他于是命人寻觅猎物，果然27只被杀死的麋鹿一只不少都躺在雪地上。15岁的失吉忽秃忽只身冒风雪追杀麋鹿，如此英雄豪气深深地打动了成吉思汗。从此以后，失吉忽秃忽就追随成吉思汗左右，奔驰在漠北大地。他时常提出高超的用兵之策，并且逢战则身先士卒，从不贪生怕死，为大蒙古国立下卓著功勋。

《古代蒙古法制史》记述了蒙古帝国刑罚诉讼等内容。

1206 年，大蒙古国建国。成吉思汗任命失吉忽秃忽担任“札尔忽赤”之职，即最高断事官。掌管全国刑罚诉讼，惩戒“盗贼诈伪”等刑事案件。另外，负责民户分封诸事，裁断百姓“家产分配”等民事纠纷。同时，还规定：凡是札尔忽赤判决了的刑事、民事案件都要记录在《青册》上，后人不得随意更改。由此确立了大蒙古国的司法制度——札尔忽赤制度。《青册》被认为是蒙古第一部成文法律文书，与《成吉思汗法典》（大札撒）一起，为大蒙古国依法治国奠定了基础。失吉忽秃忽获得了最高执法大权后，断案公正，从不欺软怕硬，他秉承实事求是的原则，公正地对待各类案件。他总是反复告诫犯人要讲实话，不要因为恐惧而胡乱招认。他断案的方式，奠定了后来蒙古断事官判决案件的基础。由于失吉忽秃忽办事一丝不苟、廉洁公正、不为钱财所动、从不贪功邀赏，因此受到了成吉思汗的称赞。

1215年，成吉思汗率领大军攻略金国的燕、蓟诸州县后又攻下金中都（今北京）。成吉思汗派失吉忽秃

失吉忽秃忽跟随成吉思汗参加了蒙古第一次西征（《蒙古历史油画长卷》王延青等创作）

忽、阿儿孩和汪古儿去接管金朝都城。受命后，失吉忽秃忽迅速开展工作，首先下达安民告示安抚民心，带领士兵灭掉城中熊熊燃烧的大火，便开始接收金廷府库里的金银珠宝。在查点财物的时候，有一名叫合答的降将负责管理府库。为了讨好这三位接收大员，他擅自取了几件绣金丝织品赠送给他们。阿儿孩和汪古儿都为这种名贵织品所动，便收下了礼物。唯有失乞忽秃忽严辞拒绝，说道："过去，这里的一切都属于阿勒坛汗（金朝皇帝）；如今，这些都归于成吉思汗。你有什么权力擅自支配这些财产？又怎敢擅取此物来送与我？我决不接受此物！"面对贿赂不为所动，失乞忽秃忽所表现出的廉洁操守再度让成吉思汗敬佩不已。成吉思汗给失吉忽秃忽的另一项重要任务是寻找他敬仰已久的人才耶律楚材。失吉忽秃忽遵照成吉思汗的指令广揽人才，他们很快找到了耶律楚材，并把他立即送到了成吉思汗帐下。另外，从俘虏中，挑选出具有特殊技术和教养的人为我所用。一些能工巧匠、出家人、占卜师、医生、法官、农夫和儒生等都被失乞忽秃忽召集起来，平安地送到了成吉思汗帐下。事后，这些人各

尽所能都为成吉思汗积极做事。

失吉忽秃忽跟随成吉思汗参加了著名的蒙古第一次西征。1221 年夏，他奉命率领三万蒙古军去攻打哥疾宁、可不里（今阿富汗加兹尼、喀布尔）等地。这个时候，花剌子模王子札兰丁据守哥疾宁、也里（今阿富汗赫拉特）。札兰丁与其父——昏庸的花剌子模国王沙赫穆罕默德截然不同，可算作是一代枭雄。哥疾宁所属诸侯国的灭里汗暂时归附了他，一时军力大振。札兰丁率军到达八鲁湾川（在喀布尔东北）扎营。失吉忽秃忽奉命率领蒙古军追剿灭里汗的军队也到达八鲁湾川的北部。灭里汗与札兰丁两军会合后人数达到了六七万之众，他们与蒙古军激战两日。这次战役由于失吉忽秃忽指挥失当，另外由于敌人人数众多而寡不敌众，蒙古军损失惨重。失吉忽秃忽与副将率领败军退回大营。成吉思汗未加深责，只是指出他以前总打胜仗，没有受过挫折，应该从这次失利中吸取经验，以后就会更谨慎。八鲁湾川之战虽然札兰丁赢得了胜利，但并没过多久，由于札兰丁联军内部分配不均，灭里汗与札兰丁分道扬镳，其胜利化为乌有。蒙古军加强了攻势，最终哥疾宁沦陷，蒙古军取得了最后胜利，札兰丁败走印度河而亡。

1231年，蒙古第二任大汗窝阔台与拖雷分别率领大军展开了对金朝最大的攻势。失吉忽秃忽随从拖雷所统领的右翼军而行。大军借道宋朝辖地由西边首先攻入陕西西部重镇宝鸡，一路向东南开

失吉忽秃忽协助忽必烈治理中原

进，过秦岭进入汉水流域，兵锋向北直指汴京（今河南开封）。蒙古军在钧州三峰山摆出口袋阵，一举歼灭金军15万重兵，失吉忽秃忽参加了这次著名的三峰山战役。1232年，窝阔台与拖雷率领蒙古军主力返回漠北草原，留下失吉忽秃忽与塔思率领部分蒙古军继续进攻河南境内各州县。1234年初，蒙古军与宋军组成联军攻入蔡州，金王朝灭亡。

出土的蒙元时期的令牌

蒙古灭金后，窝阔台大汗于1234年在中原地区设立中书省，以耶律楚材为中书令，镇海为右丞相，粘合重山为左丞相，失吉忽秃忽被任命为中州札尔忽赤（管理汉地的最高行政官）。在燕京（今北京）设立官署衙门，管理中原各州、府、县的行政、诉讼和财税事宜。当时汉人称之为燕京行台尚书省。

窝阔台大汗采纳耶律楚材的建议，开始对汉地实行“以户计出赋调”的征收赋税制度，为保证国赋能如数征收，需要直接掌握各地户籍数目。失吉忽秃忽立即主持开展中原地区户口统计工作，于1235年完成，共统计得到110万户籍，此举史称“乙未户籍”。1236年，失吉忽秃忽又奉命按照蒙古旧制，将中原汉地民户分封给各诸王、贵戚、勋臣，作为他们的食邑，专供这些王臣的赋贡。这一举措极大地加重了这些汉地人民的负担，很多农民不堪繁重的差徭和税赋，大批逃亡。当然，失吉忽秃忽的这些做法一定程度上是为了满足当时攻宋战争的需要。

1235年，蒙古开始对宋战争，失吉忽秃忽受命和阔出太子一道统领东路军，攻打宋朝荆襄、两淮地区，而失吉忽秃忽负责的就是河北、山东诸路大军的的赋调及军马后勤供给。失吉忽秃忽退职后，曾协助忽必烈治理中原。后来死于阿里不哥之乱，享年82岁。

19. 术赤

术赤（1177～1225）

术赤(1177～1225)，孛儿只斤氏，是成吉思汗与正妻孛儿帖所生长子，蒙古名将。成吉思汗建国后，以蒙古百姓分封子弟，术赤分得9千户百姓，又分得军队4000人。1225年，成吉思汗划分了四个儿子的封地。术赤封地在最西，在也儿的石河以西，花剌子模以北，直至蒙古马蹄所到之处，他成为“术赤兀鲁斯”，即闻名世界蒙古四大汗国之一的“金帐汗国”之祖。

人们对术赤的身世曾有过疑问。成吉思汗的妻子孛儿贴当年被蔑儿乞人掳走，等救回时已有身孕，生下的孩子就是术赤，“术赤”是客人的意思。有些人怀疑术赤是蔑儿乞人的孩子，这在术赤与二弟察合台之间也产生过裂痕。但《蒙古秘史》正史记载：孛儿贴在被捉之前已经怀有身孕，她被蔑儿乞人掳走的时间不超过九个月，因此术赤是成吉思汗的儿子无疑。大汗从来也没有对术赤另眼看待，对他一直信任有加。在大蒙古国开疆扩土的战争中，术赤建立了丰功伟绩。所以术赤半点也没有辱没“孛儿只斤”这个姓氏。成吉思汗与术赤父子俩为蒙古帝国的创立和兴盛配合默契，术赤对父亲的事业鞠躬尽瘁。没有宽广伟大的父爱滋润，是成就不出蒙古帝国战功赫赫的功臣将领术赤来的。

术赤是成吉思汗长子，“金帐汗国”之祖（思沁创作）

1204年术赤27岁时，受成吉思汗之命掌管蒙古右翼军出征乃蛮部，配合各路大军，大败乃蛮军于纳忽昆山（位于鄂尔浑河东土拉河西），擒杀其首领塔阳汗。大战之后，带领驻军在阿勒台山（今阿尔泰山）镇守。

1207年，成吉思汗命术赤率蒙古右翼军去征服“林木中百姓”。这些人常年居住在北亚高山密林中，是蒙古草原的近邻。他们以狩猎为生，居住在由树木搭起的窝棚里，穿着兽皮缝制的衣服，冬季用雪橇滑雪板作为交通工具。因此，他们是很彪悍的森林居民。术赤以不合为向导，进入斡亦剌惕部落境内。该部首领忽都合别乞早已崇敬成吉思汗的威名，见到术赤所率的蒙古军后遂率部归顺。术赤军又招降了贝加尔湖以西和以南的不里牙惕、巴儿浑、兀儿速惕、合卜合纳思、康合思、秃马惕等部族后，向西进抵叶尼塞河上游的乞儿吉思地区。这里有很多城市和村落，也有游牧部族。他们的首领也率部众纷纷向蒙古军投降。术赤率军取得如此胜利，是因为以军事为后盾，采取了政治争取的手段。在这之后，又陆续招降了失必儿、客思的音、巴亦惕、秃合思、田列克、脱额列思、塔思、巴只吉惕等林木中百姓。于是，术赤率领归降的各位首领，带着海青骟马、貂鼠皮等贡物回来拜见父汗。成吉思汗对术赤率军出征旗开得胜，招降众多部族，军马无损，极为满意，特将林木中百姓赐给术赤。

《成吉思汗和他的儿子术赤、窝阔台》（波斯细密画）

1211年2月，成吉思汗通过汪古部地区发兵进攻金朝。7月，命大将者别为前锋，突入乌沙堡，占领乌月营。

在会河堡全歼金军主力。金居庸关守将闻风而逃，者别率军入关，其前锋直达金中都（今北京）。蒙古军另一路由成吉思汗三个儿子术赤、察合台、窝阔台率领，由汪古部人当向导，占领净州（今内蒙古四子王旗西北），过阴山，下丰州（今呼和浩特）。10月，攻占云内、东胜、武、朔等州，从西、西南方向威胁金朝西京（今山西大同）。西京守将弃城东逃，途中与另路蒙古军遭遇，被击溃散。1213年秋，成吉思汗率大军继续南进，先攻取前所弃而为金兵复得之诸城，在怀来大败金军，乘胜追至居庸关北口，留兵一部，亲率主力迂回南出紫荆关，金军大败，乘胜攻克了涿州和易州。蒙古军随后兵分三路，扫荡黄河以北诸州。右路军由术赤、察合台、窝阔台三兄弟率领，沿太行山东麓南下，扫荡保（今河北保定）、遂（今河北徐水县北）、定（今河北定州市）、邢（今河北邢台）、洺（今河北永年旧县）、磁（今河北磁县）、卫（今河南汲县）、孟（今河南孟县）等州，至黄河北岸，又绕太行山西麓北行。后兵分三路：东路沿泽州（今山西晋城）、潞州（今山西长治市）、沁（今山西沁水）等州向北扫荡。中路沿平阳（今山西临汾市）、太原、忻州（今山西忻州）、代州向北扫荡。西路沿黄河东岸，经吉州（今山西吉县）、隰州（今山西隰县）、岚州（今山西岚县北）向北扫荡。三路兵马在西京以南会合后，转向东进，至中都附近与主力军会合。蒙古军在1215年攻克金中都后，成吉思汗于

成吉思汗的妻子孛儿贴被蔑儿乞人掳走（《蒙古历史油画长卷》王延青等创作）

1216年从桓州返回怯绿连河畔的斡耳朵。

成吉思汗在率大军进攻金国的七年间，乃蛮、蔑儿乞残部蠢蠢欲动进行复辟活动。太阳汗之子屈出律篡夺西辽王位六年后，为复辟乃蛮汗廷，派人回故地招募残部，蔑儿乞残部一些旧臣也在乃蛮故地以西地区活动，两股残余势力纠集在一起妄图东山再起。林木中百姓的秃马惕部也趁机起兵叛乱。成吉思汗得到这一消息后，唯恐变故迅速北返巩固后方。1217年，成吉思汗派大将孛罗忽勒前往秃马惕部平叛，不幸中埋伏被杀后，改派博罗欢、朵儿伯二将率大军前去征讨，并取得了胜利。在征讨秃马惕部时，成吉思汗遣使到乞儿吉思部要求出兵支持，但该部不仅拒绝出兵，而且起兵呼应秃马惕部叛乱。在这种危机情况下，成吉思汗又派长子术赤率军征讨。术赤英勇善战，追剿并招降了乞儿吉思叛军及叶尼塞河上游至也儿的石河地区的乌思、憾哈纳思、帖良兀、克失的迷、火因亦儿干等林木百姓诸部，迅速巩固了后方。

西辽灭亡后，蒙古汗国与花剌子模国之间发生了一系列事件。花剌子模的昏君沙赫穆罕默德悍然杀害蒙古商队和使臣，并派间谍到蒙古地区刺探情报，又派兵占领已属于蒙古领土的突厥斯坦。成吉思汗大为震怒，决意复仇。1218年，成吉思汗召开御前会议，召集诸王诸臣定策西征之事。西征前，把伐金之事全权托付给木华黎。1219午秋，成吉思汗与诸子诸将率20万大军进行了

成吉思汗命术赤率军征服“林木中百姓”（《蒙古历史油画长卷》王延青等创作）

蒙古历史上第一次西征，时间长达七年。成吉思汗挥军进至伊犁，在巴尔克什湖以南地区集中后，进军细浑河。根据敌军设防情况，成吉思汗分兵四路攻取细浑河沿岸各城堡，自取不花剌，然后会师于撒麻尔干（今乌兹别克斯坦萨马尔罕）。术赤为第二路军，沿细浑河北进。其任务是攻占细浑河沿河城寨。术赤军进抵昔格纳黑城（今哈萨克斯坦锡尔河中游），遣使招降未果，遂下令攻城，经过七昼夜的强攻将城攻下。接着连续攻占讹迹邗（今吉尔吉斯斯坦乌支根）、巴耳赤邗、额失纳思（今哈萨克斯坦克孜勒奥尔达市），进逼毡的（今哈萨克斯坦克齐尔东南）。守城将忽都鲁汗乘夜逃向乌龙杰赤城（今土库曼斯坦乌尔根奇）。术赤派遣使臣招降，但城中主将已逃，无人指挥，城中大乱，术赤决定攻城，于1220年4月屯兵城下。蒙古军攻城时用梯子登城，从四面八方爬上城头，打开了城门，迅速占领全城。蒙古军无一人伤亡。术赤军分兵又攻下养吉干城（今哈萨克斯坦卡札林斯克南）等诸城，取得大胜。

成吉思汗攻占不花剌城（今乌兹别克斯坦布哈拉）后，于1220年春末进抵撒麻耳干城下，其他三军也先后攻占河中北方诸城及沿途各地后会师于撒麻耳干。成吉思汗将军队部署在城四周目眺所及的地方，又亲自绕城巡视两天，从第三天早开始攻城，激战几昼夜后全歼守敌，攻占全城。乌龙杰赤是花剌子模旧都，城跨阿母河两岸，农、工、商业繁荣发达。自秃儿罕哈敦（沙赫穆罕默德的母亲）及三子出奔以后，城中无主，共推忽马尔为帅。守军约10万人。

成吉思汗抵撒麻耳干后，即命者

蒙古军进攻金中都（今北京）

别、速不台二将各帅万骑追击沙赫穆罕默德。自己率兵屯于撒麻耳干、那黑沙不两城之间。1220年秋，闻沙赫穆罕默德诸子驻兵于乌龙杰赤城中后，乃命术赤、察合台、窝阔台三子率十余万兵力，攻取乌龙杰赤城。蒙古军前锋进抵城下，守城军派步骑兵出城迎战，蒙古军佯退，敌人追至城郊巴吉忽儿剌木之地中了蒙古军埋伏，伤亡惨重，蒙古军尾随溃军入城，但因入城兵力少，日已西下，故退出城外。这次伏击战共歼敌

西征中蒙古铁骑（波斯细密画）

一千多人。次日，蒙古军又派部分兵力到城下挑战，守城军出动500骑兵击退了蒙古军的进攻。这时，术赤、察合台、窝阔台率大军到达，巡视了城四周后，驻扎下来。派人招降，守将及兵民拒降。蒙古军准备攻城器械，因当地无石，则伐桑木，浸水加重，以代石发射，同时组织俘虏和当地居民用10天时间填平城壕，又将城内筑有堤桥的阿母河水引走。攻城准备完成后，蒙古军投入3000人攻夺横跨阿母河上的桥梁，被守军歼灭。守军这一仗的胜利，使他们的战斗意志大增。蒙古军方面，由于术赤和察合台二王不和，号令不一，纪律松弛，部队士气不振，守军多次出击，使蒙古军遭受重大损伤，攻城作战长达6个月而不能攻克。成吉思汗在塔里寒接到三子报告，非常气愤，改命由窝阔台统帅诸军。窝阔台和解两兄，同时整顿军队纪律，鼓舞官兵士气，军威复振。窝阔台于1221年秋下令总攻，蒙

古军登梯入城，当天就将旗帜插上了城头，使用各种器械强攻，使守军受挫。但入城进行巷战后，每一街道、院落都要反复争夺，战斗场面十分残酷，经过七昼夜的激战，才最终全歼守敌。蒙古军遂将居民全部驱逐到野外，把约十万名工匠送往东方，这些人来到中国后形成了最早的回族和色目人，把身强力壮的俘虏编入佥军，佥军由蒙古军官统领，成为了西征蒙古军的一部分。

蒙古军攻克乌龙杰赤城后，察合台、窝阔台前往塔里寒拜见成吉思汗，而术赤却率军前往也儿的石河自己的斡耳朵。早先，成吉思汗命令术赤率军征服北方的客刺儿、巴失吉儿惕、俄罗斯、撒而柯思、钦察草原地区，术赤没有执行，成吉思汗极为不满。他从花刺子模地区返回时，术赤未能去见他，但给父亲送去若干猎物，并且竭力表示请罪，同时说明自己患病，不能前去拜见。这以后，成吉思汗又数次降旨召见他，但因病始终未能满足父愿而呈表请罪。后来，传来了术赤去世的消息，成吉思汗因此陷入了莫大的悲痛之中。

术赤于1225年在其住地乞察兀逝世。享年49岁。术赤逝世后，由子拔都继承，统帅蒙古大军进行了第二次西征，征服了钦察、俄罗斯、波兰、匈牙利，创建了金帐汗国，其势力范围西至波兰、多瑙河流域和匈牙利，建立了蒙古四大汗国之一的金帐汗国，统治东欧、中亚几个世纪。术赤的后人现在遍布东欧和中亚地区，其中鞑靼、诺盖、乌兹别克、哈萨克等民族都含有术赤和蒙古人的血统。据考察，术赤留在中国的唯一后人是河南郑州市的“校”姓蒙古族后裔。

术赤铜坐像

20. 察合台

察合台（1183～1241）

察合台（1183～1241），孛儿只斤氏，是成吉思汗与正妻孛儿帖所生的次子。他是一位聪明能干、才智过人、富于学识、令人敬畏的蒙古名将。由于察合台熟悉札撒，是位刚正不阿的执法者。成吉思汗命察合台掌管札撒和法律，成吉思汗对属下说：“凡是具有强烈愿望、想知道札撒和大蒙古国法规的人，就去追随察合台。”成吉思汗建国后，以蒙古军民分授子弟，分给察合台的份额为百姓8000户，军队4000人。其受封地是河中地区、花剌子模的一部分、畏兀儿地区、喀什噶尔、巴达哈伤、巴里黑、哥疾宁以及直到忻都（印度）边境的所有地区。后来在此封地的基础上，察合台及后裔们建立了蒙古四大汗国之一的“察合台汗国”，他因此也成为了察合台汗国的始祖。察合台经历了两代蒙古大汗——成吉思汗与窝阔台汗的统治时期。

察合台是成吉思汗次子，”察合台汗国“之祖（思沁创作）

在成吉思汗时期，察合台经常在成吉思汗身边，跟随其父南征北战。1211年，成吉思汗率大军携其四个儿子进军金国。成吉思汗率主力过阴山、占乌沙堡、乌月营，入居庸关。另一路蒙古军由成吉思汗三个儿子术赤、察合台、窝阔台率领越过边界，占领净州、阴山、丰州，连续攻占云内、东胜、武、朔等州郡。1213年秋，成吉思汗率大军再次进入金国，在怀来打败金兵。蒙古军乘胜追至居庸关北口，留一部兵力牵制敌人，自己亲自率大军南出紫荆关，攻下了涿、易两州，随后兵分三路横扫黄河以北的广大地区。术赤、察合台、窝阔台统帅右路军扫荡太行山东西两侧山西诸州郡。破保、定、卫、孟等州，抵达黄河北岸，绕太行山西麓北行，又分三路分别占领泽、潞、辽、阳平、太原、吉、石、岚、代诸州，最后胜利而还。察合台在与金军的作战中，充分发挥了其英勇善战的作风。

蒙古军与金朝军队作战

1219年秋，成吉思汗组织蒙古大军第一次西征，惩罚花剌子模国国王沙赫穆罕默德残杀蒙古商队的卑劣行为。蒙古大军进抵细浑河（现锡尔河），未遇抗拒，遂围攻讹答剌城（现哈萨克斯坦奇姆肯特）。成吉思汗分四路大军攻取沿河岸各城堡。命令察合台、窝阔台两兄弟为第一路军留攻讹答剌城。该城位于细浑河滨，扼守东西方交通要道，是西域重镇。城分内城和外成，守备完善，粮草充足，守兵三万，其中有一万精锐骑兵。这是一场十分棘手的战斗，察合台、窝阔台两兄弟在指挥上密切配合，组织蒙古军连续攻城五个月有余，严重挫伤了守军的锐气。最后守军意志消沉，陷于绝境。守军两位将

领哈剌察汗和海儿汗意见分歧。哈剌察汗主张投降蒙古军并交出城郭，而海儿汗是杀害蒙古商队的元凶，扬言死守到底。哈剌察汗便在夜里率部突围，被蒙古军掳获。蒙古军查明城内虚实后，攻占了外城。海儿汗率兵退守内堡，困守一个月，守兵大部分战死，蒙古军从而攻占了内城，蒙古军取得了讹答剌城战役的胜利。察合台、窝阔台又率军攻取费捏克和突厥斯坦各城市，接着赴撒麻耳干与主力会师。1220年秋，成吉思汗派三个儿子术赤、察合台、窝阔台率十余万兵力，攻取玉龙杰赤城（位于土库曼斯坦的西北部、阿姆河的南面，是花剌子模王国的都城）。该城跨阿母河两岸，用桥连接两岸城堡。蒙古军抵达城下，派人劝降，遭到守城军的拒绝，遂组织攻城。蒙古军首先派3000兵力，攻夺阿母河大桥，守军顽强抵抗，蒙古军全部战死。这时执掌攻城大权的两位将领术赤、察合台二人意见分歧，互相埋怨严重失和，由于伤亡惨重，玉龙杰赤城攻取六个月而不

蒙古军在讹答剌城与敌人拼搏

察合台文书籍

克。成吉思汗接到报告后很生气，改派窝阔台为帅执掌三军。窝阔台首先极力和解两位兄长，并整顿军纪，军威大振，窝阔台组织全军奋力攻城，激战七昼夜，全歼守军，夺取了花剌子模王国的都城玉龙杰赤城。1222年秋天，成吉思汗与他的三个儿子察合台、窝阔台、拖雷率领大军追击沙赫穆罕默德的儿子札兰丁，札兰丁并非等闲之辈，该人有勇有谋，组织花剌子模残军负隅顽抗，但是最终在中河（今印度河）旁，蒙古军一举击溃了札兰丁军队，取得了蒙古第一次西征的彻底胜利。

1226年，成吉思汗率军出征西夏。察合台受命留守蒙古大斡耳朵。1227年8月，成吉思汗逝世，灵柩运到大斡耳朵，发布讣告，诸宗王、公主、将领等共同举行了举国哀悼的丧葬仪式后，他们各自奔赴自己的领地。

察合台按照其父亲成吉思汗的遗诏，为窝阔台登上大汗之位，尽了最大的努力。他与兄弟拖雷及其他黄金家族的亲属们一起，举行了三跪九叩的君臣之礼。察合台虽是兄长，但对窝阔台汗十分尊敬，并极其遵守君臣之礼，维护了大汗的尊严。有一次，窝阔台、察合台两兄弟用膳后缓步骑马，察合台乘着醉意要求与其弟赛马

察合台汗国时期使用的金银币

以赌输赢，结果察合台的马赢得了比赛。酒醒后察合台醒悟此事不妥，急忙于天亮之前亲率部下到窝阔台汗帐前，以违犯君臣之礼而请求处罚。窝阔台汗一再明言不咎其罪，但经不住察合台一再要求，最后以罚没察合台9匹骏马而了结此事。可见兄弟之间和谐一致、亲密无间。察合台自受封于中亚后，除因要事返回蒙古汗廷外，其余大部分时间都是在西域封地度过的。窝阔台汗也极其尊重察合台，汗国的一切重大事件，都先遣使咨商，征得同意而后行。察合台那里发生的一切情况和每一事件都向大汗报告。遇有重大事情，就去大汗处出席忽里台。

察合台在西域经营他的封地，在此封地的基础上建立了察合台汗国，但察合台不幸于1241年5月逝世。元朝建立后，元世祖忽必烈追谥察合台为元圣宗忠武皇帝。察合台汗国从1227年建立到其后续国家叶尔羌汗国被准噶尔汗国灭掉为止，在我国新疆及西域延续了453年的历史。这期间他们创造了辉煌的察合台文化，其中察合台文是察合台文化的代表，察合台文除通行于中国新疆和中亚外，在莫卧儿帝国和埃及也曾使用过，现代维吾尔文是察合台文的延续。察合台汗国的蒙古族主要由巴鲁剌思、札剌亦儿和克烈三部组成，其中14世纪巴鲁剌思部曾经涌现出一代枭雄帖木儿（1336～1405）他建立了辉煌的帖木儿帝国，札剌亦儿和克烈两部个落现在仍然存在于哈萨克族中。那么察合台汗国的蒙古族及察合台的后裔现在在哪里呢？根据学者考察，他们主要融合在维吾尔族、哈萨克族和西域其他民族中了。

21. 窝阔台汗

窝阔台汗（1186～1229，1229～1241年在位）

窝阔台（1186～1229，1229～1241年在位），蒙古帝国第二任大汗。他是成吉思汗与正妻孛儿帖所生第三子。封地在也儿的石河（今额尔齐斯河）上游和巴尔喀什湖以东一带，建斡耳朵于叶密力城（今新疆额敏县附近），后来成为窝阔台汗国。1229年被拥戴登基。他继承父亲的遗志扩张领土，南下灭金，完成蒙古第二次西征。他在位期间疆域版图曾扩充到华北、中亚和东欧。

窝阔台自幼生长在蒙古高原兵戎相见、战乱不休的环境里，在马背上度过了他的少年时光。他跟随父亲四处征伐，历经多次战争的洗礼。1203年，成吉思汗率军同克烈部王汗大战于哈喇哈真沙陀之地（今东乌珠穆沁旗北境）。年仅18岁的窝阔台随军征战奋力搏杀。混战之中，窝阔台的颈项被敌人用箭射伤鲜血直流，部将孛罗忽勒用嘴来吸取脓血以减轻其疼痛，窝阔台带伤杀敌与父会合。1204年冬，成吉思汗消灭乃蛮部之后，在俘虏的人群中发现一位女子颇有姿色，此女子姓乃马真氏，名脱列哥那。成吉思汗把乃马真氏送给窝阔台为妻，后来乃马真氏为他生下了蒙古第三任大汗定宗贵由。

窝阔台是成吉思汗三子，蒙古帝国第二任大汗（思沁创作）

1219年，成吉思汗率军挥师西征。他与皇后们话别，只命忽兰夫人随行。也遂皇后含泪提出了忠告：“大汗千秋万岁后，应由何人承统？” 成吉思汗叹道：

“我此次西征，要翻山渡河，平定众多的国家，世上没有长生不老之人，是到了确定后嗣的时候啦。”于是成吉思汗当下召见诸子及胞弟，议定窝阔台为汗位继承人。在蒙古帝国蓬勃发展之际，高瞻远瞩雄才大略的成吉思汗，认识到自己需要一位政治家以巩固和发展他所创立的帝国，完成他的未竟之业，而不光是需要一位攻城略地的军事家。窝阔台足智多谋，性情随和，治国才能较拖雷更全面。从帝国的前途出发，成吉思汗克制了自己对幼子托雷的宠爱之情，量才用人，打破蒙古幼子守灶的旧制，提出窝阔台作为蒙古大汗继承人。

成吉思汗生前曾提出窝阔台作为蒙古大汗继承人（《蒙古历史油画长卷》王延青等创作）

窝阔台被确立为继承人之后，随同父亲踏上了蒙古第一次西征之路。这次西征的目的是惩罚花剌子模国昏君无辜杀害蒙古商队的罪行。蒙古军队共分四路：一路由窝阔台、察合台指挥进攻讹答剌（今哈萨克斯坦奇姆肯特）；一路由术赤指挥沿忽章河而下取毡的（今哈萨克斯坦克孜勒奥尔达附近）；另一路由阿剌黑那颜率领南下取别纳客忒（今乌兹别克斯坦首都塔什干南，锡尔河北岸）、忽毡（今塔吉克斯坦列宁纳巴德）等地；成吉思汗和拖雷统主力越过沙漠，直趋不花剌（今乌兹别克斯坦布哈拉市）。

窝阔台、察合台奉命统兵攻打讹答剌。城内的防御工事极为坚固，粮食储存充足。攻防战进行的极为激烈。数月之后，城中粮尽援绝，部分

窝阔台参加了蒙古西征作战（《蒙古历史油画长卷》王延青等创作）

敌军想乘借夜色突围出走，结果被全部围歼。窝阔台、察合台督军猛攻，前仆后继终于破外城。守将海儿汗自知杀害蒙古商队之罪难以豁免，率残部拼死抵抗，退守内城，相持一个月后，其部众食尽力乏，一半饿死，一半战死。窝阔台、察合台两兄弟并马突入，将海儿汗团团围住。凶悍的海儿汗垂死挣扎，终被蒙古兵制服擒入囚笼，被押送到成吉思汗在撒麻耳干（今乌兹别克斯坦撒马尔罕）的大营，将海儿汗处死。蒙古军攻下讹答剌后，察合台、窝阔台又率军攻取费捏克和突厥斯坦各城市，接着赴撒麻耳干与主力会师。蒙古军在撒麻耳干、那里沙不（今乌兹别克斯坦的哈尔希市）附近草原进行休整，准备下一步的攻势。

1220年秋，成吉思汗派遣术赤、察合台、窝阔台率领右翼军去攻取花剌子模首都玉龙杰赤（今土库曼斯坦的乌尔根奇）。玉龙杰赤城跨阿母河两岸，中有桥梁相连。首战中，蒙古军3000人欲夺取桥梁，结果全军覆没，此战为城内的守敌壮了胆气，此后屡屡杀伤攻城的蒙古军。由于这个地区日后将成为术赤的领地，为避免破坏这个富饶的都市，术赤采取了“软攻”的办法。察合台因此与术赤发生争执，兄弟失和，蒙古军号令不一，连攻数月也未见成效。成吉思汗了解此情后很生气，改派窝阔台为最高指挥官。窝阔台调解了两位兄长的关系，严整了军纪，随即转入总攻。蒙古军激战七昼夜终于攻入城中，城内发生了激烈的巷战，蒙古军在巷战中逐一占领各个街区，最后只剩下三个街区的守敌被迫投降。蒙古军将城中10万工匠遣送东方，这些人成为部分中国回族的始祖。

玉龙杰赤之战后，窝阔台和察合台各率所部与成吉思汗会合，一起进军哥疾宁（今阿富汗加兹尼）。花剌子模末代国王札兰丁慌忙弃城撤退到申河（印度河），准备渡河进入印度。蒙古军没有遇到什么抵抗就占领了哥疾宁，随即尾追到申河岸边，札兰丁因渡船缺乏，还没来得及渡河。成吉思汗率窝阔台等猛攻，札兰丁全军溃败，只率四千余众逃入印度。1225年春，窝阔台随父亲回到蒙古故土，结束了持续七年的历史性西征。

1226年，成吉思汗指责西夏国主违约，再次亲征。在蒙古军的强势攻击下，西夏军一败涂地，其国主李睍支撑不住，于1227年6月投降蒙古，西夏国亡。此时成吉思汗屯兵六盘山，7月12日，成吉思汗不幸染病，在朵儿蔑该城（灵州）驻地病逝。成吉思汗在临死前，再次把诸子召到身边，他重申：“窝阔台将继承我的汗位，因为他比你们高出一格。他的意志坚定卓绝，他的见识颖敏优越。凭借他的灵验的劝告和良好的见解，军队和人民的管辖以及帝国边界的保卫将得以实现。因此，我指定他为我的继承人，把帝国的钥匙放在他的英勇才智的手中。”

按照蒙古旧制，蒙古大汗要由全体宗王和重臣参加的忽里台

蒙古灭西夏的战争（《蒙古历史油画长卷》王延青等创作）

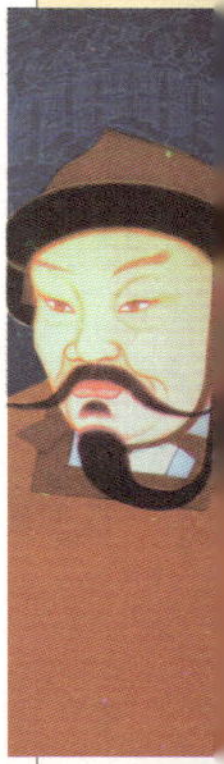

大会推举产生，窝阔台不能因其有父亲的遗命继位，而要等忽里台最后的决定。王位空缺两年，汗廷暂由拖雷监国。1229年秋，举行大蒙古忽里台大会，推选新汗。大会争议了40天，斗争十分激烈，汗廷内有人恪守旧制，主张立幼子拖雷，反对成吉思汗的遗命。此时大哥术赤已死，二哥察合台全力支持窝阔台，拖雷势孤，另有重臣耶律楚材等人的支持，只得拥立窝阔台。经过与会者的再三敦促、劝进，窝阔台终于服从其父的遗旨，采纳宗王和弟兄的劝告，答应继承汗位。

窝阔台即位以后，大赦全国，并重用耶律楚材等人，进一步健全了蒙古的法律制度和政治制度。窝阔台任命耶律楚材为中书省，主持黄河以北的汉地事物，并采纳了耶律楚材提出的课税新规，大大减轻了中原地区农商的负担，调动了生产的积极性，同时增加了国库的税收，一年就收到白银50万两、绢8万匹、粟40万石。这使得蒙古在灭金战事中有了黄河以北地区的兵力和财力的支持。当时的蒙古帝国疆域已经从东欧到东亚初见规模，信息传递、物资调运、使臣人员的往来是一个大问题，窝阔台建立了“驿站”制度，使得蒙古帝国在东方亚洲的疆域和在西方东欧的疆域真正联通，建立了最早的地球村。

窝阔台即位（《蒙古历史油画长卷》王延青等创作）

成吉思汗的去世使灭金计划整整推迟了两年。1229年，窝阔台即位之后，立即按照成吉思汗的既定方针发动了对金朝的进攻。1230年秋，窝阔台与拖雷率军越过大漠南进，入山西渡黄河，与陕西蒙古军会合，直取风翔。1231年春，金放弃京兆（西安）大片领土，力图扼守潼关保河南。到了夏季，窝阔台回到官山（今内蒙古察右中旗灰腾梁）会见诸侯王，商议灭金之策。窝阔台采纳拖雷的意见，分兵三路出征：窝阔台自统中军渡黄河向洛阳进发；斡赤斤以左翼军由济南逼近；拖雷率右翼军由宝鸡南下，通过宋境沿汉水达唐、邓，以成包抄之势。三方约定于次年正月三军会师汴京（河南开封）。

窝阔台即位之后发动了对金朝的进攻（《蒙古历史油画长卷》王延青等创作）

1231年秋，窝阔台亲率兵马围攻河中府城（现山西永济），金兵拼命抵抗，两月有余才将城攻破。接着蒙古军由白坡渡河，进屯郑州，金卫州节度使弃城逃到汴京，黄河防线被冲毁。拖雷率军攻破大散关，攻入汉中，从金州（今陕西安康）东下，取房州、均州，渡过汉水，进入邓州。1232年春，拖雷铁骑与金相完颜合达所率之军在钧州（现河南禹县）西北的三峰山展开大会战。结果金军35万精锐部队全军覆没。蒙古军攻下钧州，俘杀完颜合达。潼关守将也献关投降，河南十余州均被蒙古攻陷，窝阔台与拖雷在钧州会师。1232年3月，窝阔台命大将速不台进围汴京，自己与拖雷北返。速不台围攻汴京，金哀宗遣使议和，人口达250万的汴京城内一片混乱，入夏后瘟疫流行，城中断粮。到了1233年初，金哀宗不得不带部分臣僚和军队出逃至归德（今河南商丘）。后又转赴蔡州（今河南汝南）。金哀宗出逃后，汴京守将程立献城投降，蒙古军入汴京。1234年初，速不台派遣大将塔察儿率军，与宋军组成联军攻入蔡州，金王朝灭亡。

在灭金的同时，窝阔台又陆续把

窝阔台决定征讨钦察、俄罗斯等中亚、东欧未被征服的国家（《蒙古历史油画长卷》王延青等创作）

辽东、朝鲜纳入蒙古统治范围。在南方，蒙古灭金后，宋朝直接与蒙古接壤，双方摩擦不断。以成吉思汗继承人自居的窝阔台汗，自然把南侵灭宋纳入了计划。

1234年6月，已经被蒙古占领的汴京发生叛乱，洛阳开城迎纳宋军。塔察儿率领蒙古军一举击溃宋军，迅速收复了洛阳、汴京。窝阔台严厉警告宋朝发兵入洛，宋朝只得屈辱求全，寄望于议和。1235年，蒙古军分两路攻宋。东路军由皇子阔出、宗王口温不花（别里古台子）等统率。8月，蒙古军入唐州，10月，攻陷枣阳，西掠襄阳、邓州等地。1236年，襄阳宋将叛降蒙古，城中储积的大量粮食、兵器、金银尽为蒙古所得。1237年，蒙古军又攻克光州（今河南潢川），抄掠随州、复州（今湖北天门）等地。1238年，蒙古大将塔思率军攻下安庆府（今安徽潜山），劫掠而还。

蒙古侵宋的西路军由窝阔台次子阔端、都元帅达海绀卜等统率，进取四川。1236年，阔端率主力由大散关南下，取凤州，攻破武休关，入兴元（今陕西汉中），进取大安（今陕西宁强）阳平关，宋军寡不敌众，全军覆没。另一路蒙古军由宗王穆直、大将按竺迩等率领，取宕昌、阶、文诸州、龙州（今四川江油），与阔端军会合，一起攻破成都。不久，阔端引兵退出。宋朝渐将失地收复。1238年，达海绀卜等又率军攻入四川，攻陷隆庆（今四川剑阁）。次年，攻打重庆，继而东下万州（今四川万县）、夔州（今四川奉节），受挫而还。1241年，蒙古军复入蜀，破二百一十余城，大获全胜。这期间，窝阔台时期的侵宋战争的主要目的在于掠夺财物，同时在南宋各地军民的抗击下，蒙古军也受到了不少损失，未能在所攻占的地区建立起统治。

1235年，窝阔台召开宗王大会，

决定征讨钦察、俄罗斯等中亚、东欧未被征服的国家。命令各黄金家族宗室均以长子率军出征，万户以下各级那颜也派长子率军从征。命拔都（术赤子）为主帅，老将速不台为副帅，出征军队人数约15万。这就是窝阔台时期的蒙古第二次西征，也称为“长子西征”。

1236 年秋，蒙古军到达东欧的伏尔加河流域，首先灭掉了不里阿耳王国。1237年春，蒙古军抵达伏尔加河流下游的钦察草原。消灭了顽抗的钦察首领八赤蛮，钦察另一首领忽鲁速蛮的儿子班都察归降蒙古。后来，班都察率钦察军来到蒙古，成为蒙古喀喇沁部的祖先。1237年秋，进兵俄罗斯，攻取也烈赞城（今俄罗斯梁赞市）。1238年，分兵四路，攻陷科罗木纳、莫斯科、罗思托夫和弗拉基米尔大公国首府。1239年灭高加索山北麓的阿速国（部分阿速人也来到蒙古，演变成蒙古的阿速部），攻入俄罗斯南境。1240 年，蒙古军攻陷乞瓦，乞瓦国王米哈依逃入波兰。蒙古军继续西进，攻占伽里赤国（今俄罗斯加利奇），其国王逃入匈牙利。1241 年春，拔都分兵两路，一路攻陷波兰，一路攻入匈牙利，蒙古军至此进入中欧地区。中欧的两支强敌西里西亚军与日耳曼军联合抗蒙，在波兰的里格尼茨被蒙古铁骑击溃。里格尼茨之战使欧洲各国十分震惊，感受到蒙古入侵的严重威胁。但由于教皇和罗马帝国皇帝内部矛盾，未能采取一致的对策。蒙古军获胜后，又攻入捷克东部地区，南下与拔都军会合。拔都军在蒂萨河（多瑙河的支流）畔击溃匈牙利军，进入布达佩斯，另有一支蒙古军进至维也纳。不久，窝阔台死讯传来，拔都率军东还，结束了第二次蒙古西征。

窝阔台对中原汉地的治理也颇有建树。自从他启用耶律楚材以后，已经开始注意保存汉地人口，不乱杀无辜。1235年，窝阔台下诏失吉忽秃忽清查中原户口。窝阔台接受耶律楚材的建议，按中原传统，以户为户，按户定赋。他还保留了中原的郡县制度。在查清户口的基础上，根据负担能力，制订了中原赋役制度。这种较轻的赋税定额，对已遭严重破坏的中原地区的休养生息是有利的。窝阔台常请耶律楚材向自己和皇太子及诸王大臣们讲解孔孟之道，懂得了可以在马上得天下，但不可在马上治理天下的道理。1232年攻汴京时，耶律楚材派人在城中找到孔子51代孙孔元措，由窝阔台封为“衍圣公”。1237年，窝阔台采纳耶律楚材的主张，兴办国学，培养4030位儒生，其中优秀的任以官职。耶律楚材还在燕京设编修所，编集出版经史，这对保存中原传

统文化有着积极作用。窝阔台向燕京和各路府州县派遣断事官（法官）和达鲁花赤（镇守官），大大加强了蒙古对中原地区的统治。

从1235年起，窝阔台开始营建哈剌和林的宫殿。第二年，建于哈剌和林的万安宫落成。它是一座中国传统样式的宫殿，大汗的宝座在大殿的中央坐北朝南。1237年，窝阔台又命伊斯兰教工匠在哈剌和林城北七十余里的春季游猎地建造伽坚茶寒殿。1238年，又在哈剌和林城南营建了图苏胡迎驾殿。地处蒙古高原腹地的哈剌和林城成为大蒙古国的都城，也成为当时欧亚知名的国际性大都市。

窝阔台坐像

窝阔台是个性情复杂的人物。他仁爱好施，喜好广播恩惠，他的宫廷几乎成了普天下的庇护和避难地。在赏赐财物方面，他胜过了他的前辈。因为天性慷慨大方，他把来自帝国远近各地的东西，常常不经司帐和稽查登录就散发一空。从四方来求他的穷人，都意外地满足了期望。有一次窝阔台在狩猎时，有人献给他几个西瓜。他的随从没有带来可供施舍的财物，他就将皇后耳边戴着的两颗珍珠摘下赏给了那个人。还有一次，三个罪犯被带到窝阔台面前，即将被处死。此时一位号啕大哭的妇人迎面跑来，向窝阔台哭诉：“你下令处死的这些人，其中一个是我的丈夫，一个是我的儿子，另一个是我的兄弟。”窝阔台见此状心软下来，随即说：“三人中你任择一个活命吧，为你的缘故饶他不死。”妇人答道：“丈夫能够再找，孩子也可望再生，但兄弟不能再得。”听到这话，窝阔台全部赦免了这三人的死罪。

1242年11月，窝阔台游猎归来，多饮了几杯，遂致病发，中风不能言语，不久便死于宫殿中。时年56岁，共在位13年。窝阔台的遗体被埋葬在起辇谷。后追谥为英文皇帝，庙号太宗。

22. 拖雷

拖雷（1193～1232）

拖雷（1193～1232），孛儿只斤氏，成吉思汗正妻孛儿帖所生的第四子。自幼跟随成吉思汗南征北战，父亲待他当作自己的“那可儿”（伴当），人们又称他为“也可那颜”（大官）。成吉思汗对拖雷评价很高，曾经说过：“凡欲追求勇敢、荣誉、武功、降国定天下的人，就去效力于拖雷。”成吉思汗生前分封诸子，拖雷留在父母身边，继承父亲在斡难河和怯绿连河的斡儿朵、牧地和5000百姓。成吉思汗留下的军队大部分都由拖雷继承。拖雷长相英俊，智勇双全，是一位英勇善战的蒙古名将，深受父亲的喜爱。在成吉思汗去世后，曾经监国两年。在拖雷的子女中，前后涌现出蒙古帝国的三位大汗，蒙哥、忽必烈和旭烈兀（蒙古伊尔汗国大汗）。

1213年秋天，成吉思汗率蒙古大军复入金国，一举攻克宣德府，拖雷在战斗中随成吉思汗参加中路军序列。在这之后，成吉思汗又命拖雷与驸马赤苦两人率军攻击德兴府（辖境相当今河北省怀来、涿鹿、赤城及北京市延庆等地），获得大胜。拖雷在与金军的作战中，充分发挥了其指挥才能和英勇善战的作风。在蒙古军攻下涿、易州后，又兵分三路，扫荡黄河以北诸州郡，作战范围包括河北、山东诸郡县。

1219年，拖雷随成吉思汗参加蒙古第一次西征。大军从花剌子模国北方迂回，在渺无人烟的

拖雷是成吉思汗幼子，蒙古帝国大将（思沁创作）

地方，渡过了细浑河，又通过了人迹罕至的基吉尔库姆沙漠，于1220年3月攻克不花剌，同年夏天攻占撒麻耳干。秋天，成吉思汗与拖雷离开撒麻耳干，经那黑沙不，进至忒耳迷（今乌兹别克斯坦的捷尔梅兹）。成吉思汗从各军中选拔出强悍者组成了一支精锐突击部队，命拖雷率领，先渡阿母河

蒙古骑兵头盔

直取呼罗珊诸城（今伊朗、阿富汗、土库曼斯坦、塔吉克斯坦、乌兹别克斯坦、吉尔吉斯斯坦等部分地区）。拖雷以脱忽察儿塔布囊率万骑为先锋，进攻奈撒。攻占奈撒后，进至你沙不儿（今伊朗内沙布尔），攻城中脱忽察儿战死。拖雷率军通过铁门关（今乌兹别克沙赫尔夏勃兹南90公里拜松山中的布兹加勒山口）南下，分兵两路，自率中军通过马鲁察叶可和巴黑疏儿，于1221年2月末攻占了马鲁城，并连续攻占阿必维儿忒、徒思、术维因、哈甫等地。4月，攻占你沙不儿城，在攻城中，拖雷使用了大炮、抛石机等兵器。至春末，已全部占领这些地区。这时，成吉思汗从塔里寒（今阿富汗东北部塔利甘）战场上遣使，让拖雷在炎夏到来之前迅速返回塔里寒战场。由于塔里寒敌军凭险据守，蒙古军围攻7个月，直到拖雷与其父会合时才将此山城攻克。拖雷又攻打了忽希思丹地区，占领也里城（今阿富汗赫拉特）及其所辖地区。在这之后，拖雷随成吉思汗又参加了退歼花剌子模末代国王札兰丁的战役，完成了蒙古第一次西征。

1225年冬，成吉思汗率窝阔台、拖雷二子征伐西夏国，西夏国亡。1227年8月，在成吉思汗病重期间，只有拖雷在身边。成吉思汗再次把诸子、宗王和臣子召集到病榻前，要他们服从窝阔台的领导，兄弟间要精诚团结，并留下了治国策略。不久，成吉思汗驾崩，按照封建帝制传统习

惯，应立即由他指定继承人登基即位，可是蒙古的忽里台大会制（部落议事会制度）仍然在起作用，窝阔台不能因其父的遗命继位，必须等待忽里台的最后决定。其间，王位空缺两年，便由拖雷监摄国政。在1229年春召开忽里台大会，大会争议了40天，此时术赤已死，察合台全力支持窝阔台，最后黄金家族的权贵们奉遗命共推举窝阔台为大汗，拖雷让出了监国摄政之权。

1230年7月，窝阔台汗决定亲率大军伐金，拖雷随行。拖雷率儿子蒙哥及诸王兵马担任先锋，渡漠北，过阴山，入山西攻取大同东北的天成堡，然后沿黄河东侧南下，到应州（今山西应县）激战雁门关，破代石州（今山西离石）。当年12月，在河津（今山西河津市）附近渡过黄河，突袭天全、天胜寨、韩城、蒲城（今陕西蒲城），沿渭河北向凤翔挺进。拖雷派先锋大将按竺迩进围凤翔，于1231年5月，攻克凤翔。金朝的平凉府（今甘肃平凉）、邠州（今陕西彬县）、庆阳（今甘肃庆阳）相继向蒙古军投降。

蒙古黄金家族图（鄂尔多斯成吉思汗陵壁画）

1231年夏，窝阔台汗召集各宗王、臣子和将领商讨灭金之策。根据成吉思汗伐金的遗嘱，蒙古军兵分三路，右路军由拖雷挂帅，带领四万骑精兵，借道于宋境，计划于第二年春季三路大军合围汴京（今开封），消灭金国。蒙古军派使臣主卜罕到宋朝交涉借道之事，8月，主卜罕在宋境沔州被宋将张宣杀害。拖雷听到宋朝杀害来使，十分气愤地说："宋自食言，背弃盟好。今日之事，曲直有归矣。"遂率领大军由凤翔南下，攻破

宝鸡。9月，入大散关，进入宋境。破凤州（今陕西凤县东北凤州镇）、华阳（今陕西华县）、出武休关、占洋州（今陕西洋县）、兴元（今陕西汉中南郑）。拖雷为保障主力东进的背后安全，派一军西进。入沔州渡嘉陵江，进到昭化，攻破四川北部140座城寨后返回。11月，回兴元与主力会师。

1231年12月，拖雷率军东进，宋军闻听拖雷率军来攻后，丢弃饶峰关（今陕西石泉西）望风而逃。蒙古军进入饶峰关，强渡汉江，攻取金州（今陕西安康）而东下，直赴均州（今湖北均县西北）。由于借道宋境而突然迂回到金朝的西南边境，金军防不胜防，

在“三峰山”对金作战时的拖雷

阵脚大乱。拖雷率领大军直奔金汴京方向。1232年元月，金将完颜合达、移剌蒲阿率主力15万，前往拦截蒙古军以保卫汴京，双方在三峰山（河南禹州西南）展开会战。蒙古军队采取了疲劳金兵的战术：当金兵进击时，蒙古军不战自退；金兵刚扎营寨，蒙军就来偷袭。金兵昼夜不得休息，甚至三天吃不上饭，结果被蒙军包围在三峰山。当时正值隆冬时节，恰逢天降大雪，蒙古军习惯天寒出战，并且劳逸结合后勤保障十分充分，出动部队轮番作战，一部分人烤火煮肉。金兵却披甲僵立雪中，饥寒交迫。蒙古军知道金兵急于突围，就故意让出一条路。当金兵争相逃跑之时，顿时伏兵四起，金军丢盔卸甲自相践踏，蒙古军一路冲杀大败金兵。完颜合达率金军残部退至钧州城内，随即被蒙古军破城，完颜合达等死于乱军中。移

剌蒲阿向汴京逃奔，为蒙古军擒获。金军最后的主力在三峰山战役中彻底溃败。金朝在蒙古军的迅猛打击下，退守汴京。三峰山之战是蒙金战争期间的一场决定性的战役，经此战，金军不仅精锐尽失，还损失了完颜合达、移剌蒲阿两位主帅。至此，金朝已经是摇摇欲坠，离覆灭不远了。三峰山会战后，拖雷到达窝阔台汗住地向大汗禀报战况。窝阔台汗听后对他大加赞赏。

1232年4月，窝阔台汗留下大将速不台继续攻金，大汗与拖雷北返。由半渡入真定，过中都，出古北口，住夏于官山（今内蒙古察右中旗灰腾梁）。6月，窝阔台汗不幸得病，拖雷诚挚地祷告于天，请以身代之，喝了洗身之水，窝阔台汗病痊愈了。拖雷动身先行，在途中突然得病去世，年仅四十余岁。至元二年（1265年）忽必烈在位时，被追谥为“景襄皇帝”。至大二年（1309年），加谥“仁圣景襄皇帝”。

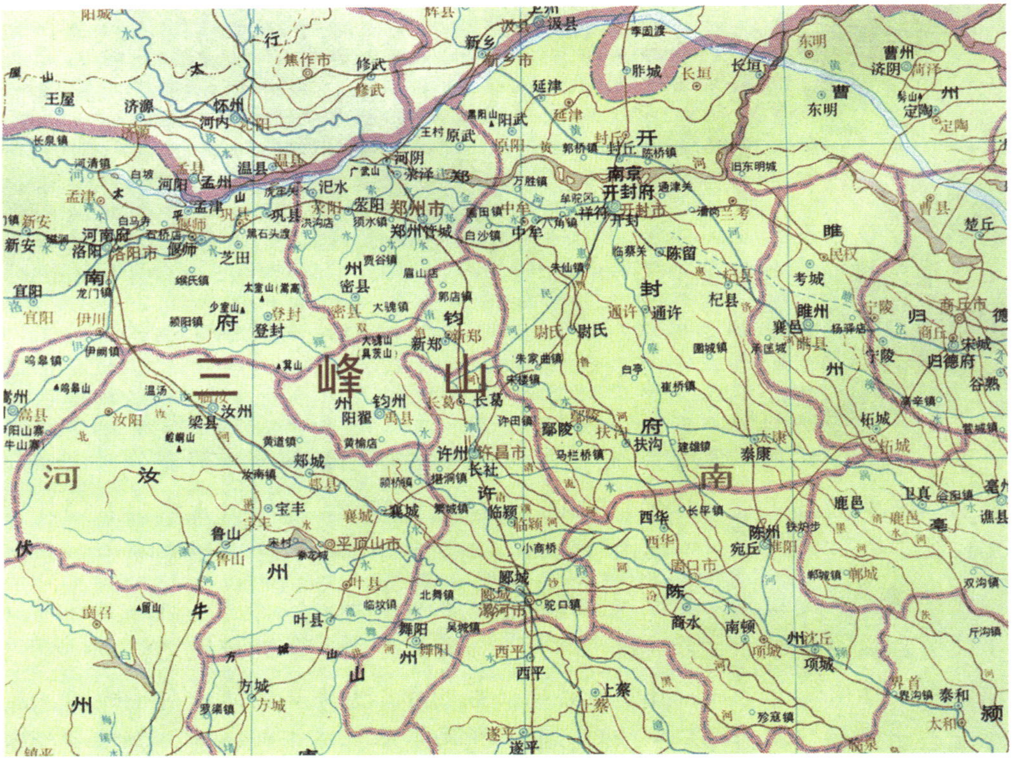

金朝三峰山地区图

23. 唆鲁禾帖尼

唆鲁禾帖尼（1192～1252）

唆鲁禾帖尼（1192～1252），大蒙古国（蒙古帝国）皇太后，克烈氏，是拖雷的正妻，蒙哥、忽必烈、旭烈兀、阿里不哥的生母。而她的四个儿子最终都成了蒙古帝国的君王。她的长子蒙哥从1251年起成为大汗，直到1259年战死疆场；忽必烈接替了其兄的汗位，从1260年开始统治蒙古帝国，一直到1294年；旭烈兀摧毁了从公元750年起就一直统治中东和波斯大部分地区的阿巴斯王朝，并在波斯建立了蒙古人的伊儿汗国；而她最小的儿子阿里不哥后来则统治了蒙古本土。由于她的这四个杰出的儿子都做过帝王，所以她被后世史学家称为“四帝之母”。

拖雷的正妻，蒙哥、忽必烈、旭烈兀、阿里不哥的生母唆鲁禾帖尼

她是克烈部王汗的弟弟札合敢不之女，1203年成吉思汗灭克烈部后，把她配给拖雷为妻；她信奉基督教聂思脱里派。管理才能出众。1232年9月拖雷去世后，唆鲁禾帖尼掌管拖雷家族。窝阔台提出让她嫁给长子贵由，被她以诸子尚未成人为理由拒绝。窝阔台擅自决定把属于拖雷的三千户授与儿子阔端，拖雷属下很多大臣不服，唆鲁禾帖尼说服他们遵从大汗旨意，笼络了阔端，使他后来站在拖雷家族一边。

唆鲁禾帖尼治家有方，管教诸子严格遵守成吉思汗大札撒。她特别要求他的几个儿子必须精通马术和射箭。和所有其他蒙古人一样，要求他们积极参加狩猎，而且直到晚年都热衷于这项活动，这可以由现存的为数不多的忽必烈狩猎图所证实。唆鲁禾帖尼还决定，几个儿子必须学习掌握文化知识，忽必烈就聘用了一名叫脱罗出的畏兀儿人教他读写蒙文。通过一系列的方法，教育出四个才华出众的帝王。

1241年12月11日，窝阔台去世，汗位虚悬，乃马真皇后称制，法纪混乱，很多宗王贵族滥发牌符征敛财物，唯有她和儿子们没有这样做，为拖雷家族赢得了声誉。她爱护属下臣民，对违法官员和军士加以严惩，她领地内百姓的处境比其他宗王领地要好。唆鲁禾帖尼信奉基督教聂思脱里派，但优待各种宗教的教士和学者。对儒学和儒士非常优待。唆鲁禾帖尼深谋远虑，机智果断，帮助拖雷家族夺取汗位。她赏赐宗王和军民，获得广泛拥戴。善于处理和窝阔台的关系，窝阔台军国大事都与她商议，成吉思汗留下的军队共有12.9万人，其中10.1万人由拖雷继承。

她的政治天赋可以用她对各种宗教的兼容思想加以证明。尽管她自己是一位景教徒，但她并不歧视蒙古境内的其他宗教。她甚至资助佛教和道教，以获得中原属民的拥戴。同时她也没有忽略伊斯兰教。她向穷苦的穆斯林提供救济，奖励谢赫（宗教领袖），捐资建造清真寺和神学院，包括在中亚城市不花剌建立的马德拉萨（宗教学院）。但是她从未否认过她的景教信仰，即使马可波罗在她去世20年后访问中国，也知道她是一位基督徒。她认为在自己的领地上扶持各种宗教的发展是非常有益的，她应该为此作出努力，而当时整个欧亚大陆的历史学家的著作都证明，她在这方面确实是成功的。

窝阔台死后，乃马真皇后欲立长子贵由为大汗，拔都与贵由不和，不肯参加选汗大会，后来，成吉思汗幼弟斡赤斤也领兵来争位，帝国面临内战和混乱的危险。唆鲁禾帖尼决定率诸子参加大会，1246年8月24日，拥立贵由登基，安定了局势并使得她的威望进一步提高。贵由即位后借口叶迷立的气候

拖雷和他的王后唆鲁禾贴尼（波斯细密画）

“成吉思汗陵”中的唆鲁禾帖尼祭祀殿

适合养病，率军离开都城哈剌和林向西进发，实际是去攻打拔都。唆鲁禾帖尼秘密派使者告诉拔都加以防备，拔都立即起兵向东进发。通过此事进一步拉拢了拔都的术赤家族。1248年4月24日，贵由西行途中去世，据说是被拔都派奸细毒死。

唆鲁禾帖尼极力拉拢拔都，目的是取得术赤家族的支持，拔都以长支宗王的身份遣使邀请宗王、大臣到他的驻地召开忽里台，商议推举新大汗。窝阔台系和察合台系的宗王们多数拒绝前往，贵由皇后斡兀立海迷失只派大臣八剌为代表到会。唆鲁禾帖尼则命长子蒙哥率诸弟及家臣应召前往。拔都在会上极力称赞蒙哥能力出众，又有西征大功，应当即位，并指出贵由之立违背了窝阔台遗命，窝阔台后人无继承汗位的资格。大会通过了拔都的提议，推举蒙哥为大汗。窝阔台、察合台两家拒不承认，唆鲁禾帖尼和蒙哥又遣使邀集各支宗王到斡难河畔召开忽里台，拔都派其弟别儿哥率大军随同蒙哥前往斡难河畔，但窝阔台、察合台两家很多宗王仍不肯应召，大会拖延了很长时间。由于唆鲁禾帖尼的威望甚高，并且善于笼络宗王贵族，多数宗王大臣最终应召前来，1251年6月，举行忽里台大会，1251年7月1日，宗王大臣们共同拥戴蒙哥登基即大汗位。

元宪宗蒙哥登基后，尊唆鲁禾帖尼为皇太后，此后，为了巩固汗位，唆鲁禾帖尼镇压反对者毫不留情，并亲自下令处死元定宗贵由的皇后斡兀立海迷失。1252年3月11日，唆鲁禾帖尼因病去世。

1266年10月，太庙建成，制尊谥庙号，元世祖忽必烈为生母唆鲁禾帖尼上谥号为庄圣皇后。1310年1月7日，元武宗海山为唆鲁禾帖尼加上尊谥显懿，从此之后，唆鲁禾帖尼的谥号变为显懿庄圣皇后。

24. 拔都汗

拔都汗（1208～1255年）

拔都汗（1208～1255年），孛儿只斤氏，成吉思汗之孙、术赤之次子，母亲是弘吉剌部按陈那颜的女儿兀乞旭真可敦。拔都是蒙古四大汗国之一金帐汗国的创建者。作为蒙古历史上杰出的军事统帅之一，他文武双全。拔都曾与速不台等横扫东欧与西亚，沟通了东西方的交流，他的后裔至今还分布在欧亚大陆上。蒙古人因他对部下将卒颇宽厚，不吝赏赐，因此称他为撒因汗（很好的大汗）。

拔都铜坐像

1225年，术赤去世，拔都受诸兄弟推戴，继承父位，统领术赤兀鲁思。1229年，率术赤系诸王赴怯绿连河（今蒙古克鲁伦河）成吉思汗大斡耳朵参加忽里台，推举窝阔台为大汗。1235年，窝阔台召集忽里台大会，听从二哥察合台建议，决定由各系宗王居长者统兵远征中亚、西亚、东欧的若干国家。而拔都又为诸王之长，拔都奉蒙古大汗窝阔台之命，率大将速不台和宗王拜答儿（察合台子）、贵由、合丹（窝阔台子）、蒙哥等西征，这就是著名的蒙古第二次西征。

1236年秋，拔都统领15万蒙古军抵达亦的勒河（今伏尔加河）以东。前锋主将速不台先取不里阿耳（今俄罗斯维亚特卡一波利亚纳东）。是年冬，蒙哥率部进攻亦的勒河下游的钦察部。钦察部的斡勒不儿里克的首领八赤蛮，不时袭击蒙古军。1237年春，速不台从不里阿耳移师南下，增援蒙哥汗。与八赤蛮所率的钦察军决战，八赤蛮惧怕蒙古军，逃入里海中的一个岛屿上，蒙哥部攻入，俘虏八赤蛮并处死，钦察部另一首领忽鲁速蛮的儿子班都察归降蒙古。1237年秋，蒙古军进入斡罗思。12月，攻占也烈赞（今俄罗斯梁赞）、科罗木纳（今莫斯科东南科洛姆纳城）等城。

1238年春，拔都分兵攻破莫斯科、弗拉基米尔等十余城，并突袭昔迪河畔的弗拉基米尔大公军营，全歼守军。随后，向基辅公国古都诺夫哥罗德前进，离城100里，即改道南下向高加索北挺进。1239年，蒙哥、贵由率部镇压阿速部叛军，拔都则经略亦的勒河以东诸地，并休整军队。这年冬天，拔都率军长驱直入斡罗思南部，攻克别列思老勒（今乌克兰赫梅利尼茨基）和契尔尼果夫（今乌克兰切尔尼戈夫）等城。1240年秋，进围乞瓦（今乌克兰基辅），遭该城军民顽强抵御，蒙古军架炮猛攻，并采用绝援军、后围歼的方略，先取外围数城，主力聚攻乞瓦，最终攻下这座城池。继而西攻伽里赤国（今乌克兰境内的一个公国），破其都城弗拉基米尔一沃伦（今乌克兰弗拉基米尔沃伦斯基）和其他城池。

1241年春，蒙古军除留3万兵镇守南斡罗斯外，集12万兵分三路向马

拔都攻破莫斯科、弗拉基米尔等十余城，全歼守军

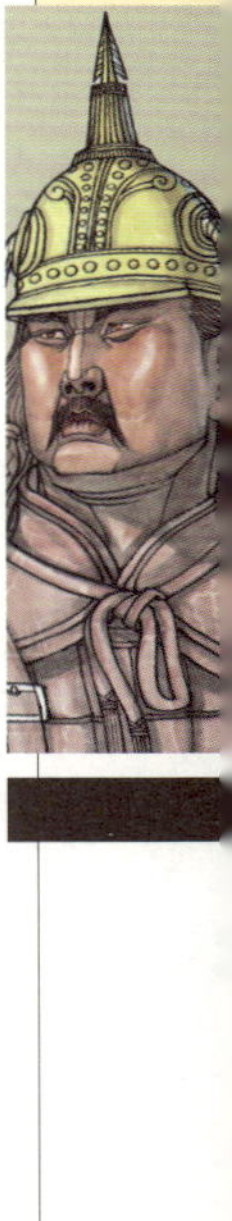

札儿（今匈牙利）进攻，兵分南北两路，分进合击。北路拜答儿军攻陷孛烈儿（今波兰）都城克拉科夫后，进入西里西亚（今波兰西南部），于里格尼茨击溃孛烈儿、捏迷思（日耳曼）联军三万人。南路合丹军先后攻取鲁丹、瓦剌丁诸城，与拔都会合。拔都率主力进抵布达佩斯城下，攻而不破，遂率军引退，诱敌出城，利用夜色昏暗突然包围，炮弩轰射，继而网开一面任其溃逃，再加追击，在撒岳河畔索尔诺克歼马札儿军6万，蒙古军终于攻入布达佩斯。入夏，蒙古军一部进至维也纳附近的诺伊施达，被奥地利、波希米亚联军击退。12月，拔都率军过秃纳河（今多瑙河），攻陷格兰城。1242年，窝阔台死讯传来，拔都率军东还。

拔都率蒙古大军征服了斡罗斯（俄罗斯），并保留了斡罗斯诸公国，金帐汗国成为诸公国的宗主国。拔都通过斡罗斯大公的辅佐，管理东斡罗斯。1242年，弗拉基米尔大公雅罗斯拉夫一世晋见拔都，领取封诰，这是管理东斡罗斯的方法，后来也成为定制。至于西斡罗斯，拔都命令加里西亚大公丹尼尔把政权交给一位蒙古将军，将之纳入蒙古辖地。

1251年，蒙哥即汗位。蒙哥与拔都素来关系良好，在蒙古西征作战

拔都率蒙古大军征服了斡罗斯（俄罗斯）建立了金帐汗国
（《蒙古历史油画长卷》王延青等创作）

在拔都时代，金帐汗国与大蒙古国中央的交通通畅无阻

中，二人配合默契。蒙哥即汗位，拔都鼎力拥戴，因拔都拥立有功，蒙哥又授予他更多更大的权力，术赤兀鲁思遂成为大蒙古国中领土面积最大的宗藩国。其境域东起也儿的石河（今额尔齐斯河），西包括斡罗斯诸公国与中、南欧交界。南起巴尔喀什湖、里海、黑海，北到北极圈附近。斡罗斯人称拔都大营为“金帐”，金帐汗国因此得名。金帐汗国建立之后，拔都又把咸海东北部分地方分给其兄斡儿答，成为白帐汗国；将咸海以北部分地方分给其弟昔班，成为蓝帐汗国（也称青帐汗国）；这两个汗国都是金帐汗国的附属国。

拔都十分重视新建立起来汗国的国家建设，他在亦的勒河下游建立了京城拔都萨莱。他很善于管理国家，特别关心的是城市建设和商业发展。他派遣了专门的官吏——达鲁花赤到各地进行管理，使国家机器运转有条不紊。他还设置了专门税收机构，向农民、牧民及克里米亚、不里阿耳及亦的勒河下游、花剌子模与北高加索各城市的手工业者、商人征收各种赋税，通过税收使国库充裕。他大力发展生产活跃经济，使该地区的经济发展和贸易活动全面恢复过来。在拔都时代，金帐汗国与大蒙古国中央的交通通畅无阻，汗国连接蒙古中央的驿站全面建立，这个驿站系统标志着蒙古第二次打通了历史

具有欧洲风格的冷兵器

上的丝绸之路。

拔都为人甚为英雄气概。手下仅四万军队，就统治蒙古最大的汗国，面对欧洲四十万联军，攻无不克、战无不胜，其名声响遍欧洲。要不是因为当时蒙古大汗窝阔台之死，致使拔都一段时间返回蒙古故地，欧洲也许在他的打击之下的政治态势发生更大的变化。拔都不贪权利，在众人推举他当蒙古大汗时，他毅然推举有管理才能的蒙哥担任大汗。拔都为人坦诚，爱护下属，不滥杀无辜。面对贵胄的侮辱一笑而过，面对因释放降敌而受责备却不做过多解释。他的所作所为，为后人所称赞。

1255年，拔都卒于亦的勒河滨，终年47岁。他所建立的金帐汗国为人类历史留下了很多重要遗产，他的后裔遍布东欧和中亚，其中鞑靼、诺盖、乌兹别克、哈萨克等民族都与金帐汗国和术赤家族有着千丝万缕的历史关系。

25. 贵由汗

贵由汗（1206～1248，1246～1248年在位）

贵由（1206～1248，1246～1248年在位），孛儿只斤氏，大蒙古国第三代大汗。贵由是窝阔台汗长子，母亲为皇后乃马真氏。他早年参加征伐金朝的战争，又曾经和拔都参加第二次蒙古西征，在高加索作战。1246年贵由即蒙古大汗位，时年43岁。登基后决意重现父祖的雄威，重新宣布西征，收复吐蕃。贵由做事刚毅果断，登基后首先杀掉乱臣贼子西域来的巫师，重用前朝重臣整肃吏治。

1229年，贵由随父汗窝阔台汗攻金。入山西渡黄河，直取陕西凤翔。西进宝鸡并南下，通过宋境沿汉水对金成包抄之势。1231年秋，围攻河中府（现山西永济），进军郑州，另路蒙古军攻入汉中，渡过汉水，进入邓州。1232年春，在三峰山展开大会战。金军35万精锐部队全军覆没。

1233年，窝阔台命皇子贵由及宗

贵由即蒙古大汗位（《蒙古历史油画长卷》王延青等创作）

“凉州会盟”壁画

王按赤台（合赤温子）率蒙古军征讨蒲鲜万奴，蒲鲜万奴在抵抗中兵败被杀。蒲鲜万奴在辽东东部地区建立了一个割据政权，此人原来是金朝的将领，后来曾经投降蒙古，该人人性善变，可谓是三姓家奴，于1218年建立割据政权“东真国”。在贵由率军征讨下，东真国就此灭亡，其立国前后共达19年，至此蒙古全面控制了辽东地区。

1235年，窝阔台召开诸王大会，决定征讨钦察、俄罗斯等未服诸国，授命术赤的次子拔都统兵远征，贵由随军出征。贵由曾与堂弟蒙哥在高加索山一带用兵，所向披靡、占据了很多城寨，战绩卓著，受到了窝阔台的多次赞扬。

1241年底，窝阔台病逝前下诏命令贵由班师返回蒙古本土。贵由在返回途中，父汗驾崩。窝阔台生前曾希望汗位由三子阔出继承。但阔出却在1236年侵宋战争中阵亡，后让阔出的长子失烈门继位，由于失烈门年幼而无能力管理国事，于是皇后乃马真氏未与宗亲们商议，便于1242年擅自夺取了国家政权，史称“乃马真摄政”。窝阔台一死，乃马真氏决定等贵由回来后继承汗位。此时，成吉思汗的幼弟斡赤斤欲夺汗位，便率兵开赴哈剌和林。乃马真氏立即遣使谴责他，斡赤斤只得引兵退回驻地。按照蒙古习俗，汗位的继承人必须经过忽

里台选举产生。乃马真氏便召集各宗王参加忽里台推选新汗。在诸王、贵戚中，拔都威望最高，可是他在西征时与贵由有过节，反对他出任大汗。拔都以患病作推辞拒不赴会，致使忽里台不能如期举行。因此，乃马真氏摄政长达5年之久。到1246年秋天，拔都才派其弟别儿哥代他出席忽里台大会。由于乃马真氏的力争，大会达成协议，推举贵由为蒙古大汗。

乃马真氏摄政后，回族商人奥都剌合蛮和波斯女巫师法提玛等人获得了宠信，在乃马真氏的授意下，他们擅自颁布苛刻法令并施行。而对推行“汉法”的耶律楚材、镇海和其他忠臣加以排斥，因而一度致使内政败坏，法度紊乱，民力困乏。不久乃马真氏病死。贵由登基后，他很有一番作为，首先开始着手整治朝政。他授命皇弟蒙哥（拖雷之子）和斡儿答（术赤之子）调查斡赤斤图谋汗位之事，并处死了斡赤斤及其一些官员；其次，贵由杀死了其母乃马真氏宠信的奥都剌合蛮，将女巫法提玛沉入水中；又开始起用被其母罢免的官员。

介绍教皇英诺森四世派意大利教士柏朗嘉宾出使蒙古的书籍

贵由在位期间和罗马教皇有过交往。蒙古军的西征，震惊了整个欧洲，因此教皇英诺森四世派意大利教士柏朗嘉宾出使蒙古，希望劝说蒙古大汗不要伤害基督徒，同时要他深入了解蒙古人的风土民情、作战方式等。1245年，柏朗嘉宾从欧洲出发。途中在金帐汗国都城萨莱（今伏尔加河下游阿斯特拉罕附近）受到拔都汗的接见。这之后，他经过讹答剌、伊犁河下游、叶密立河，翻越阿尔泰山，向东抵达蒙古都城哈剌和林。1246年7月22日，柏朗嘉宾有幸参加了贵由汗的登基大典。登基后，贵由召见了他，柏朗嘉宾向贵由汗呈递了教皇致蒙古大汗的信件。教皇在信中指责蒙古人蹂躏基督教国土，应该弃恶从善，皈依基督教。对此，贵由汗驳斥了教皇的斥责和劝诫，将蒙古人军事征服的成功归功于长生天的保佑。贵由强调说："若你（教皇）接受和平，愿意把你的城堡交与我们，你教皇和基督教王公当立即前来见我缔和，然后我们将知道你希望与我们保持和平。" 柏郎嘉宾听到这些话后对贵由大汗肃然起敬，并对贵由汗留下了生动的描述："在他当选时，约有四十，最多四十五岁。他是中等身材，非常聪明，极为精明，举止极为严肃庄重。从来没有看见他放声大笑，或者是寻欢作乐。"事后，柏郎嘉宾带着贵由给教皇的回信归国复命，于1247年返回了西方。

贵由汗统治时期，蒙古实现了对吐蕃地区的统治。1247年，大蒙古国皇弟西凉王阔端（贵由之弟），以汗国名义颁发诏书，并亲派助手多达那布将军和女儿萨日朗作为使者一起前去吐蕃，邀请藏传佛教萨迦派的大学者、西藏高僧萨班来凉州会谈。吐蕃高僧萨班接受了邀请，并说服众僧和族人，毅然率侄儿八思巴和那多吉等僧人赴凉州（今甘肃武威）与阔端举行了举世瞩目的"凉州会盟"。 议定了吐蕃归附蒙古的条件，其中包括呈献图册，交纳贡物，接受派官设治。从此使西藏纳入了中国版图，这次在凉州地区的会见，史称"凉州会盟"。

贵由与其父窝阔台一样，大行赏赐之风。他下令打开府库，以金银财宝分赏诸王、贵戚、大臣等。仅一次就花费7万锭，如此挥霍，企图宣扬自己仗义疏财的名声超过其父。这种无节制地对皇室成员和军队进行赏赐的习惯，大

蒙古国库的银元宝和银锭

大削弱了帝国的库藏。这时大蒙古帝国内部矛盾也开始日益突出起来，贵由登基后，便插手察合台家族内政。同时，贵由与拔都不和，拔都又反对贵由继大汗之位，因而双方结下了积怨。1247年秋，贵由任命野里知带为征西军统帅，率兵西进与拔都相抗衡。第二年春，贵由以都城哈剌和林气候不好，叶密力（窝阔台封地）的水土有利他养病为借口，亲率大军离开哈剌和林而西进。此时，拔都获悉后就整军待战。1248年3月，贵由在伊塞克湖与伊犁河之间一个名为阿拉套的地方，途中突然病死，终年43岁，贵由在位仅一年零八个月。他的驾崩避免了一场皇室内部的争斗。贵由死后葬于起辇谷（一说葬在生前的封地叶密力），元世祖忽必烈追尊贵由庙号为定宗，谥号简平皇帝。

贵由有三个儿子，他生前曾与诸王、贵戚约定，死后其汗位应由他的子孙继承，但他死后，诸王、贵戚们并未按照他的话去做，相反却在拔都提议下，拖雷的儿子蒙哥登上了汗位。蒙古大汗位由窝阔台系转到拖雷系以后，贵由的侄儿海都，在窝阔台封地也儿的石河（今额尔齐斯河）上游和巴尔喀什湖以东一带，建窝阔台汗国（1225～1309），成为蒙古四大汗国之一。

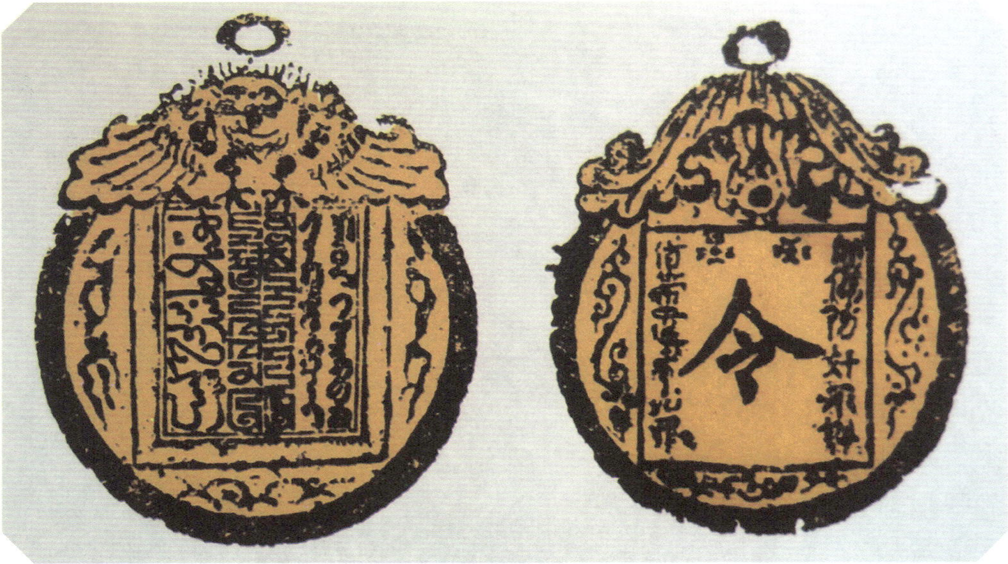

驿站令牌

26. 阔端

阔端（1206～1251）

阔端（1206～1251），孛儿只斤氏，大蒙古国宗王、大将、成吉思汗孙、窝阔台次子。大蒙古国时期，镇守河西及秦陇，其封地在西夏故地。在攻宋战争中，率蒙古军首次攻入四川，占领成都。他在历史上的最大功绩是收服吐蕃地区（西藏），与吐蕃藏传佛教萨迦派首领萨迦班智达在凉州会盟，促使西藏僧俗首领降附蒙古，将西藏纳入元朝版图。

阔端半身铜像

1229年，窝阔台即汗位后，将甘肃、青海及原西夏的故地，作为封地划归他的次子阔端。阔端建斡耳朵于凉州府（今甘肃武威），后又得东平路（今山东东平县及周边地区）47741户为食邑（供养地）。

在窝阔台汗当政时期，蒙古兵分三路攻宋。1236年1月，阔端率西路军自凤州入西川，一举攻下沔州（今陕西略阳），继而由先锋军进围青野原(今陕西略阳北)，被宋军利州守将曹友闻打退。阔端军的先锋汪世显率军到大安，又被曹友闻打败。在这种情况下，阔端集中西路军主力攻击宋军曹友闻部，宋军寡不敌众，退守由秦入蜀的山隘一线。蒙古军在拔除分布在蜀边的若干南宋据点后，于1236年8月开始大举攻蜀。阔端以塔海为元帅，以汪世显为先锋，率蒙古、汉军、西夏、女真、回族、吐蕃、勃海等各族军队，在阳平关大败宋军，宋将曹友闻战死关下。

阳平关一战，蜀边唯一能战斗的宋军主力全部被歼，驻守蜀边的宋军残部，向四川内郡溃散。阔端军兵分两路长驱直入，乘虚进攻四川内郡，计划夺取首府成都。蒙古军一路由阔端亲率出利州、剑门(今四川剑阁北)，另一路由宗王莫哥率领从文州入蜀，约定期限与莫哥会师成都。1236年3月，莫哥率军南下，破右昌，残阶州，10月进攻文州，守城军民顽强抵抗，一个月才破城，宋军民死伤数万人。9月，阔端率军自汉中攻取大安军，10月攻占利州、剑门关，占领顺庆府、潼川。10月中旬，各路蒙古军云集于成都附近。蒙古军大将按竺迩召集吐蕃各部首领，赐以银符并封官许愿，平定了陇州，遂与阔端军主力会合，于10月下旬攻取成都。在蒙古军的强大攻势下，南宋军望风披靡，一个月之间，利州、成都、潼川各州郡皆降。阔端在攻克成都之后，留下都元帅塔海继续在四川镇守，自率主力离开四川返回陕西。

阔端回到封地凉州后，强力介入西藏事务。在成吉思汗时代，吐蕃地区一些首领就开始向大蒙古国朝贡礼品。窝阔台即汗位后，将甘肃、青海及原西夏的属区，作为封地划归二子阔端后，阔端成为蒙古握有重权的一方军事统帅。由于阔端的封地邻近吐蕃地区，难免与西藏各种势力进行接触。成吉思汗逝世后，吐蕃地方不再向大蒙古国纳贡，彼此关系趋向紧张。为了解决西藏归顺大蒙古国之事，阔端于1240年从凉州派大将多塔纳波率军攻入西藏，进驻热振、澎波地

阔端接见萨迦班智达

区（今拉萨附近）。

阔端派军进入西藏以后，与多塔纳波商议解决西藏之事，同时了解吐蕃民情和藏传佛教各教派的情况。多塔纳波建议迎请西藏佛学造诣很深的藏传佛教萨迦派高僧——萨迦班智达去凉州洽商有关西藏事宜。阔端采纳了多塔纳波的建议，于1244年代表蒙古大汗，下诏书邀请萨迦班智达。诏书中说：“我为报答父母及天地之恩，需要一位能指示道路取舍之上师，在选择时选中了你，故望不辞道路艰难前来此处。若是你以年迈为借口（不来），那么以前释迦牟尼为利益众生做出的施舍牺牲又有多少？（对比之下）你岂不是违反了你学法时的誓愿？你难道不惧怕我依边地的法规派遣大军前来追究……请尽快前来，我将使你管领西方之僧众。……龙年八月三十日写就。”

阔端强力介入西藏事物（《蒙古历史油画长卷》王延青等创作）

萨迦班智达接到诏书后，再三考虑吐蕃民众的福祉，决定亲赴凉州会见阔端。他以六十多岁高龄不辞辛苦，经数千里长途跋涉，于1246年到达凉州。萨迦班智达携其两个侄子10岁的八思巴和6岁的恰那多吉一起与阔端见面。萨班在凉州期间，还医好了阔端患的癞病，这使阔端对萨迦班智达表现出更为殊深的敬重，双方建立了良好的关系。这样，萨迦班智达就代表西藏地方势力和大蒙古汗廷建立了直接联系。阔端与萨迦班智达议定了西藏归顺大蒙古国的具体事项。这些事项，奠定了日后元朝中央政府对西藏进行施政管理的基础。内容是：大蒙古国任命佛教萨迦派人员为达鲁花赤（地方长官），赐与金符和银符，所有吐蕃地区头人必须听命于达鲁花赤，不得妄自行事；吐蕃各地缮写官吏、户口、贡赋清册三份，一份由各地官吏自行保存，两份分别呈交阔端和萨迦班智达；蒙古将派官员到西藏，会同萨迦人员议定税目等等。这些制度，奠定了日后元朝中央政府对西藏进行施政管理的基础。历史上这一事件，被誉为“凉州会盟”。

萨迦班智达返回西藏以后，就写了一封致吐蕃各地僧俗首领的长信，将蒙古上述条件通知他们，并反复晓喻西藏归附蒙古的必要性。在这封具有重大历史意义的长信中说：阔端励精图治，愿有益于天下各部族人民，用意甚善；蒙古军队众多而战术精良，西夏等部先后覆亡，反抗阔端之藏族偏师一败涂地，因而只有归附一途；只要真诚归附纳贡，作一个没有二心的臣属，即可同畏吾儿（维吾尔）

“凉州会盟”纪念雕像

萨迦班智达前往凉州会盟唐卡

部族一样得到优待，地方官吏依旧任职，人畜依旧归己；正因为出于上述考虑，为了佛法、众生，造福吐蕃人民，我才亲往阔端驻地接洽归附事宜；也正因为蒙古接受我之归顺，近年蒙古军队才未袭击吐蕃；汝等凡遵从蒙古法令者，必能受福。萨迦班智达这封著名的长信，说明吐蕃将成为大蒙古国（后来发展为元朝）的一部分，同时促成了藏传佛教萨迦教派在西藏的领袖地位，政教合一的萨迦地方政权对西藏的统治即由此开始。著名的意大利藏学家杜齐也承认，“在阔端手里，蒙古第一次有实效地占有了西藏”。萨迦班智达的“凉州会盟”，是西藏历史的转折，从此把西藏的历史进程同中央王朝的关系紧紧连在了一起，从此西藏成为中国不可分割的一部分。

蒙哥即汗位后，因阔端一向与蒙哥和睦相处，未参与窝阔台汗家族失烈门等与蒙哥争夺汗位的斗争，因此阔端家族未受株连，仍保有原封地和军队。据《蒙古源流》记载，阔端卒于蒙哥汗元年（1251），享年46岁，其后裔居于永昌一隅。

27. 蒙哥汗

蒙哥汗（1209～1259，1251～1259年在位）

蒙哥（1209～1259，1251～1259年在位），孛儿只斤氏，大蒙古国第四任大汗，史称“蒙哥汗”。1251年至1259年在位。为元太祖成吉思汗之孙、拖雷长子，其四弟即元世祖忽必烈，母亲唆鲁禾帖尼。即位前曾参加拔都统帅的蒙古第二次西征，进攻东欧和俄罗斯等地。即位后主要致力于攻灭南宋、大理等国。并派遣旭烈兀组织蒙古第三次西征。1259年死于合川东钓鱼山下。元世祖忽必烈追尊蒙哥庙号为宪宗，谥号桓肃皇帝。

蒙哥汗骑马图

蒙哥生于漠北草原，是成吉思汗之孙，拖雷的长子，“蒙哥”的意思是永久。窝阔台即位之前，收蒙哥为养子，并让昂灰皇后抚育他。在蒙哥长大后，为他娶火鲁剌部女子火里差为妃，并且分给他若干属民。1232年拖雷去世后，才让他回去继承拖雷的封地。蒙哥多次跟随窝阔台参加征伐，屡立奇功。蒙哥沉默寡言、不好侈靡，喜欢打猎。

1235年，奉窝阔台之命，蒙哥参加第二次蒙古西征，与拔都、贵由等西征不里阿耳、钦察、俄罗斯诸地，屡立战功。1237年春，攻破钦察部，追擒其首领八赤蛮于伏尔加河中的一岛上。进伐俄罗斯克乌拉基米尔城，击败薛儿客速人与阿速人。1240年与贵由奉旨东还蒙古草原。

大蒙古国汗位自成吉思汗以后传位于窝阔台家族。1248年3月贵由去世后，由皇后斡兀立海迷失临朝称制。由于贵由与拔都早年不和，拔都拒绝奔丧。为了对抗窝阔台家族，1250年，拔都以长支宗王的身份遣使邀请诸宗王、大臣，到他在中亚草原的驻地阿剌豁马黑（今新疆博尔塔拉）召开忽里台大会，商议推举新大汗。窝阔台系和察合台系的宗王们多数拒绝前往，贵由皇后斡兀立海迷失派大臣八剌为代表到会。唆鲁禾帖尼则命长子蒙哥率诸弟及家臣应召前往。在忽里台大会上，拔都极力称赞蒙哥能力出众，又有西征大功，力推蒙哥即汗位，并指出贵由之立违背了窝阔台的遗命（窝阔台遗命失烈门即位），贵由后人无继承汗位的资格。大会通过了拔都的提议，推举蒙哥为大汗。窝阔台、察合台两家拒不承认，在这种情况下，只得再次举行忽里台大会重新推举大汗。

由于蒙哥的母亲唆鲁禾帖尼的威望甚高，并且善于笼络宗王贵族，多数宗王大臣最终应召前来再次参会。1251年6月，在蒙古草原斡难河畔的曲雕阿阑，成吉思汗大斡耳朵所在地（今蒙古温都尔汗西南），再度举行忽里台大会，拔都派其弟别儿哥参加会议。在这次会议上，宗王大臣们共同拥戴蒙哥登基，蒙哥成为大蒙古国第四任大汗。蒙哥即位的当日，尊唆

蒙哥汗登位后亲自征讨南宋（《蒙古历史油画长卷》王延青等创作）

鲁禾帖尼为皇太后。在会议期间，窝阔台孙失烈门、脑忽等企图乘大会欢宴时进行武装偷袭，中途被放鹰人克薛杰发觉告发，蒙哥命令将他们拘捕处死，并派重兵加强防备。此后，为了巩固汗位，唆鲁禾帖尼对反对者毫不留情，并亲自下令处死贵由的皇后斡兀立海迷失。从此蒙古大汗位便由窝阔台家族转移到了拖雷家族。

蒙哥即位以后，励精图治巩固政权。他首先派自己的弟弟忽必烈全权管理漠南汉地的军政事务；又用忠于自己的大臣出任燕京、别失八里、阿母河等地的达鲁花赤（最高行政长官）；调整了两淮等处蒙古军、汉军的统帅；命忙哥撒儿出任汗廷大断事官；帖哥紬、阔阔术等掌帑藏（国库）；孛兰合剌孙掌斡脱（管理信贷的机构）；阿忽察掌祭祀巫卜；只儿斡带掌管驿站的信息物资传输；孛鲁欢任必阇赤（笔帖式）长，掌管发诏令，朝觐大汗及内外官员上奏等事；命令僧海云掌管佛教事物，道士李志常掌道教事物；颁发政令，收回前任大汗及诸王所滥发的牌印、诏旨、宣命等；限制诸王所征用的马匹数量，禁诸王擅征民户和滥征人民钱财；放免修筑哈剌和林城的工匠，等等一系列利国利民的政策和措施。

1252年6月，蒙哥命弟忽必烈南征大理国。7月，忽必烈率军出发。次年8月，忽必烈率军从陕西出发经过四川，进攻位于今云南的大理国。1254年1月，忽必烈攻克大理城，国王段兴智投降，大理国灭亡，云贵高原并入大蒙古国版图。1256年，段兴智前往漠北哈剌和林汗宫觐见蒙哥汗，被任命为大理总管，子孙世袭。从1254年忽必烈灭大理国，到1382年驻守云南的元朝梁王把匝剌瓦尔密兵败，元朝统治云南地区长达128年，因此在云南留下很

蒙哥命弟忽必烈南征大理国（《蒙古历史油画长卷》王延青等创作）

多元朝蒙古族遗民。

1253年，蒙哥汗组织了蒙古第三次西征。自从前两次蒙古西征，消灭了中亚花剌子模，征服了东欧各国之后，蒙古帝国的势力范围已扩展到中亚和东欧。但是当时位于伊朗的木剌夷国不肯对蒙古称臣和朝贡，遵照成吉思汗拓展疆土、开藩建汗的遗愿，遂展开了蒙古第三次西征。因蒙哥集中精力征服南宋，因此他派自己的六弟旭烈兀挂帅征战。

蒙哥命六弟旭烈兀率军西征，灭亡巴格达的阿拔斯王朝（《蒙古历史油画长卷》王延青等创作）

1253年6月，蒙哥命六弟旭烈兀率大军10万西征。旭烈兀的西征军从漠北草原出发，1256年大军渡过阿姆河后所向披靡，先攻灭波斯南部的卢尔人政权；1256年，攻灭了木剌夷国（在今里海南岸的伊朗西北部）；1258年灭亡巴格达的阿拔斯王朝；1260年3月1日，灭亡叙利亚的阿尤布王朝，并派兵攻占了小亚细亚大部分地区；攻占叙利亚后，旭烈兀西征军兵锋抵达今天地中海东岸的的巴勒斯坦地区，即将与埃及的马木留克王朝交战，此时旭烈兀得到使者带来的帝国最高统治者蒙哥汗在四川去世的消息，于是只派先锋怯的不花率不到一万军队驻守叙利亚，自己率大军开始东返。1260年9月3日，埃及马木留克王朝趁着旭烈兀率主力东返，攻占叙利亚，杀怯的不花，旭烈兀愤怒至极，本想率军继续西征，但此时他和金帐汗国的别儿哥汗因为争夺阿塞拜疆爆发了战争，只好结束西征。旭烈兀东返途中得到忽必烈和阿里不哥争位的消息，于是留在西亚，自立一方，并宣布支持忽必烈。后来被忽必烈封为“伊儿汗”，蒙古四大汗国的伊儿汗国从此建立，旭烈兀成为首任大汗。

1258年，高丽崔氏政权跨台，高丽国王投降大蒙古国。双方达成和平协议，高丽成为大蒙古国藩属国，但保留高丽原有政府体系和传统文化。

进攻南宋入主中原，是蒙哥汗的主要夙愿。1256年，蒙哥召开诸宗

钓鱼城宋蒙军作战图

王、大臣会议，决定大举伐南宋。他以幼弟阿里不哥留守哈剌和林，自己率军出征。1258年，蒙哥、忽必烈和大将兀良合台分三路进攻南宋。七月，蒙哥亲率主力进攻四川，渡嘉陵江至白水江，一路所向披靡，攻克四川北部大部分地区。1259年初，在合州（今重庆合川区）钓鱼城下攻势受阻，数月不能攻克。因四川天气潮湿闷热，蒙古人很不适应，军中疾病流行。1259年8月11日，蒙哥汗因病在合州钓鱼山去世，享年50岁，在位9年。蒙哥突然逝世，甚至没有在临终前留下遗诏确定继承人，这导致了此后忽必烈与阿里不哥的汗位争夺。正常情况下，未立储君的君主在病重时，必定会留下遗诏确定继承人，但蒙哥却没有留下任何遗言，这可能与他突然死亡有关。因此传说蒙哥是被宋军直接击杀或意外死亡的，并且传说临终前留下遗言，将来若攻下钓鱼城，必屠杀全城军民百姓。但查遍《元史》《新元史》《史集》均无记载，这三本史书都记载蒙哥是病逝，和钓鱼城之战无关。后来钓鱼城于1279年投降时，忽必烈赦免了所有军民，这也能说明蒙哥确实是病逝。

蒙哥去世前虽未能灭南宋统一天下，但是他的去世，对当时的世界格局却产生了极大的影响。蒙哥去世导致了旭烈兀统帅的第三次蒙古西征被迫中止。而且，蒙哥去世以后即爆发了他的两位弟弟忽必烈与阿里不哥的继位之争，造成了成吉思汗黄金家族各宗王之间的分裂。这也导致忽必烈建立元朝以后，对先前建立起来的蒙古四大汗国失去了实际的管理权，这四大汗国只成为名义上元朝的藩属国，同时也为这些汗国的独立发展创造了契机，使得四大汗国在欧亚大陆上各自独立驰骋几百年，改写了世界历史。

1266年10月，蒙哥的太庙建成。元世祖忽必烈追尊蒙哥庙号为宪宗，谥号桓肃皇帝。

28. 元世祖忽必烈

忽必烈汗（1215～1294，1260～1294年在位）

忽必烈（1215～1294，1260～1294年在位），孛儿只斤氏，政治家、军事家。成吉思汗之孙，托雷之子，蒙哥汗之弟。1260年即大蒙古国汗位，1271年，改大蒙古国号为“元”，在位35年。忽必烈灭南宋、大理国，统一全国，建立了中国历史上疆域最大的封建王朝，结束了自唐朝以来365年的分裂局面，为中国统一多民族国家的发展奠定了基础。他还有很多功绩，包括改革政体，首创行省制度，定都大都（今北京），开凿大运河等等。蒙古尊号“薛禅汗”，谥号圣德神功文武皇帝，庙号世祖。

忽必烈登基前，已经是一位十分杰出的军事将领。1251年，蒙哥称汗后，就十分赏识忽必烈的才干，命他总领漠南汉地军政事务。在这段时间内，他任用了大批汉臣幕僚和儒士，如刘秉忠、许衡、姚枢、郝经、张文谦、窦默、赵璧等等，并提出了在汉地“行汉法”的主张。忽必烈尊崇儒学，被儒士称为“儒教大宗师”。1252年，宋军攻打河南边地，忽必烈请准蒙哥在河南设经略司，任命史天泽、杨惟中、赵璧为经略使。1253年，忽必烈得到京兆（今陕西西安）封地，建立京兆宣抚司，以孛兰及杨惟中为使，屯田陕西凤翔，健全了陕甘地区的吏治。

成吉思汗为孙子忽必烈、旭烈兀举行初猎仪式（《蒙古历史油画长卷》王延青等创作）

1252年6月，忽必烈前往哈剌和林

忽必烈狩猎图（白嘎力创作）

觐见蒙哥，奉命率军远征大理国（今云南全境）。第二年夏，忽必烈率大军在六盘山集结。秋天，大军经过临洮进入吐蕃地区，经今四川松潘、甘孜、理塘、得荣进入云南境内。大军于11月乘皮囊舟渡金沙江，大理国摩掌蛮王、大将高俊前来迎降。渡过金沙江后，蒙古军与大理守边军相持，此举完全打乱了大理国的防御部署，权臣高泰祥退守大理城。忽必烈遣使招降，但使者被杀。12月，忽必烈包围大理城并下令攻城，大军分三路兵马合力攻破城池。国王段兴智逃奔善阐（今昆明），高泰祥被蒙古军追杀，国王段兴智无奈投降。1254年，云南全境并入大蒙古国版图。

1256年夏天，以南宋扣押蒙古使者为由，蒙哥汗正式宣布了攻击南宋的号令。这个时期，忽必烈使用了很多儒士，在陕西、河南整顿吏治，收到积极效果，但是这种使用汉族儒士的做法招致了蒙哥汗的不满。1257年，蒙哥命宠臣阿蓝答儿在关中设钩考局，查核京兆、河南财赋。阿蓝答儿罗织一百余条罪状，旨在除灭忽必烈所信用的官员，削弱他的势力。在这种情况下，忽必烈把家眷送往哈剌和林为人质，并亲自前往觐见大哥泣说情况，终于取得了蒙哥汗的谅解。

1258年8月，蒙哥率大军一路所

向披靡攻入四川北部，占领四川大部分地区后，在合州城下攻势受阻。11月，蒙哥汗命忽必烈在开平启行南下攻宋，忽必烈率军于1259年8月抵达河南汝南，继续向南宋进发。9月，忽必烈统领中路军渡过淮河，攻入南宋境内，随后一路向南，在湖北开辟新的战场，进攻长江中游的鄂州。

1259年8月11日，蒙哥汗在四川合州钓鱼山病逝。9月，在四川的宗王末哥（忽必烈异母弟）派使臣向忽必烈传达这个消息，并请他北归继承汗位。忽必烈则认为既奉命南来，岂能无功而返，于是继续进攻南宋，并多次获胜。后来，忽必烈的妻子察必又派使者密报说：哈剌和林众臣谋立忽必烈之弟阿里不哥为汗，而且阿里不哥已经派阿蓝答儿在开平附近调兵遣将，又派脱里赤在燕京征集民兵，使臣催促忽必烈早日北还。在这种情况下，幕僚郝经出面陈述忽必烈选择立即退兵的理由，坚定了他北返的决心。忽必烈声称要进攻南宋首都临安（今杭州），留下部分兵马继续对鄂州的围攻，增加对南宋的军事压力，南宋丞相贾似道派使臣请和，约定南宋割地，并且送岁币，忽必烈于是撤兵北返。

忽必烈评定宗王内乱（《蒙古历史油画长卷》王延青等创作）

1260年1月，忽必烈率军抵达燕京，解散了脱里赤征集的民兵，积极联络各宗王，并返回开平。3月，在开平召开了忽里台大会，与会宗王有：移相哥（哈撒儿之子）、末哥、合丹（窝阔台之子）、忽刺忽儿（哈赤温之孙）、塔察儿（斡赤斤之孙）、爪都（别里古

忽必烈建立了大元朝（《蒙古历史油画长卷》王延青等创作）

台之孙）、阿只吉（察合台之孙），他们一致推举忽必烈为大汗，并举行登基大典，正式建年号“中统”。忽必烈随后派信使百人将登基之事告知在哈剌和林留守的阿里不哥。同年5月，阿里不哥也在阿速带、玉龙答失、昔里吉（蒙哥3个儿子）、阿鲁忽（察合台孙）等部分留居漠北宗王的拥戴下，称汗于哈剌和林。阿里不哥命阿蓝答儿发兵于漠北诸部，关陇（陕西、甘肃）等地蒙古贵族也响应。两兄弟的同时登基，造成了大蒙古国的内乱。

忽必烈采取了针锋相对的措施，为稳定后方，积极调兵储粮，然后亲自率兵讨伐阿里不哥。忽必烈的前锋大将移相哥旗开得胜，首战就击败了阿里不哥南进部队，其后续部队闻之惊溃，阿里不哥率残众退走乞儿吉思（今吉尔吉斯斯坦）。1260年9月，阿里不哥又图谋派兵南下，勾结秦蜀地区的同党联手攻击忽必烈。忽必烈闻讯后，任命畏吾儿人廉希宪为陕西、四川宣抚使，又派刘黑马、汪惟正二将赴秦蜀地区镇压阿里不哥的同党，使这一地区初步得到安定。后又派三路大军西征，击溃了阿里不哥的军队。曾经支持阿里不哥登基的宗王阿鲁忽，因不满其傲慢行径，转而归附忽必烈，阿里不哥大怒，洗劫了阿鲁忽的封地伊犁河流域，迫其迁至撒马尔罕。 1261年秋，阿里不哥重新整顿兵马，率兵再次南下，忽必烈亲自率兵迎战，在戈壁边界附近激战，阿里不哥战败退走，于1264年7月，向忽必烈投降，蒙古内乱终告平定。

1264年9月7日，忽必烈发布《至元改元诏》，取《易经》“至哉坤元”之义，将国号由“大蒙古国”改为“大元”，忽必烈由蒙古大汗变为大元朝皇帝。1272年2月，忽必烈又采纳了谋臣刘秉忠的建议，将燕京（今北京），作为大元朝的首都，定名为“元大都”，随即修建宫殿。1274年元旦，忽必烈在正殿接受朝贺。从此，元大都成为元朝的政治中心。自此以后，明、清两代，北京一直是国家的首都。

1268年，忽必烈发起灭宋之战。首先派大将阿术与刘整率军攻打襄阳，史称襄樊之战。1274年，元军攻下襄阳，宋将吕文焕投降，随后枢密院使伯颜和中书丞相史天泽率军顺汉水南下长江，目标建康（今南京）。1275年，降将吕文焕率元水陆联军于芜湖击溃贾似道的南宋水军，史称丁家洲之战。隔年元军攻陷南宋首都临安（今浙江杭州），谢太后与宋恭帝投降元军。然而陆秀夫等拥立7岁的宋端宗在福州即位，文天祥、张世杰与陈宜中等大臣持续在江西、福建与广东等地抗元。元军陆续攻下华南各地，1278年南宋朝廷退至广东崖山。隔年3月，蒙古军在崖山海战攻灭南宋海军，陆秀夫挟持8岁的小皇帝宋幼主赵昺投海而死，南宋亡。元朝统一中国，建立了中国历史上疆域最大的正统封建王朝。

忽必烈继承了他的前辈开疆扩土的衣钵，对海外继续征战。1274年和1281年，忽必烈两次东征日本，由于蒙古军不善海战，遇到强大的台风

忽必烈征战日本、爪哇的海战图

忽必烈宴请各国使节（《蒙古历史油画长卷》王延青等创作）

而均告失败。1292年，忽必烈又派元军远征爪哇（今印度尼西亚），于次年春抵达爪哇岛泗水登陆。由于对海况、当地民情认识不足，孤军深入至元军从未抵达的热带雨林地带，在十分艰难的情况下，先灭爪哇军，后遭失利，但是全军仍能撤退返国，途中还招降东南亚十余国，应该也算是和局收场。

忽必烈的妻子察必于1281 年先他逝世。五年之后他亲自选定的皇位继承人真金也早逝。或许由于这些个人悲剧的刺激和执掌国事的劳累，忽必烈身体受到了严重影响，晚年被疾病折磨得痛苦不堪，不幸于1294年2月18日病逝，时年80岁，可算是古代帝王的长寿者。

忽必烈建立了大元朝，是蒙古历史上的伟大成功者。他生前十分重视政治、经济体制建设。宋朝灭亡后，元朝基本保留了宋朝的行政机构和全部官员，建立了中央集权制的封建大帝国。他治愈了一个世纪之久的战争创伤，结束了中国长达三百多年的分裂局面。忽必烈注重选用人才，重用董文炳、刘秉忠、张弘范等汉臣，任命色目大臣阿合马掌管国家财政，建立各项政治制度。如在地方上建立行省，中央设中书省，首创中央集权的行省制。他十分重视农业，设立“司

农司”“劝农司”等专管农业的机构，以劝农业绩作为考核官吏的主要标准，并令人编辑《农桑辑要》，于1286年颁行全国。为加强对边疆地区的管理，在各地建立驿站，开辟元朝到蒙古四大汗国和中亚、西亚乃至欧洲的交通，同时巩固了对全国各地的统治。

忽必烈实行对外开放政策，沟通了中西方的经济、科技和文化交流，使陆上和海上丝绸之路达到鼎盛，这是元朝历史的又一亮点。汉朝开辟了经过中亚通向西方的交通线，被称为著名的陆上丝绸之路。后来唐朝爆发的安史之乱以及随后西域的动荡，使丝绸之路渐趋衰落，而海上丝绸之路则日益兴盛，到宋朝已成为连接东西方的主要交通线。元朝继承了唐、宋对外开放的政策，在政治上加强与海外诸国的联系，在经济上积极开展海外贸易。各种文献中记录的与元朝有联系的国家和地区在两百个以上。这些国家和地区分布在欧亚大陆、非洲东北部、印度洋、西太平洋沿岸各国，其中相当一部分是前代没有记载的。

忽必烈是一位思想十分开放的君主，对科学技术特别重视。他启用大科学家郭守敬，负责修建元大都至通州的运河，促进了漕运业的发展，南方的粮食和茶叶、丝绸等源源不断运往元大都，使这座元朝的首都成为当时世界最繁荣的商业都市；1276年郭守敬修订新历法，经四年时间制订出《授时历》，通行三百六十多年，是当时世界上最先进的一种历法；忽必烈还下令建造太庙，制作祖宗牌位，以祭典前辈的丰功伟绩，强调利用历史经验指导行为，也为朝廷编年史工程提供了依据；他还下令在翰林院下设国史院，以搜集记录并且撰写辽史和金史；忽必烈十分欣赏吐蕃佛教宗师八思巴的才干，尊他为国师，并命他创造蒙古新字“八思巴文”，它相当于现代的国际音标，可以记录大元朝和蒙古四大汗国所有民族的语言，用八思巴文发表诏书和文告，使得政令通畅，大大促进了元朝的文化发展和交流。

忽必烈延续了成吉思汗的宗教平等政策。允许回族（色目人）组成自治社团，其聚居区设有自己的集市和清真寺，允许他们使用本民族语言，任命很多回族人担任重要职务达鲁花赤；1264年，忽必烈建立“总制院”，管理吐蕃地区和佛教事物，任命八思巴为行政长官，全力支持他的佛教领袖地位； 1258年，忽必烈为各地建设道观提供资金，并向他们授予与佛教相同的豁免权和特权；忽必烈倡导中国本土内儒、佛、道三家的和解和共处；忽必烈甚至还寻求获得基督教徒的支持和协助，招募西方基督徒为元朝服务，著名的意大利旅行家马可波罗为元朝服务数年，他把在元朝的所见所闻写成《马可波罗游记》，记述了元朝的繁荣景象，该书对西方世界影响很深。

忽必烈的经济政策也十分了得。他率先在世界上发明了“钞”即纸币。他把钞票引入流通领域，并使它成为财政的基础。1264年，他颁布法令，公布了用纸币来计算主要商品的价值。他的第一任“理财”大臣是色目人赛夷阿札儿，他把钞票的发行维持在合理的限度内。随后继任的几位大臣们开始轻率行事，造成通货膨胀、货币贬值，朝廷迅速采取必要措施维持货币稳定，这与现代经济政策如出一辙。为了备荒，忽必烈恢复了王安石之后被取消的国家控粮政策，在丰年，国家收购余粮，贮藏于国仓。当荒年谷价上涨时，开仓免费分发谷物。他还设定了公众救济机制，将稻米和杂粮定期分发给急需救助的下层社会家庭。1260年，他颁布法令，要求地方长官必须为老学者、孤儿、病弱者提供及时救济。

忽必烈是一位新秩序的建立者，

忽必烈对科学技术和商贸十分重视（《蒙古历史油画长卷》王延青等创作）

蒙元时期对各种宗教采取开放政策（《蒙古历史油画长卷》王延青等创作）

能重视和接受中原汉文化，推崇儒术，实为开明可贵。他虽然来自游牧民族，但是十分重视中原农业的恢复和发展，是一位中国历史上十分成功的皇帝。马可波罗称赞忽必烈是“人类远祖阿丹以来迄于今日世上从未见广有人民、土地、财货之强大君主”。明朝官修正史《元史》的评价是：“世祖度量弘广，知人善任使，信用儒术，用能以夏变夷，立经陈纪，所以为一代之制者，规模宏远矣。”明太祖朱元璋、曾国藩、孙中山等很多名人都给忽必烈以很高的评价。

29. 旭烈兀

旭烈兀（1217 ~1265）

旭烈兀（1217～1265），孛儿只斤氏，成吉思汗之孙、拖雷之子、忽必烈、蒙哥和阿里不哥的兄弟。旭烈兀是13纪中叶至14世纪中叶统治波斯伊儿汗国的创建人。作为成吉思汗之孙，旭烈兀有着身份血统上的天然优势，而他的一次次的辉煌战绩也证明了他无愧于杰出军事统帅的称号。他将“上帝之鞭”伸向了西亚，在真主的土地上建立了蒙古人的国家，它的出现完全改变了西亚历史的走向。

在蒙古草原马背上长大的旭烈兀，从小就练出了一身功夫。成吉思汗对子孙们提出了“天下土地广阔、河流众多，你们尽可以各自尽情去扩大自己的领地。”在这种思想的鼓舞下，旭烈兀在18岁时（1236年），随堂兄拔都远征，横贯东欧大草原，一直打到了今匈牙利境内。在与匈牙利马札尔人的战争中，他与速不台分兵五路，大败马札尔军队于蒂萨河（多瑙河的支流）。这次西征对年轻的旭烈兀意义重大，锻炼了他的体魄和军事指挥才能，使他积累了丰富的实践经验和政治资本。

1248年，蒙古大汗贵由死后，旭烈兀联合拔都等积极拥戴其长兄蒙哥，挫败了贵由皇后斡兀立海迷失等人的阻挠，使蒙哥在1251年的忽里台大会上获得大汗之位。在随后蒙古汗廷内部斗争和对外战争中，旭烈兀积极支持蒙哥的主张，为蒙哥汗的统治立下了汗马功劳。蒙哥执掌蒙古大汗位后，便积极延续前辈开疆扩土的事业。由于是同母兄弟，忽必烈、旭

蒙古第三次西征之战（波斯细密画）

烈兀都得到了重用。蒙哥指派忽必烈负责中原事务，旭烈兀则成为西征大军的统帅。1252年，蒙哥汗制定了蒙古第三次西征的方案。先派怯的不花为先锋，率1.2万人先行。第二年，旭烈兀率主力军出发渡过阿姆河，带着蒙哥给他的“从阿姆河两岸到埃及尽头的土地都要遵循成吉思汗的习惯和法令。对于顺从你命令的人要赐予恩惠，对于顽抗的人要让他们遭受屈辱”的嘱托，从此离开了生他养他的蒙古大草原，到一片全新的天地去建功立业开拓世界。

旭烈兀登基典礼（波斯细密画）

旭烈兀西征，首先遭遇的是里海以南的亦思马恩派穆斯林宗教国，这一派别是历史上穆斯林的极端派，热衷于以恐怖形式刺杀敌对方的领袖，该派曾因企图组织刺客刺杀蒙哥汗，而同蒙古人结下了深仇大恨。旭烈兀分三路大军进攻，自己亲率中路军，很快就攻陷了教主忽儿沙的城堡。亦思马恩派九十多座城堡被毁，忽儿沙在押解途中被杀，这一伊斯兰教中颇有实力的派别从此在历史上消失，旭烈兀全面占领了这一地区。

1257年，蒙古军推进到巴格达的阿拔斯王朝边境，其统治者为哈里发（穆斯林宗教领袖）穆斯台绥木。这个王朝因擅长同各种势力周旋，作为穆斯林宗教领袖的地位已传至36代，历经508年的历史。但这一次，旭烈兀派出使节前去劝降，遭到拒绝。穆斯台绥木对旭烈兀的态度十分傲慢，他们警告蒙古人说：如果他们攻击哈里发就将受到真主的惩罚。蒙古人根本不信邪，旭烈兀下令全面攻城。蒙古军先用决堤放水的方法淹没了哈里发的主力军，接着以一场精彩的围城战打得哈里发军队一败涂地。1258年2月10日，巴格达开城投降。有着五百多年历史的巴格达城落入蒙古军之手，穆斯台绥木则死于非命，阿拔斯王朝从此寿终正寝。

旭烈兀在西亚建立伊儿汗国（《蒙古历史油画长卷》王延青等创作）

巴格达城的陷落使伊斯兰世界陷入了恐慌之中。旭烈兀的军队仍没有停下推进速度，他选择的下一目标是叙利亚。在攻打叙利亚之前，他已接受了亚美尼亚国王和安条克国王的归附。当时的叙利亚名义上属于阿尤布王朝（行政中心在埃及），实际由国君纳昔尔统治。旭烈兀没有接受纳昔尔的求和，从1259年到1260年，他先后攻下了阿勒颇和大马士革，一路取胜。但就在这时，一个突发事件改变了中东历史的历程。蒙古大汗蒙哥在南宋四川钓鱼山逝世，消息传到了西征中的旭烈兀，他斟酌再三决定率主力东归，只留下怯的不花率领不到一万人留守叙利亚。

当旭烈兀回到波斯时，得知自己的二哥忽必烈和四弟阿里不哥两人正在争夺蒙古大汗之位，察合台汗国、窝阔台汗国支持阿里不哥，金帐汗国因距离蒙古本土遥远，基本保持中立。夺位之战从1259年到1264年进行了5年之久。在这种情况下，旭烈兀决定不再东归参与兄弟争权斗争，便留驻波斯静观其变。1264年，旭烈兀获悉忽必烈已即大汗之位，他立即派出使者表示拥护。忽必烈汗也遣使传旨，册封旭烈兀为伊儿汗，将阿母河以西至叙利亚边境的波斯土地划归旭烈兀汗统治。于是原来由大汗直接管辖的波斯地区，实际上成为旭烈兀的领地，从而建立了伊儿汗国，以蔑剌合（今伊朗马腊格）为首都，设宰相以掌管全国政务，任命了各省长官。但与此同时，旭烈兀也得到他在叙利亚留下的驻军全军覆没的消息。由于

旭烈兀率主力东归，留下的军队势单力孤，在埃及优势兵力的围攻下，怯的不花终于不敌对手，在以少战多的情况下被俘而死，叙利亚全部落入埃及政权之手。

旭烈兀很想复仇，但新的威胁迫使他放弃了重新进军叙利亚的打算。这一威胁来自他的堂兄弟金帐汗国的别儿哥汗，这时的别儿哥皈依了伊斯兰教。旭烈兀信奉佛教，并受到信奉景教（基督教的一个教派）的母亲和妻子的影响，在西亚实行亲基督教仇视穆斯林的政策。这引起了别儿哥汗的不满，他同埃及的苏丹拜伯尔斯结成同盟对付旭烈兀，开始争夺旭烈兀汗控制下的阿儿兰（今阿塞拜疆）、阿哲儿拜占（今伊朗西北部）两地区。别儿哥于1262年派三万军队前往争夺，双方激战两年多，虽然别儿哥汗后来退兵，但此后两个汗国经常为领土争端发生冲突，旭烈兀汗再也无暇顾及叙利亚与埃及。

晚年的旭烈兀把主要精力放在巩固对波斯的统治上，他通过武力胁迫或联姻的手段，清除了波斯境内的割据势力，使波斯成为伊儿汗国统治的核心地区。在这里，经济和文化都得到了迅猛的发展。伊儿汗国的历史成为今天伊朗历史的重要组成部分。到他的孙子合赞汗统治时期，伊儿汗国达到鼎盛，其领土东起阿母河、申河，西至小亚细亚大部分地区，南抵波斯湾，北至太和岭，其经济文化欣欣向荣。

1265年2月8日，旭烈兀在绰合图河畔的蔑剌合逝世，享年48岁。他被安葬在乌尔米亚湖（今伊朗雷扎耶湖）中的小岛上，之后不久，他的妻子也相继去世。

旭烈兀大汗接见大臣（波斯细密画）

伊儿汗国的统治一直延续到1388年，亡于同为蒙古后裔的帖木儿之手。随同旭烈兀西征的蒙古族将士后代，在七百多年的历史中同当地民族融合，发展成现代的哈扎拉族，他们如今生活在阿富汗、伊朗、巴基斯坦等国，人口达到两百多万。

旭烈兀在西亚的征服活动，不但改变了西亚的政治版图，也改变了本地区的宗教格局。旭烈兀最初施行亲基督教政策，受到了基督徒的拥戴。此时，波斯地区佛教已基本上消失，但由于旭烈兀信奉佛教，当地出现了大量吐蕃与畏兀儿喇嘛，佛教活动再次出现。从1262年开始，旭烈兀数次派遣使者携带书信前往欧洲，试图与基督教国家建立军事同盟，可是由于各种原因没有成功。由于伊尔汗国置身于伊斯兰世界，受伊斯兰教影响很深，到了旭烈兀曾孙合赞汗时期，为取得波斯伊斯兰教上层和穆斯林的支持，也不得不放弃佛教，宣布改奉伊斯兰教。合赞汗随即下令宫廷大臣、贵族、军队和汗国境内的蒙古人都改信伊斯兰教，立什叶派教义为国教。当时，约有15万的蒙古人改信伊斯兰教。这也是今日伊朗成为伊斯兰教什叶派占据统治地位的原因之一。

由于旭烈兀同忽必烈的兄弟关系，伊儿汗国同元朝本部的联系远比蒙古其他三大汗国更加密切，几任伊尔汗都得到了元朝皇帝下达的册封诏书。伊尔汗国掌握着从元朝（东亚）到阿拉伯帝国（西亚），从印度到地中海的重要商道，当时的丝绸之路十分畅通。中国的四大发明和丝绸、瓷器也加快了西传的速度，而回回炮、阿拉伯数字、阿拉伯历法、行省制度等也传入东方，这对中国历史发展的影响不容忽视。旭烈兀显然应居世界历史上有重要影响的帝王之列。

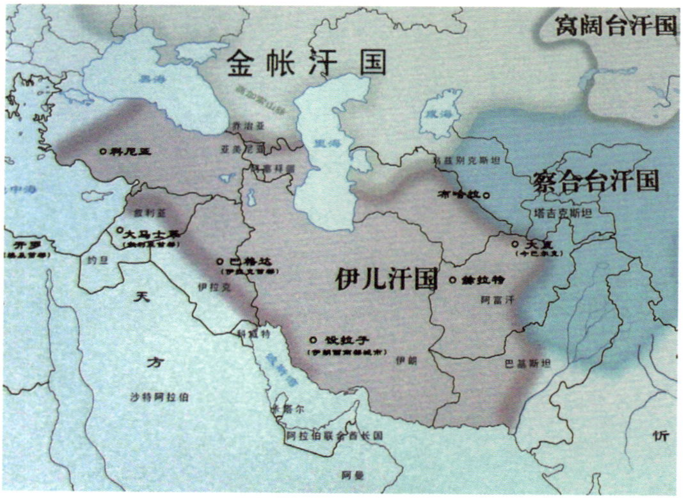

伊儿汗国地图

30. 阿里不哥

阿里不哥（？ ~1266）

阿里不哥（？～1266），孛儿只斤氏，蒙古宗王，成吉思汗孙，拖雷幼子，蒙哥和忽必烈的同母弟。阿里不哥与忽必烈争夺蒙古大汗位，最后以失败告终。

按照蒙古古老的“幼子守灶”的习俗，阿里不哥随母亲唆鲁禾帖尼同住，并继承了她的宫帐，在漠北拥有哈剌和林以西，从乞儿吉思到阿尔泰山广阔的草原和属民。1258年，蒙哥汗亲征南宋，阿里不哥奉命与玉龙答失（蒙哥汗子）留守哈剌和林（大斡耳朵），并统帅留在蒙古后方的军队，总理国事。蒙哥在位时，阿里不哥驻守在大蒙古国首都哈剌和林，素来反对忽必烈在中原推行的尊崇儒学，“行汉法”的主张。

1259年8月11日，蒙哥汗去世，阿里不哥闻讯后，在哈剌和林调兵遣将有所动作，玉龙答失等漠北宗王准备拥戴阿里不哥即蒙古大汗位。忽必烈得到消息后，首先于1260年3月，在开平召开了忽里台大会，移相哥（哈撒儿之子）、末哥、合丹（窝阔台之子）、忽剌忽儿（哈赤温之孙）等宗王一致推举忽必烈为蒙古大汗；同年5月，阿里不哥也在玉龙答失、阿速带、昔里吉（蒙哥3个儿子）、阿鲁忽（察合台孙）等部分留居漠北宗王的拥戴下，称汗于哈剌和林。最初两人不断互相派使臣，想说服对方投降于己，但最终没有达成谅解，因而不得不诉诸武力。两兄弟同时登基，造成了大蒙古国的内乱，双方遂展开激烈内战，历时达四年之久。

阿里不哥射箭图

1260秋，阿里不哥派出东

路军南下，直击开平、燕京等地，又派出西路军出河西、下六盘山，掌控秦、蜀地区。在这种态势下，忽必烈决定亲征阿里不哥，以移相

阿里不哥与忽必烈争夺汗位的战争

哥为先锋，进攻哈剌和林。双方军队在哈剌和林郊外的巴昔乞地区发生了一场大战，忽必烈军队大获全胜，阿里不哥率领残部逃离哈剌和林。与此同时，忽必烈派出的宗王合丹与汪良臣的军队与阿里不哥的大将阿蓝答儿、浑海都率领的军队在甘肃山丹进行了一场大决战。结果，忽必烈的军队活捉了阿蓝答儿、浑海都而获全胜。阿里不哥为了摆脱困境，急忙派使者向忽必烈投降，以行缓兵之计。忽必烈在翁金河一带度过冬天后，返回开平，但还是留下10万大军让宗王移相哥率领驻扎哈剌和林，以防备阿里不哥的反扑。阿里不哥并不打算放弃争夺汗位，到了次年秋高马肥以后，便背弃承诺，再次派兵攻打忽必烈，重新收复哈剌和林，并且穿过草原，直趋开平。忽必烈急忙调集军队，御驾亲征。11月，双方军队在昔木土脑儿决战。《元史·世祖本纪》记载，这次战役中，“诸王合丹等斩其将合丹火儿赤及其兵三千人，塔察儿和合必赤等复分兵奋击，大破之，追北五十余里。帝亲率诸军以蹑其后，其部将阿脱等降，阿里不哥北遁”。忽必烈说道：“不要去追他们，他们都是些不懂事的孩子，应当使他们明白过来，后悔自己的行为。”冬天，双方各自返回本土，并且在那里度过了春天与夏天。

漠北的物资供应是由漠南汉地提供的，战争期间，忽必烈切断了对漠北的物质供给，漠北发生了大饥荒，为了摆脱困境，阿里不哥便委任阿鲁忽为察合台汗国君主，希望从察合台汗国获得大量物资。后来，阿鲁忽因不满阿里不哥的傲慢行径，决定倒戈归附忽必烈，便杀掉阿里不哥的使者，断绝他们的供给。阿里不哥闻讯

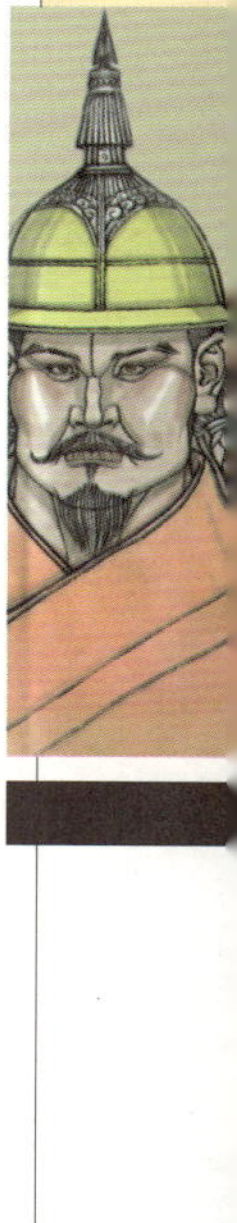

后，极为愤怒，他放弃哈剌和林，带领军队攻打阿鲁忽。阿里不哥经常宴饮，肆无忌惮地杀害百姓，引起了许多蒙古贵族的不满，各找借口离他而去，蒙哥汗的儿子玉龙答失也对前途失去信心，向阿里不哥索回父亲的一颗大玉玺后，便率领自己的部众投降了忽必烈。

阿里不哥众叛亲离，只剩下他和阿速带及少数军队，势穷力竭，不得不在1264年7月启程前往上都开平向忽必烈投降。忽必烈让塔察儿等宗王共同审讯阿里不哥，最后一致决定：看在阿里不哥是忽必烈大汗兄弟的份上，赐他活命，

经过残酷的战争，阿里不哥最终被打败

给与自由。忽必烈接见阿里不哥时心潮澎湃，眼含热泪说道：“我亲爱的兄弟，在这场纷争中谁对了呢，是我们还是你们呢？”阿里不哥回答道：“当时是我们，现在是你们。”从这段话可以知道，当初阿里不哥虽然在即汗位时，权力上优先于忽必烈，在军事力量上也相当强大，但战争打的是人心所向和物资供给，经过残酷的战争最终被打败，所以不得不承认失败的事实。次年，阿里不哥患病死去。

阿里不哥与忽必烈的汗位之争，其斗争实质是蒙古社会两种不同势力的博弈。阿里不哥代表了蒙古草原守旧势力，拥有草原封建贵族的支持。忽必烈则是蒙古改革派的代言人，拥有中原封建地主贵族的支持。两个人的争斗，决定了大蒙古帝国后来的发展走向。当时的蒙古四大汗国中，金帐汗国、察合台汗国、窝阔台汗国都不同程度支持阿里不哥，唯有伊尔汗国积极支持忽必烈，这导致了蒙古内部的巨大分裂。阿里不哥失败后各大汗国纷纷独立。蒙古虽然经过成吉思汗以来的三次西征，开疆扩土得到了横跨欧亚大陆三千多万平方公里的广阔土地，但是从此却没有了统一有权威的中央政权，形成了各大汗国和大元朝相对独立各自发展的局面。

31. 移相哥

移相哥（1192～1267）

移相哥（1192～1267），孛儿只斤氏，蒙古汗国大将，成吉思汗弟哈撒儿之子。在蒙古汗国和元朝初年建功立业，是哈撒儿家族中的佼佼者。

成吉思汗降旨刻“移相哥石碑”（摄于科尔沁博物馆）

在今俄罗斯赤塔州吉尔吉拉元代古城中发现了一块回鹘蒙古文石碑，被称为“移相哥石碑”。据学者考察，1219年移相哥跟随成吉思汗西征中亚花剌子模国，经过五年的征战，于1224年底凯旋班师。在回到蒙古故土之后，成吉思汗举行了盛大的那达慕大会庆贺胜利，聚会期间进行了射箭比赛，移相哥一箭射中了335度远。为了纪念这罕见的射程，成吉思汗降旨刻“移相哥石碑”。哈撒儿家族又出现了一名射箭高手，从此进一步奠定了哈撒儿后人科尔沁（弓箭士）美名。

移相哥从花剌子模归来后，1225年秋天又跟随成吉思汗出征西夏。1226年初春，成吉思汗来到翁浑答兰忽都黑，他突然感到身体不适，预感到了死期即将来临。跟在身边的宗王之中，只有哈撒儿的次子移相哥。成吉思汗问道：“我的儿子窝阔台和拖雷在什么地方，在远方还是在近处？”移相哥说：“他们在距此约二三程之地。”成吉思汗立即派人去把他们叫来。翌日清晨，成吉思汗和儿子们坐下来密谈，立下了遗嘱。移相哥鞍前马后跟随成吉思汗，可见成吉思汗十分重用自己的侄儿、哈撒儿的次子移相哥。

1227年7月12日成吉思汗病逝在征西夏的途中。1229年夏天，在克鲁伦河畔举行了全体蒙古贵族参加的忽里台大会，哈撒儿的儿子也苦、移相哥和脱忽都参加了大会。遵照成吉思汗生前立下的遗嘱，拥立窝阔台为蒙古帝国大汗，四子拖雷为监国，幼弟斡赤斤、次子察合台、侄儿也苦、移相哥和脱忽等为汗廷重臣，辅佐窝阔台大汗。

1235年，窝阔台汗召集各地工匠投入了大量财力物力，修建了蒙古帝国的都城哈剌和林。哈撒儿的儿子移相哥也在自己分封的土地上修建了城郭宫殿。考古学家们挖掘出来的吉尔吉拉古城就是“移相哥宫殿”，它在建筑结构、建筑材料、装饰艺术等方面与哈剌和林相同，也采用了红、黄、绿色琉璃瓦当做成建筑物的屋顶。在额尔古纳河左岸发现的黑山头古城（我国境内），与康堆古城、吉尔吉拉古城（俄罗斯境内）形成了额儿古纳河两岸三足鼎立之势，三座城池相距不远，出土文物、古城形式都比较一致。可见它们的关系甚密，都是哈撒儿家族子孙居住的城苑。

相传移相哥仪表堂堂，个子很高，两颊绯红，留着长胡须，长相极像哈撒儿。在哈撒儿家族中德高望重，是一个智勇双全的人物。哈撒儿死后其长子也苦继承其位。也苦死后，他的儿子合儿合孙继位。在他之后，他的叔父移相哥才继承了其位。

1251年，蒙哥继承蒙古国大汗之位时，移相哥与其兄弟也苦诚心拥戴，全力支持。移相哥在1253年奉蒙哥汗之命率部出征高丽，先后攻入高丽国的光州、玉果等城池多座，迫使高丽国降服。从高丽国班师归来后，请命讨伐宋朝。第二年春天，又率领所部随蒙哥汗60万大军出征南宋，组成左翼大军。移相哥在这次的征南宋战争中，攻克诸多城镇，功勋卓著。

1257年8月，蒙哥大汗在合洲（今四川省合川市）的钓鱼山病逝后，移相哥在忽必烈亲王的率领下继续征南宋。1260年，移相哥随忽必烈回到开平府，在阿里不哥（忽必烈幼弟）与忽必烈争夺汗位的斗争中，移相哥与哈丹亲王（窝阔台之子）、阿只吉亲王（察合台之孙）、塔察儿（斡赤斤之孙）、爪都（别勒古台之孙）、忽剌忽儿（哈赤温之孙）等诸王积极拥戴忽必烈为蒙古帝国大汗和元朝皇帝。当忽必烈与阿里不哥之间发生内讧时，移相哥的军队听命和从属于忽必烈。

额尔古纳黑山头古城遗址

移相哥率军作战图

在蒙哥汗和忽必烈汗时代，移相哥是哈撒儿的继承者，他声誉远扬，积极参与国家大事，德高望重，很受大汗的重视。按照习惯他统辖了父亲及其长幼宗亲的全部军队和部落。

1260年秋，移相哥被忽必烈汗任命为先锋，率领大军北征阿里不哥叛乱，行进至巴昔乞之地两军相遇交战，移相哥获胜。被击溃的阿里不哥惊慌失措，率余部退出哈剌和林，逃到了乞儿吉思地区。移相哥奉忽必烈之命，率十万军队，驻守哈剌和林。1261年冬逃到乞儿吉思地区的阿里不哥，经过养精蓄锐准备再战。他派使者向移相哥谎称前来投降，搞突然袭击。移相哥在无防备之下只好往南败退。阿里不哥乘胜向南挺进，忽必烈汗获悉这一军情，火速召集军队出兵迎敌。年底，忽必烈汗与阿里不哥大战于析门台湖畔，阿里不哥再次败北。阿里不哥失败后一蹶不振，在漠北和中亚地区游荡了几年，于1263年率部投降。

以移相哥为首的宗王们奉忽必烈汗之命审讯了阿里不哥。宗王们决定宽恕阿里不哥，赐他自由，但跟随他的大臣们全部被处死。此时移相哥年近古稀，但是依然精力充沛。1262年4月，忽必烈汗召见移相哥，称赞了他的功德，并赐给他金印。事后移相哥回到额尔古纳河右岸的吉尔吉拉城自己的宫殿安度晚年。第二年，移相哥所部遭到自然灾害，忽必烈汗下令对其部饥民进行了赈济。相传移相哥活到75岁，于1267年病逝。

从移相哥时代起，哈撒儿之位就从长子也苦系转到了移相哥一系。移相哥子孙后辈，世代统辖着哈撒儿的后裔科尔沁部。元朝成宗皇帝封哈撒儿四世孙巴布沙为“齐王”爵位，以后哈撒儿家族首领都继承了“齐王”封号。

32. 赛典赤

赛典赤（1211～1279）

赛典赤（1211～1279），元代名臣。原籍中亚不花剌（今乌兹别克斯坦布哈拉），塔吉克族。赛典赤是元朝初期杰出的政治家，他一生的政治活动对元朝社会生产和发展起到了很好的推动作用。元廷对赛典赤封赠“咸阳王”称号。

成吉思汗西征中亚，赛典赤随从蒙古军来到蒙古帝国，在汗廷担任宿卫。窝阔台至蒙哥汗时，历任丰、净、云内三州（今大同至呼和浩特一带）都达鲁花赤，后改任太原、平阳二路达鲁花赤，升为燕京断事官等职。元世祖忽必烈即位，任燕京宣抚使、吏户礼三部尚书、大司农卿、中书省平章政事，曾监理发行中统交钞（元朝货币），是历史上发行的正规纸币，一时国库充裕，战事粮饷供应未曾匮乏。后出任陕西、四川行省平章，并节制陕西、四川所有大小官吏。他在四十余年的仕途中，积累了适应于统治中原地区的丰富经验。

赛典赤是元朝初期杰出的政治家

1273年（元至元十年），元世祖忽必烈鉴于云南以往用人“委任失宜”，统治很不稳定，决定在云南建行省，以赛典赤为平章政事。他受命后，多方访问熟悉云南地理的人，将山川、城郭、驿舍、军屯、险要绘成地图。次年到任，即向父老诸生访问利国便民的要务，因此，能做出切合实际的决策。当时云南有蒙古宗王、都元帅等朝廷官员和原大理段氏等地方势力并存，事权不统一。赛典赤先协调行省同王府的关系，安排王府官为行省官；设宣慰司兼

赛典赤时期修建的松华坝水库，现经后人扩建

行都元帅府事，听行省节制；将原来按蒙古制度划分的万户、千户改为路、府、州、县，并重新议定与各行省一致的名称。从此政令一律出于行省，加强了元王朝对云南的中央集权制的统治。行省治所设在中庆路的善阐（昆明），久之取代大理成为全省政治、经济和文化的中心。

改善民族关系是治理好云南的一个根本。在“攻心”方面取得巨大成果，“诸夷闻风翕然款附”，社会日益安定。赛典赤对待地方上层，采取收揽人心代替军事镇压的办法。新设的三十七路即沿袭了大理的三十七路，路以下官员尽量选任各族首领和土官。萝槃甸（云南元江带）土官发动叛乱，他坚持招抚政策，使其首领率众出降。接着白衣（傣族）、和泥（哈尼）、金齿诸部也相继归附。对诬告他的土官，赛典赤不治其罪，反而加以抚慰，委任为官。有土官来见，则备酒食宴劳，赠送衣冠鞋袜。这类作法，使他深得土酋拥戴。

赛典赤在安定民生和发展生产等方面采取了一系列措施，如均赋税、省徭役、建义仓，以赈济水旱灾民，立养济院以抚恤孤贫，召集散亡人户从事生产。他在大理等处劝农使张立道（后任中庆路总管）等人协助下，传授内地种植粳稻桑麻的先进经验，改进当地少数民族饲养蚕桑的方法，收利倍增。他大力推行以滇池和洱海地区为重点的屯田，除官屯、军屯外，民屯也由官府给田，贷给耕牛种

子和农具。滇池经常泛滥成灾，赛典赤发起疏通滇池上游六河，并于六河之上筑燕尾、南坝诸闸，在盘龙江上游建松华坝，令张立道率2000人疏扩滇池下游出水口以泄水，解除了滇池水患，大得灌溉之利，还新增良田万顷。他开驿道，筑驿馆，兴市井，降低税收，使用贝币，以利于商品交换和各族经济交流。

赛典赤虽是穆斯林，但他按照全国和南召、大理固有的封建文化传统进行统治，首先在大理和中庆路设儒学提举积极兴办教育，又在善阐建孔庙，购买书籍，迎请四川教师，大兴儒学，提倡慧民教育，修讲堂和学舍，置学田，选官员富民子弟入学，不遗余力地传播先进儒家文化。

赛典赤卒于云南任上。史称他“秉政六年”“旧政一新”，对于祖国的统一和云南的发展做出了一定的贡献。他死后被追封为咸阳王，云南人建咸阳王庙纪念他。赛典赤子孙甚多，形成中国回族几个大姓，由此可见，赛典赤可称为中国部分回族同胞的先祖。

赛典赤的坟墓

33. 八思巴

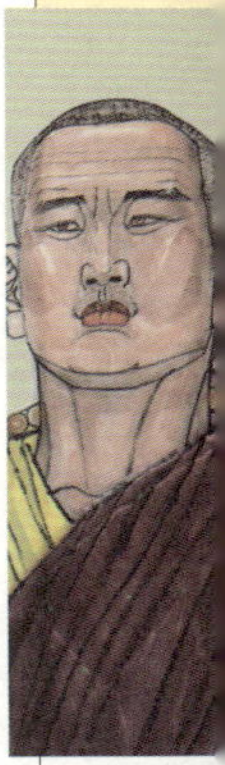

八思巴（1235～1280）

八思巴（1235～1280年），藏族，本名洛珠坚赞，八思巴(意为“圣者”)是尊称。1260年，忽必烈即蒙古大汗位后，八思巴被先后尊为国师和帝师，统领天下佛教徒。1264年，忽必烈建立大元朝并组建“总制院”，任命八思巴使领总制院事，统辖藏区事务。1270年，制成蒙古新字，加号大宝法王。

八思巴是萨迦班智达的弟弟索南坚赞的儿子。1246年，10岁的八思巴就跟随伯父萨迦班智达前往凉州会见蒙古宗王阔端，进行了凉州会盟，这为八思巴以后的政治生涯奠定了基础。这次会盟的结果，使藏族集聚的吐蕃地区纳入到大蒙古国版图。八思巴从小出家为僧并聪慧好学，八岁时能向人们讲经，萨迦班智达对八思巴实施了良好的教育，使他成为精通佛教经典的高僧。正如《西藏王臣记》记载：“幼而颖悟，长博闻思，学富五明，淹贯三藏。”八思巴17岁时，被临终的萨迦班智达任命为自己的法位继承人，成为萨迦寺主持和藏传佛教萨迦派教主，被尊为萨迦派第五祖。从此八思巴成为西藏佛教僧俗领袖，他对西藏乃至元朝中央政权都起过重大作用。

八思巴与忽必烈很早就建立了良好的个人关系。忽必烈十分尊重和崇拜八思巴的佛教德行，早在1253年（忽必烈尚未即位），他就携夫人和子女25人接受了八思巴的密宗灌顶，并向八思巴奉献财宝作为灌顶的供养。

八思巴壁画

忽必烈收服西藏图

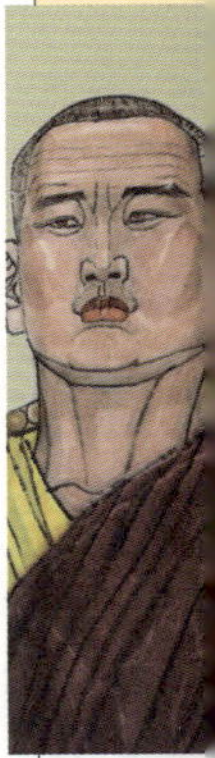

1255年，八思巴来到上都主持佛事。当时，佛教与道教为争夺蒙古汗廷的信任，争夺权力和信徒，经常进行激烈的论战。蒙古汗廷实行宗教平等政策，不干涉传教自由，但也不允许因此产生内乱。1258年，在上都隆重举行了佛道两教辩论会，为了主持公道，蒙哥汗命忽必烈主持辩论，两派各参加17人，佛教方以年仅23岁的八思巴为首组成辩论团。双方唇枪舌剑据理力争，最后以道教一方承认自己辩论失败而告终，17名道士削发为僧，这些道士的道观也随之改造成佛教寺院。忽必烈通过这次辩论，进一步领教了八思巴的才华。

1260年，忽必烈继任蒙古汗位，立即封八思巴为国师，赐玉印。1264年，忽必烈迁都元大都，在中央政权内设置总制院，掌管全国佛教和藏族地区行政事务，遂命八思巴以国师的身份兼管总制院事。在管理藏区事务中，八思巴全面继承了他伯父萨迦班智达的内向政策，进一步密切了西藏地区和元朝中央的关系，而且还带动了汉藏、蒙藏之间的经济、文化交流。这对后世建立统一多民族的中国打下了基础。八思巴去世后，元朝中央的帝师制没有改变，帝师职位一直由萨迦派高僧继任而延续。

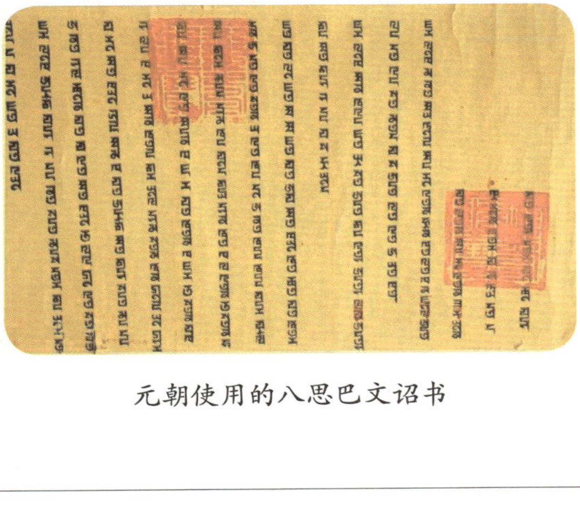

元朝使用的八思巴文诏书

1265年，忽必烈命八思巴创造蒙古新字。八思巴依照藏文30个字母为基础，增加部分字母创制了一种新文字，其语音拼读均按蒙古语规律进行，这种新字又称为“八思巴蒙文”。八思巴向

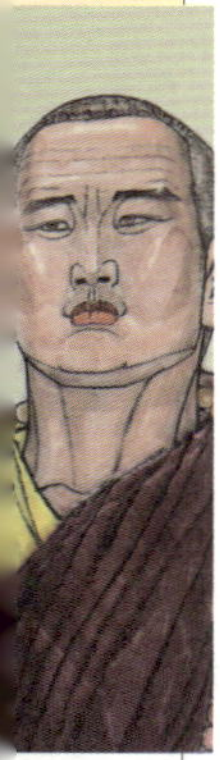

忽必烈呈献蒙古新字后，忽必烈极为高兴，并于1268年下诏通告天下，凡是诏书及各地方公文等均必须使用蒙古新字，在全帝国范围内推行这种新文字。它相当于现代的国际音标，可以记录大元朝和蒙古四大汗国所有民族的语言。用八思巴文发表诏书和文告，使得朝廷上下政令通畅，大大促进了元朝的文化发展和交流。

八思巴半身铜像

1270年，八思巴第二次向忽必烈授予密宗灌顶。由于八思巴为治理吐蕃藏区和管理佛教功绩卓著，又为元朝中央创制新文字，深得朝廷器重。忽必烈晋升八思巴为帝师，并更赐玉印。封号全称为“普天之下，大地之上，西天子，化身佛陀，创制文字，护持国政，精通五明班智达八思巴帝师”，这就是大宝法王的由来。

1276年，八思巴从元大都抵达西藏萨迦寺，此次八思巴返藏，由太子真金护送，在途中八思巴专为真金讲授《彰所知论》，此经收录在大藏经中。 1277年，八思巴在后藏的曲弥仁摩地方（纳塘寺附近）举办了有七万僧众参加的盛大法会，弘扬佛法和宣传朝廷的功德，史称“曲弥法会”。

1280年，八思巴在萨迦寺英年早逝，享年46岁。八思巴圆寂后，忽必烈又赐封号为“皇天之下一人之上开教宣文辅治大圣至德普觉真智佑国如意大宝法王西天佛子大元帝师”。1320年，元仁宗爱育黎拔力八达下诏，在全国各路建造八思巴帝师殿，以此永远纪念这位功臣。

34. 郭守敬

郭守敬（1231～1316）

郭守敬（1231～1316），字若思，汉族，元朝顺德府邢台县（今河北邢台市）人，著名的天文学家和天文仪器制造专家、数学家、水利工程专家，历任都水监、工部郎中、太史令、昭文馆大学士等职。

郭守敬从小由学识渊博的祖父教养成人，天资聪明又勤奋好学，少年时就用竹篾依据《璇玑玉衡图》扎制了一个简单的浑天仪来观测天象。21岁时在朝廷组织河南潦河等三条河流的疏浚工程中服务，初露头角。他的青壮年时代，正值元世祖忽必烈统一中国，结束长期战乱纷争，社会各业百废待兴的时候。开明睿达的忽必烈，注重发展农桑经济，兴修水利，建设水陆交通，促进商业贸易，不拘一格地选拔任用各类人才，使中国成为了当时世界上经济最发达、商业最繁荣的国家。强大的社会生产力为科学技术的发展提供了坚实的物质基础；疆域广阔的元朝所促成的东、西方物质和文化交流，为吸收和借鉴域外科技成果创造了有利的条件；更为可贵的是，忽必烈推行积极的教育政策、科技政策和人才评价机制，给科学技术的发展和科技人才的脱颖而出提供了非常适宜的温床和催化剂。因而，元代在天文历法、数学、农牧业、医药学、地理学、建筑学、水利工程、火炮技术及纺织技术等方面均取得了世人瞩目的成就，中国的科学技术无疑引导着当时世界的科学技术发展总潮流。郭守

郭守敬纪念雕像

敬就是在这样的社会环境条件下，取得了一个又一个杰出的成就，被世人所称赞。。

郭守敬设计制造的计时用天文仪器

一、天文历法和天文仪器制造

1276年，忽必烈为了使农业生产“知时令变化，不误农时节气”，命许衡（主编）、王恂（主算）、郭守敬（主测和制仪）重修历法，同时采纳了郭守敬的建议，下旨在以元大都（今北京）为中心，东至朝鲜半岛，西至川滇和河西走廊，北到西伯利亚中部通古斯卡河，南到中沙群岛黄岩岛的范围，建立起27个天文观测站，派监候官14人各率观测队作郭守敬的助手。此即史上规模空前且早于欧洲620年的著名“四海测验”。为此，郭守敬发明和改造了简仪、高表、候极仪、浑象、玲珑仪、仰仪、立运仪、证理仪、景符、窥几、日月食仪以及星晷定时仪12种天文仪器用于观测。所测各点的地理纬度与现代

郭守敬设计的观察日蚀、月蚀的“仰仪”

值相比，平均误差只有0.35°，有两处则完全相等。新测“二十八星宿”的距度（星宿之间的距离），平均误差只有4.5′，仅为北宋测值误差的一半。测定了天体黄道和赤道的交角新值，误差仅1′25.3″，领先欧洲三个多世纪。测值经归算取一个回归年长度为365.2425日，早于完全等

明代仿制郭守敬设计的浑天仪

值的现行公历300年。在“四海测验”的基础上，于1280年历时四载，全部完成了新历法的编制。元世祖忽必烈取《史记•五帝本纪》中“敬授民时”之意，命名为《授时历》颁行天下，通行了三百六十多年。

新历法颁行后，郭守敬又用两年多时间，独立地将编制过程中的所有推算过程、数表、数据来源等等整理成书，又用若干年将“四海测验”中用到的天文观测仪器的结构图、原理说明、使用方法等等整理成册，形成天文历法著作《推步》《立成》《历议拟稿》《转神选择》《仪象法式》《上中下三历注式》《修历源流》等14种，共105卷，藏之于宫。

二、数学

郭守敬和王恂在编制《授时历》的观测、推算和整理过程中，数学上也有重大突破：用十进制小数精确到日的万分之一，代替传统的尾数用分数表达的方式，加快了计算速度；发明“三次差内插公式”（称超差法），使计算值更为精确，比英国的牛顿提出内插法的一般公式早400年；发明“弧矢割圆术”进行天体的坐标换算，其原理与现代球面三角学的方法本质一致。

三、水利工程

1264年5月，忽必烈派郭守敬赴西夏（今宁夏），彻底整治因连年战乱而严重损毁的唐来渠（干渠12条、长400里）和汉延渠（支渠68条、长250里），以拯救灌区九万余顷良田。郭守敬竭力尽责，以“因旧谋新”的原则，重新规划设计渠网，组织人力物

力疏浚旧渠道，增加新渠道，加固和更新水坝与水闸。一年后，“渠皆通利”，荒芜的农田得以灌溉，逃荒的农民纷纷回来重操耕作。

1272年，忽必烈定都的“元大都”成为全国政治、经济中心，人口激增，每年需159万石（1石等于120斤）粮食从江南漕运到京东的通州后，再陆运五十余里到大都，逢雨季道路泥泞，粮车陷阻，驴马倒毙，役夫苦不堪言。为使船舶直抵大都，1291年，忽必烈痛下决心，命精通水利的郭守敬，统筹规划设计，修凿大都至通州的运河。时已61岁的郭守敬兢兢业业，亲自徒步反复勘查现场，又因大都地势高于通州，为解决这个难题，从西山寻找充足水源，以引入河槽。他为了保证全河道有较小的水位落差梯度，史无前例地运用“海拔高程”的理念，进行地形测量和确定运河底床标高。在掌握了全部地理、水文资料后，提出由昌平神山（今凤凰山）引白浮泉（今龙泉）的水，先向西再折南，沿途截拦、汇合从西山东流的众多泉水之后入瓮山泊（今昆明湖），再进大都的积水潭、中南海，而后出文明门（今崇文门）至通州的高丽庄（今张家湾村）入潞河（今北运河故道），总长164.5里、架桥20座。郭守敬把详细设计方案禀报朝廷，忽必烈看完奏折后大喜，即令：“当速行之”，又命在朝全体官

郭守敬设计指挥修凿的大都至通州的运河（摄于首都博物馆）

员："丞相以下皆亲操畚锸（挖运土工具）倡工（带头出工），待守敬指授而后行事。"1292年春，工程正式开工。在郭守敬奉旨组织指挥下，军、民、官、囚共两万多人，在当时没有现代化工程机械和电力排水设施的条件下，全靠人力、畜力，在地下水位高，地质条件复杂（淤泥、岩石、流沙、冻土），边坡失稳等等高难度情况下施工，酷暑严寒、风雨无阻，用时仅一年半，于1293年秋，运河全线竣工通航。而朝廷文武百官参加"义务劳动"，在封建社会的历史上也是鲜有记载。忽必烈亲临"汪洋如海"的积水潭，见漕运粮船"舳舻敝水"（首尾相接的船遮蔽水面），大悦，命名为"通惠河"。同时，赏赐郭守敬钞12500贯，命他全权负责通惠河漕运事。

1303年，元成宗铁穆耳称"郭太史神人也"，下诏除郭守敬外的官员满70岁均可退休。因此，郭守敬一直在位奉职至1316年（元仁宗延祐三年）逝世，享年85岁。

鉴于郭守敬在科学技术上的杰出贡献，如今在邢台、北京、宁夏、河南等地为他建造了纪念馆。国际天文学联合会于1970年将月球背面的一座环形山命名为"郭守敬山"，又于1977年将中国紫金山天文台发现的编号为2012号的小行星命名为"郭守敬星"。中国科学院于2010年将中国自行研制的世界上口径最大的天文望远镜（LAMOST）命名为"郭守敬望远镜"。

郭守敬纪念馆

35. 马可·波罗

马可·波罗（1254～1324）

马可·波罗（1254～1324），13世纪意大利旅行家和商人。17岁时跟随父亲和叔叔，沿陆上丝绸之路来到东方，于1275年到达元大都（今北京）。他在中国游历了17年，并担任了元朝官员，到访过当时中国的许多地方，对中国的文明和富庶程度感到惊叹。1289年，伊儿汗国君主阿鲁浑派出专使来元廷求婚，忽必烈命马可·波罗参与护送，任务完成之后他回到意大利威尼斯。在一次海战中马可·波罗不幸被俘，在狱中他口述了大量有关中国的故事，其狱友鲁斯蒂谦根据其经历写下著名的《马可·波罗游记》。该书记述了他在东方最富有的国家——中国的见闻，激起了欧洲人对东方文明和繁荣的热烈向往，促使西方的一些航海家和探险者开辟到东方的新航路，导致了以后哥伦布发现美洲新大陆，同时该书也是研究我国元朝历史和地理的重要史籍。

《马可·波罗游记》

马可·波罗童年时，他的父亲和叔叔来到中国经商，曾经在元大都朝见过蒙古帝国的忽必烈大汗，还带回了大汗给罗马教皇的书信。他们回国后，经常给小马可·波罗讲这些往事，这引起了马可·波罗浓厚的兴趣，使他下定决心再次跟父亲和叔叔前往中国。1271年，当马可·波罗17岁时，父亲和叔叔拿着教皇的复信和礼品，带领马可·波罗与十几位旅伴向东方进发了。他们从威尼斯进入地中海，然后横渡黑海，经过两河流域来到中东古城巴格达，从这里到波斯湾的出海口霍尔木兹，就可以乘船直驶中国。然而，这时他们却遭到了强盗的抢劫，旅伴也不知

马可·波罗在起尔漫和库赫博南之间的沙漠行程（《马可·波罗行记》插图）

去向，他们在霍尔木兹，一直等了两个月，也没遇上去中国的船只，只好改走陆路。这是一条充满艰难险阻的路。他们从霍尔木兹向东，越过荒凉恐怖的伊朗沙漠，跨过险峻寒冷的帕米尔高原，一路上风餐露宿，克服了疾病、饥渴的困扰，躲开了强盗、猛兽的侵袭，终于来到了中国新疆。一到这里，马可·波罗的眼睛便被吸引住了，美丽繁华的喀什、盛产美玉的和田，还有处处花香扑鼻的果园。

马可·波罗他们继续向东，穿过塔克拉玛干沙漠，来到古城敦煌，瞻仰了举世闻名的佛像雕刻和壁画。接着，他们经玉门关穿过河西走廊，终于到达了地处草原的元上都。这已经到了1275年的夏天，出来已经过了四个寒暑了！马可·波罗的父亲和叔叔向忽必烈大汗呈上了教皇的信件和礼物，并向大汗介绍了马可·波罗。大汗非常赏识年轻聪明的马可·波罗，特意请他们进宫讲述沿途的见闻，并携他们同返元大都，后来还留马可·波罗在元朝担任官职。他奉大汗之命利用巡视各地的机会，走遍了中国的山山水水，中国的辽阔与富有让他惊呆了。他先后到过新疆、甘肃、蒙古草原、山西、陕西、四川、云南、山东、江苏、浙江、福建等地，还出使过越南、缅甸、苏门答腊。他每到一处，总要详细地考察当地的风俗、地理、人情。在回到大都后，又

详细地向忽必烈大汗进行了汇报。

17年很快就过去了，马可·波罗越来越想家。1292年春天，马可·波罗和父亲、叔叔受忽必烈大汗委托，护送一位名叫阔阔真的蒙古公主到伊儿汗国与阿鲁浑汗成婚，从泉州出海到西方的波斯。他们趁机向大汗提出回国的请求。大汗答应他们，在完成使命后可以转路回国。1295年末，他们三人终于回到了阔别二十四载的亲人身边。马可·波罗从中国回来的消息迅速传遍了整个威尼斯，他们的见闻引起了人们的极大兴趣。他们从东方带回的无数奇珍异宝，一夜之间使他们成了威尼斯的巨富。1298年，马可·波罗参加了威尼斯与热那亚的战争，同年9月7日不幸被俘。在狱中，他遇到了作家鲁思梯谦，于是便有了马可·波罗口述、鲁思梯谦记录的《马可·波罗游记》。

《马可·波罗游记》是欧洲人撰写的第一部详尽描绘中国历史、地理、经济、文化和艺术的书籍。他完全从西方人的视角来观察中国历史上的蒙元帝国。此书先后在法国、意大利以至欧洲诸国流传，极大地丰富了欧洲人对中国和东方的认识，并在15世纪激起航海家和探险家对东方的向往，从而产生了深远的影响。

《马可·波罗游记》的主要内容是关于马可·波罗在中国的旅游纪实，兼及途径西亚、中亚和东南亚等一些国家和地区的情况。全书以纪实的手法，记述了他在中国各地包括西域、南海等地的见闻，记载了元朝初年的政事、战争、宫廷秘闻、节日、游猎等等事件；尤其详细记述了元大都的经济、文化、民情、风俗以及西安、开封、南京、镇江、扬州、

忽必烈大汗接见马可·波罗（摄于内蒙古博物馆）

马可·波罗随父叔到元朝复命（《马可·波罗行记》插图）

苏州、杭州、福州、泉州等各大城市和商埠的繁荣景况。在《马可·波罗游记》中，他盛赞了中国的繁盛昌明；发达的工商业、繁华热闹的市集、华美廉价的丝绸锦缎、宏伟壮观的都城、完善方便的驿道交通、普遍流通的纸币等等。书中的内容，使每一个读过这本书的人都无限神往。它第一次较全面地向欧洲人介绍了发达的中国物质文明和精神文明，将地大物博、文明昌盛的中国形象展示在世人面前。

历史上的马可·波罗对中国做出了广泛正面的宣传，他是中西方文化联络的纽带。为了纪念历史上这位意大利威尼斯的使者，2013年4月18日，一尊以马可·波罗为原型创作的铜雕艺术作品在中国江苏省扬州市揭幕。据当地文化部门介绍，马可·波罗曾经在扬州为官三年，作为文化商人和交流使者，马可·波罗在当地的宣传、文化等方面做过不少贡献。因此，当地政府在江苏省扬州市建马可·波罗纪念馆。

《马可·波罗游记》插图——黄河岸边的波斯商贾

《马可·波罗游记》插图——泉州港

36. 关汉卿

关汉卿（约1220～约1300）

关汉卿（约1220～约1300），号已斋（一说名一斋）、已斋叟，汉族，元朝祁州伍仁村（今河北省安国市伍仁村）人，另有解州（今山西运城）人及大都（今北京）人之说。中国历史上最伟大的戏剧家，被称为“曲圣”。作品有元杂剧六十余部，现存18部，代表作有《窦娥冤》《救风尘》《望江亭》《拜月亭》《鲁斋郎》《单刀会》《调风月》等，其中《窦娥冤》排中国古代十大悲剧之首、世界著名悲剧之一。1958年被世界和平大会理事会推选为“世界文化名人”。同年，北京举办了“纪念关汉卿创作700周年”活动，国内多个职业剧团用多种戏剧形式上演他的剧本。经典剧作被译为英文、法文、德文、日文等在世界各地广泛传播，被称为“东方的莎士比亚”。

关汉卿和他所创作的名剧《窦娥冤》

关汉卿的巨大艺术成就，孕育于肥沃的经济和文化的土壤，硕果累累地成熟于安定、宽松的时代背景下。13世纪中叶，元世祖忽必烈建立元朝，结束了宋、辽、夏、金、大理、吐蕃、蒙古等几个政权长达三百多年的割据、纷战和文化隔离、屏蔽的局面，实现了中国历史上空前的大统一，文化也十分繁荣。广阔的疆域、通畅的交通、发达的经济和繁荣的贸易，催生了诸如元大都、元上都、哈剌和林、京兆（今西安）、太原、扬州、苏州、杭州、泉州等等世界著名都市，产生了数量众多的市民阶层以及这个阶层对精神文化生活的需求。忽必烈主张“应天者唯以至诚，拯民者唯以实惠”，强调“务施实德，不尚虚文”。在文化政策上与“宗教信仰自由”一样，主张各民族多样性文化的“兼容”；支持白话文的推广；保护儒士、艺人、画家和制瓷工匠；允许剧作家和小说家摆脱传统规范思想的禁锢而自由创作；不设“避讳”制度，没有文字狱，使中华民族文化的发展进入了一个创新和繁荣的高潮期。文化艺术各个领域的卓越成就令世人瞩目。其中元曲就是最突出的一例。

元曲是元杂剧（戏曲体裁）和散曲（诗歌体裁）的总称，与唐诗、宋词和后来的明清小说鼎足并举，是中国文学史上的一座重要里程碑。这个里程碑的奠基人就是关汉卿，他开创了文学戏曲采用白话文、面向下层广大民众的先河。然而，“正史”对他的记载却寥寥无几，他的生平只能从零星资料中旁引：元末朱经《青楼集·序》中说他“不屑仕进，乃嘲风弄月，留连光景”；元末熊孟祥《析津志》说他“生而倜傥（洒脱），博学能文，滑稽多智，蕴藉（含蓄）风流，为一时之冠”；明代臧晋叔说他“躬践（亲身）排场（舞台调度），面敷粉墨。以为我家生活，偶倡优（戏曲艺人）而不辞”；明初贾仲明

山西新绛县元墓出土的喜剧人物造型

元人演戏壁画

《录鬼簿续编》说他是“驱梨园领袖，总编修师首，捻（领导）杂剧班头”。关汉卿在散曲《南吕·一枝花·不伏老》中自喻，“通五音，六律滑熟（娴熟）”“我也会吟诗，会篆籀（一种书体），会弹丝（弹奏弦乐器），会品竹（吹奏管乐器）。我也会唱鹧鸪（一种诗体），舞垂手（舞蹈），会打围（打猎），会蹴鞠（踢球），会围棋，会双陆（博戏用具）”，“我是个蒸不烂、煮不熟、捶不扁、炒不爆、响当当一粒铜豌豆”。虽然这个自喻也可能是借喻他人，但是可以看出，关汉卿文学功底深厚，个性突出，生活在社会底层，活跃于众多杂剧和散曲作家中间，与勾栏瓦肆（戏棚及其集中场所）中的杂剧演员和歌儿舞女有着广泛的接触，而且本身熟悉舞台艺术，既是编剧又能当导演，甚至能登台演出。这些特点折射出他的生平，从其作品中的语言风格、故事情节的设计、人物性格的刻画等方面细致、贴切的表现上，都可以得到印证。适宜的社会客观环境和丰富的生活底蕴不断地激发着他天资聪颖的创作灵感，使他源源不断地生产出一个又一个脍炙人口的作品。

关汉卿的作品，在创作方法上，运用现实主义手法，对时代的生活图景和下层民众的人生坎坷进行了真实的描绘，同时也将浪漫主义色彩赋予故事情节和人物性格，体现了积极乐观的人生态度和对理想的美好憧憬。在人物塑造上，创造了一大批栩栩如生、性格鲜明的人物形象，特别是来自市井阶层的女性形象（童养媳窦娥、妓女赵盼儿、杜蕊娘、寡妇谭记儿、婢女燕燕、贵族小姐王瑞兰等等），在典型环境中，刻画出了她们聪慧机敏、泼辣刚烈、重情重义、敢作敢当的典型性格。在剧作结构上，遵循事物发展的逻辑来安排故事情节，缜密而精巧，紧凑而多变，矛盾冲突环环相扣，悬念迭出，高潮迭起。在戏剧语言上，质朴自然、生动活泼，既具有浓厚的生活气息，又富有典雅的艺术韵味，“文而不文，俗而不俗”；“当行”，是指善于运用个性化语言来刻画人物，无论是曲词还是道白，皆符合人物的身份和性格。因此在当时，关汉卿的剧作一经出手，马上搬演，并迅速传播至全国各地，名气之大，还曾得到皇帝的

元杂剧陶勇

“钦点”，到皇宫演出。在当时，上自宫廷贵族阶层，下至市井平民社会，观赏戏剧演出成为一种时尚流行的娱乐风气。据文献考知，当时剧作家已达一百多人，题材广泛的剧目达五百余种。

元代壁画—戏班赶场图

纵观中国古代文学史，元代之前构成中国文学主体的，是著名文学史家郑振铎称之为“正统文学”的诗词与散文，自元代开始，构成中国文学主体的，是郑振铎称之为“俗文学”的戏曲、小说、变文、弹词等等，这种主体结构变迁的标志就是元曲的繁荣和发展，而关汉卿则是在这结构变迁中起到历史性作用的关键人物。

1986年，河北省安国县政府拨款重修位于伍仁桥镇伍仁村东北500米处的关汉卿陵墓，四周遍植松柏，墓碑刻有“伟大戏剧家关汉卿之墓”。关汉卿纪念馆设在药王庙(在今安国市南关)，全国政协副主席王任重题写馆名，展出关汉卿的文物、历史资料和国内外研究关汉卿作品的文章及名人题词。1987年，国际天文学组织将水星上的一座环形山命名为“关汉卿环形山”。

37. 刘秉忠

刘秉忠（1216～1274）

刘秉忠（1216～1274），字仲晦，初名侃，任官后更名秉忠，邢州（今河北邢台）人。元代著名政治家、文学家，是元世祖忽必烈身边“参帷幄之密谋，定社稷之大计”的重要治国谋臣，拜光禄大夫、参领中书省事、位太保（正一品）。

刘秉忠祖籍瑞州（今辽宁绥中县），世为辽朝官宦大族，曾祖父在金朝时任邢州节度副使。父刘润在蒙古大将木华黎设于邢州的都元帅府任都统。刘秉忠“生而风骨秀异，志气英爽不羁，8岁入学，日诵数百言”，17岁就任邢州节度使府令史（刀笔吏），因无机遇施展大志，投笔隐居，出家为僧。后游云中（今山西大同），留居南堂寺，通读百家书，对天文、地理、律历、预测术等无所不知，尤其精于《易经》和北宋邵雍的《皇极经世书》。1242年，刘秉忠由佛教领袖海云禅师引荐给忽必烈，由于博学多识，获忽必烈赏识而被留在身边供职。在这期间，因父殁奔丧，忽必烈赐金百两为治葬之用，且遣使送至邢州。服丧期满，即被召回。在忽必烈建立元朝的过程中，刘秉忠提出了许多切实可行的建议和意见，均一一得到忽必烈的赞赏和采纳。

为元朝初期确立典章法度、设置监督机制。刘秉忠向忽必烈建言，成吉思汗大帝起兵不数年就降服诸国，取得天下，希望子孙承继并“永保无疆之福”。但是，自古“以马上取天下，不可以马上治天下”，借鉴汉武帝、唐太宗等成功皇帝的

元世祖忽必烈与刘秉忠

郭守敬等“紫金山五杰”图

治国经验，以“酌古宜今”的方针，颁行尧舜初立、夏商周沿袭、汉唐遵循的典章、礼乐、法度、三纲五常，再选择开国功臣的子孙担任京、府、州、郡的监守，督察王法的执行，守法者升迁，枉法者罢黜，方可定天下。

颁历、改元、修史。刘秉忠建言，现行辽代历法使用多年，其推算反映的日月交替积累误差已经很大，“宜因新君即位，颁历改元”，并在各级官府设置更漏（计时），使黎民百姓知晓时辰。于是，忽必烈在1260年继大汗位时，取“中原正统”的“中统”为年号，又于1264年取《易经》“至哉坤元”之义，改年号为“至元”，改国号“大蒙古国”为“大元”，下令天文学家郭守敬编制新历法，于1280年颁布《授时历》。刘秉忠还建议，金朝覆亡，但“国灭史存，古之常道，宜撰修《金史》，令一代君臣事业不坠于后世，甚有励也。”

薄赋、俸禄、治贪。刘秉忠建言，元朝初年天下百姓已经超过百万户，但连年战乱，百姓差徭太重，军马调拨，官吏强取，百姓难以承受，很多人远走他乡逃避繁重的徭役。为使百姓返回家乡恢复生产，赋税应减半，至少应减三分之一。另外，官员缺乏奖惩制度，清廉者不能升迁，贪污者不能降职。须制定百官合适的俸禄标准，使其自知身贵且家用有保障，如此再“有犯于民”，则可“设条定罪”。这是最初的高薪养廉思想。如有官员滥用职权，连进退生杀都随心所欲，是必须禁止的，应当制定官员犯法惩戒标准。

尊孔、办学、救济。刘秉忠建言，“孔子为百王师，立万世法”，如今各地孔庙虽有损毁，但存者尚多，宜令各州县恢复祭祀活动。应当修建学校，教学内容以经世文章为主，词赋策论次之，朝廷从中选才任用。国家应在各地设立“孤老院”，救助贫困的“鳏寡孤独废疾者”（丧偶老人、无依靠者、残疾人），“给衣粮以为养”，建立国家慈善救助机构。

儒教始祖孔子像

重农桑、禁奢侈、免债务。刘秉忠建言，如今地广民稀，赋税繁重，民不聊生，应派劝农官至各地，督导天下百姓务农植桑，发展生产，以使民富国强。珍珠宝贝金银来之不易，作装饰仅为“一时之华丽”“甚可惜也，宜从禁治”，除皇亲贵戚和功臣官吏按规格规定使用外，“无职之人不得僭越”。国家与百姓“相须（相互依存）如鱼水”，以往百姓所欠官府债务，凡赔偿无名的，或不是真实欠下的，或偿还部分已经超过本金的，都应一律赦免。

禁私刑、慎判罚、重教化。刘秉忠建言，禁止私设公堂和监狱监禁无辜百姓，废除残忍的鞭背之刑，以彰显爱生之德。对犯罪嫌疑人的审判应当遵循报审制度然后审判处理，对死刑犯应当覆奏朝廷审批方可行刑，不得刑及无辜。对普通百姓应进行“法度教化”（法制教育），“使之知畏”，犯法的人自然就会减少。

凡此种种，不一胜举。刘秉忠的建言，得到了元世祖忽必烈的赞许和采纳。在出征大理国时，采纳了刘秉忠的“赞（辅）以天地之好生，王者之神武不杀”之言，命令大将裂帛为旗，在旗帜上写“止杀”二字，分头号令各军在攻入大理城后，不得妄杀一人，因而克城后军民皆安定。忽必烈伐宋时，仍继续贯彻此策，所到之处“全活不可胜计”。

刘秉忠还是一个古代城市的规划设计和建设专家，他于1256年受命在漠南金莲川草原上设计建造元上都城，历时三年建成，忽必烈在此登基。又于1266年奉命在原燕京城东北规划设计并开始建造一个规模宏伟、工程浩大的新都城，即元大都，成为北京城最早的建造者。

刘秉忠学问功底深厚，又是一个非常著名的学者、诗人和散曲家，“每以吟咏自适，其诗萧散闲淡，类其为人”。一生在天文、卜筮、算术、文学上著书甚丰，计有《藏春集》6卷、《藏春词》1卷、《诗集》22卷、《文集》10卷、《平沙玉尺》4卷、《玉尺新镜》2卷等，这些著作都是元代丰厚的文化遗产。

刘秉忠虽身居皇帝身边，但始终保持了简朴淡然的生活习惯，终日素衣简居、粗茶淡饭。忽必烈册封刘秉忠官职以后，令其还俗，下诏让他娶翰林侍读学士窦默之女为妻，并赐“奉先坊”作为他的官邸。刘秉忠还

刘秉忠等参与了元大都城市设计的群雕像

以“臣山野鄙人，金无所用”的淡泊心境，来对待忽必烈的赏赐，由于推辞不过，将所赐的白金千两，都散发给了急需用钱的人。

1274年8月，“一代成宪”刘秉忠在元上都南屏山无疾端坐而终，享年58周岁。忽必烈惊闻刘秉忠的噩耗后，在悼词中给了他很高的评价：“秉忠事朕三十余年，小心缜密，不避艰险，言无隐情，其阴阳之术之精，占事知来，若合符契，唯朕知之，他人莫得闻也。”遂下令厚葬。派礼部侍郎赵秉温护送灵柩，下葬于元大都，后移葬到他的故乡。次年，元世祖忽必烈赠刘秉忠为太傅，封为赵国公，谥号“文贞”。元成宗时，赠刘秉忠为太师，谥号“文正”。元仁宗时，进封刘秉忠为常山王。

元朝货郎

元朝集市

38. 安童

安童（1248～1293）

安童（1248～1293），蒙古札剌亦儿部人，是忽必烈时期元朝的重臣。木华黎四世孙，祖孛鲁，父霸突鲁，母亲出身于弘吉剌部，是元世祖忽必烈察必皇后的姐姐。

1259年，安童父霸突鲁率蒙古军跟随忽必烈伐宋。宪宗蒙哥死后，忽必烈得到报告，得知阿里不哥谋夺汗位，急忙从鄂州前线北还，留下霸突鲁总管军务，与从云南北上的兀良合台将军会合后，这支军队遂成为忽必烈与阿里不哥争位的基本力量。在此之前，忽必烈曾与霸突鲁商讨蒙古帝国地理形势的态势，霸突鲁建议选择燕京为新国都，可见他早就有立国中原汉地的见识。霸突鲁不久死于军中。

安童既是功臣之后，又与世祖忽必烈有连襟之亲，在13岁时就世袭了怯薛长之职（第三怯薛由木华黎家世袭）。有一次安童的母亲入宫见妹妹察必皇后，曾在忽必烈面前称赞自己的儿子，说他虽然年少确有辅国之才，因为他常与大人讨论国事。1263年（中统四年），忽必烈战胜阿里不哥不久，抓获其党羽千余人，准备杀之，忽必烈征求安童的意见，安童提出：当时忽必烈与阿里不哥争大汗位，两人都是拖雷嫡子、蒙哥大汗的亲弟弟，本无所谓正统、叛逆之分，阿里不哥的属下在法理上并无罪过，而且当时

安童是忽必烈的重臣、木华黎四世孙

忽必烈与大臣巡视图（《蒙古历史油画长卷》王延青等创作）

阿里不哥尚未归降，正需要以宽待政策招抚他的支持者。忽必烈听后很赞赏他的意见，对他才16岁就有如此高明的见识感到惊异。

1265年（至元二年），安童出任中书右丞相。当时，史天泽从1261年（中统二年）起一直任右丞相，但在李璮叛乱后，世祖忽必烈对汉人担任朝廷重臣产生了疑虑，很想改变这一局面，以巩固朝廷的权力机构。这一年他巡视上都时，向朝中大臣征询意见，谋臣崔斌力推安童出任丞相，忽必烈极其认可这一推荐，迅速任命了安童为相，众大臣欢呼万岁。这时安童才18岁，他推辞道：宋朝尚盘踞江南，如果以臣为宰相，恐贻笑各方，使宋人轻视我们。忽必烈提出：怯薛长安童出任首相是经过周密考虑的，史天泽虽仍任右相，但地位在安童之下，并拒绝了安童的推辞。事后，忽必烈招大学士许衡辅佐安童，显然意在培养练达蒙古大臣来主掌行政，以免权力旁落。当时右、左丞相有五人（安童、史天泽、忽都察儿、耶律铸、伯颜）。1267年（至元四年），忽必烈根据安童的奏折精简了机构，丞相由五人裁减到二人，安童为长，史天泽次之，于是忽都察儿、耶律铸降为平章政事，伯颜降为右丞。安童又上奏启用姚枢等出任中书省事，在这些幕僚的帮助下，延续了忽必烈在中原实行汉法的政策。

忽必烈重视朝廷的财政收入，委任色目人阿合马出任中书平章政事，掌管国家财赋大权。但此公很不地道，经常向忽必烈进谗言，贬低同僚以博得好感。为了独揽大权，阿合马奏请安童提升为太师虚职，实则架空安童以消弱他的权力。阿合马依仗忽必烈对他的信任，重大事情不通过安童直接上奏，又私自任用亲信，导致

了与安童的矛盾。忽必烈不明真相，明显偏袒阿合马，将安童调往西北边境，辅佐皇子北平王那木罕守边。由于世祖忽必烈倚信善于“理财”的阿合马，安童与阿合马的这场斗争失败了，被调离了相位，从此阿合马“独当国柄”，更大树私党。

安童到了西北边境以后，奉旨发兵讨伐窝阔台后王大名王禾忽。1276年（至元十三年），

元代纯银“皇帝圣命违令者死”令牌（上都博物馆提供）

与那木罕共同戍边的宪宗蒙哥子昔里吉发动了叛乱，劫持了那木罕和安童，将安童送到海都（窝阔台孙，1268年发动叛乱）处拘禁。海都对拖雷家族的内争采取观望态度，颇优待安童，授以官职，直到1283年（至元二十年）才遣还，第二年回到元廷。

在这期间，元朝的政治空气发生了变化。由于阿合马肆意贪婪骄横，拉扯提拔奸党，达到了天怒人怨的地步。1282年（至元十九年），益都千户王著，此人一向疾恶如仇，他设计刺杀了阿合马。忽必烈在调查阿合马事件后，才深知他的劣迹和罪恶，于是下令掘墓开棺，在通玄门外斩戮尸体，听任狗去吃他的肉。朝廷百官和士人百姓，聚在一起观看无不拍手称快。由于安童是被阿合马排挤出丞相位的，忽必烈遂复任安童为中书省右丞相。

安童二次出任相位，又历经了朝廷内部的尔虞我诈。忽必烈启用了桑哥为尚书省右丞相，总领政务，中书六部也改属尚书，致使中书省名存实亡。桑哥一派顾忌安童有威望，力图将他排挤出中枢政府，于是阴进谗言，构陷其罪。使安童逐渐远离了政治核心，最后只掌怯薛一职。安童二次任相，又经历了阿合马时期的覆辙。但是在第二次出任相位的六年期间（1284年至1289年），他能荐用和亲厚儒臣，崇尚汉法，政刑宽平，多次制止滥用死刑，故有贤相之誉。但在两次任期间，前有阿合马、后有桑哥以理财受到世祖信任，使他难以完全贯彻以儒治国的方针。

1293年（至元三十年）正月，安童死于元大都。

39. 伯颜

伯颜（1236～1295）

伯颜（1236～1295），蒙古八邻部人，元朝著名政治家、军事家。其曾祖、祖父均为成吉思汗的功臣，其父跟随旭烈兀汗在伊儿汗国任千户长，故伯颜从小在西域长大。1264年，旭烈兀遣伯颜到大汗宫廷奏事，深受忽必烈赏识，拜中书左丞相，后升任同知枢密院事。忽必烈汗委以伯颜统兵伐宋，他仅以一年半的时间就结束了长达近40年的征伐南宋的战事，开创了大元帝国一统中华的新纪元。

忽必烈即大汗位后，迅速平定了内讧外乱，加强了中央集权统治。在过去的数年间，蒙古逐一吞并了西夏、金、大理及西域诸国，只留下了苟安江南一隅的南宋朝廷。忽必烈改大蒙古国号为“元”后，这促使他加快了灭南宋，完成中央一统大业的步伐。他总结了过去攻宋的战略得失，制定了“牵制两淮，川蜀策应，主攻襄樊，实施中间突破，顺江而下直取临安”的战略方针。

伯颜骑马图

襄樊乃江汉之屏障，是南宋的重要战略要地，元军经前后六年多的交战，终于在1273年2月破城，丢失襄阳使南宋大为恐慌。另外，伯颜早在1270年任同知枢密院事时，便在汉水造船5000艘，练水军7万，造多种兵器和火炮。因此，元军已不单单是铁骑，而是一支多兵种合成的军队，创造了沿江东下的有利条件。忽必烈看到灭宋的时机已成熟，遂决定水陆并进“乘破竹之势，席卷三吴”，决定以左丞相伯颜为统帅伐宋。

1274年9月初，伯颜奉旨统帅20万元军南征。南宋认为元军善于陆战，不习水战，企图依长江天险为屏障，阻止元军南进。但是伯颜率军兵分两路并进，一路由博罗欢节度，刘整为先锋牵制两淮，使宋军不得西援。主力由伯颜与阿术统帅，吕文焕率舟师为前锋自汉水入长江，水陆并进郢州（今湖北钟祥），在长江沿线发动了沿江战役。开始，元军在郢州受到宋将张世杰顽强抵抗，宋军在汉水北岸的郢州筑石为城，并在两岸之间

元朝军队使用的头盔（摄于内蒙古博物馆）

用铁连、树桩横锁江面，阻止元军前进。伯颜听取阿术、吕文焕的计策，避实就虚，取黄家湾由藤湖入汉。10月下旬，元军在鄂州之咽喉沙洋城受阻，伯颜以火炮破城池，生擒守将王虎臣、王大用。11月，南宋复州守将翟贵投降，元军逼近汉阳。下旬，伯颜在蔡店准备渡江。但宋军淮西制置使夏贵率汉、鄂舟师万艘阻滞元军。12月初，伯颜采用调虎离山计，扬言夺取汉口渡江，诱使宋军移师支援汉阳，乘机袭击并夺得军事重地沙芜口。元军将10万兵、数千艘战船屯于江北，力攻阳逻堡三日，再次受阻，

元朝官府大印

元军绕开阳逻堡，在上游的青山矶突袭宋守军，夺船千余艘，随架浮桥南渡。元军返回再攻江防要塞阳逻堡，消灭宋军8千，阳逻堡陷落。鄂州随即失去屏障，汉阳、鄂州守军先后献城投降。至1275年1月，沿江黄州、涟水、江州及安庆宋军不战而降。

鄂州及沿江丢失，南宋朝廷顿时惶恐，群臣纷纷上书要求权相贾似

伯颜统兵南伐，完成了元帝国统一大业

道亲征，他被迫上表出师，并下诏天下勤王。南宋抽精兵13万、战舰3500艘，出师西上。但到芜湖后，贾似道暗中遣人至元军大营以求称臣纳贡，伯颜提出：元军没渡江前，议和入贡可以，现在沿江各郡都已经归附大元，如果真想议和，你当面过来谈。贾似道无奈在池州下游丁家洲勉强列阵会战。宋将夏贵列战船于江中，孙虎臣率马步军七万屯于丁家洲（今安徽铜陵县东北），贾似道自统后军屯于芜湖西南的鲁港。会战伊始，伯颜即命步骑军夹岸而进，冲击孙虎臣军，又以火炮轰击中坚，舟师由阿术指挥数千艘兵船乘风疾进，气势磅礴。两军方接，孙虎臣、夏贵即不战而走，宋全军崩溃，元军左右夹击，宋军被杀和溺死者不可胜数，江水皆红。贾似道、孙虎臣只身逃往扬州。建康、太平、镇江、兴隆府（今南昌）、和州、滁州等城池守将或逃或降。丁家洲会战以元军大获全胜而告终。

丁家洲战役后，1275年5月，忽必烈见天气渐热，提议秋后再战，伯颜则提出战机难得，建议一鼓作气推翻南宋政权，得到了忽必烈的同意。于是，伯颜在镇江召开会议安排灭宋之事。10月末，伯颜分军三路南下，会师临安。右路军以步骑军自建康出广德、四安，逼近临安；左路军以水师自江阴出海，由海抵达临安；伯颜领中军，经常州、平江、嘉兴与左、右两路如期会师临安。中路军在常州遭南宋刘师勇部顽强抵抗，伯颜亲自督军以火炮昼夜攻城，二日破常州城。11月10日，平江守将降。这时，扬、抚、潭诸州相继降元。三路元军如期完成对南宋都城临安的包围。

元军兵临城下，皇帝幼小，群臣战和不一，派出议降的使臣陈宜中在夜间逃往温州，主战的文天祥被扣留送至元大都。主战派张世杰见临安无望，率兵南下，准备继续抗元。1276年1月，伯颜率军驻守临安城北的湖州，南宋太皇太后只好遣人将传国玉玺献出降元。至此，三百多年的宋朝灭亡，元朝帝国完成了中华一统。3月初，伯颜入临安。伯颜自带南宋太皇太后和恭帝赵显等返回元大都复命。自伯颜统兵南伐，历时一年半，完成了元帝国统一大业。

灭南宋后，伯颜返元大都任同知枢密院之职，期间皇室发生内讧。1276年，蒙哥之子昔里吉、宗王脱黑帖木儿等人发动兵变，漠南震动。1278年，元世祖忽必烈命伯颜率师北上讨伐叛军，在斡儿塞河畔击败昔

蒙元时期陶勇（摄于艾博云集博物馆）

里吉、脱黑帖木儿。1281年2月，世祖忽必烈命伯颜协皇太子玉昔帖木儿共同戍守漠北。1285年，世祖忽必烈命伯颜代宗王阿只吉总统北疆元军。1287年4月，诸王谋反于东北，试与海都连兵。忽必烈为防止辽东与海都相互策应，命伯颜率重兵屯哈剌和林，并亲往讨伐乃颜辽东之乱。迅速平定并生擒乃颜。后宗王明里铁木耳依附海都叛乱。伯颜奉旨率军征讨，两军对垒于阿撒忽秃岭，海都部万箭齐发箭矢如雨，众军皆不敢进，伯颜麾军急进，大败敌军。1295年，伯颜征讨海都叛乱相持不下，朝中有人谗言伯颜保守无功，世祖命玉昔铁木耳代之，伯颜返大同待命。至此，结束了其一生的征战生涯。

蒙元时期身着铠甲的蒙古武士（摄于内蒙古博物馆）

综观伯颜一生，28岁开始跟随忽必烈汗为官，38岁即担负灭宋20万大军之主帅之职，戎马一生，战功显赫，不愧为元初开国的一名优秀军事家和卓越政治家。虽位极功高而不骄。元世祖忽必烈称赞：“伯颜才兼将相，忠于所事。”伯颜于1295年逝世，享年59岁。

40. 海都（窝阔台汗国）

海都（1234～1301）

海都（1234～1301），孛儿只斤氏，窝阔台汗之孙，合失之子。曾支持阿里不哥与忽必烈争汗位。他统辖叶密立（今新疆额敏东南）一带原属窝阔台和贵由的封地，海都于1269年（元至元六年）发动叛乱，并建窝阔台汗国。是窝阔台汗国的实际创立者。

自拖雷后裔蒙哥当选蒙古大汗后，窝阔台后王渐失势。海都为人聪明能干而狡诈，逐渐纠集部众。恰在此时，海都被分封到中亚的海押力（今哈萨克斯坦塔尔迪），势力日盛，成为窝阔台系诸王的首领。蒙哥汗死后，海都支持阿里不哥与忽必烈争夺汗位，终告失败。但海都认为蒙古大汗之位应属于窝阔台家族，遂积蓄实力，联合金帐汗国，图谋与忽必烈争夺蒙古帝国大汗宝座。

有鉴于此，忽必烈遂派察合台后嗣八剌返回察合台汗国争夺汗位，企图引起西部诸王内乱，以便其集中精力发动灭南宋的战争。令忽必烈意外的是，海都虽然与八剌初亦激战，但很快和好。1269年，海都、八剌和金帐汗国君王在塔拉斯河会盟，公开反对忽必烈和伊儿汗国，并商议以海都为盟主。会盟各王提出忽必烈汗已经被中原汉人同化，提出要对忽必烈用兵以恢复蒙古人的游牧本性。从此，双方不断发生战争。元军虽始终占上风，却无法彻底击败海都。

海都坐像

1271年（元至元八年），忽必烈以那木罕为将，在别失八里击败海都。1275年（元至元十二年），忽必烈再遣安童辅佐那木罕西征。未料，那木罕部将昔里吉等于次年底发动兵变，将安童抓获后交予海都。不久，八剌死去，海都扶立笃哇任察合台汗国君王，两汗挥师东进蒙古本部。土土哈把他赶出漠北祖宗大帐。1287年（元至元二十四年），海都等同东部乃颜

海都发动叛乱

联络，乘忽必烈率领元军主力东去平叛的机会，一度发兵占领哈剌和林，但不久即退出。1301年（元大德五年），海都纠合诸王再度进兵蒙古，最后在哈剌和林被元武宗海山击败，于归途中伤重不治而亡，子察八儿继位。

海都能在短短几年中迅速崛起，是与金帐汗国术赤系后王的支持分不开的。海都的封地海押立位于金帐汗国的东南边界线上，西临术赤第五子昔班在七河的封地，北近术赤长子斡儿答在额尔齐斯河西岸的兀鲁思。 海都极力与他们结交，与钦察汗别儿哥“咸与亲厚”。而别儿哥为了对付势力急剧膨胀的察合台汗国，也积极扶持海都的力量。1260年，阿里不哥派自己的心腹察合台之孙阿鲁忽回中亚继承察合台汗位，阿鲁忽借阿里不哥之令并吞了大汗廷派驻在中亚的军队，取得了对该地区的实际控制权。随后阿鲁忽转而投归忽必烈，从忽必烈处得到了“从阿勒台的彼方直到质浑河，可让阿鲁忽防守并掌管兀鲁思和各部落”的诏命，使察合台汗国第一次正式从大汗廷取得了控制中亚农业区的权力，汗国实力由此暴涨。此前，术赤系在河中农业区势力最大，阿鲁忽上台后“杀死了所有的别儿哥的那哥儿和臣属于他的人”，双方几度交战，原属术赤封地的楚河西部草原和大部分花剌子模绿洲都被察合台汗国夺走。别儿哥因忙于高加索地区的战事，无法全力东顾，因此积极支持海都对抗阿鲁忽。海都借金帐汗国支援，不但增强了军力，也抬升了在本系宗王中的地位。他与阿鲁忽数次交战，互有胜败。1262年（元中统三

出土的蒙元时期贵族佩戴的帽子
（摄于内蒙古博物馆）

年），阿里不哥前往中亚，打败阿鲁忽，阿鲁忽只得避居喀什、和田一线。这为海都扩充实力提供了时机，此后，他逐渐在从海押立向西北延伸到乌伦古湖四周的一块条形草原地带建立了自己的势力。当至元初期元世祖忽必烈稳定了关内局势，再准备控制中亚时，窝阔台汗国已经初具规模。

反叛大汗廷，必须以军事实力为后盾，海都从被封海押立开始，就开始聚集实力。由于窝阔台系后王的军队被蒙哥汗夺走，“他设法从各处征集了二三千军队”。海都的策略主要是在两方面进行努力，一是拉拢窝阔台系各自为政的诸王，建立以自己为首的统一的窝阔台系政治势力，二是结交术赤系后王，引金帐汗国兵力为后援。然而，当时蒙古国政令统一，客观环境限制着海都的行动，但是，1260年爆发的忽必烈、阿里不哥兄弟之间争夺大汗之位的战争，却从某种程度上帮助海都实现了反叛图谋。

海都于1269年发动叛乱，并建窝阔台汗国。随后，与昔里吉、乃颜等叛乱宗王交相侵扰西北地区，以致忽必烈征调攻宋的伯颜军北上平叛。因海都采用游击方式，元廷多年无法剿灭。1289年（元至元二十六年），海都又攻哈剌和林，忽必烈亲统大军北上征讨，海都不敌，率部逃遁。忽必烈先后派伯颜、玉昔帖木儿等主持西北军务，海都势力被驱出阿尔泰山以外。成宗即位后，任命侄海山总领漠北诸军，继续征剿海都。1301年（元大德五年），海都战败，死于退军途中。1306年，其子察八儿率部归顺元朝。

在蒙元历史上，海都只是昙花一现的人物，他似乎是一位具有强烈个性的杰出王子，是想仿效贵由而未能成功的人。总之，窝阔台家族的这位最后一位伟大王子，在他身上具有君主的才能。他参加的41次战役（他参加过1241年蒙古远征波兰和匈牙利）表明了他是战争指挥天才。在整个亚洲，他是唯一能够左右忽必烈命运的人，忽必烈甚至在其权力的鼎盛时期也没有战胜他。

41. 元成宗铁穆耳

元成宗铁穆耳（1265～1307，1294～1307年在位）

元成宗铁穆耳（1265～1307，1294～1307年在位），孛儿只斤氏，蒙古语称完泽笃汗。他是蒙古帝国第六代大汗，元朝第二代皇帝，忽必烈次子真金的第三子，母亲为弘吉剌氏伯蓝也怯赤，又名阔阔真。

1265年九月，铁穆耳出生于元大都燕王府。父亲真金，在1273年被忽必烈立为皇太子封燕王。1285年，太子真金不幸病故。其长子甘麻剌作为忽必烈嫡长孙，自然是皇位最佳的继承人。甘麻剌与铁穆耳皆由真金太子妃伯蓝也怯赤所生，但甘麻剌自小由忽必烈的察必皇后抚养长大，被封晋王，长期在漠北任主帅统领军务。忽必烈在真金太子死后，并没有特意立“皇太孙”，可他专门为甘麻剌设置“内史府”，但是，真金太子妃伯蓝也怯赤却对长子甘麻剌并没多少感情，她更喜欢幼子铁穆耳。1287年，宗王合丹（窝阔台第六子）叛乱，忽必烈派铁穆耳统兵前去讨伐。1293年，铁穆耳统军镇守漠北，受封皇太孙。1294年正月，忽必烈去世。蒙古各宗王贵族在上都召开忽里台大会推选皇帝。会上，铁穆耳与长兄甘麻剌竞争激烈。由于其母伯蓝也怯赤与朝廷权臣伯颜、玉昔帖木儿（博尔术之孙）等人的支持，铁穆耳得以继承帝位，庙号成宗。

元成宗铁穆耳即大汗位之后，为了巩固政权和树立自己的权威，首先

元上都（若西创作）

元成宗铁穆耳时代发行的钱币

对宗王、公主、驸马等贵族进行大规模赏赐，这是蒙古帝国的一个传统，也是蒙古黄金家族内进行财产再分配的一种形式。这种赏赐从成吉思汗到忽必烈时代都遵循了这一传统。另一方面，增加朝中大臣和官员的俸禄。但是这种赏赐超过了朝廷财政限度，一度造成了国库空虚。元成宗笼络宗王贵族的另一种方式是分给他们尽可能多的份子地与军队。比如对他的竞争对手长兄甘麻剌，为了消除对自己的掣肘和不满，没有采取打击陷害和监督限制的方法，而是给他很大的权力。把父亲遗留下的一整份财产授予了他，并派他到了漠北重地哈剌和林节制该地区的军队，同时负责成吉思汗四大斡耳朵，使他得到了财富和权力的满足。虽然这些宗王得到了相对独立的政治、经济、军事权力，但从总体上仍然处于元朝中央全面控制之下，这些宗王能够一心执行元成宗交办的各种任务，这对协调元朝内部皇权与王权的矛盾、调动宗王、贵族的积极性还是起了一定的积极作用，这些举措缓解了朝廷内外的各种矛盾，使元成宗能够集中精力贯彻其施政措施。

元成宗在得到宗王的支持之后，又迅速巩固了他的权力机构。他主要靠朝中重臣伯颜、玉昔帖木儿等人的支持，同时也给了这些宠臣很大的权力。1300年6月，由于伯颜、玉昔帖木儿相继去世，成宗又对臣子进行了重大调整。将月赤察儿升任太师，哈剌哈孙继任右丞相。同时给了这些大臣们最尊贵的地位，他们成为了当时元朝决定政策的核心人物。元成宗表现出对儒学的尊重，他即位后不久，即发出崇奉孔子的诏书，新建文宣王

元青花瓷龙瓶

元成宗铁穆耳时代蒙古帝国地图

庙于元大都，内设国子学，增加国子学的学生人数。元成宗下令天下官员要体恤民情，减省刑罚，免除灾民差税一至三年不等，同时开放山场、河泊、任民采捕。元成宗三令五申要求地方官员鼓励农桑，发展生产，这种做法很大程度减轻了老百姓的负担并增加了百姓的收入。元成宗又进一步采取措施，令编辑整理规范律令，同时又厉行整顿吏治，约束宗王和权贵的一些特权，限制官员的非法活动。例如，元成宗即位的第二个月便下诏各道廉访司及时追查转运司官员欺隐奸诈的案子，以防止管财政的官员贪污和中饱私囊。他要求中书省约束各级官员，凡对公事敷衍塞责者处以笞刑。又下诏禁止宗王擅自干预地方事宜。这些措施的实施，使社会矛盾有所缓和，政治经济得到有序发展。

元成宗所做的另一件事是安定西南。随着守成政治稍见成效，渐起开边之心。当时东南亚十余国已经归附元朝。但是在1298年，缅国（今缅甸）掸族土官阿散哥也兄弟率领属下举事攻入缅都蒲甘，并杀缅王以下百余人。出逃的缅王王子和地方官员，向朝廷告发阿散哥也兄弟的叛乱行径和藐视元朝对缅国的宗主权。元成宗遂命云南行省平章政事薛超兀儿、左丞忙兀都鲁迷失等率军入缅作战，元军围攻叛军达两个月，迫使阿散哥也赴朝请罪。与此同时，西南边境小骚乱时起时绝。元军征缅前后，云南梁王“请自讨贼”，要求出兵八百媳妇国（今泰国北部）。1301年2月，成宗派出刘深率领两万元军赴云南。结果，刘深军沿途扰民，造成民怨，当地少数民族举兵起事，朝野震动。成宗不得已诛杀刘深，改用刘国杰平定西南。直到1303年春夏之际，西南地区才渐次安定。

元成宗在位期间，所做青史留名

元朝和各汗国设驿路，开关塞

方草原酒店

的大事是结束了自阿里不哥与忽必烈争位后，所延续四十多年的蒙古皇室内斗。海都是窝阔台汗国的创建者，在忽必烈时代，就支持阿里不哥与忽必烈作战，笃哇在海都扶持下即察合台汗国汗位，海都勾结笃哇连年对元境侵掠。1301年，海都同笃哇联军翻越按台山（今阿尔泰山）进攻元朝岭北行省，为元成宗所派元军击败，笃哇膝上中箭瘫痪，海都负伤致死。笃哇逃回后支持海都子察八儿即汗位。1302年，元成宗与金帐汗国脱脱汗结盟，组成联军击败笃哇和察八儿。1303年秋，迫使笃哇、察八儿派出使臣到达元廷请和。察合台汗国和窝阔台汗国承认元朝的宗主地位，此后，四大汗国承认元朝皇帝是成吉思汗汗位的合法继承人。元朝和各汗国设驿路，开关塞，这是当时举世瞩目的一件大事，横跨欧亚的整个蒙古帝国境内再次迎来了和平。

元成宗基本上保持了忽必烈建立元朝后的守成的局面。在对外关系方面，他结束了忽必烈对日征战、罢征安南，缓和了与周边各国的关系，放弃了继续扩张的政策。对待贵族官僚则采取恩威并施的方针。他在位后期，因连年患病，造成皇后专权淆乱朝政，官场中贪污因循的风气渐盛。1307年农历正月初八，元成宗铁穆耳去世，享年42岁，在位14年。庙号成宗，谥号为钦明广孝皇帝。

42. 元武宗海山

元武宗海山（1281～1311，1307～1311年在位）

元武宗海山（1281～1311，1307～1311年在位），孛儿只斤氏，蒙古语称曲律汗，蒙古帝国第七代大汗，元朝第三代皇帝，元世祖忽必烈的皇太子真金之次子答剌麻八剌的长子，元成宗铁穆耳之侄。

海山与其弟爱育黎拔力八达（后来的元仁宗），都是答剌麻八剌的正妃弘吉剌·答己的儿子。兄弟俩少年（13岁和9岁）师从著名儒家李孟（号秋谷），学习中原文化。但海山在武功、军事方面的天赋更为突出，因而18岁便被元成宗铁穆耳派往漠北，出任元军主帅，平定海都（窝阔台汗之孙）和笃哇（察合台汗国第九代汗）的叛乱。海山上任后，集中诸王统率的蒙古军和驻守漠北多年的钦察军（蒙古西征从高加索钦察部带来的军队），又从汉地调来一批新的汉军，于次年秋季转入攻势，在按台山（今阿尔泰山）之南将海都击败。1301年8月，海都和笃哇集中兵力，卷土重来，爆发了具有决定性意义的“铁坚古和合剌合塔会战”。作战中，海山披坚执锐，“亲冒矢石”，率军多次突破敌阵，并亲手射伤了笃哇，取得

海山平定海都和笃哇的叛乱

胜利。海都在战后不久病死。1306年7月，海山率十数万精锐之师，在世祖老臣月赤察儿的鼎力协助下，乘窝阔台汗国、察合台汗国两国交兵之机，发动突袭，一举击败窝阔台汗国察八儿汗（海都之子），俘虏军民十余万人，摧毁了与元朝分庭抗礼近四十年的窝阔台汗国的立国基础。此时，笃哇也已倦于无望的挑战大汗权威的军事行动，承认了元廷的宗主地位。这样，结束各汗国之间的战争，实现整个蒙古世界的和平，并确立元朝皇帝是成吉思汗汗位之合法继承人的目标，终于在元成宗铁穆耳朝得以实现，而海山则因起到重要作用，被册封怀宁王，赐金印，食封瑞州65000户。

元武宗皇后像

1307年1月，元成宗铁穆耳病逝，此时皇太子德寿已先于1306年去世，储位虚悬。左丞相阿忽台等人预谋，以成宗皇后伯岳吾·卜鲁罕“称制”（垂帘听政），推举提前到达的安西王阿难答（真金之弟忙哥剌的儿子）即位。右丞相哈剌哈孙等以此举“乱祖宗家法”予以抵制，并秘密通知出镇朔漠的海山和谪居怀州（今河南沁阳）的爱育黎拔力八达。爱育黎拔力八达母子先赶到大都提前一天举事，囚禁阿难答和卜鲁罕，诛杀阿忽台等。事成后，奉御玺北迎率三万精兵前来相助的兄长海山继承帝位。1307年5月在上都召集各宗王举行忽里台大会，承认海山即位的合法性，是为元武宗。年号至大。

海山即位后，念胞弟爱育黎拔力八达“性禀温文，行全孝敬，素显忠勤之节，素明治理之方”，且在平息祸乱中功勋特殊，立其为储君“皇太子”；将阿难答赐死；废卜鲁罕的封号，贬居东安州，后赐死。当月，诏令天下：勉励兴办学校，教育人才，以备选用；免除儒户（读书人）的杂徭差役；优恤北庭征戍战士和各蒙古驿站；各军官将佐不得以捐税差役骚扰百姓，军马辎重经过，不得扰民；任何人不得将土地财产虚挂在权势人家名下，以逃避徭役税收；赏赐各地据实上报的义夫节妇和孝子贤孙；免除大都、上都和隆兴三路的三年差税，其余各路，酌情减免；免除降元的云南各番之赋税徭役一年，并免历年拖欠；各地经常抚慰生活不能自理的鳏寡孤独者（丧偶老人、孤儿、无依靠者）；对逃移复业者可以免差税三年；停征受灾地区的山场、湖泊税，听任贫民就地取材生活；允许民间冶铁等等。

武宗奉行重儒尊道之策，即位后遣使曲阜，以“太牢之礼”（最高规格）祭祀孔子，并加封孔子为史上最高称号“大成至圣文宣王”，一时间宫廷内外习儒成风。武宗还命将蒙古文译的孔子《孝经》刻板模印，遍赐诸王大臣，并诏令：孔子之言，精深微妙，上至王公，下至庶人，皆照此而行。

元武宗海山时代发行的钱币

元青花瓷罐

武宗海山虽然少年时期受过儒教熏陶，但毕竟常年在漠北戍边征战，性格上更多具备的是草原勇士的朴实和直率，这些特点也反映在他处理纷乱复杂的朝政

元人交易图

上。例如滥封王爵、随授官职：封的14个“一字王”中仅有两个符合世祖朝只有大汗嫡子孙方可授予的惯例；中书宰臣、枢密院长官分别由3人和13人增加到了14人和32人；迁就经常干预朝政的母亲答己以皇太后懿旨授官的就有880人。

武宗在位期间的财政支出，除了泛赏赐、供俸禄、恤军力外，赈济灾民也是数额巨大的一项。1308年，江浙六路受灾饥民达46万户之多，武宗下令拍卖没收的贪官货物，虽得钞30万锭赈济饥民，但大部分还得朝廷财政支出；1309年，各地水旱灾频发，黄河两处决口，仅赈济西北战区南迁的饥民就有八十余万人。这样，国库愈见吃紧。武宗虽下诏削减赏赐、裁减冗员、省并佛事、停建土木。但到1309年9月仍预支钞本（储备金）达1060余万锭。为了摆脱财政困难，武宗采纳宣政院使脱虎脱的建议，慨然下令施行以重建尚书省分理财政和发

元代铜鎏金“东路蒙古侍卫亲军”腰牌

行“至大银钞”为主导，并以开铸铜钱、追缴拖欠税款、在各地设常平仓抑制物价、军队屯田、难民安置自耕、开酒禁课税、提高盐引价、征收江南大地主粮税、大幅增加南粮北调的海运量抑制米价上涨等等措施为具体手段的“至大新政”。新政推行，初期的现象是通货膨胀严重，但最终的经济效果尚未显现时，仅16个月就因武宗的去世而终止。

1311年1月，元武宗海山病逝，在位四年，享年31岁。庙号武宗，谥号仁惠宣孝皇帝。史书称武宗立储传位，与《春秋》宋宣公舍其子而传位于弟宋穆公的礼让举动无异，谓“武仁授受”。

43. 元仁宗爱育黎拔力八达

元仁宗爱育黎拔力八达（1285～1320，1311～1320年在位）

元仁宗爱育黎拔力八达（1285～1320，1311～1320年在位），孛儿只斤氏，蒙古语称普颜笃汗，蒙古帝国第八代大汗，元朝第四代皇帝，元世祖忽必烈的皇太子真金之第二子答剌麻八剌的次子，元武宗海山之弟。

爱育黎拔力八达与生母答己在1305年元成宗铁穆耳病重时，被成宗皇后伯岳吾·卜鲁罕贬居怀州（今河南沁阳），名儒导师李孟随迁伺读。1307年1月，元成宗病逝后，左丞相阿忽台等人预谋，以卜鲁罕“称制”（垂帘听政），推举提前赶到大都的安西王阿难答（真金之弟忙哥剌的儿子）即位。阿难答是虔诚的穆斯林，掌握着西北地区（今陕西、宁夏、甘肃和四川北部）军政大权，并率部全体皈依伊斯兰教。爱育黎拔力八达母子闻讯急返大都，在右丞相哈剌哈孙和李孟等人的策划和推动下，提前一天举事，以“乱祖宗家法”囚禁阿难答和卜鲁罕，诛杀阿忽台等。事成后，奉御玺北迎率三万精兵前来相助的兄长海山继承帝位。避免了一场可能是改变元朝及以后历史轨迹的危机。海山即位后立爱育黎拔力八达为储君“皇太子”。

1311年1月，元武宗海山病逝，爱育黎拔力八达平稳即位，是为元仁宗。年号皇庆、延佑。

仁宗“恭俭慈厚、澹然（恬静）无欲，不事游畋（出游打猎），不喜征伐，不崇货利，修身治国”。早在出居怀州的路上，就轻车简从，沿途不扰累郡县，拒绝迎送宴请，“民皆感悦”。有人献瑟瑟洞（珍珠类）、玉观音、七宝帽顶、宝带、宝鞍等物，仁宗均拒收，彰显其廉洁本色。他说：“吾以贤为宝，珠宝何用？若此者，后勿复言！” 仁宗即位后，虚心听取臣下谏言，杜绝铺张浪费，停造龙舟。曾经多次下诏书强调：禁止诸王、驸马擅自占据山林草场，由当地民众开采；禁止寺庙僧侣霸占民田；普遍免除百姓欠负官府的钱粮；各地若出现流民，官府给予抚恤，再免差役三年，原来抛弃的田产，尽行归还复种；对孤寡老人和残疾者，除照常抚慰外，每人给至元钞一贯；湖广、云南的少数民族叛乱若能悔过，即与免罪；禁止南方贫困百姓贩卖妻子儿女为奴等等。仁宗曾闻某地兄弟五人同犯死罪，特赦其中一人以养其老母亲；又听说蒙古诸部有贫困者将子女卖给农民为婢仆的，命令当地官员迅速赎回，并送还各部。他亲眼见到戍边多年的军士衣不蔽体，他特别怜悯，当场赐予钱帛。仁宗还罢免了违法和欺压百姓的陕西、江浙、甘肃和河南四行省的行政长官；又派遣十二路宣抚使下地方“问民疾苦”，以定地方官吏的升降。爱育黎拔力八达体察民情，对黎民百姓如此仁爱，真正彰显了“仁宗”之号。

仁宗熟悉儒家学说和历史经典，精通汉文诗词曲赋和书法绘画，在李孟等儒臣辅佐下，推行“汉法”治国方针。命国子祭酒（教育行政长官）刘赓到曲阜，以“太牢之礼”（最高规格）祭祀孔子，并下诏袭封孔子53代孙为“衍圣公”；追封孟子之父为邾国公，母为邾国夫人；命专人将儒家经典《尚书》、司马光《资治通鉴》、唐太宗《帝范》以及唐、宋名著《贞观政要》《大学衍义》等书籍译成蒙古文，令朝廷的蒙古、色目官员诵读；命江浙行省刊印一万部世祖朝的官修农书《农桑辑要》，发给各地，劝黎民百姓发展农桑，适时进行耕作，以保证粮食的供给和需求。

元仁宗皇后像

仁宗即位伊始就策划编撰一部适应于多元文化社会各个领域的法典。他命中书省臣以忽必烈1291年颁布的第一部法典《至元新格》为基础，汇集世祖朝以来历年的律令、条规，加以整理、归类和细化，分编为断例、条格、诏制、别类四大类，共列2400余条款，于1316年完成初稿后，进入较长的复审、校对阶段，直到下一代元英宗硕德八剌即位后两年的1323年才以《大元通制》的名称正式颁行。现代法制史学者认为，“这部法典是元代法律成熟的标志，因为它有充实的内容并具备中国传统法典的结构。”

仁宗所做的具有历史意义的大事，就是实现了元世祖忽必烈当政以来多次酝酿甚至连“程式”都拟定了

元仁宗爱育黎拔力八达时代发行的钱币

而未能实施的“恢复科举”。1313年11月，仁宗下诏以李孟和张养浩主持开科取士，每三年举行一次，分为乡试、会试、廷试三道，蒙古人与汉人分别录取出榜。考试内容以宋代朱熹等名儒集注和注释的儒家经典《四书》和《五经》为主。1314年（延祐元年），首科考试举行，次年录取忽都答儿、张起岩等56人为进士。以此为开端，到元朝末年，共进行了16次科举考试，录取进士1139人，国子学录取284人。元代在科举考试中首次以程朱理学为主要内容的模式，也被明、清两代沿袭下来。史学界称元仁宗的开科取士为“延祐复科”。

仁宗在位期间，母亲答己严重干扰朝政。例如，以“皇太后懿旨”命管理宫廷宴享饮食事务的铁木迭儿出任百官之首中书省右丞相。1317年，监察御史四十多人联名以确凿证据弹劾铁木迭儿“怙势贪虐、蒙上罔下、蠹政害民，凶秽滋甚”，震怒的仁宗下令逮捕欲问其罪时，又因皇太后出面保护而让其改任太子太师。仁宗在位期间，曲承母意，“事皇太后，终身不违颜色”，是他固有的游牧民族“万众生灵皆母舔犊哺育”传统观念和深受儒家“孝为先”思想的影响所致，这不但使他以极大期盼和果敢行动开端的以儒治国方针的贯彻执行大打折扣，也导致了纵容奸臣铁木迭儿为虐，为日后英宗朝埋下隐患的后果。

1320年1月，元仁宗爱育黎拔力八达病逝，在位9年，享年35岁。庙号仁宗，谥号圣文钦孝皇帝。史学界称元仁宗恢复科举、以儒治国的举动为“延祐儒治”。

北京科举匾额博物馆

44. 赵孟頫

赵孟頫（1254～1322）

赵孟頫（fǔ）（1254～1322），字子昂，号松雪道人，汉族，元代浙江吴兴（今湖州市吴兴区）人。曾任翰林学士承旨、荣禄大夫（一品衔）等职。元朝“冠绝古今”的书法家、画家、诗人，列中国古代十大书法家，擅长篆、隶、楷、真、行、草书，尤以楷、行书著称于世，创“赵体”，誉“楷书四大家”。在绘画上创元代新画风，谓“元人冠冕”，与明代董其昌并称中国古典晚期绘画史上的“双鼎”。

赵孟頫系宋太祖赵匡胤第11世孙，自幼聪敏，读书过目成诵。1276年南宋降元时仅22岁，遵从生母“圣朝必收江南才能之士而用之，汝非多读书，何以异于常人？”的教诲，潜心致力于学问，书法、绘画、诗文、篆刻样样精通，享名“吴兴八俊”。1286年，在元世祖忽必烈派人到江南搜访人才时，被引荐朝廷。忽必烈见他“才气英迈，神采焕发，如神仙中人”，甚喜，不听近臣“宋宗室子，不宜使近左右”的进言，使坐于右丞相叶李之上。

赵孟頫半身铜像

当时朝廷刚刚设置尚书省，由赵孟頫拟写诏书，忽必烈看完诏书称赞道：“得朕心之所欲言者矣。”遂颁行天下。这时，赵孟頫在刑部讨论法律条文时，对其中的一条“凡贪赃满至元钞二百贯者死罪”持有异议，认为刑法人命关天，由于元朝施行纸钞，几十年来大幅贬值，以钞计赃

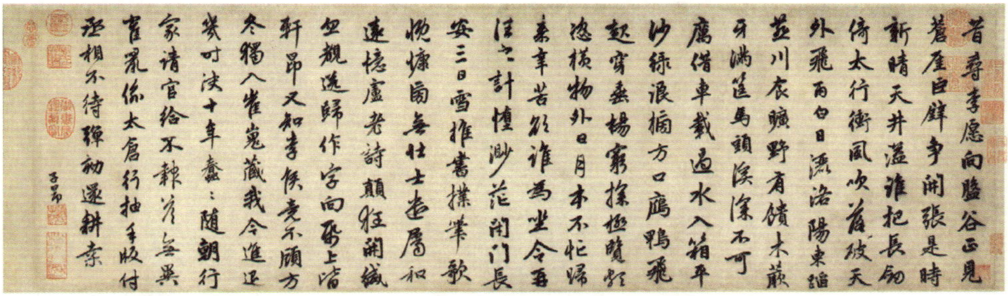

赵孟頫书法作品

太重，“以绢计赃，最为适中”，这条提议获得忽必烈赞赏。1287年，忽必烈授赵孟頫兵部郎中。得知其家境贫寒，曾赐元钞五十锭。赵孟頫在任中恪尽职守，进言得当，深受宠信，皇宫内任随赵孟頫进出。忽必烈每次见到赵孟頫都无所不论及，并受到许多启发。1290年，北京等地发生强烈地震，死伤数十万人，忽必烈深感忧虑。赵孟頫进言：大赦天下，免除赋税，则可消弭天灾。忽必烈听从了这一建议，使百姓得以复苏，受灾状况逐渐得到了好转。1292年，赵孟頫出任同知济南路总管府事时，判案慎重，规避了冤案，被称为“神明”。1294年忽必烈逝世后，赵孟頫于1295年回京修《世祖实录》。在这之后，赵孟頫又经历了元成宗铁穆耳、元武宗海山、元仁宗爱育黎拔力八达、元英宗硕德八剌等四任皇帝，都得到了极大的恩宠和重用。尤其在元仁宗爱育黎拔力八达时代，仁宗特别尊重他，直呼其字而不呼其名，将他比作唐代李白、宋代苏轼，称赞他品行端正，博学多闻，书画绝伦，通晓佛学和道学，皆人所不及；并念他年老体弱，赐元钞五百锭和貂鼠皮裘。可以说，赵孟頫“荣际五朝，名满四海”。元廷以其对朝廷的贡献，追赠其曾祖父赵师垂为集贤侍读学士、祖父赵希戭为太常礼仪院使并封吴兴郡公、父赵与訔为集贤大学士，封其妻管道升为吴兴郡夫人。

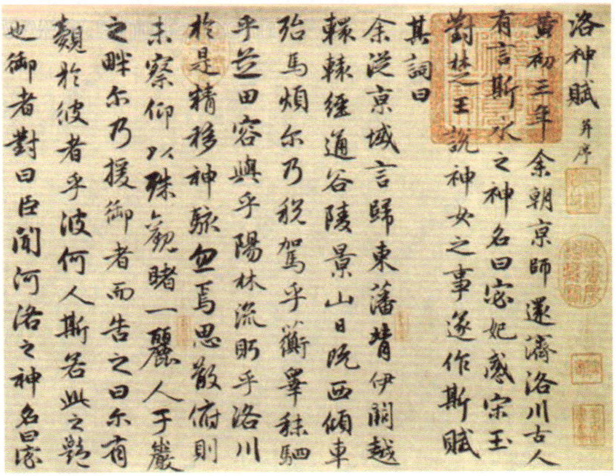

赵孟頫《洛神赋》

赵孟頫《人骑图》

赵孟頫的书法，一改南宋单调的形式和萎靡不振的气质，他参照晋朝、唐朝书法大家的笔法，领军“古法扫荡”，公推书法界“盟主”；其字体刚劲有力，横直相安，撇捺舒展，外貌柔润而筋骨内涵，形体端秀而构架劲挺，结体宽绰秀美。以“赵体”承一代宗师，后世名人学习他笔法的极多，风靡朝鲜、日本。近代评论家马宗霍在《书林记事》中称赞：“元赵子昂以书法称雄一世，落笔如风雨，一日能书一万字，名既振，天竺有僧数万里来求其书，归国中宝之。”传世书迹有《洛神赋》《道德经》《胆巴碑》《玄妙观重修三门记》《临黄庭经》《兰亭帖十三跋》《四体千字文》《赤壁赋》《张公墓志铭》《归去来辞》《玄都坛歌》等等。

赵孟頫是中国美术史上推开“文人画”（画中带有文人情趣、画外流露文人思想）大门的承前启后式人物。他的山水、竹石、花鸟等绘画，笔墨简率，线纹清晰活泼，将钩斫和渲淡、丹青和水墨、重墨和重笔、师古和创新综合于一体，变“游观山水”为“抒情山水”；他的鞍马、人物等绘画，构图意境苍逸清润，画面着色工整细腻，线条描绘工细劲健，人马形态各异、动作逼真、栩栩如生，深得宫廷贵族偏爱；他能把当朝广阔疆域内南、北方和西域的画技之长，融入传统画艺；他将诗文、书法、篆刻之美融汇一体于绘画的图幅中，相得益彰。他扭转了画坛北宋以来工艳琐细的“墨戏”颓势，开创了质朴自然、以画寄意的新画风。传世画迹有北京故宫博物院藏《秋郊饮马图》《水村图》《浴马图》《秀石疏林图》《人骑图》等；台北故宫博物院藏《鹊华秋色图》《重汉叠嶂图》等；辽宁省博物馆藏《红衣罗汉图》；纽约大都会艺术博物馆藏《双松平远图》；美国普林斯顿大学美术馆藏《谢幼舆丘壑图》；美国弗利尔美术馆藏《二羊图》等等。

赵孟頫还能诗善文，擅金石（镌刻），通律吕（音律），解鉴赏。他的诗文风格清新，意蕴深远，具有奇瑰飘逸的风致，读之使人有飘飘然超脱世俗之感。著作有《尚书注》《琴原》《乐原》《松雪斋文集》（10卷，附外集1卷）及众多诗文等等。

元朝能够涌现出赵孟頫这一代政治和文化宗师，客观地反映了当朝高度开明和开放的政治环境，用事实纠正了历代一些文人墨客带着成见，站在主观唯心主义立场上，以对历史极不负责任的态度，对元朝统治者不负责任的诋毁和片面评价。史实证明，元朝蒙古统治者在用人机制上不拘一格，不论出身、民族和宗教信仰，唯才是用，使很多人才脱颖而出。在治理国家方面，很多做法是后朝后代所远远不能比及的，这对于从草原走出来的蒙古统治者来说，不能不说是一个奇迹。

1322年6月，赵孟頫病逝于吴兴，终年68周岁，与管夫人合葬于德清县洛舍东衡里“阳林

赵孟頫《红衣罗汉》

赵孟頫《二羊图》

堂”别业东南侧。元廷追封其“魏国公”，谥号“文敏”。1993年德清县人民政府拨款修复墓地，2013年5月被国务院确定为全国重点文物保护单位，同年对墓地进行了整修和绿化。位于湖州市的原赵孟頫别业“莲花庄”也得到修复，安放了他的全身铜像。

1994年10月，湖州市举办了“国际赵孟頫书学研讨会”。1995年3月，“赵孟頫国际学术研讨会”在上海、湖州两地举行，中国及美国、日本、韩国、德国、新加坡等地的美术史家、学者、画家，都对赵孟頫的美术成就赞叹不已，会议期间，上海书画出版社、故宫博物院和上海博物馆还举办了“赵孟頫书画展”。各地还陆续出版了《赵孟頫集》《赵孟頫画集》《赵孟頫研究论文集》《赵孟頫国际书学讨论会论文集》等等。

赵孟頫墓

45. 元英宗硕德八剌

元英宗硕德八剌（1303～1323，1320～1323年在位）

元英宗硕德八剌（1303～1323，1320～1323年在位），孛儿只斤氏，蒙古语称格坚汗，蒙古帝国第九代大汗，元朝第五代皇帝，元仁宗爱育黎拔力八达之嫡子，生母为仁宗皇后弘吉剌•阿纳失失里。

硕德八剌从小在父亲身边长大，受到过良好的教育，经、史、文、诗、书的功底深厚，且秉性仁孝，师从名儒王集、周应极以及当世著名书画家柯九思和畏兀儿诗人小云石海牙。1316年，皇太后答己心惧武宗长子和世㻋的“少有英气”，恐日后难以左右，不顾时14岁的硕德八剌“臣幼无能，宜立兄（指和世㻋），以臣辅之”的固辞，立其为皇太子。1320年1月，仁宗病重，硕德八剌忧愁满怀，“焚香告天，乞以身代（替父死）”；仁宗崩，他悲伤过度，“素服寝于地，日歠（喝）一粥。”是年3月，硕德八剌即位，是为元英宗。年号至治。

18岁的英宗，胸怀大志，刚明率直。即位后延续仁宗以儒治国的方针，锐意推行新政：一是重用儒士，如张珪、王结、王约、吴澄、吴元珪、孛术鲁翀等；遣使辗转蜀、赣、苏等地，召来“元儒四家”之一的虞集；任命享有“蒙古儒者”之称的拜住（1298～1323，木华黎的后裔、世祖朝丞相安童之孙）为左丞相等等。二是精简机构，裁撤徽政院、崇祥院、採珠提举司、章庆司、宫正司等机构；降礼仪院、通政院、都

元英宗皇后像

护府等机构的级别；罢世祖朝以后的所有冗（多余）置官等等。三是发布《振举台纲制》，命监察御史纠察各级官员的贪赃枉法行为，并告诫群臣："卿等居高位，食厚禄，当勉力图报。苟或（如果）贫乏，朕不惜赐汝，若为不法，则必刑无赦！"规定各地来京办差，大事五日小事三日必返等等。四是推行法治，完成仁宗朝编纂的大型法典汇编的

元英宗硕德八剌时代发行的钱币

校审工作，以《大元通制》法典（断例717条、条格1151条、诏赦94条、令类577条，共2539条）颁行天下，并对廷臣谕曰："恩可常施，赦不可屡下；使杀人获免，则死者何辜？"五是减轻赋役，重农兴学，推行"津助赋役法"，凡民田百亩抽三，由差役户耕作，以其收入抵当役补贴；又下诏令：务农所以厚民，劝学所以兴华，各处提调官加意勉求实效；并谕群臣："天下之民，皆朕所有，如有不足，朕当济之；若加重赋，百姓必致困穷，国亦何益？"英宗推行的新政使国势大有起色，史称"至治改革"。

英宗性格颇具特点。即位伊始，拒收身边近臣奉献的各种珍宝，对他们说："朕即位不闻卿等荐贤，而为人进宝，是以利诱朕也，其还之！"在地震灾害期间减少宫廷膳食、停止娱乐活动，严厉斥责身边大臣的阿谀奉承，又自我反省，提出地震和天灾的出现，难道是朕行事有缺陷？朕在位三年，也没有做过有违天理之事呀，我要与百官相商，要多做利国利民之事。在元上都正殿祭祖时，见到成吉思汗、忽必烈当年曾经穿过的粗布衣服和使用过的遗物，感慨万分，对左右近臣说："祖宗创业艰难，服用节俭如此，朕安敢顷刻忘之！"英宗20岁时，感念乳母忽秃台的哺育之恩，封其为定襄郡夫人，追封其夫阿来为定襄王，谥忠愍。1322年，诏令：禁捕天鹅，违者抄家；次年放飞民间笼禽10万只，令官府补偿放飞禽鸟的价值。这是中国历史上帝王少有的保护野生动物之举，为生态保护开创了先河。

英宗对祖母并不事事曲承。例如，拒绝祖母更换朝臣的要求："先帝旧臣，岂宜轻动，俟与宗亲元老议，贤者任之，邪者黜（罢）之可也。"又如，中书省一官员卖官犯法被刑部判杖刑，太皇太后命改轻刑，英

元人骑马图

宗不准："不可，法者天下之公，徇私而轻重之，非示天下以公也。"还有，在英宗即位前就被答己以"皇太后懿旨"复职为中书省右丞相的铁木迭儿，作威作福，涉嫌报复，将弹劾过他的赵世延等省、台诸臣诬陷下狱并奏请皇上处死，英宗不准，对廷臣说："顷铁木迭儿必欲置赵世延于死地，朕素闻其忠良，故每奏不纳。"左右皆呼"万岁"。1322年8月，铁木迭儿病死。是年9月，太皇太后答己病逝，被诬陷的忠臣逐一昭雪平反。

1323年初，监察御史官员据实指斥铁木迭儿为首的"诳取官币"等数起严重贪腐案。英宗下令全面清算铁木迭儿及其同伙的罪行，追夺其官爵、抄没其家财，并处死了一批追随铁木迭儿作恶多端的官员。但是，有元一代没有株连九族的惯例，铁木迭儿的儿子治书侍御史锁南并未受到株连，反而保留了官职。非但如此，铁木迭儿的"养子"铁失涉嫌贪赃，因其妹速哥八剌成为英宗皇后而得到硕德八剌的赦免不究，还成了英宗最信任的御史大夫兼忠翊侍卫亲军都指挥使，持金虎符。涉世不深和轻信给英宗带来杀身之祸。

元至治三年（1323年）八月初四，英宗与右丞相拜住从上都返回大都途中，驻上都南30里的南坡店。是夜，早有预谋的铁失、锁南等人带兵冲进英宗的住地，残杀年仅26岁的拜住，铁失亲自闯进皇帝幄殿，弑元英宗硕德八剌。此次兵变，史称"南坡之变"。

元英宗硕德八剌被杀时年仅21岁，在位四年。庙号英宗，谥号睿圣文孝皇帝。

46. 元泰定帝也孙铁木儿

元泰定帝也孙铁木儿（1276～1328，1323～1328年在位）

元泰定帝也孙铁木儿（1276～1328，1323～1328年在位），孛儿只斤氏，蒙古帝国第十代大汗，元朝第六代皇帝，父亲是忽必烈的皇太子真金之长子晋王甘麻剌，母亲是晋王妃弘吉剌·普颜怯里迷失。

也孙铁木儿出生于漠北晋王府，1302年承袭父亲的晋王爵位，镇守漠北，是忽必烈嫡曾孙中地位最高的人，在武宗、仁宗和英宗在位时颇受尊重和厚待。1323年“南坡之变”的主谋铁失在弑君前，派党羽斡罗思于8月2日来到漠北，试图以推举晋王当皇帝为条件获得支持。也孙铁木儿当即囚禁斡罗思，并紧急派遣别烈迷失等赴上都向英宗告变，但因路途遥远尚未到达时，铁失等于8月4日趁英宗南还途中住宿防卫薄弱的南坡店时，抢先动手弑君。为了避免混乱局面继续发展下去，导致蒙古帝国的分裂瓦解，是年9月4日，晋王也孙铁木儿以真金嫡长孙的身份，受到汉地和漠北诸王、大臣的拥戴，在漠北龙居河(今蒙古国克鲁伦河)畔，颁布诏书即位。是为元泰定帝。年号泰定、致和。

泰定帝即位后，治罪“南坡之变”的铁失、锁南等11名祸首，流放涉事的五个宗王；为在英宗朝被奸相铁木迭儿枉杀的杨朵儿只、拜住和贺胜平反昭雪；召回被铁木迭儿流放和撤职的李谦亨、成珪、王毅、高昉等；召回谪居海南的武宗海山之子图帖睦尔（后来的元文宗），封为怀王，赐食邑瑞州65000户，并授金印。随后，任命漠北高官为朝廷主要官员，例如中书右丞相旭迈杰、左丞相倒剌沙等等。

泰定帝虽然草原文化背景深厚，汉文化程度不高，但仍奉行世祖朝以来一贯的尊崇儒家文化之策。他刚即位就派人前往曲阜祭祀孔子，袭封衍圣公孔思晦进阶嘉议大夫；否决了主政的回回人企图废除科举考试的动议，1324年科举廷试，赐八剌、张益等85人及第出身；封唐柳宗元为文惠昭灵公。最为史学界称道的是恢复了经筵制度。经筵作为给皇帝讲解儒家经典的传统皇室咨询活动，在忽必烈以来非正式地举行过多次，但没有形成制度。1324年2月，泰定帝采纳江浙行省左丞赵简的建议，正式开设经筵，规定“三日一进讲”。每次进讲，泰定帝面前放着翻译成蒙古文的《帝范》《资治通鉴》《大学衍义》《贞观政要》《世祖圣训》等书，认真聆听儒臣的讲解。讲解者有当世名儒王结、赵世延、赵简、吴澄、虞集、曹元用、邓文原、张起岩，还有畏兀儿翻译家忽都鲁都儿迷失和蒙古名家阿鲁威等。

泰定帝所做对中华民族有意义的一件事，是对轩辕黄帝陵庙的保护。1325年，奏报轩辕黄帝陵庙（位于今陕西黄陵县）破坏严重，西院保生宫火灾，泰定帝闻之震怒下旨：保护黄帝庙宇，严禁破坏陵寝的所有建筑设施，禁止砍伐柏树林木，派专人驻守看护，“如有违犯之人，捉拿到官，痛行断罪施行。”并将圣旨刻碑立榜，以警示那些“不畏公法之人、愚徒之辈、泼皮歹人”。这是史上皇帝第一道保护轩辕黄帝陵庙的圣旨。近700年前的元泰定帝《圣旨碑》现仍保存在轩辕庙内的碑廊里。

泰定帝启用回回人理财，在连年灾变中仍维持了经济的稳定：增加南粮北调的海运量，1326年达到350万石，是为元代抵京海运粮的最高纪录，平抑了市场物价；大幅减少印钞数，使物价跌落到了仁宗朝末年以前的水平，盐引的官价从仁宗朝初年的

泰定帝也孙铁木儿时代发行的钱币

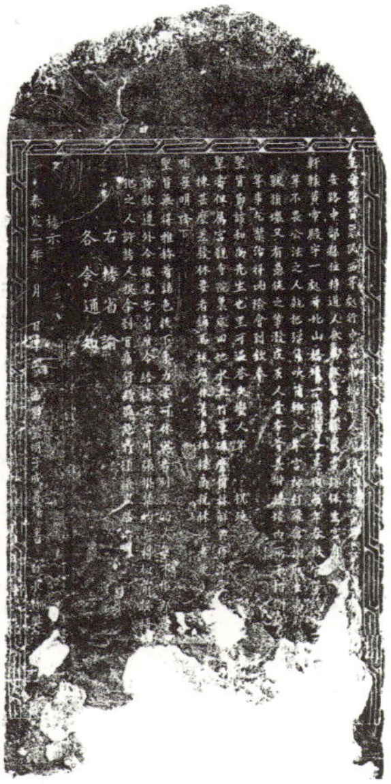

元泰定帝保护黄帝陵《圣旨碑》拓片

150两钞跌到125两；招募富民“入粟拜官”，增加财政收入，2000石拜从七品，1000石拜正八品，500石拜从八品，300石拜正九品，不愿仕者予以表彰。

泰定帝在位期间，各地频发水、旱、蝗、雪、风、霜、雹等自然灾害，地震、海啸和山崩（山体滑坡）也异常多发，因而财政支出最大的还是赈济灾民。根据元史卷29～30的记载，泰定帝在位的五年里，只有一个月没有赈济灾民的记录。仅举几例：大宁蒙古大千户部风雪毙畜牧，赈米15万石。檀州洪水，平地深丈有五

朝廷赈济汉地灾民图

尺，汴梁路15县洪水，洮州等二府冰雹，龙兴等12郡灾民饥，赈粟米32.5万余石。临洮府灾民饥，赈钞5.5万锭。京师灾民饥，赈粟米40万石。内郡灾民饥，赈钞10万锭、米5万石。扬州崇明州飓风、暴雨、海啸，赈之，溺死者给棺敛之。真定等四路屯田旱灾，河间等四路蝗灾，通渭县山崩，碉门地震，有声如雷，昼暗，天全道山崩，飞石毙人，凤翔等五地同日地震，皆赈之。雄州诸县暴雨洪水，被灾者11650户，赈钞3万锭，赈粮2万石，死者给钞以葬。大都路属县灾民饥，赈粮6万石。永平等四路灾民饥，赈钞6.6万余锭。保定、怀庆路灾民饥，赈米8.15万石，赈钞4万锭。辽阳行省诸郡灾民饥，赈钞18万锭。大宁路洪水，给溺死者人钞一锭。郡王朵来、兀鲁兀等部畜牧灾，赈钞3.5万锭。庐州路灾民饥，赈粮7.9万石。大都路诸州县洪涝，坏民田庐，赈粮24.9万石。燕南等七处灾民饥，赈钞14.3万锭。诸王喃答失等4郡风雪毙畜牧，士卒饥，赈粮5万石、钞40万锭。如此繁重的赈济灾民工作，幸无当朝内外战事的影响而得以施行。为了落实赈灾效果，泰定帝在1325年9月向全国派出18道专使，纠察官吏、安抚百姓，诏令：“今遣奉使宣抚，分行诸道，按问官吏不法，询民疾苦，审理冤滞，凡可以兴利除害，从宜举行。有罪者，四品以上停职申请，五品以下就便处决。”

1328年7月，元泰定帝也孙铁木儿因病在上都去世，享年36岁，在位5年。史书评价泰定帝“能知守祖宗之法以行，天下无事，号称治平。”

元青花瓷瓶

47. 元天顺帝阿剌吉八

元天顺帝阿剌吉八（1320～1328，1328.9月～1328.10月在位）

元天顺帝阿剌吉八（1320～1328，1328.9月～1328.10月在位），孛儿只斤氏，蒙古帝国第十一代大汗，元朝第七代皇帝，元泰定帝也孙铁木儿与皇后八不罕所生之长子。

阿剌吉八于泰定元年（1324年）三月被元泰定帝册封为皇太子，时5岁。做太子期间，泰定帝注重对他的培养，请名人教授，并令人将《帝范》翻译为蒙古文，更名为《皇图大训》，让他认真诵读。

致和元年（1328年）七月，元泰定帝也孙铁木儿在巡幸夏季都城上都时病逝。同年八月，知枢密院事燕铁木儿（钦察人）在留守京城的西安王阿剌忒纳失里等人的协助下，在大都发动政变，九月迎立出居江陵（今荆州）的元武宗之子图帖睦尔即位，是为元文宗。同月，中书右丞相倒剌沙、辽王脱脱和梁王王禅等人在上都拥立9岁的皇太子阿剌吉八为皇帝，是为元天顺帝，改元天顺。这样，出现两个朝廷各控制一个都城相互对抗的局面，爆发了史称的“两都之战”。

双方在长城一线展开争战，各有胜负，后来大都派逐渐占据军事优势。十月十三日，燕铁木儿率军包围上都城，上都派的中书右丞相倒剌沙等大臣捧皇帝御玺出降，随后被杀。元文宗图帖睦尔控制了整个局势，战火消弭。

“两都之战”图

天顺帝阿剌吉八在争战中失踪，时年9岁，在位仅一个月余。

48. 元明宗和世㻋

元明宗和世㻋（1300～1329，1329年正月～1329年八月在位）

元明宗和世㻋（1300～1329，1329年正月～1329年八月在位），孛儿只斤氏，蒙古语称忽都笃汗，蒙古帝国第十二代大汗，元朝第八代皇帝，元武宗海山之长子，元仁宗爱育黎拔力八达（武宗胞弟）之侄，元英宗硕德八剌（仁宗嫡子）之堂兄，之后的元文宗图帖睦尔（武宗次子）之胞兄，再之后的元宁宗懿璘质班和元惠宗妥懽帖睦尔（元顺帝）之生父。

和世㻋出生于漠北，生母为武宗之妃亦乞烈氏（后追尊为仁献章圣皇后），1307年随即位的父亲武宗到京师生活。1311年，父去世，叔即位。1315年，时仁宗朝擅权的皇太后答己和权相铁木迭儿在议立皇太子时，心惧和世㻋“少有英气”且年龄已经17岁，恐日后难以左右，遂封其为周王，使出镇云南，立“稍柔懦”且年仅14岁的硕德八剌为皇太子。

周王和世㻋出镇云南时，于1316年11月路径延安，随行的贴身谋臣，与闻讯来会的几个武宗旧臣谋议：出镇云南之事，本非周王之本意，都是左右旁人心怀鬼胎挑唆所致，应使周王明鉴，防止小人的离间。随后策动被权相铁木迭儿贬官到陕西行省的阿思罕、塔察儿等，举兵两路自潼关、河中府出举旗造反，但很快因内讧而事败。在这种情况下，周王决定不能去云南转而西行，寄寓察合台汗国之地，西北诸王察阿台等闻周王到来，率众来附。此后，和世㻋与察合台部等宗王立约，冬居札颜，夏居斡罗斡察山，春天则在野泥一带，带领从者自牧、自耕、自食，与当地诸王和各部落和平相处十几年。此间，1320年与王妃罕禄鲁氏（后追尊为贞裕徽圣皇后）生长子妥懽帖睦尔；

元明宗织锦图（藏于美国大都会艺术博物馆）

明宗后八不沙织锦图（藏于美国大都会艺术博物馆）

1326年与泰定帝特别遣使护送来团聚的王后八不沙，生次子懿璘质班。

元致和元年、天历元年（1328年）七月泰定帝驾崩后发生了“两都之战”，权臣燕铁木儿等因和世㻋远在漠北，便从江陵（今荆州）迎请图帖睦尔即皇位，他就是元文宗。元文宗真心向往他远在察合台汗国的兄长和世㻋，认为继承皇位应该以长兄为先，就有了让位之心，随即颁布诏书迎请兄长和世㻋即位。当年十月，“两都之战”平息朝廷政权稳定。十一月，文宗派遣哈散为使臣，到西北察合台汗国迎请兄长；十二月，又派遣御史撒迪及内伺不颜迪古思前往迎请，并奉皇帝御玺以劝和世㻋返回元大都。元天历二年（1329年）正月，周王在诸王察阿台等陪同下行至金山（今阿尔泰山），文宗再遣中书左丞跃里帖木儿来迎。是月，元文宗图帖睦尔让位，周王和世㻋在哈剌和林之北即位，是为元明宗。即位后效法先皇“武仁授受”故事，立图帖睦尔为储君皇太子。

元明宗在前往元大都即位的路上，谕示前来迎驾的燕铁木儿等大臣，请他们转告御弟（图帖睦尔）：凡是朕弟以前所委任的京师百官，仍然维持原职不变。又特别训诫台臣（监察御史）：太祖成吉思汗曾对属下立下戒规，美女、名马人人都喜欢，如果不分场合地点产生这种奢望，“即能坏名败德”，你们诸位大臣应该成为执行官场道德的楷模。元明宗又下达命令：只有纪律严明，才能震慑群臣，凡是群臣百官一旦有违法乱纪者，任凭大家举报弹劾，朝廷严厉进行处置。如果朕有失误，群臣随时可以告诫，朕绝不为难属下。在元明宗处处严明法纪，这在封建帝王中是少有的。

七月，陕西等处饥荒不断，饿

殍遍地，天气大旱，禾苗枯死，秋田未种，百姓惶惶，流离失所。元明宗明示百官，要求地方官吏解决饥民之苦，开仓赈济灾民，并厉行节约，对赈灾有功者当赏。

元天历二年（1329年）八月初二，明宗南下至上都附近的旺忽察都（今河北张北县北），在行殿宴请前来觐见的皇太子图帖睦尔及诸王、大臣。八月初六，元明宗和世瑓暴崩，是被权臣燕铁木儿所毒害，和世瑓享年30岁，在位仅八个月。庙号明宗，谥号翼献景孝皇帝。

元朝士卒

49. 元文宗图帖睦尔

元文宗图帖睦尔（1304～1332，1329～1332年在位）

元文宗织锦图（藏于美国大都会艺术博物馆）

元文宗图帖睦尔（1304～1332，1329～1332年在位），孛儿只斤氏，蒙古语称札牙笃汗，蒙古帝国第十三代大汗，元朝第九代皇帝，元武宗海山之次子，元明宗和世瑓之弟，生母为武宗之妃唐兀氏（后追尊为文献昭圣皇后）。

图帖睦尔在1321年的英宗朝时，受到奸臣“构衅（挑拨）骨肉”，出居海南。1324年被泰定帝召回，封怀王食邑端州65000户，赐金印。次年居建康（今南京），后迁居江陵（今荆州）。1328年8月，知枢密院事燕铁木儿（武宗旧臣）在留守京城的西安王阿剌忒纳失里等人的协助下，趁泰定帝在上都病逝，发动政变占领大都，史称“两都之战”，因武宗长子和世瑓远在漠北，即派特使前往江陵迎来怀王，由于形势危急，“请早正大位以安天下”。

图帖睦尔最初谢绝即皇位并提出：兄长和世瑓在朔方，我怎么敢越位称帝呢？群臣力劝，图帖睦尔不得已于当年9月13日在元大都大明殿即皇位。并颁诏书提出：等待我的兄长到来之时，我将让位于兄，这就是图帖睦尔最初即位时的情况。是年10月，文宗皇帝的“大都派”在与元天顺帝阿剌吉八（9岁）为皇帝的“上都派”的“两都之战”中获胜。11月，文宗派遣哈散为使臣，到西北察合台汗国迎请皇兄和世瑓（周王）；12月，又派遣御史撒迪及内伺不颜迪古思前往迎请，并奉皇帝御玺以劝和世瑓返回

元大都即位。1329年正月，文宗再遣中书左丞跃里帖木儿到金山（今阿尔泰山）迎和世㻋。是月，元文宗图帖睦尔退位，和世㻋在哈剌和林之北即位，是为元明宗，立图帖睦尔为储君皇太子。是年八月初二，皇太子图帖睦尔在旺忽察都（今河北张北县北）觐见元明宗。八月初六，权臣中书右丞相燕铁木儿伺机下毒，元明宗和世㻋暴崩。图帖睦尔临哭（哭吊）尽哀。此时，燕铁木儿奉明宗皇后之命，将皇帝御玺授予皇太子。八月十五日，图帖睦尔复即位于上都大安阁，改元天历。

文宗即位后，派遣宗王分别出使蒙古四大汗国，并始终与他们保持着密切的联系。期间，金帐汗国两次、察合台汗国四次、伊儿汗国八次派贡使前来元朝纳贡，使文宗朝在蒙古世界重建了宗主权地位，期间进一步完善了蒙古驿站制度，加强了欧亚大陆的政治、经济、文化联系。

文宗朝沉重的财政压力，来自因多发的自然灾害而频繁地赈济灾民、安抚流民和军费的开支。史书载，赈济各地灾民仅1329年就用钞134.96万锭、粮25.17万石；军费不计“两都之战”仅征讨上都派就用钞63万锭。因而，朝廷1330年赤字239万锭。但是，文宗朝没有用加重税赋和滥印钞票的方式增加收入，而是采取了行之有效的措施：一是延续泰定帝朝的招募富民“入粟拜官”政策，且将官位和入粟量均提高等级。二是削减朝廷支出，例如对诸王、百官的赏赐，凡金银五锭以上减三分之一；每年作佛事减少四成；停建耗银五万两的大承天护圣寺；皇后的生活用钞减半、用币减五分之四

文宗后卜答失里织锦图
（藏于美国大都会艺术博物馆）

元文宗图帖睦尔时代发行的钱币

等等。三是裁掉卫士、鹰坊、内飨及伺员超过了一万人。四是释放羁押三年不能定案的疑犯。五是没收叛逆诸王大臣的财产用于国库支出。六是加大南粮北调的海运量达每年300万石以上，使市场物价保持在了仁宗朝的水平。

元文宗图帖睦尔是历代蒙古皇帝中汉学修养最高的人，在诗词、书法、绘画、收藏和鉴赏等方面都有颇高的造诣，被史书誉为“辞章之粹，书法之圣，度越前代帝王矣”，堪与才华横溢的宋徽宗赵佶和金章宗完颜璟相媲美。他在即位次年的科举考试中，亲自廷试阅卷，赐笃列图、王文烨等97人及第出身。

文宗继续奉行尊孔崇儒的政策。修缮曲阜宣圣庙，并新建颜子庙；加封孔子为儒学先圣并派专使前往祭祀；加封孔子之父为齐国公、之母为鲁国太夫人、之叔为启圣王；加封颜子为兖国复圣公、曾子为郕国宗圣公、子思（孔子嫡孙）为沂国述圣公、孟子为邹国亚圣公、程颢和程颐（程朱理学奠基人）分别为豫国公和洛国公；以汉儒董仲舒从祀孔子庙，位列72弟子之下；史无前例以元朝皇帝身份参加中原王朝传统的郊祀祭天活

青花瓷酒壶

动；令各地官府每年大力表彰孝子与节妇；准许蒙古和色目官员按汉俗为父母守丧三年。

文宗倡导汉学最有成效的措施是建立奎章阁学士院。其职能是收集、校正和编辑书籍并将儒书译成蒙古文；向皇帝进讲儒家经典和汉文史籍；教育贵族子孙和年轻怯薛（禁卫军）成员；对皇室所藏绘画和书法作品进行鉴定和分类。在学士院任职的113名官员中，有当世名儒虞集、柯九思、许有壬、揭傒斯、欧阳玄等等；还有杰出的伯牙乌部蒙古进士泰不华，畏兀儿人翻译家忽都鲁都儿迷失，汪古部学者赵世延，克烈部诗人阿荣，钦察康里部书法家巙巙、理学家铁木儿塔识等等。

文宗在史上的重大贡献是组织奎章阁学士院编纂《经世大典》。1330年5月开始，用时13个月，将元代所有重要的官方资料和法律规定，包括翻译成汉文的许多蒙古文机密资料，进行汇集整理，按儒家经典《周礼》和《会要》的体例编辑。全书共880卷，

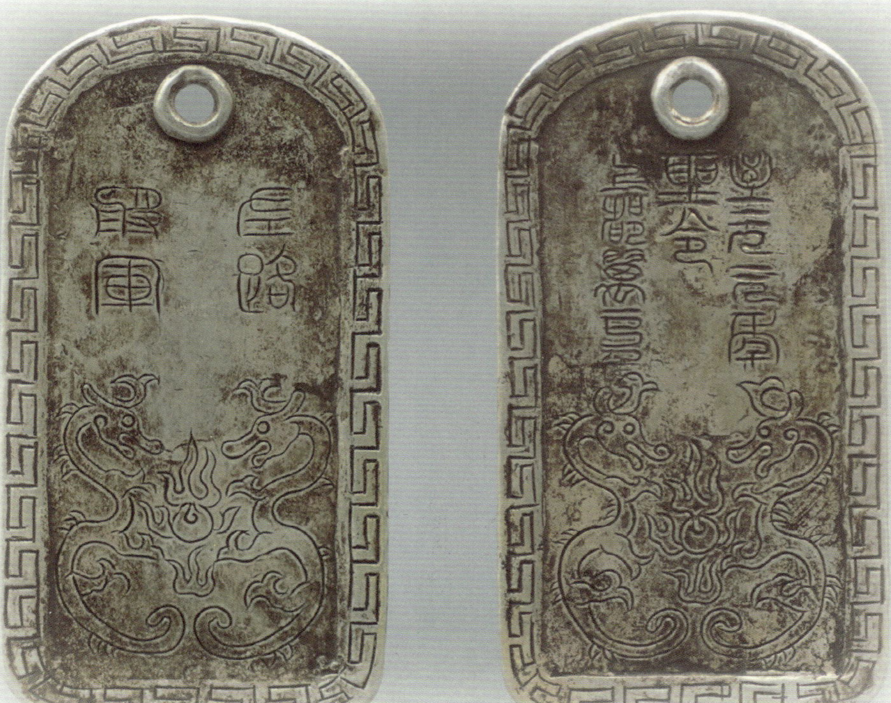

元代纯银鎏金“左路将军”令牌

分10篇：君事4篇（帝号、帝训、帝制、帝）；臣事6篇（治典、赋典、礼典、政典、宪典、工典），各典再分若干目，例如工典篇分为宫苑、官府、仓库、城郭、桥梁、河渠、画塑、诸匠等22个目。该书为明朝初年编撰的《元史》提供了丰富的基础资料，更有许多内容纳入到了明朝的旷世名著《永乐大典》中。

元代灵芝柄银酒杯、银铤、鎏金花草纹银杯

元代山西广胜寺妇人图

1332年8月，元文宗图帖睦尔在上都病逝，终年29岁，在位4年。庙号文宗，谥号圣明元孝皇帝。临终遗诏由元明宗和世球之子即位。史书称其“严惩赃吏，尊信老成，节诸王驸马朝会刍粟（饲料粮食）和赏赐之财，汰宿卫鹰坊饔人（膳官）僧徒冗食之数及诸所设施，实一代恭俭守文之令主也。”

50. 元宁宗懿璘质班

元宁宗懿璘质班（1326～1332，1332.10～1332.11在位）

元宁宗懿璘质班（1326～1332，1332.10～1332.11在位），孛儿只斤氏，蒙古帝国第十四代大汗，元朝第十代皇帝，元明宗和世㻋之次子，生母为明宗皇后乃蛮真·八不沙（1307～1330）。

懿璘质班于1326年3月29日出生在漠北草原，1329年8月，父亲元明宗和世㻋去世时年仅4岁，次年，生母八不沙皇后也被燕贴木儿所害，其母去世时懿璘质班年仅5岁。叔父元文宗图帖睦尔甚怜爱之，留在京师生活，1330年2月，封懿璘质班为鄜王。

1332年8月，元文宗图帖睦尔临终前召集皇后、皇子及九位大臣下达遗诏：由其兄元明宗和世㻋之子即位，和世㻋有两子，长子妥懽帖睦尔，次子懿璘质班，但未明确即位人选。文宗病逝后，皇后弘吉剌·卜答失里极力坚持明宗的传位遗诏，但是时任中书右丞相、太平王燕铁木儿为了便于操控朝政，以13岁的明宗长子妥懽帖睦尔远在静江（今广西桂林）为理由拒之，却立年仅7岁的明宗次子懿璘质班即位。文宗皇后不得已允之。

于是，7岁的鄜王懿璘质班于1332年十月初四，在大都大明殿被拥上皇位，是为元宁宗，尊文宗皇后弘吉剌·卜答失里为皇太后。

1332年11月26日，元宁宗懿璘质班在大都病逝，年仅7岁，在位仅53天。庙号宁宗，谥号冲圣嗣孝皇帝。

元宁宗皇后像

51. 元惠宗妥懽帖睦尔

元惠宗妥懽帖睦尔（1320～1370，1333～1370在位）

元惠宗妥懽帖睦尔（1320～1370，1333～1370在位），孛儿只斤氏，蒙古语称乌哈噶图汗，蒙古帝国第十五代大汗，元朝第十一代皇帝，元明宗和世瑓之长子，元文宗图帖睦尔之侄，元宁宗懿璘质班之兄。后人按明朝封的谥号称“元顺帝”。

妥懽帖睦尔生于1320年4月，生母罕禄鲁·迈来迪（元明宗和世瑓之妃，后追尊为贞裕徽圣皇后）产后病世。他9岁随即位的父亲来到京师，10岁出居高丽大青岛，次年迁居广西静江（今桂林），跟随秋江长老苦读《论语》《孝经》。1332年11月宁宗懿璘质班病逝后，权臣燕铁木儿欲立年仅4岁的文宗次子燕帖古思为帝，文宗皇后曰：“天位至重，吾儿年方幼冲，岂能任耶！明宗有子妥懽帖睦尔，出居广西，今年十三矣，可嗣大统。”但因燕铁木儿掣肘，数月拒不执行。1333年6月，妥懽帖睦尔在燕铁木儿死后方即位于上都，是为元惠宗，年号元统、至元、至正。

元惠宗在位的前八年，中书右丞相伯颜（蔑儿乞部）欺君年幼，权倾朝野，倒行逆施，与御史大夫唐其势争权夺利，斗争甚为激烈，1335年杀唐其势及其弟塔剌海，于是伯颜独揽国政，造成统治集团腐败严重，贵族、官僚、寺院夺得大量田产，地主兼并土地，统治集团纵情享乐、挥霍浪费，自然灾害不断发生。伯颜还排挤儒士，取消科举考试，招致汉族士大夫的仇恨，伯颜激化社会矛盾的做

妥懽帖睦尔油画像

法，使各地不断爆发反抗，红巾军始祖彭莹玉举兵失败后，利用元廷“宗教信仰自由”的宽松环境，广泛传播“白莲教”，埋下了元末全国性动乱的火种。

白莲教信奉的白莲七祖图

1340年，时20岁的元惠宗看到社会弊端，他开始联络御史大夫脱脱，利用伯颜出猎之机，发动政变，罢黜伯颜，开始亲政，任命儒学博才的脱脱为中书右丞相、汉儒贺惟一为中书左丞相，“图治之意甚切”，锐意实施改革：尊孔崇儒，亲自主持祭孔典礼，升任曲阜当任衍圣公为从二品官；恢复科举制度，并亲自廷试；扩充中央学府国子监，使蒙、回回、汉三族生员达三千余人；仿文宗朝的奎章阁设置宣文阁，重开经筵（皇帝及大臣听讲儒家经典）；亲临郊外祀祭腾格里（苍天），下农田亲自举行农耕典礼活动；颁行《农桑辑要》，开放铁禁马禁，鼓励农耕；诏令各地设立常备粮仓，以备灾荒赈济百姓；下令减免赋税，以缓解百姓负担；增编英宗朝法典《大元通制》，以《至正条格》颁行天下；平反冤案，对有罪者不许“籍其妻女以配人”；颁布荐举守令法，整饬吏治，并派遣12道奉使，每道1蒙1汉，命“布朕德意，询民疾苦，疏涤冤滞，蠲除烦苛”寻访天下。史称“至正新政”。特别是，元惠宗下旨以脱脱为编撰总裁，结束久议不决的“正统”“偏统”论，以“各为正统，各袭年号”，组织官方编修辽、金、宋三史。史书编成之际，元惠宗亲着礼服举办隆重仪式。

史书记载，14世纪整个欧亚大陆几乎没有一个国家能免遭史上罕见的极端气候灾害及其次生的饥荒和瘟疫引发的社会动荡，1347～1353年席卷整个欧州的“黑死病”（鼠疫），死亡2500万人。惠宗朝也一样，天灾引发饥荒，灾民流动，鼠疫、天花、疟疾等瘟疫频繁爆发。据《元史》记载，仅惠宗朝的1333～1362年就发生

元惠宗妥懽帖睦尔时代的织锦（藏于美国大都会艺术博物馆）

瘟疫14次，其中大瘟疫达11次，而1358年的瘟疫仅大都城就死亡20万人。现代著名气象学家竺可桢在《中国近五千年来气候变迁的初步研究》中指出，元代处于地球气候史上两个寒冷期之间较为短暂的暖期。气候变暖导致海洋和陆地的水热交换力度加强，降水线北移和西移，过渡带气候变化剧烈，灾害生成机制加速，且程度和频率都大大提高。干旱使黄土高原植被枯萎，剧烈的降雨又将它切割破碎，泥石流、滑坡和塌陷使黄河携带大量泥沙阻塞下游河道。元朝百年的天灾记录比任何一个朝代百年的记录都要多而且严重。仅如，1333年京畿大雨，饥民四十余万；1334年江浙天灾，饥民59万；1337年；江浙又发生灾害，饥民四十余万；1344年黄河连决口三次，“平地水深二丈有余”，饿殍遍野。雪上加霜的是，江浙盐贩方国珍兄弟1348年举兵啸聚海上，阻断海运之粮，使元廷赈灾更是捉襟见肘。正如《剑桥中国辽西夏金元史》（［德］傅海波［英］崔瑞德/编，1998年中国社会科学出版社）所述：“元末的各届政府都尽了最大努力试图从这些灾难中解脱出来，他们并没有忽视这些问题。从各方面来看，元朝在医药和食物的赈济上所作的努力都是认真负责的、富有经验的。事实上，妥懽帖睦尔朝的历史提出了这样一个问题：面临这样反反复复的大规模的灾难时，还有哪一个朝代能比元朝做得更好？如此反复的自然灾害长期积累的后果，很有可能使任何一个政府都束手无策。如果中国正常的气候年景多一些，元朝有可能比它实际存在的时间要长得多。”

1351年，元惠宗采纳脱脱根治河患的建议，下诏治理黄河。由工部尚书贾鲁指挥15万民夫和2万戍军进行“疏塞并举，挽河东行，使复故道”的空前浩大工程。同时，为解决财政危机，筹集工程资金，元廷实施“变更钞法”，首

元惠宗妥懽帖睦尔时代发行的钱币

印钞200万锭，以支付劳工与工程材料的费用。治河工程4月开工，7月完成疏凿工程，8月引水入故道，9月舟船通行，并开始堵口工程，11月大堤建成，用时190天，全面竣工。由于工期要求异常苛刻，劳工苦不堪言，加之增印纸币和粮食短缺引发物价飙升，“白莲教”刘福通等趁机设计迷局，促发了各地红巾军揭竿而起，一时“贫者从乱如归”。此后，陈友谅、方国珍、张士诚、郭子兴等纷纷起兵反元，建“国号”天完、汉、夏、宋、周、吴等，形成群雄割据的局面。

1354年9月，正在脱脱统率元军平定红巾军，取得节节胜利之时，元惠宗听信佞臣殿中侍御史哈麻（康里人）的谗言，下令削去脱脱的兵权，使其“百万大军，一时四散”，元廷失去半壁江山。此后，哈麻枉杀右

14世纪欧亚大陆遭史上罕见的气候灾害及饥荒和瘟疫引发社会动荡

左两丞相脱脱和贺惟一，蛊惑元惠宗“声色犬马，沉溺密宗修炼”，又串通奇皇后（高丽人）企图逼迫元惠宗禅位于皇太子爱猷识理达腊，使元廷陷入近10年的内斗混乱中。此期间，朱元璋招贤纳士，扩充实力，次第剿灭群雄，平定南方，1367年建国号大明。

1368年闰七月二十八日，元惠宗在北伐的明军步步逼近之际，面对跪地哭谏主战的赵伯颜不花等大臣叹曰：“今日岂可复作徽、钦！（被金掳去的北宋二帝）”，遂携后宫太子及百余名大臣出奔上都。八月二日，明军破城，元惠宗留下的监国淮王帖木儿不花等殉国。元朝在中原的统治结束，北元时代开始。

1370年4月，元惠宗妥懽帖睦尔因痢疾驾崩于应昌（今内蒙古克什克腾旗北），享年51岁，在位37年，庙号惠宗。明太祖朱元璋以其“知顺天命，退避而去”，封谥号“元顺帝”。

《明太祖实录》记载朱元璋对元朝的评价：“元主中国，殆（几乎）将百年，其初君臣朴厚，政事简略，与民休息，时号小康。”（卷39）“元自世祖，混（统）一天下，宽恤爱人，亦可谓有仁心矣，但（只要）其子孙能持仁厚之心，守而不替，社稷之福也。”（卷34）

1368年，明军攻陷元大都，元朝在中原的统治结束，北元时代开始（《蒙古历史油画长卷》王延青等创作）

52. 脱脱

脱脱（1314～1355）

脱脱（1314～1355），蒙古蔑儿乞部人。元朝末期政治家、军事家、史学家。1334年，任同知宣政院事、同知枢密院事、御史大夫，1340年任中书右丞相。脱脱主政期间一改伯颜旧政，复科举取贤士，发行新钞票“至正交钞”，治理通货膨胀，主持治理黄河河患，造福百姓，曾参加镇压红巾军起义，军事成就卓著。脱脱主编《宋史》《辽史》《金史》，为中国历史留下了宝贵篇章。

脱脱，其父马札儿台为元文宗朝大臣，他幼年由伯父伯颜(元末权臣)抚养，后拜名儒吴直方为师。15岁任皇太子怯薛官（侍卫官）。元惠宗元统年间，官至同

元惠宗曾两次任脱脱为相

脱脱主修《宋史》《辽史》《金史》

知枢密院事。当时，伯颜擅政，其弊端被脱脱所不能容忍，他毅然不为亲情所累。遂于1340年，与世杰班、阿鲁等乘伯颜狩猎柳林，奉元惠宗诏，罢逐伯颜，此举体现了脱脱刚正不阿的秉性。

1341年，元惠宗罢黜伯颜后，迎来了他亲政自立时期，这一时期他曾两次任脱脱为相。第一次元惠宗起用脱脱当政，改元“至正”，宣布“更化”，历史上称为“脱脱更化”。脱脱上任后就大刀阔斧施行了改革措施，内容包括：恢复伯颜废黜的科举制度（伯颜掌权后，下令废止科举）；置宣文阁，恢复太庙四时祭；平反昭雪一批冤狱；开马禁，此前民间禁止养马，脱脱上台废除了这一禁令；脱脱下令免除百姓拖欠的各种赋税，放宽了对百姓的政策。“脱脱更化”后，采取了一系列措施，缓和了社会矛盾，这使元朝末年的昏暗政治一度转为清明。1344年，脱脱因病辞职。

五年后，脱脱再次被元惠宗起用。脱脱复相后，由于黄河河患，沿途百姓民不聊生，脱脱召开治河会议，确定了最佳方案。脱脱把治河当作制止“盗贼滋蔓”的重要手段来加

以认识，这实际是一种综合治理的手段。1351年4月，脱脱以贾鲁为总治河防使，调动汴梁、大名15万人，庐州（今安徽合肥）两万人组成治河民工大军。4月开工，7月完成疏通工程，8月放水入故道，9月舟楫通行，11月，木土工程皆毕，堤坝建成。整个工程计190天，成功地完成了对黄河治理的工程，由于成绩斐然卓著，赢得水患灾民的拥戴，因此，脱脱在当时被称为“贤相”。

1343年，元惠宗下诏修宋、辽、金三史。任命脱脱担任总裁官，主持宋、金、辽正史的编撰工作。中国历来有后朝修前朝历史的传统，元朝建立以后，宋、辽、金三朝的史书一直没有正式编撰过。脱脱组织了汉族史学家欧阳玄、揭悉斯等人，畏兀儿族人廉惠山海牙、沙剌班，党项人余阙，蒙古人泰不花等多人一起参加修史，开创了中国各族史学家合作修史的先例。后来，这三部史书被列入中国正史《二十四史》，而《二十四史》中，只有《宋史》《辽史》《金史》三部史书是少数民族宰相主持编撰的，也只有这三史是蒙古族、汉族和其他少数民族历史学家共同完成的杰作。

脱脱立法佃种，年终收成极佳

元代花州书院正门

1351年，由于受到天灾人祸的影响，南方红巾军揭竿而起，顿时天下大乱。脱脱向朝廷推举弟弟也先帖木儿，令其率领10万军兵，讨伐刘福通的红巾军，也先帖木儿出师首战告捷，河南上蔡很快被攻克，不久又进军沙河，不料兵败。弟弟讨伐起义军的失利，令脱脱感到格外不安，为将功补过，1352年，脱脱上书奏请亲自征讨徐州红巾军芝麻李部。元惠宗本就赏识脱脱的军事才干，自然欣然准奏。于是脱脱任命逯鲁曾为淮南宣慰使，新招募兵丁两万人，与自己所率精兵部队一齐向徐州进发。9月，元军到达徐州，脱脱集中兵力进攻西门。芝麻李出城应战，搭箭拉弓，嗖的一声，一支铁翎箭以迅雷不及掩耳之势射中脱脱的马首。脱脱稳稳当当地坐在马背上，毫不惊慌，指挥军队奋力冲杀，最后大败芝麻李的部队，并且占据徐州的外城。第二天，脱脱集中全部兵力进攻，内城红巾军抵挡不住很快被攻破，芝麻李率领残余部队逃出徐州。徐州一役，脱脱获军资器械无数，并派兵缉拿芝麻李，此役大获全胜。脱脱回京后，风光至极，得到皇上重赏，赐上尊、珠衣、白金、宝鞍。然后皇太子又特意在家中设宴向脱脱表示庆贺。为了永远纪念脱脱的功绩，“诏改徐州为武安州，而立碑以著其绩”。

1353年3月，脱脱采用左丞相乌古孙良桢和右丞相悟良哈台的建议，在京畿地区屯田，并让他们两人兼任大司农卿，自己统领大司农事务，屯田范围西至西山，东到迁民镇，南抵保定、河间，北及檀、顺州，引渠灌溉，立法佃种，年终收成极佳，京畿百姓对脱脱无不交口称颂。

元代洙泗书院

脱脱回京师不久，南方红巾军张士诚部占据高邮。朝廷多次招谕，总是拒不投降，只得重新诏令脱脱统领各路军马征讨张士诚。此期间，脱脱推辞一切政务，专门指挥军队作战，所到省台院部各司，听命脱脱的调遣和节制。西域、西番等地也派兵前来助战，旌旗连绵，战鼓阵阵，“出师之盛，未有过之者”。部队驻扎在济宁后，脱脱特地派人到孔庙祭祀孔子，到邹县祭祀孟子。11月份，大队人马行至高邮，脱脱采用分兵合击的战术，连续几次作战都取得重大胜利。随后又派小部军队平定了六合，红巾军的情势十分紧迫，脱脱正准备对红巾军采取最后一击，不料朝廷突然下诏以劳民伤财的罪名剥夺了他的兵权，削除一切官职，贬居淮安，听候处置。一场导致他政治生涯结束的厄运降临到他头上。皇太子爱猷识理达腊因对脱脱怀有积怨，而支持康里人哈麻弹劾脱脱，致使脱脱被革职流放。1355年12月，哈麻又假传皇帝诏书，派遣使臣使用毒酒将脱脱谋害。脱脱的死使得他殚精竭虑修补元王朝统治的堤坝付诸东流，也成为元王朝走向崩溃灭亡的转折点。

脱脱是元朝后期有作为的政治家。脱脱一死，元朝再无起色，直至灭亡。

53. 扩廓帖木儿

扩廓帖木儿（？ ～1376）

扩廓帖木儿（？～1376年），蒙古伯也台部人，生于光州固始县（今河南省东南部固始县），汉名王保保，元朝末年著名将领。其父亲赛因赤答忽，官拜翰林学士、太尉，母亲为元末将领察罕帖木儿的姐姐。扩廓帖木儿被舅舅察罕帖木儿收为养子。元末农民起义时，扩廓帖木儿随从察罕帖木儿组织地方武装，镇压红巾军。1362年，察罕帖木儿遇刺身亡后，他独当一面，曾被封为河南王、中书左丞相。1368年，明军攻占大都，扩廓帖木儿自山西退至甘肃，在沈儿峪被明军击败后，于1370年北奔哈剌和林，辅佐北元昭宗爱猷识理达腊，力图光复大元江山。1372年大破明军于漠北，被明太祖朱元璋誉为“天下奇男子”。

扩廓帖木儿的家族与母亲家族察罕帖木儿家族一样，都是久居中原、受汉文化影响较深的蒙古族家庭。生父赛因赤答忽“喜读书，习吏事，有远略，能骑射，才力过人”，是一个文武双全之人。在元末农民起

扩廓帖木儿是元末蒙古悍将

明将徐达北伐图

义中，他组织“义兵”，与妻舅察罕帖木儿并肩作战，镇压红巾军。1365年去世，享年49岁。扩廓帖木儿是其长子，因幼时多病而寄养于察罕帖木儿家，并过继给察罕帖木儿为养子。察罕帖木儿组织“义兵”镇压红巾军时，扩廓帖木儿亦投身其中。

1361年8月，察罕帖木儿派扩廓帖木儿及诸将讨伐东平的田丰、王士诚所部红巾军，两战皆胜，斩首万余人，直抵其城下，田丰、王士诚投降。次年6月，田丰、王士诚复叛，暗杀了察罕帖木儿。随即扩廓帖木儿被军中推为领袖，人称“小总兵”，元廷也授予他“光禄大夫、中书平章政事，兼知河南、山东等处行枢密院事、同知詹事院事，一应军马，并听节制”。扩廓帖木儿率兵进攻益都，在1362年11月攻克益都，杀死了田丰、王士诚来祭奠养父。扩廓帖木儿因功被元廷拜为“银青荣禄大夫、太尉、中书平章政事、知枢密院事、皇太子詹事，仍便宜行事，袭总其父兵”。随后中原平定，扩廓帖木儿驻兵于汴梁、洛阳一带，元廷倚赖他为安全屏障。

明军占领大都以后，改名北平，以孙兴祖留守，徐达、常遇春等人攻

打冀中一带，作为进攻山西的跳板。明军还先派元朝尚书九住前去冀宁招抚扩廓帖木儿，但没有成功。当时，常遇春的主力即南下保定、中山、真定做为取山西的北路军。徐达的部队则在彰德一带，作为南路军。作为徐达前锋的汤和部，自怀庆取泽州，形成孤军冒进的态势。1368年10月初，扩廓帖木儿迅速派军南击汤和，在韩店大战，明军惨败。

捷报传来后，在上都的元顺帝大喜，晋封扩廓帖木儿为齐王，赐金印，又令其收复大都。因此扩廓帖木儿集合主力，北出雁门，经保安州、居庸关，向大都（北平）进发。明将徐达等人认为北平有孙兴祖据守，且有坚城，不足为虑。扩廓帖木儿倾巢而出，冀宁（太原）空虚，明军主力均在太行东南部真定、彰德一带，离冀宁很近。于是直取冀宁。扩廓帖木儿已行至保安州，听说明军动向后果然慌忙回救冀宁，明军决定夜袭扩廓帖木儿，再加上有其部将豁鼻马投降为内应，奇袭行动十分顺利。扩廓帖木儿当晚正在读兵书，发觉明军袭来以后仓促奔出营门，穿了一只靴子就跨马逃走，只有18骑跟从，其余4万人马都做了明军的俘虏。这是1368年12月的事。

扩廓帖木儿先逃到大同，常遇春带兵追至忻州，不及而还。尔后扩廓帖木儿直奔甘肃。1369年正月，元顺帝拜扩廓帖木儿为中书右丞相，并屡次召他入朝，但扩廓帖木儿滞留西北，并未奔赴上都与应昌（今内蒙古克什克腾旗），还劝元顺帝尽早弃应昌北逃哈剌和林。1369年6月，扩廓帖木儿在宁夏声援守护庆阳的元将张良臣，但其所派的几个探子被明军抓住处死，所派将领韩扎儿在攻占原州后又被明军赶走。8月，扩廓帖木儿移向永昌支援庆阳，但庆阳在不久后被明军攻克。同年12月，扩廓帖木儿带兵包围了明将张温据守的兰州。明军派出的援军被扩廓帖木儿全歼，援军将领于光也被杀。

在这种情况下，明朝立即于1370年正月开始策划北伐。在制定进攻方略时，包括徐达在内的所有将领都异口同声地建议大军直扑应昌，逼扩廓帖木儿从兰州撤兵。可见徐达等人都不太情愿直接与扩廓帖木儿交锋。但明太祖朱元璋力排众议，命令明军兵分两路。西路由大将军徐达自潼关经西安救兰州，伺机歼灭扩廓帖木儿；东路由左副将军李文忠直捣应昌。这是使元朝“彼此自救，不暇应援”的方略。

当时扩廓帖木儿虽击溃明朝援军，但无法攻陷兰州，遂移驻安定（今甘肃定西）。徐达出师以后，于1370年4月到达安定，在沈儿峪安营扎寨，“与王保保隔深沟而垒，日数交战”，徐达命令诸将每夜不断制造噪音骚扰扩廓帖木儿的军营，使其部队每夜不得休息。数日后的一夜却偃旗息鼓，扩廓帖木儿的部队连日不得休息纷纷昏睡，这时徐达整众出战，大败扩廓帖木儿，生擒其部将严奉先、韩扎儿、李察罕不花等。扩廓帖木儿仅与其妻子数人逃走，至黄河时得流木以渡，遂出宁夏奔哈剌和林。徐达遣都督郭英追至宁夏，不及而还。明军沈儿峪之战中俘获元朝官吏1865人，将校士卒84500余人，马15280余匹及大量驼骡驴杂畜。与此同时元顺帝驾崩于应昌，明将李文忠趁机奇袭应昌，元朝新帝爱猷识理达腊仅以数十骑北逃。

爱猷识理达腊和扩廓帖木儿在哈剌和林会合。昭宗爱猷识理达腊继续以扩廓帖木儿为中书右丞相，商讨恢复之计。明朝将扩廓帖木儿视为心腹大患，所以便组织1372年三路北伐行动。15万明军分为三路，中路大将军徐达由雁门直趋哈剌和林，摧毁元朝的指挥部；东路左副将军李文忠由居庸关至应昌，然后直扑土拉河，从西北面袭击哈剌和林；西路征西将军冯胜出金兰取甘肃，作为疑兵，令元朝摸不清明军的真实目的。面对明朝一口吃掉北元的企图，扩廓帖木儿沉着应战，他用诱敌之计将明军逐渐引入其纵深。徐达的先锋蓝玉出雁门后，在野马川遇到元军，追至乱山，取得了小胜。接着到了土剌

兰州“王保保城”遗址碑

河（今图拉河），遭遇扩廓帖木儿，扩廓帖木儿佯败后逃走。他亲自率领小部队且战且退，把明军引向哈剌和林。而他手下的大将贺宗哲率领主力在哈剌和林以逸待劳。最后扩廓帖木儿与贺宗哲会合，在漠北成功伏击明军，明军战死数万余人，指挥使章存道阵亡。东路军李文忠一直打到胪朐河（今克鲁伦河），接着在土剌河击溃哈剌章等，进至拉鲁浑河（今鄂尔浑河）畔的称海，被元军包围，李文忠勉强撤退，损失惨重。只有西路明军冯胜取得胜利。这次战役挫败了明军的锐气，保住了北元的命脉，是扩廓帖木儿所取得的最辉煌的战绩。

扩廓帖木儿多次击败明军，名震中原。明太祖朱元璋对扩廓帖木儿十分重视，他曾问诸将："天下奇男子谁也？"诸将都说："常遇春将不过万人，横行无敌，真奇男子。"明太祖笑曰："王保保，其人奇男子也。"朱元璋一直想招降扩廓帖木儿，还先后派扩廓帖木儿旧部李老保与元朝降将李思齐出塞招降扩廓帖木儿，结果前者被扩廓帖木儿杀死 ，后者礼送出境，临行时被扩廓帖木儿迫其自切手臂。朱元璋反而对扩廓帖木儿愈发尊重。据记载，朱元璋有三件憾事：一是没得到传国玉玺；二是王保保没被活捉；三是元太子（爱猷识理达腊）无消息。可见扩廓帖木儿在朱元璋心中的重要地位。

据史书记载，1376年8月，扩廓帖木儿死于哈剌那海（今蒙古国科布多城东哈腊湖），死因不详。

中国北方有很多扩廓帖木儿的历史遗迹。兰州有王保保城。王保保城西南起自靖远路，东北至王家沟与朝阳村交接，长1207米。王保保城原非街名，而是城名。据《皋兰县志》等志书记载，王保保城遗址有两处，一处在东岗坡上，今已不存；一处在今中山桥北端以东兰州市第二人民医院一带半坡上，为1370年扩廓帖木儿所筑，故名王保保城，黄河北岸之旧址，今犹有残存。

54. 爱猷识理达腊必里克图汗

爱猷识理达腊必里克图汗（1338～1378，1370～1378年在位）

爱猷识理达腊（1338～1378，1370～1378年在位），孛儿只斤氏，北元第二代大汗，谥号元昭宗，蒙古汗号必里克图汗，元末代皇帝妥懽帖睦尔之子。

爱猷识理达腊作战图

在明军进逼下，元惠宗妥懽帖睦尔放弃大都北迁上都后，用一部兵力控制长城南北一带地域，以防明军北犯；又派兵三次，企图收复大都，均以失败而告终。1370年，明军兵分东西两路向元军展开全面进攻。明西路军在沉儿峪（今甘肃定西县北）打败扩廓帖木儿。扩廓帖木儿仅率18骑逃往哈剌和林，明军获胜后又分兵攻占河州（今甘肃临夏）、兴元（今陕西南郑县）、东胜、大同、宣化等地。东路军攻占应昌，俘获元昭宗之子买的里八剌及后妃宫人诸王将相等。元新主爱猷识理达腊率数十骑北走哈剌和林。明军此次远征，两路军均获大胜，使北元在明边近塞诸地方势力大为削弱。

1370年5月，妥懽帖睦尔在应昌驾崩，皇太子爱猷识理达腊即汗位，迁都于哈剌和林，为元昭宗，年号宣光。他继汗位后，励精图治，整顿朝廷，重用扩廓帖木儿、哈剌章等有才干的将才。经一年多的整治，塞外各地势力空前团结在爱猷识理达腊周围。东自开原西至甘宁北部。又多为元势力所控制。明边又开始日渐不得安宁。

元在塞外势力虽一时受挫．但并未消灭，尚有相当的军事实力和空间地域。除河西兵力外，尚有辽东纳哈出太尉的20万军队，云南梁工把匝剌瓦尔密的10万兵力，青海西宁、贾峪关外赤斤、哈密、吐鲁番等地诸王军队，并且与高丽、蒙兀儿斯坦、中亚的帖木儿保持着联系。此外，北元政权仍占据着东起贝加尔湖、兴安岭山麓，西至天山、北至额儿的石河、叶尼塞河上游，南抵长城的大片领土。

在明太祖朱元璋对北元作战节节胜利的鼓舞下，决心一鼓作气捣毁北元，以绝后患。于是派重兵北征。1372年1月，明太祖朱元璋命常胜将军徐达为北征大将军，李文忠为左副将军，冯胜为征西将军，各率5万骑兵，分左、中、右三路出征漠北、河西。其总企图是歼灭扩廓帖木儿军，攻占哈剌和林，扫荡漠北，一统天下。

1372年2月，徐达指挥的中路军出雁门关，途中击溃北元游骑，兰玉指挥的先锋军，经二十多天，行千余公里，深入漠北腹地的土拉河畔，遇扩廓帖木儿部队，经过交战，北元军佯装战败，匆匆退走。退至和林附近与贺宗哲合兵严阵以待。明军轻敌，依仗势众、盲目冒进，于3月下旬与北元军交战，明军惨败，死伤数万人。明军掘沟筑垒坚守，被围月余，于5月上旬突围，退兵关内。7月1日，明将汤和在断头台（今宁夏宁朔东北三百里处）与元兵遭遇，指挥同知章存道战死。明军大败溃散。李文忠率东路军出居庸关北上，计划同中路军会师和林，进至口温（今内蒙古克旗西北），元散兵退走，明军一路顺利地到达胪朐河（今克鲁伦河）不见敌踪迹。李文忠急于寻敌作战，便命部将韩政留守辎重，命士兵每人带20日口粮，急速西进至土拉河，元太师哈剌章率众渡河列阵以待。6月29日，明军发起进攻，北元军稍加抵抗，且战且退，诱明军深入至阿鲁浑河（鄂尔

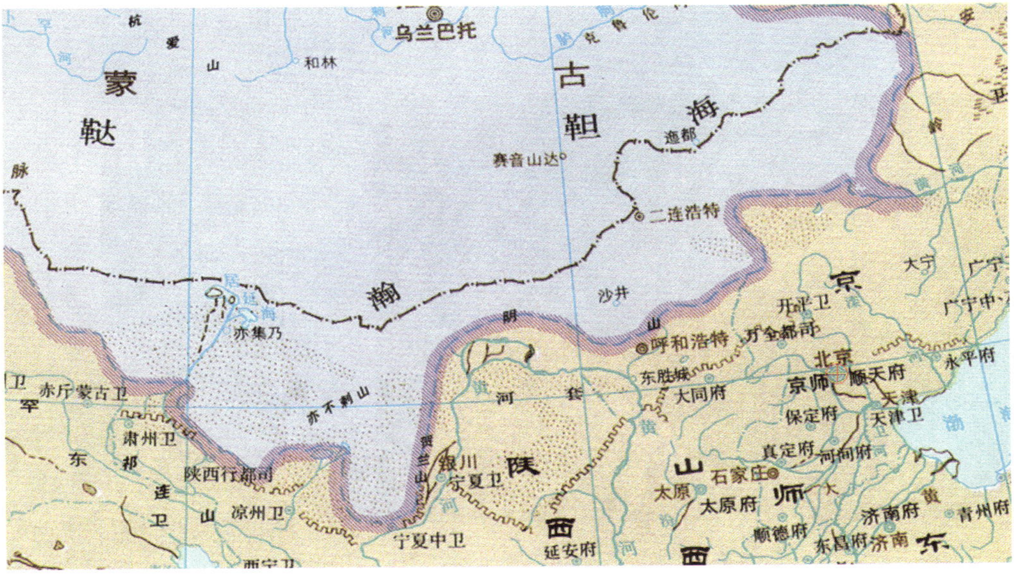

北元前期蒙明边界图（根据《中国历史地图集》绘制）

浑河）、北元集中兵力开始反攻，战斗异常激烈，明军殊死拼搏，双方损失惨重，明将宣宁侯周良臣等四将战死。元军且战且退，明军奋力抗击，又有大批元军赶来增援。李文忠见北元军来势甚猛，乃命据险自守，两军对峙三日，北元又稍退，欲诱明军再进。李文忠乘机退兵无功而返。冯胜西路军出兰州，其先锋军直趋西凉州（今甘肃武威）在别立竹笃山（武威北长城外）永昌忽刺罕口打败元军，接着与冯胜主力会合，进占扫林山（今甘肃酒泉北），明军乘胜讨平甘、肃、沙、瓜等州，获大批牲畜。该地区北元军战败，或降明、或远逃，明西路军获全胜而还。

在漠北抗击明北征军之战是关系到北元生死存亡之战，元朝丧失大都、上都、应昌之后首次成功地保卫了北元新都城哈剌和林，挫败明军的精锐，粉碎了明军攻取哈剌和林、摧毁北元、永占大漠之战略目的。这一胜利，鼓舞了北元军民的士气，扭转了北元君臣颓丧的情绪，扼制了北元贵族、文武官吏纷纷降明的趋势，稳定了北元政权的统治。

明太祖朱元璋自徐达北征失败之后，意识到元在漠北的势力不可轻视。因而改变对北元大举用兵的方针。在以后的7年时间内，积极从事边防建设，坚守三北防线，防范蒙古南进。北元军在挫败明北征军之后，反守为攻，举兵南下。1372年8月，北元军攻人云内（今内蒙古呼和浩特市西南）；11月，元太尉纳哈出攻入辽东明军后勤重地牛家庄（今辽宁海城牛庄），烧仓粮10万石；1373年6月扩廓帖木儿派兵攻雁门，11月攻白登（今山西大同东），河曲、保德境内。1376年后，北元骑兵连年活动于延安以北地区。

明军征战图

1378年5月，爱猷识理达腊汗逝世。他是北元政权的奠基人之一。此后，北元同明朝之间正式形成了南北对峙、此消彼长的局面。

55. 脱古思帖木儿汗

脱古思帖木儿汗（1350～1388，1378～1388年在位）

脱古思帖木儿（1350～1388，1378～1388年在位），孛儿只斤氏，北元第三代大汗，谥号元益宗，蒙古汗号乌斯哈勒汗，元惠宗妥懽帖睦儿次子，元昭宗爱猷识理达腊之弟。

脱古思帖木儿1378年即位。次年改元“天元”。益宗即位之初，明朝皇帝朱元璋曾经派使臣去吊唁元昭宗，想在北元新大汗益宗即位之初与北元达成和解。益宗虽年轻，但很有民族骨气，对明和解要求不屑一顾。脱古思帖木儿虽然刚刚即大汗位，但仍有昭宗旧班底，如：太师哈剌章、太尉蛮子、驴儿，以及辽阳行省左丞相纳哈出的辅佐，因而北元汗廷仍统治着大漠南北，具有很强的势力。明朝方面则因1372年北征遭受重创，再不敢轻易大举出兵。因而前后十余年间，双方维持了相对和平与稳定的局面。

“捕鱼儿海”之战

但这时的脱古思帖木儿汗已经失去了他前辈的雄心壮志，没有能力恢复元朝的辉煌，而朱元璋则对北元的存在耿耿于怀，亡元之心不死。他用沐英经营洮州（今甘肃省南部），袭击亦集乃路（今内蒙古额济纳）；1382年（明洪武十五年）以后又招降东北女真各部，从左右两翼蚕食北元。1381年，朱元璋命傅友德、蓝玉、沐英等率30万大军远征元朝南方属地云南，在云南曲靖地区的白石江（今南盘江上游），对元军发起攻击。元军因众寡悬殊而大败，梁王把匝剌瓦尔密被迫自杀，明军乘胜直取中庆（昆明），次年云南全境被明军占领。在做了充分准备以后，1387

年，朱元璋终于出动大军，出征北元。先取辽东纳哈出，乘胜挺进，给脱古思帖木儿的北元政权以近于毁灭性的打击。

辽阳行省左丞相纳哈出是元太祖成吉思汗麾下名将木华黎的后裔。木华黎受封太师、国王，掌管左手万户，统辖兴安岭左右大片地区。此后他的子孙世袭国王爵，成为辽东方面的一大地方实力派。纳哈出本人曾为太平路万户。脱古思帖木儿称汗期间，纳哈出官至丞相，封开元王，凭借祖辈余威雄踞今吉林西部怀德、农安，以及松花江以北地区，有众20万，“辎重富盛，畜牧蕃息”，不断侵扰明朝辽东地区。但对明朝的多次招抚亦置之不理。对于明朝来说，纳哈出与元主脱古思帖木儿汗东西成犄角之势，对明朝仍是一重大威胁。

1387年（明洪武二十年）正月，明太祖朱元璋命宋国公冯胜为大将军，颍国公傅友德、永昌侯蓝玉为左右副将军，率明军20万北征纳哈出；又派遣被俘元将乃剌吾携书至北元汗廷劝降。3月，冯胜等由通州出松亭关北上，修筑大宁（今老哈河上游）、宽河（今河北宽城）、会州（今河北平泉南）、富峪（今河北平泉北）四城。6月，冯胜率军越过金山（今吉林怀德）排兵布阵大兵压境，在此威胁下，纳哈出被迫降明，使明军获得了纳哈出属下所部二十余万人和大量羊马驴驼辎重。纳哈出的归降，使朱元璋大为振奋，9月，命永昌侯蓝玉代替冯胜为大将军，延平侯唐胜宗、武定侯郭英为左右副将军，率师征讨北元，声称“肃清沙漠在此一举”。

1388年（明洪武二十一年）3月，蓝玉等率15万人马，由大宁进至庆州

蒙古骑兵

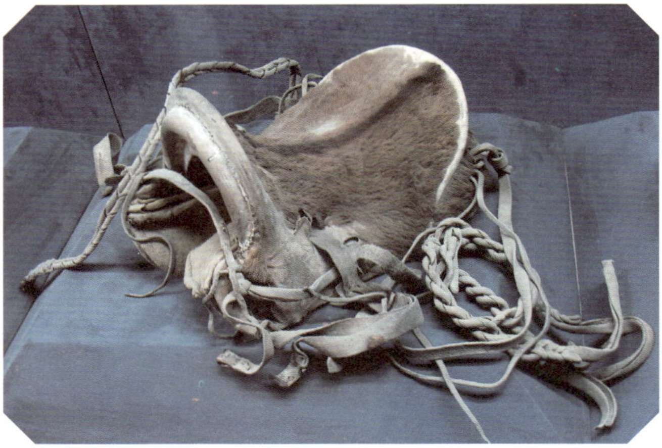

出土的北元时期马鞍

（今内蒙古巴林左旗西北），获悉北元大汗脱古思帖木儿驻捕鱼儿海（今内蒙古呼伦贝尔市贝尔湖地区），即由间道兼程而进。4月12日凌晨，明军进至捕鱼儿海南岸饮马，侦察得知北元汗廷营地在捕鱼儿海东北八十余里。蓝玉以王弼为前锋，直逼哈剌哈河畔的汗廷大汗斡耳朵。这时大风扬沙，刮起了沙尘暴，天气昏暗，北元汗廷的君臣毫无戒备。太尉蛮子仓徨出战，兵败被杀。捕鱼儿海一战，明军俘获诸王、嫔妃、公主、官吏、将领2994人，军士男女77037人，还缴获有大量的牲畜、车辆以及印玺、牌敕和图书。脱古思帖木儿无奈，只得与太子天保奴、知院捏怯来、丞相失烈门等数十骑冲破包围圈逃走。随后，蓝玉等率精骑追逐千余里。蓝玉在追击脱古思帖木儿途中，又趁机袭击了北元太师哈剌章营地，俘获其部下15803户，马驼48150匹。

脱古思帖木儿向西退却，直奔哈剌和林投奔丞相咬住。行至土剌河，被已预谋好的阿里不哥后裔也速迭儿袭击，部众溃散；脱古思帖木儿与捏怯来等16骑逃走。途中遇到丞相咬住、太尉马儿哈咱领3000人来迎，一同前往太师阔阔帖木儿营地。但在途中二次遭遇也速迭儿军队的袭击，这位年仅39岁的大汗不幸遇害。这是北元第一次弑君事件。

也速迭儿和脱古思帖木儿的祖上阿里不哥和忽必烈本是一母同胞。在蒙哥汗驾崩后，两人为争夺汗位进行了一场残酷的斗争，以忽必烈胜利结束，但从此埋下仇恨的种子。这次（129年后）也速迭儿袭杀脱古思帖木儿汗，即是报当年的仇，其更重要的目的还是争得汗位。然而，皇族内部的争斗，客观上是帮助了明帝朱元璋，自己毁灭自己。脱古思帖木儿败亡后，北元大汗权力衰落，异姓贵族势力膨胀，出现了开始把持朝政的局面。

56. 也速迭儿汗

也速迭儿汗（1358～1391，1388～1391年在位）

也速迭儿（1358～1391，1388～1391年在位），孛儿只斤氏，北元第四位大汗，蒙古汗号为卓里克图汗，忽必烈之弟阿里不哥后裔，汗廷设在卫拉特（瓦剌）、乞儿吉思一带。由于阿里不哥后裔诸王世代居住于草原，有浓厚的蒙古文化背景，他们的执政，使蒙古政权的汉文化因素迅速衰退。蒙古大汗从此再无汉文的年号和庙号。

阿里不哥在与忽必烈争夺汗位失败后，其后裔一直活动于西蒙古卫拉特（瓦剌）地区。1358年，阿里不哥的嫡孙也速迭儿出生在这里。对于祖上当年的失败，他一直耿耿于怀。当他进入青年时期，看到忽必烈所建立的元朝已经被朱元璋所推翻，后来的北元大汗与明军连年征战中，早已丧失了当年蒙古铁骑的勇猛。也速迭儿意识到为祖上复仇、复辟汗位的机会也许来到了。

蒙古弓箭手

1388年，当也速迭儿年满30岁的时候，同年4月得到消息，脱古思帖木儿汗在捕鱼儿海遭到惨重失败。他抓住这一机会，迅速派出探马前去刺探消息后得知脱古思帖木儿汗正在向西退却，直奔哈剌和林投奔丞相咬住，也速迭儿当机立断，以自己掌控的瓦剌军进行设伏。当脱古思帖木儿汗西逃至土剌河时，被早已预谋好的也速迭儿率军袭击，大汗随众被冲散，只有知院捏怯来等16骑跟随大汗逃至咬住大营。丞相咬住、太尉马儿哈咱率三千多人迎驾，共商后事。经君臣商讨，当前尚未脱离险境，一致决定继续西行，投奔在金山（阿尔泰山）驻防的太师阔阔帖木儿处。当时下起了漫天大雪，阻隔了继续西撤之路，造成三日不能成行。这时，也速迭儿趁大雪封路之机，派遣火儿忽答等率兵第二次突袭大汗的营地，大汗及属下仓促迎战，脱古思帖木儿不

也速迭儿“夺走大印”，登上北元大汗之位

幸被俘，也速迭儿竟下狠心，下令将大汗以弓弦缢死，同时被杀害的还有太子天保奴。也速迭儿弑杀大汗，报了129年前祖上阿里不哥汗位被夺之仇。也速迭儿“夺走大印”，登上北元大汗之位。他即位后，势力曾一度大增，雄踞漠北。

益宗脱古思帖木儿被弑，阿里不哥后裔篡位，北元有些官员认为蒙古中兴已无望，行省平章朱高、枢密院同知来兴、陕西行省右丞阿里沙、岭北行省参政孛罗等37位官员陆续归附明朝。1389年4月，明帝朱元璋将元朝各降王迁徙到高丽国属地耽罗集中营，怕这些北元降臣再度造反。

1389年5月，明朝设立朵颜三卫：在屈裂儿河和朵颜山一带，设立以兀良哈为主的朵颜卫，任命蒙古封建

主朵鲁忽察儿为朵颜卫指挥同知；在塔儿河（今洮儿河）流域，设立了以往流部为主的泰宁卫，任命蒙古封建主阿札失里为泰宁卫指挥，塔宾帖木儿为指挥同知；在嫩江和福余河（今乌裕儿河）流域，设立了以乌齐叶特部为主的福余卫，任命蒙古封建主海撒男答奚为福余卫指挥同知。明朝设立朵颜三卫目的，是使其成为藩篱，“东捍女真，北捍蒙古”。同年8月，逃出明军追杀的北元丞相失烈门，暗中勾结连塔失海牙、安答纳哈出等，将归顺明朝的北元知院捏怯来杀害。此后一段时间内，归顺明朝的北元丞相咬住、太尉乃儿不花、知院阿鲁帖木儿、辽王阿扎失里等人相继叛明。

1390年正月，明朝朱元璋派其四皇子燕王朱棣指挥傅友德率领的北平兵，三皇子晋王朱棡、指挥王弼率领的山西兵，到北元腹地进行第六次“永清沙漠”战争，征伐北元丞相咬住、太尉乃儿不花、阿鲁帖木儿。北元经过明朝几次重兵进攻，已受到毁灭性打击。

1391年，归附明朝的北元泰宁卫辽王阿扎失里，不服明朝管辖，并侵扰明边。朱元璋命颍国公傅友德、武定侯郭英等率兵征讨泰宁卫。因明军兵多，辽王阿扎失里战败，明军追至黑松林、熊皮山而还。4月，朱元璋又派大都督周兴率兵进攻安答帖木儿。

北元汗廷北迁后，哈密仍是元裔威武王忽纳失里的封地。由于该地是东西交通咽喉，明廷派使臣去招抚，哈密王则和明国以纳贡、赏赐形式进行贸易。北元哈密王请求明廷允许到延安、绥德、平凉、宁夏开马市通商。明朝当时急需大批战马，但朱元璋考虑到忽纳失里是元朝宗室嫡裔，不仅未同意其要求，还命左都督佥事刘真、宋晟率兵西征哈密，包围了该城。哈密王率少数部众乘夜色奋战逃走。明军攻破哈密城，俘获哈密王子别列怯等一千余人。至此，明朝占领被称为古丝绸之路的中西交通要冲哈密，切断了北元与西域各国的联系。

在也速迭儿统治时期，北元政治中心西移到原阿里不哥后王势力范围内，原脱古思帖木儿部众大部分被强迁到西蒙古卫拉特地区。朝政开始由卫拉特贵族把持，这时，蒙古至少在表面上维持着统一。也速迭儿在位4年，1391年卒。

57. 昂克汗

昂克汗（？ ～1394，1391～1394年在位）

昂克汗（？～1394，1391～1394年在位），孛儿只斤氏，北元第五位大汗，也速迭儿之子。汗廷仍设在卫拉特（瓦剌）、乞儿吉思一带。

史书关于他的记载很少。与他父亲也速迭儿时代一样，在昂克为蒙古大汗时期，朝政仍由卫拉特土尔扈特部首领乌格齐哈什哈把持，一些史书也称乌格齐哈什哈为“猛可帖木儿”。在乌格齐哈什哈统领卫拉特期间，卫拉特一方面由于自身部落繁衍，另一方面也由于不断吸收和联合周围其他部落，势力逐渐强大，人数发展到四万户以上，被称为“四万卫拉特”。有了足以左右蒙古高原局势的实力，明朝称乌格齐哈什哈为“瓦剌王”。

也速迭儿子昂克继承汗位

阿里不哥与忽必烈争夺蒙古大汗位失败后，阿里不哥后裔的势力就转移至西部蒙古卫拉特地区，卫拉特部众也成为阿里不哥后王管辖的势力范围。在明军摧毁北元汗廷武装后，乌格齐哈什哈率领卫拉特部东进，帮助也速

出土的北元时期六耳铁锅

迭儿杀害了北元益宗脱古思帖木儿，夺走了元朝传国玉玺，推举也速迭儿为蒙古大汗。

1391年，也速迭儿病死，年仅34岁。其子昂克继承汗位。这时的北元，也只剩下大漠南北草原地带，乌格齐哈什哈帮助也速迭儿父子抢夺了蒙古大汗之位，他自任太师。乌格齐哈什哈仰仗着其强大实力和拥戴之功，专横跋扈，视大汗为傀儡。

在昂克执掌蒙古大汗位期间，明朝与蒙古发生了如下事件：

1392年（明洪武二十五年）4月，明建昌卫指挥月鲁帖木儿背叛明朝，打败明建昌卫指挥鲁毅。明都督聂纬、徐司马率兵讨伐月鲁帖木儿，11月，明将蓝玉出兵打败月鲁帖木儿并杀之；同年8月，明北平总兵官周兴率兵追剿泰宁卫阿札失里，缴获马驼及银印、图书、银字铁牌等物。

根据明朝史籍《国榷》卷九记载：明朝皇帝朱元璋多次进剿北元的一个重要目的是获取元朝从宋朝接管下来的传国玉玺，否则即使掌控天下，也名不正言不顺，为了达到这个目的，明庭多次派重兵北征，把抢夺

出土的北元时期蒙古军使用的刀

传国玉玺和剿灭北元作为国策。因而，明军多次北征，造成明蒙双方军兵和百姓死伤无数。

1394年，乌格齐哈什哈与卫拉特另一位大贵族乃蛮人后裔出身的绰罗斯氏贵族浩海太尉不和，卫拉特发生严重内乱，昂克汗在内乱中被杀，在位仅仅三年。

青铜马衔和马镫

58. 买的里八剌汗

买的里八剌汗（1362～1399，1394～1399年在位）

买的里八剌汗（1362～1399，1394～1399年在位），孛儿只斤氏，北元第六位大汗，蒙古汗号为额勒伯克汗，爱猷识理达腊子。

1370年（明洪武三年），明军袭破应昌，北元昭宗爱猷识理达腊之子买的里八剌被俘，被明朝皇帝朱元璋封为崇礼侯。1374年，朱元璋为了笼络已即汗位的爱猷识理达腊，将其子买的里八剌送还北元。1394年，昂克汗死后，卫拉特蒙古与东蒙古正统派达成妥协，拥立昭宗之子买的里巴剌为汗，号“额勒伯克汗”，大汗之位从阿里不哥后裔昂克汗手中被夺回，忽必烈家族复辟。在买的里八剌被拥立为蒙古大汗的过程中，卫拉特绰罗斯部掌管军队的浩海太尉起到了主要的作用

1396年3月，明燕王朱棣率军北征，大败兀良哈部众。1398年4月，明帝朱元璋病故，他6次派兵深入蒙古腹地作战，一心剿灭北元以绝后患，但终未能如愿，带着遗憾离去。

买的里八剌汗虽是正统的元裔，却

买的里八剌汗是正统的元裔

装酒用的皮囊

并没有很好地履行大汗的职责，为君德行很差，在位五年期间毫无作为，反而残忍、好色。因为听到身边的浩海太尉说自己的弟媳美貌，竟然荒唐地杀死了胞弟哈尔古楚克洪台吉（哈尔古楚克洪台吉是后来蒙古中兴大汗达延汗的五世祖），并霸占了弟媳洪高娃。由于浩海谏言有功，把浩海封为丞相。这已经是违背人伦的倒行逆施了，可洪高娃被大伯霸占后，一直想为夫君报仇，便在买的里八刺汗耳边说浩海的坏话，这位可汗也不分辨是非曲直，便又下令处死了浩海。待得知浩海冤枉后，为了弥补过失，将女儿萨穆尔公主嫁给浩海的儿子马哈木，并封马哈木为丞相，许愿他今后统领卫拉特四部。后来，马哈木成为卫拉特部的一代枭雄。

此时统领卫拉特部的仍然是“瓦刺王”乌格齐哈什哈（猛可帖木儿）。他得知卫拉特的统帅权将要被马哈木取而代之，买的里八刺汗为霸占弟媳而杀害了自己的胞弟，这两件事无疑严重激怒了他，乌格齐哈什哈大怒道：“汗政治不端，杀弟哈尔古楚克洪台吉，以弟妇洪

箭囊

拜济（洪高娃）为福晋，淫虐乱法，复被洪拜济所欺，杀臣浩海，以有此耻。乃既有我在，而令我属人巴图拉（马哈木）管辖四卫拉特耶？！”于是于1399年，乌格齐哈什哈带领他的卫拉特兵攻打汗廷。买的里八剌汗是由蒙古众部首领拥立的，没有多少实力，如何能抵挡，很快便被乌格齐哈什哈袭杀。这是北元第二次弑君事件。这场变故，使得好不容易复辟的忽必烈家族又失去了汗位，不但东蒙古正统派损失惨重，乌格齐哈什哈还“降蒙古人众大半”，蒙古高原很多部落不得不屈服于卫拉特之下。买的里八剌有两个儿子，长子被乌格齐哈什哈杀死，次子本雅失里在父亲被杀后逃往中亚帖木儿汗国避难。

北元错银鎏金兽面奶酒壶

买的里八剌汗所处的年代可谓是北元时期最黑暗的年代，蒙古部众在明军连年征讨下，过着贫困潦倒民不聊生的苦难生活，畜牧业经济受到严重损失。另外，蒙古大汗权力旁落，异姓贵族大权独揽操纵汗廷，大汗每每被弑杀。

59. 坤帖木儿汗

坤帖木儿汗（1377～1402，1399～1402年在位）

坤帖木儿汗（1377～1402，1399～1402年在位），孛儿只斤氏，蒙古汗号脱欢汗，北元第七位大汗，阿里不哥后裔。

“瓦剌王”的乌格齐哈什哈势力大增，对北元买的里八剌汗把卫拉特统帅权交给丞相马哈木严重不满。1399年4月，以买的里八剌汗为夺取弟妻洪高娃并残杀胞弟哈尔古楚克洪台吉为借口，联络阿里不哥后裔坤帖木儿兴兵袭杀买的里八剌汗，乌格齐哈什哈立即拥立坤帖木儿为汗，阿里不哥后裔再次夺取北元蒙古大汗之位。

乌格齐哈什哈拥立坤帖木儿为汗

由于卫拉特乌格齐哈什哈从黄金家族元裔手中夺权胜利，这促使西部卫拉特蒙古“瓦剌”与东部蒙古“鞑靼”彻底决裂，蒙古的政治中心全面转移到杭爱山以西的西部蒙古地区。

这时候的明朝也很不安定，发生了“靖难之役”。这是明朝开国皇帝朱元璋死后不久爆发的一场统治阶级内部争夺皇位的战争。1399年（明建文元年），明建文帝因削藩引起燕王朱棣的不满，以“清君侧之恶”的名

出土的北元时期铁矛和铁刀

义联合各个藩王举兵反抗朝廷，至1402年（建文四年），朱棣由燕王登皇位而结束，历时4年。

朱棣在发动“靖难之役”前，曾经借助兀良哈三卫蒙古人的支持，挫败了镇守大宁卫（卫治在今赤峰市宁城县）的宁王朱权。后来，他又向兀良哈三卫借用3000名精骑兵，作为其“靖难军”的骨干。在进军途中安营扎寨在“小河”（安徽宿县地区），明建文帝大将平安趁机将朱棣团团围住，在此危难时刻，兀良哈三卫蒙古军将军王骐冒死杀入阵中，奋勇杀退平安的军队，使朱棣摆脱险境。兀良哈三卫蒙古军在此危难中救了朱棣一命，又在后续作战中冲杀在前，胜利完成“靖难之役”，使朱棣登上了明朝皇帝的宝座。

1402年，朱棣即皇帝位后，为了酬谢“从战有功”的兀良哈三卫蒙古人，决定把大宁卫（今承德市、平泉县、建昌县及老哈河流域）封赏给他们。同时，他还封三卫首领以都督、指挥、千户和百户等职；决定在开原、广宁两地开设互市，供兀良哈三卫蒙古人和明朝进行交易活动，但是后来朱棣没有完全兑现承诺，遭到了兀良哈三卫蒙古人的激烈反抗。

乌格齐哈什哈率兵袭杀买的里八剌汗之后，他就真正成了卫拉特部盟主。在乌格齐哈什哈的经营之下，卫拉特部逐渐强盛起来，作为一个独立重要的政治集团载入蒙古历史。根据《蒙古源流》记载，乌格齐哈什哈

联合巴尔虎惕、呼里亚惕、巴图特、绰罗斯等部重新组建了卫拉特联盟。乌格齐哈什哈不但全面执掌卫拉特大权，由于他拥立坤帖木儿为汗，汗廷大权也实际控制在他手里，因而也把东部蒙古控制在自己手里。蒙古卫拉特部在北元这个历史时期非常活跃，是这一段历史的创造者。

1402年，绰罗斯贵族首领马哈木势力强盛起来，马哈木兴兵消灭乌格齐哈什哈，因坤帖木儿是乌格齐哈什哈所立，也一同被害，享年26岁，在位不满4年。

北元花口银鎏金尊

60. 帖木儿

帖木儿（1336～1405）

帖木儿(1336～1405)，巴尔拉斯氏，是14世纪后半期蒙古民族的又一位引人注目的帝王，是中亚帖木儿帝国的创立者。帖木儿出身于蒙古贵族家庭。1336年4月8日生于西察合台汗国撒麻耳干南渴石城附近的霍加伊尔加村。是蒙古部落巴尔拉斯之古尔康分支的酋长(察合台家族的四个千户之一)爱弥尔·塔剌海(也称别伊塔拉盖)之子。相传帖木儿的祖先是成吉思汗的从兄弟哈剌察儿那颜。帖木儿的母亲是成吉思汗的后代。其妻是西察合台汗国合赞汗之女，所以帖木儿是元代宗王驸马。

帖木儿真实复原雕像

帖木儿时期的蒙古汗国与四大汗国饱经沧桑，日益衰弱。1368年明朝灭元后，蒙古内部四分五裂，互相残杀，四大汗国，各自为政，互相攻伐。出现了一盘散沙之局面。帖木儿出生地察合台汗国，于1321年分裂西察合台汗国和东察合台汗国。西察合台汗国占有阿母河和细浑河间的河中地带，东察合台汗国占据中国新疆阿力麻里一带。西察合台汗国又分裂成许多小国，争雄称霸，互相征伐不息。

帖木儿处在这样一个动乱时代，高举起统一四大汗国、向明朝兴兵、立志再现成吉思汗建立起来的大蒙古汗国的旗帜。帖木儿在位36年，进行了多次远征和对外侵略，他始终亲临前线，指挥大军南征北战，具有卓越的政治、军事才能，威震欧亚，名扬天下。《世界史》提到：“在贴木儿统治下，蒙古有一个短暂时期恢复了它的势力和对外征服。”帖木儿自称是成吉思汗的继承者，察合台汗国君主。1403年，法兰西国王沙儿勒六世回信，称帖木儿为“无敌者”。

帖木儿统一西察合台汗国。在

帖木儿年轻时，曾在西察合台汗国大臣哈兹罕属下服务。1359年，察合台的末代孙图古克帖木儿汗顺利地占领了细浑河、阿母河之间的全部领土，并留其子尤里亚斯霍加驻兵其地，使东、西察合台汗国分裂后重新得到了短暂的统一。帖木儿自从丧父以后，他的势力和威势不如其父在世时那样强大。所以，他向图古克帖木儿汗投降归顺，从而保住了自身和同盟者的封地，得到汗的信任。任万人长职务，被命为他家乡渴石城的总督。这时，成吉思汗的后代信仰回教者日益增多，而图古克帖木儿汗的士兵大多是由信偶像教的乌兹别克等民族组成。因此就不能同信仰回教的帖木儿保持友善的态度。他们之间经常发生纷争和冲突。帖木儿的举动被尤里亚斯霍加察觉后，图古克帖木儿汗下达了诛杀帖木儿的命令。帖木儿闻讯立即率领60名有识之士，奔向花剌子模原野，不料遇上成吉思汗后裔、时为巴尔克州酋长爱弥尔·侯赛音(妻兄)，即归顺了他。

花剌子模领主探知帖木儿隐藏的地方后，率1000骑兵来征讨。帖木儿率领精练的勇士，经过多次战斗，给敌以很大伤亡。帖木儿的部下也伤亡

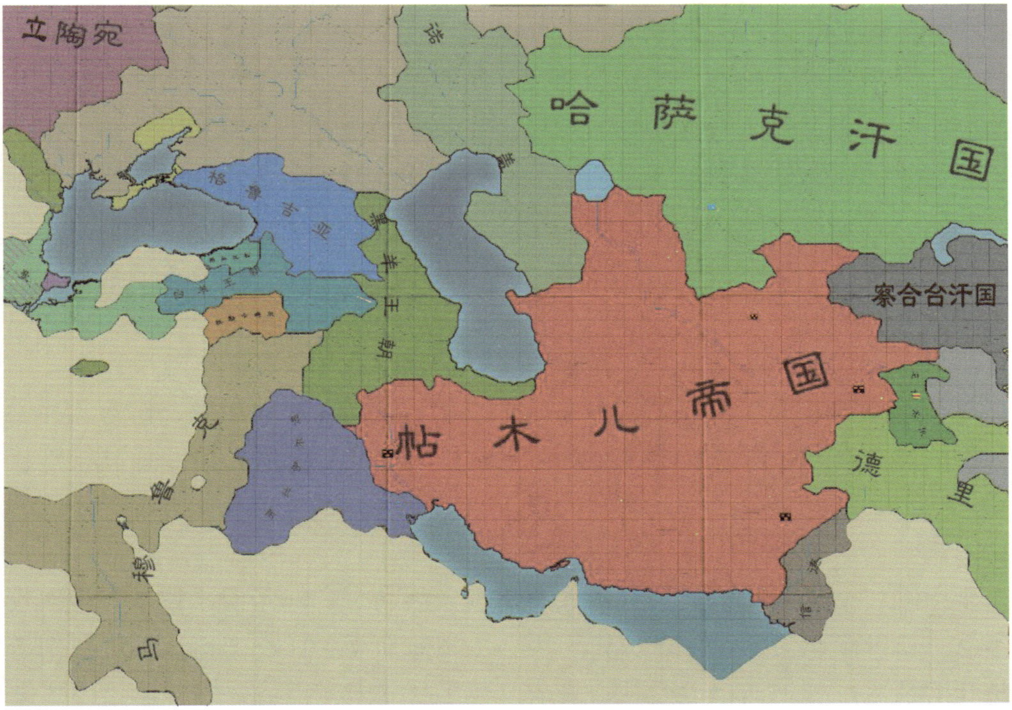

帖木儿帝国范围图

早期帖木儿的军队

惨重，仅剩10人。帖木儿为了保存实力，等待时机，在土耳其斯坦的荒原上流离漂泊。其间被当地领主抓去关进坑穴62天，后被帖木儿忠臣用计搭救脱险。于是，帖木儿带领12骑士，途中收容士兵共两百余人，潜伏在不花剌近郊，当得知其住处要被搜查的消息后，立即率部趁夜撤离，奔向遥远的阿母河。到达呼罗珊募兵地的时候，他的士兵已增至一千多人。为聚集力量转向坎大哈，又有一千多当地人来归顺。帖木儿随即占领克尔美西尔州。1363年到达阿富汗，应锡斯坦州长的请求，与他的仇敌开战。作战中，帖木儿脚受伤，因而有瘸子帖木儿的绰号。1365至1370年间，帖木儿与其妻兄爱弥尔·侯赛因缔结同盟，约定联合打击尤里西斯霍加和乌兹别克人。经过多次作战，终于把敌人驱逐出细浑河彼岸，占领了撒麻耳干。1370年4月，建立了中亚国家，成为西察合台的苏丹，称帖木儿帝国，定都撒麻耳干。取得胜利后，帖木儿和爱弥尔·侯赛音之间为争夺最高统治权而发生了冲突。帖木儿击败了自己的同盟者。

1370至1380年间，帖木儿多次攻击乌兹别克。1378年再次征讨花剌子模，攻下玉龙杰赤，吞并了该国。帖木儿用10年时间征服西察合台全境，并巩固了其统治地位后，开始对外扩张，集中全力征战波斯。

波斯原属伊儿汗国，瓦解后，分裂成四个主要王朝和许多君主。贴木儿汗于1381至1384年间率领部队第一次进攻波斯。在忒耳迷附近架桥渡过阿母河，袭击巴尔赫，进而转向坎大哈和费耳赞德，突然出现在赫拉特城下，迫使呼罗珊领主投降，各州、郡也相继投降。在短时间内，锡斯坦、坎大哈和阿富汗，都归顺了帖木儿汗。其他相邻各国的领主也相继归顺。1383年又接受祃拶答而领主的投降。于是从祃拶答而到坎大哈的广大领土，未经干戈，就完全归帖木儿汗所有了。帖木儿汗把臣服诸国的士兵，都编进了自己的军队。对投降者宽厚仁慈，如1382年至1383年，让不战而降的撒儿别答儿朝君主、祃拶答而君主以及战败后归顺的呼罗珊君主仍主其国。

帖木儿汗于1384年第二次进攻波斯。由祃拶答而向里海以西地区进军，逐次占领阿哲儿拜占、亚美尼亚、乔治亚、额尔哲鲁木、梯弗里斯、杰尔宾特等小国和地区。

重装帖木儿武士

1392年，帖木儿汗出动30万大军第三次进攻波斯，转向南波斯，征服了阿斯特巴德、哈马丹、设拉子，转而进攻伊斯发罕。至此，征服了整个波斯。

成吉思汗孙拔都征服俄罗斯各公国后，建立了金帐汗国。1300年前后，俄罗斯人民反对金帐汗国的斗争加剧，俄罗斯许多城镇市民起义，汗国内部也发生了严重的骚乱。1357年至1380年间，钦察汗更替二十余人。14世纪六七十年代，万户长马买操纵傀儡汗，掌握了汗国实权。金帐汗脱脱迷失打败了马买，担任金帐汗。后来，脱脱迷失被帖木儿汗叛将爱底古打败，境内各部落首领彼此争夺权势，陷入混

帖木儿的军队占领了金帐汗国的土地

乱状态。脱脱迷失在内外夹攻，腹背受敌的情况下，亲赴撒麻耳干，请求帖木儿汗派兵援助。帖木儿汗同意出兵，帮助脱脱迷失收复失地。1379年，帖木儿汗率军首先推翻了蓝帐汗国的首领，后打败金帐汗国的万户长马买，统一了金帐汗国，恢复了脱脱迷失的汗位。帖木儿汗又攻入不服从蒙古汗的俄罗斯境内，攻破兀剌的迷儿、抹扎亦黑、速里塔里诸城，巧取莫斯科，进而在坡勒塔哇打败了立陶宛兵，迫使莫斯科等公国重新承认金帐汗国的统治，并称臣纳贡。金帐汗脱脱迷失复汗位后，忘恩负义，与其结盟的花剌子模和乌兹别克人，从花剌子模、塔什干两个方向，侵袭帖木儿汗的国土。帖木儿汗平定南波斯，攻占设拉子城时，接到了紧急报告。帖木儿汗为拯救危机，立即派出轻骑兵直路向耶兹德进兵，而他亲率主力绕过克尔曼盐野回返。脱脱迷失听到帖木儿汗率军逼近的消息，尽情掠夺了阿母河地区后，便从花剌子模和细浑河两个方向撤走。帖木儿汗回撤麻耳干后，了解了脱脱迷失的入侵情况后，下决心首先制服通敌结盟的花剌子模、乌兹别克等残余势力，尔后全力征讨金帐汗国。为此，帖木儿汗率军征讨花剌子模，攻克乌龙杰赤，捣毁该城，强令城民移住撒麻耳干。帖木儿汗占领了花剌子模以后，就和金帐汗国东部边界的军队作战，在细浑河下游地区打败了敌军。经过几次交战，脱脱迷失的军队大败逃向乌拉尔。1389年，帖木儿汗率10万骑兵进至也儿的石河地区，扫除乌兹别克等残余势力，抓获很多俘虏和财物后返回。

帖木儿汗挫败邻近边界的入侵势力，保持边境地区的安宁后，于1390年决定发兵征讨金帐汗国。远征大军渡过细浑河到塔什干附近过了冬。1391年1月19日，帖木儿汗举行了阅兵仪式后，分数路出征。在茫茫原野上经过几个月的艰难行军，于5月下旬进至乌拉尔河地区。经休整，用两昼夜时间，让各部队游猎。又用两天时间检阅部队。帖木儿汗派先锋部队搜索敌军。先锋部队急速行军到达德波尔河，见到10堆火，设伏俘敌，才得知脱脱迷失的所在位置。于是，帖木儿汗率军渡过河，避开埋伏兵的乌拉尔河三个渡口，进至该河上游地方，渡过乌拉尔河，从敌人的左翼绕过去，突然出现在敌人的背后，切断敌人的便路。帖木儿汗为隐蔽自己的企图，防止敌人偷袭，在宿营住地周围构筑环形堑壕，设哨兵，禁止点火等。在黎明的时候，派出三万骑兵在阵地周围一小时行程的距离进行巡逻。接敌后，派出两万骑兵设下埋伏，引诱敌人出动。结果开战初就歼灭了敌三个团队约一万人。帖木儿汗抓住这一有利战机，立即挥军长驱直入追击脱脱迷失军队，终于在1391年6月18日于肯特乌日查河进行一次大血战。帖木儿汗首先派一支部队，突袭脱脱迷失本部，双方战斗最激烈时，帖木儿汗事先密通的脱脱迷失的掌旗官，把大旗放倒在地，连战三天，使帖木儿汗取得了胜利。脱脱迷失的50万大军崩溃四散。脱脱迷失率一部分兵力向南退走。帖木儿汗率主力，追赶金帐汗军到达金帐汗的夏官——乌尔秋比草原，消灭了金帐汗军，缴获了无数珍宝、财产，掠夺了很多畜群。取得胜利后，帖

帖木儿的军队与印度军队作战图

木儿汗班师回朝。

帖木儿汗听到脱脱迷失重整军备的消息后，为斩草除根，于1395年立即率军经杰尔宾特到达泰勒河畔追上了脱脱迷失。金帐汗军渡河之后，将桥头板拆掉，并留少数兵力固守桥头，使帖木儿汗无法过河。次日双方部队夹河而行三日，至第三日夜，帖木儿汗用少数随军妇女装扮士兵，留于大营，虚张声势；自己率部星夜驰回桥头，一冲而过，出其不意，从敌侧背突然袭击，大败脱脱迷失军。粉碎了金帐汗的统治，把四分五裂、各自称王的金、白、青帐三大汗国的土地统一起来，金帐汗国和莫斯科公国收入自己的版图。

帖木儿汗为攻打印度，亲率92000骑兵远征。以三万骑兵组成右翼部队，从驻地坎大哈出发，经所罗门山区，渡过申河，攻占木尔坦，企图以此地作为作战根据地。因此，右翼部队先于诸军出发，渡过申河，包围了俄特查(即乌奇)，印度国王派兵解救，但被帖木儿军打败。右翼军乘胜追击进至木尔坦，围攻木尔坦城六个月之久，印度守城军忍受不住饥饿出城投降。但是攻城军也很艰难，连日下雨，河水泛滥，战马不习惯饲草，流行起瘟疫，马匹全死。右翼军攻下木尔坦城以后，不得已停下来，治疗疾患恢复元气又以三万骑兵组成左翼军，从驻地不哈拉出发，在奥斯托克附近渡过申河，袭击拉合尔管辖地区都府。

帖木儿的军队占领土耳其的安卡拉城

1398年，帖木儿汗率本部32000骑兵，从撒麻耳干出发，越过兴都

帖木儿的陵墓

库仕山，经过艰难行军，长驱直入卡菲里斯坦，以突然袭击的方式屠杀了居民大半，压服了卡菲里斯坦。尔后取便道经卡乌克奔喀布尔。9月20日，由喀布尔出发，在德拉加吉马利罕的城堡附近渡过申河，于10月29日到达土伦巴府。右翼军听到帖木儿汗本军到达，立即从木尔坦出发，于11月11日到比斯河畔与本部会师。帖木儿汗拔出三万匹马，使右翼军骑兵复活。他亲率一万骑兵，于11月26日攻克伯德尼尔，抄掠财宝。12月12日左翼军也与本部会师。

诸军集结于萨米聂后兵分两路，向德里进军。于1398年12月到达德里城附近，扎营在洛尼镇。印度国王派兵前往迎战，战败逃走。1399年1月1日，诸军到达德里城附近。次日，印度苏丹穆罕默德统帅步骑兵5万、战象120头．分兵三路，以战象为前导向帖木儿发起进攻，帖木儿大败。为防备敌军战象袭击，在军营周围挖沟设栅栏并缠绕上树枝草叶，栅栏后面，把牛的四只腿加上绊索，联结在一起系在桩子上构成障碍物。

帖木儿汗与印度军第二次交战时，准备了很多骆驼，驼峰上放干柴，点燃后冲向印度军，尤其向战象冲击，一举冲垮了印军战斗队形，继而猛烈地进攻，打败了敌人，于1月4

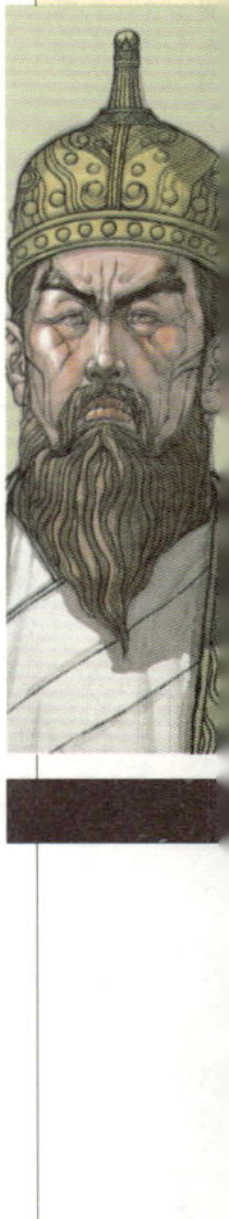

帖木儿坐像

日乘胜攻占了德里，缴获大批财物。印度国王当夜逃走。

1月18日、帖木儿汗离开德里一直推进到恒河，敌人在河对岸集结一万兵力，帖木儿亲率千骑渡河袭击，打败了敌人。将掠夺来的战利品平均分配给士兵后，于3月中旬班师回到撒麻耳干。

帖木儿汗回到撒麻耳干不久，便准备进攻西方。1400年转向西部，削平谷儿只斯坦基督教国之乱，接着南下进攻叙利亚，于1401年攻破大马士革城，赶走了埃及的苏丹。又进军伊拉克，围攻巴格达两个月，攻下该城，解除敌军武装，摧毁城堡。这就消除了侧背之各种危险因素，为决战土耳其奠定了良好的基础。

1400年8月，帖木儿派兵攻占土耳其军事重镇塞瓦斯托和马拉蒂亚二要塞。土耳其君主巴耶塞特派兵夺占了帖木儿汗帝国保护国亚美尼亚的爱洛遵占城。这样，亚洲两个霸主之间的战争已不可避免。

1402年春，帖木儿汗率远征军向土耳其进军。首先收复了被巴耶塞特夺占的爱洛遵占城，尔后入侵土耳其境内，攻城破堡，势如破竹，连下数城，逼近西瓦斯城。巴即塞特企图御敌于国门之外，太子苏来曼·札莱比率领20万大军，增援西瓦斯城。但援军赶到之前，帖木儿汗军队已攻占西瓦斯城。帖木儿汗侦察得知巴耶塞特抵安卡拉的消息后，为分散土耳其兵力，便于各个击破，改变了原来的路线，不直捣安卡拉，而转向土耳其南部崇山峻岭。巴耶塞特得知这一消息后，误以为帖木儿汗畏强逃避不敢交战，遂下令全军追击。帖木儿汗军在崇山峻岭之中游动，竭力避免与土耳其军接触，使对方无法得知其主力在何处。经过几天的周旋，土耳其军已疲惫不堪，帖木儿汗军突然从南山丛岭中出击，猛扑安卡拉——这个敌军必救之心腹要地。巴耶塞特原打算将帖木儿汗军消灭在南山丛岭中。为此，将主力分散部署在南山丛岭中，进行围剿，结果，变主动为被动。当发现帖木儿汗军突然包围安卡拉时，巴耶塞特又急忙集合疲惫不堪的军队返回安卡拉。帖木儿汗为避免敌人内外夹击，又解除对安卡拉的包围，转移到安卡拉东北之赤不哈巴，严阵以待。巴耶塞持指挥疲惫之师，从安卡拉前往赤不哈巴迎战。帖木儿汗看到土耳其军队已疲惫不堪，准备进行大决战。为此，首先切断了巴耶塞特和安卡拉城之间的联络和经过山间森林通向布尔萨的退路。破坏敌来路中唯一喷水泉，在阵地周围开凿沟渠，筑栅栏，用坚铠大盾装备部队。夜间点燃篝火，警戒敌人的夜袭。帖木儿汗将部队分为左右翼、前卫和本部，在本部之后，排列精兵40个联队作为预备军队，由帖木儿汗亲自指挥。巴耶塞特也将部队分为左右翼和本部，特别设立许多的预备军亲自指挥。

两军相峙，于1402年6月20日早晨，帖木儿汗右翼前卫向土耳其左翼开战，进攻受挫，继而帖木儿汗左翼前卫向土耳其右翼进攻，获得大胜。战斗相当激烈。在这个关键时刻，土耳其右翼的小亚细亚雇佣军首领看到他们的故主在蒙古军中，便率领18000人向帖木儿汗投降，土耳其的其他同盟军也抛弃巴耶塞特向帖本儿汗投降。此时土耳其的右翼总指挥负重伤身亡，敌军放弃阵地逃跑，帖木儿汗派第二线的一部兵力进行追击。

土耳其军虽受重创，但仍奋力拼杀，帖木儿汗军也伤亡很大。最后土耳其军的战线终于溃乱，全线溃退。巴耶塞特亦被诸将、诸子和同盟军抛弃各自逃走。帖木儿汗逐渐缩小包围圈。巴耳塞特孤军作战至半夜，收拾残兵万余人企图逃跑，不幸战马被打死，他与护卫兵一起被俘。此役土耳其50万军覆没。安卡拉会战，征服了土耳其，奠定了帖木儿汗在中亚、南亚、西亚的霸主地位。埃及苏丹也赶紧释放蒙古使节，并派使团请求投降。

帖木儿汗返回撒麻耳干不久，便

着手进行了进攻中原的准备工作。帖木儿汗为恢复成吉思汗所建立的元朝版图，早已下定决心入侵中国，推翻明朝，并采取了许多步骤。早在1389年，帖木儿汗在剿灭乌兹别克以后，派一部兵力在东土耳其斯坦驻屯下来，并建立军供站；1387年至1394年间曾三次派出特使到明朝以称臣纳贡之名搜集军事情报，包括从也儿的石河发源地直达万里长城的道路和可供军队供应的详细情报；1404年扫平西亚，凯旋回到撒麻耳干后，帖木儿汗立即扣押明朝使臣，与此同时，下令重整军备准备东征明朝。为解除东征明朝的后顾之忧，帖木儿汗召见埃及、东罗马帝国、西班牙派来的使臣，表示和平共处，友好往来，以麻痹西亚和欧洲国家。

帖木儿时代用古罗马铸金币改制的耳坠

在一切准备就绪后，帖木儿汗于1405年亲率装备齐全的20万(有的史料称步骑兵各20万)军队，浩浩荡荡地从撒麻耳干起程，在讹答剌从冰上渡过细浑河。

2月27日到达兀塔剌尔，把他向明朝进军的意图传达给全军。将要告别妻妾并把她们遣送回撒麻耳干的时候，突然患病，没过几天，与世长辞，享年69岁。入侵明朝的计划因而落空。生前指定其孙皮儿·穆罕默德·贾汗吉为继承人。

当帖木儿汗逝世的时候，他所统治的疆域，从细浑河到小亚细亚，从也儿的石河、伏尔加河到波斯湾，建立了庞大的帝国，他的帝国于1500年灭亡。但他的后代巴布尔在印度建立了莫卧儿(蒙古一词的变音，是蒙古之意)帝国，于1857年灭亡。

61. 鬼力赤汗

鬼力赤汗（？～1408，1402～1408年在位）

鬼力赤汗（？～1408，1402～1408年在位），孛儿只斤氏，本名月鲁帖木儿，北元第八位大汗，鬼力赤汗是窝阔台子合丹后裔。

1402年卫拉特发生内乱，坤帖木儿汗被杀，元益宗脱古思帖木儿旧部阿鲁台等人乘机与卫拉特决裂，拥立窝阔台子合丹后裔月鲁帖木儿为汗，号鬼力赤汗。同时组成了以马儿哈咱为太师右丞相，也孙台为太傅左丞相，阿鲁台为太保、枢密院知院的汗廷内阁。汗廷大帐最初设在甘肃边外、河西一带。鬼力赤汗的祖上合丹是窝阔台庶子，在窝阔台家族地位较低。在蒙古大汗之位由窝阔台系转入拖雷系的斗争中，合丹投向蒙哥。元代合丹后裔被封陇王，被视为窝阔台家族的代表，素来与忽必烈元裔关系比较融洽，鬼力赤汗即位后，自然成为蒙古正统的代表。

哈密地区历来是窝阔台后王势力范围。但是明朝为了笼络西北蒙古诸王，曾册封哈密王安克帖木儿为“忠顺王”。1403年（明永乐一年），鬼力赤汗为了重新

鬼力赤即汗位后，成为蒙古正统的代表

出土的头盔

控制哈密地区，毒杀了明封哈密王安克帖木儿，因此也引起了与东察合台汗国的摩擦。长期居住在哈密北山、亦集乃一带的游牧部落是蒙古族乜克力部，他们以前曾经是窝阔台家族的属民，被蒙古人称为委兀慎。鬼力赤汗控制了哈密后，积极主张与明朝建立友好关系，曾在哈密地区设马市与明朝进行互市贸易。

这时，蒙古分裂为明朝称之为“瓦剌”和“鞑靼”的两大政治集团。瓦剌是以原阿里不哥属民后裔为主的西部卫拉特蒙古，居住在科布多河、额尔齐斯河流域、准噶尔盆地一带。鞑靼是以忽必烈系北元大汗直属部众以及东道诸王后裔部众为核心的蒙古人，居住在蒙古高原东部的鄂嫩河、克鲁伦河、贝加尔湖、呼伦贝尔一带。这两大政治集团为争夺蒙古高原霸权长期斗争，使蒙古社会陷入混乱。

北元内部混乱，是明朝企图剿灭北元的最好时机。但明成祖朱棣虽然以武力夺得皇位，但人心未附，帝位尚不巩固，需要采取一些措施平息宫廷内部斗争，巩固已取得的政权。而且，经过四年的“靖难之役”夺取皇位的战争，明朝经济遭到严重破坏。人口大量死亡，田地荒芜，人民困苦。朱棣针对这种现实情况，便采取了怀柔政策，主动派使臣到北元，与之通好。另一方面，安抚已经归附明朝的元朝蒙古旧部，并且随时堤防蒙古的入侵，对北方的蒙古政权采取了两手策略。

1403年，明成祖朱棣做了如下几件事：首先，朱棣以祝贺鬼力赤即大汗位为名送信，信上说：“比闻北地推奉可汗正位，特差指挥朵儿只、恍然等赍织金文绮四端往致朕意。今天下大定，薄海内外，皆来朝贡，可汗能遣使往来通好，同为一家，使边域万里，烽堠无警，彼此熙然，共享太平之福，岂不美哉？”同时朱棣又给北元汗廷重臣马儿哈咱、也孙台、阿

鲁台致信表示："以遣使往来意"。此时鬼力赤汗及阿鲁台正率部与卫拉特部马哈木激战，无暇顾及此事。另外，为酬谢兀良哈三卫出兵参加"靖难之役"，帮他取得皇帝位的功绩，部分履行了当初诺言，但并未完全兑现。对北元归顺的官员，以不懂汉文为借口，"虽委以政，故只令食禄……遇有警急则用以征伐"，即让他们只拿俸禄，不让参政，等到战事发生便让他们去为明朝流血卖命。对于北元赤斤万户，元故丞相苦术之子塔力尼率所部五百多人归顺了明朝，明帝朱棣在甘肃边外设置赤斤卫，以塔力尼为千户，赐给印诰等物。明朝陆续在与北元邻近的边境地区设置的卫所有赤斤卫、沙州卫、哈密卫、安定卫、阿瑞卫、曲先卫、罕东卫、坚河卫、密阵卫、卜剌罕卫、苏温河卫、斡难河卫、朵颜三卫等十五个卫，一个海剌儿千户所，这些卫所大部分都是蒙古人游牧的土地，明廷任用一些归降的蒙古将领来管理，以达到"以夷制夷"的目的。

北元鬼力赤汗在阿速特部首领阿鲁台帮助下取得汗位后不久，阿鲁台就与鬼力赤汗和他的旧臣太师右丞相马尔哈咱、太傅左丞相也孙台产生了重大矛盾。最后马尔哈咱弃主潜回了卫拉特故地，也孙台被阿鲁台所杀。阿鲁台与鬼力赤汗徙居海剌儿河（今内蒙古呼伦贝尔市海拉尔河），东部蒙古恢复了故土。

1408年（明永乐六年），元裔本雅失里在蒙兀儿斯坦军队支持下，亲自率军征讨鬼力赤汗以复兴北元。然而，未及大军来到，由于鬼力赤汗与阿鲁台太师矛盾激化，鬼力赤汗被阿鲁台所杀，这是北元第三起臣弑君事件。鬼力赤汗在位6年，1408年被害，享年31岁。

62. 本雅失里汗

本雅失里汗（1384～1410，1408～1410年在位）

本雅失里汗（1384～1410，1408～1410年在位），孛儿只斤氏，北元第九任大汗，是忽必烈汗后裔买的里八剌汗之子。蒙古尊号为完者帖木儿，汉籍称他为完者秃王。

1399年，由于蒙古内乱，买的里八剌汗被卫拉特雄主乌格齐哈什哈所杀，其次子本雅失里逃往中亚帖木儿汗国避难，凭其“元裔”这一特殊身份，被帖木儿汗国收容。当年，出使帖木儿汗国的西班牙使臣克拉维约曾在帖木儿汗廷见到过太子本雅失里。另据明史记载，明朝使臣在撒马尔罕见过本雅失里，当时“其部属不过百人”。帖木儿汗死后，本雅失里从撒麻耳罕移居到蒙兀儿斯坦（东察合台汗国）居住。

1407年（明永乐五年），本雅失里从蒙兀儿斯坦返回蒙古故土，试图从非元裔的鬼力赤手中夺取北元大汗位。正巧，北元汗廷权臣阿鲁台太师与鬼力赤汗反目为仇，弑杀了大汗。在汗廷无主的情况下，阿鲁台太师于1408年拥立本雅失里为蒙古大汗，阿鲁台为太师。至此，本雅失里、阿鲁台等组成了新的北元统治集团。本雅失里汗当时尽管实力比较薄弱，但因其是“元之遗裔”，得到蒙古各部的大力支持。

此后，本雅失里和阿鲁台太师，东面征服了兀良哈三卫，西面控制着

本雅失里从蒙兀儿斯坦返回蒙古故土

黄河河西至哈密地区。本雅失里汗的势力达到哈密地区后，就已经威胁到阿里不哥系的利益，遭到支持阿里不哥系卫拉特部的强烈反对。这时候的卫拉特地区出现了绰罗斯部首领马哈木、土尔扈特部首领太平、辉特部首领把秃孛罗三人共掌卫拉特联盟的局面。

朱棣对北元发起了“第七次永清沙漠战争”

明成祖朱棣为了实施其“以夷治夷”政策，封卫拉特马哈木为“顺宁王”，封太平为“贤义王”，封把秃孛罗为“安乐王”，并按马哈木的要求，支援各种兵器用于对抗东蒙古。马哈木等在朱棣支持下，率军袭击北元大汗本雅失里。本雅失里汗与阿鲁台太师只得徙居胪朐河（今蒙古国克鲁伦河）一带，马哈木等占领了哈剌和林一带。

明成祖朱棣为了麻痹北元，派出使臣郭骥携书一封，同时送还被明军俘获的22位汗廷家仆。据《明太宗实录》记载，朱棣告谕本雅失里汗和阿鲁台太师，说：“众已推尔立为可汗，尔欲遣使南来通好，朕心甚喜……朕生中国，可汗生朔漠，彼此永远相安无事，岂不美哉。”其实，朱棣派郭骥到北元去更主要的目的是干涉北元内政，阻挠忽必烈后裔本雅失里回蒙古本土即汗位。因明使郭骥以大国使臣自居强硬干涉阻挠，强行要求本雅失里汗接受朱棣诏谕归降，致使本雅失里汗和阿鲁台太师忍无可忍而将其斩杀。郭骥被杀，朱棣终于有了进攻北元的口实，决定出兵北元。

1409年7月，朱棣任命淇国公丘福为征虏大将军，武成侯王聪、同安侯火真为副将军，靖安侯王忠、安平侯李远为左右参将，率精骑兵10万，对北元发起了号称“第七次永清沙漠战争”。8月，北元本雅失里汗与阿鲁台太师的军队合兵一处，集中兵力布置好口袋阵等待明军“入瓮”。本雅失里汗先派出小股部队诱敌。明军统帅丘福立功心切，率千骑先进，遇北元小股部队，将其击败。丘福乘胜追敌，北元兵佯败逃走。丘福俘虏北元军一诈降之尚书，审问得知“闻大兵来，惶恐北走，此去才三十里”。丘福得此消息大喜，说：“当疾驰擒之。”丘福贪功追击，诸将提醒丘福，丘福不听，厉声说：“违令者斩！”诸将遂按丘福的军令追击。追出不远，进入北元军队设好的包围圈。北元军在本雅失里汗的指挥下，从四面八方掩杀过来，包围好几层。明军死战不能冲出包围，统帅丘福和将领王聪、火真、王忠、李远四位将军阵亡，10万明军全军覆没。这次战役给明军以沉重打击，是元廷北撤后与明军作战少有的一次重大胜利，也是本雅失里汗执政期间最辉煌的业绩。此后，本雅失里汗和阿鲁台太师乘胜进攻辽东、山西大同等地，甚至威胁到北京的安全。

明成祖朱棣得知自己精心策划的10万大军全军覆灭的消息以后恼羞成怒，于1410年2月，决定率50万大军御驾亲征。本雅失里汗得到消息后，根据自己军力情况决定以避战为上策。在撤退问题上，本雅失里汗与阿鲁台太师发生分歧。本雅失里希望向西撤退，联络西域帖木儿帝国徐图发展；可阿鲁台太师则不愿放弃蒙古东部的根据地，主张向东撤退；二人最终未能达成一致。最后，君臣二人各领所部分道扬镳。关键时刻的分裂，给了已经有着绝对优势的明成祖朱棣各个击破的绝佳机会。5月，朱棣亲自挑选精锐骑兵追击本雅失里汗。明军追到斡难河边，本雅失里汗拒战。朱棣挥师冲击，北元军大败，本雅失里汗仅以七骑逃往卫拉特地区。6月，朱棣率明军向东追击北元太师阿鲁台。在兴安岭东面的答兰那土儿哥遇阿鲁台太师的军队，遂双方激战。朱棣亲率精骑兵冲击，阿鲁台大败。

1410年底（明永乐八年），本雅失里汗孤身一人逃亡到卫拉特马哈木处，马哈木的妻子是本雅失里的妹妹，本想投奔妹夫暂时避难，可卫拉特枭雄马哈木根本不顾及亲属关系，毅然将本雅失里汗处死，卒时年仅27岁，在位三年。这是北元第四起臣弑君事件。此后，马哈木借明军打败本雅失里汗的机会，在明军支持下出兵，帮助阿里不哥后裔答里巴登上北元汗位。

63. 答里巴汗

答里巴汗（1395～1415，1411～1415年在位）

答里巴汗（1395～1415，1411～1415年在位），孛儿只斤氏，本名德勒伯克，号答里巴汗，北元第十任大汗，阿里不哥后裔。

1410年，马哈木杀害了本雅失里汗，得到了元朝的传国玉玺，喜形于色。马哈木面对着这一遵从历代王朝继承过来的传国玉玺，早有占有的欲望，但是苦于自己的身世，对大汗之位还是望尘莫及的，因为在蒙古社会已经形成了一个根深蒂固的传统观念，非成吉思汗黄金家族出身，是不能染指蒙古大汗之位的。马哈木迫于无奈，只得从与卫拉特关系密切的阿里不哥后裔中推举大汗。1411年，马哈木终于把年仅17岁的德勒伯克推上蒙古大汗之位，称之为答里巴汗，自己担任太师，把汗廷大帐设在卫拉特的土地上，大有挟天子以令诸侯之势。

这个时候，东部蒙古本部（鞑靼）、卫拉特（瓦剌）、明朝三方的态势也随之发生了重大变化。明成祖朱棣在1410年率50万明军御驾亲征北元，取得了决定性的胜利；本雅失里汗被马哈木弑杀已经不在人世；北元太师阿鲁台也遭到了惨败。西方的卫拉特蒙古在马哈木的经营下，拥立答里巴汗，再次凸显崛起的势头。

北元太师阿鲁台是一个能屈能伸、具有政治头脑的人物，在这种复

卫拉特枭雄马哈木把德勒伯克推上蒙古大汗之位

铜奶茶壶

杂的形势下，迅速调整斗争策略，为了表示对卫拉特马哈木所立的答里巴汗不予承认，在东蒙古拥立成吉思汗二弟哈撒儿七世孙阿岱台吉为汗，与马哈木对抗，这就在蒙古北元形成了东西两大汗廷对峙的局面。阿鲁台又主动与明朝和缓关系。1410年年底，派使臣脱忽歹到明朝贡马，明帝朱棣纳之。朱棣历来对蒙古采取以夷制夷的方略，看到阿鲁台的势力已经不足以撼动明朝，为了分化蒙古，于1413年（明永乐十一年），册封阿鲁台为“和宁王”，并遣返以前俘虏的阿鲁台同胞兄妹二人。阿鲁台与明朝和缓以后，逐渐恢复了元气。

1414年（明永乐十二年）2月，明成祖朱棣看到卫拉特马哈木的势力日益强大，已成为北患，便决定再次御驾亲征，亲自率领“马步官军五十余万”，到北元腹地进攻卫拉特蒙古。6月，明将刘江在康哈里孩遇卫拉特军，双方激战，明军胜。明军继续进军，经苍崖峡，最后明军与答里巴汗及马哈木、太平、把秃孛罗等率领的三万卫拉特军于克鲁伦河与土拉河的分水岭忽兰忽失温（今蒙古国乌兰巴托东）对阵，朱棣命安远侯柳升、武安侯郑亨争先试战，卫拉特军尽全部力量迎战，战斗十分激烈。朱棣亲自率骑兵驰击，大破卫拉特军，杀死王子以下十余人，斩

三足铁火盆

其部众数千人。明军追杀到达不儿罕山和土剌河一带。当地蒙古百姓纷纷逃入贝加尔湖周围森林地带隐蔽。明军一路追杀，最终未俘获答里巴汗和卫拉特首领马哈木等，无奈班师。

1415年，卫拉特几万人与明军作战遭到惨败后，举部逃往西部卫拉特故地。这时，卫拉特的宿敌、科尔沁首领阿岱汗和阿鲁台闻讯，立即组成了由科尔沁、阿速特、兀良哈三卫的西征联军。双方激战于哈密以东之扎勒满山附近的孛罗那孩斜坡上，联军猛烈进攻，卫拉特军队再次遭到惨败，一代卫拉特枭雄马哈木被阿岱汗的联军击杀而死，答里巴汗也死于非命。

答里巴汗卒时仅21岁，在位不足五年，马哈木子脱欢被俘获。经过这次战争后，卫拉特部中衰，失去了在与东蒙古争霸的优势地位。马哈木是卫拉特的灵魂人物，他死后，卫拉特的事务都由太平、把秃孛罗主管，他们拥立阿里不哥后裔斡亦剌歹为汗，史称蒙古西汗廷；率残部西迁，等待时局的变化，继续与阿岱汗蒙古东汗廷对峙。

64. 斡亦剌歹汗

斡亦剌歹汗（？～1425，1415～1425年在位）

斡亦剌歹汗（？～1425，1415～1425年在位），孛儿只斤氏，本名额色库，阿里不哥后裔，北元第十二任大汗。

1414年（明永乐十二年），明成祖朱棣二次北征漠北，兵锋直指卫拉特马哈木控制的西汗廷。答力巴汗、马哈木率精锐三万骑兵在克鲁伦河的忽兰忽施温（红山嘴）迎战。激战的结果，卫拉特几万人战死，只得举部逃往西部。东汗廷阿岱汗和阿鲁台趁机西征卫拉特。双方激战于哈密以东之扎勒满山附近的孛罗那孩斜坡上，卫拉特军队遭到惨败，一代卫拉特枭雄马哈木被阿岱汗的联军击杀而死，答里巴汗也死于非命，马哈木的儿子脱欢被俘。经过这次战争，卫拉特部中衰，失去了在蒙古高原争霸的优势地位。马哈木是卫拉特绰罗斯部首领，他死后，卫拉特的大权转移到了乌格齐哈什哈的儿子太平手里，太平执掌的卫拉特土尔扈特部，使该部再次成为卫拉特盟主。

卫拉特枭雄太平拥立阿里不哥后裔斡亦剌歹为汗

1415年，太平掌握了卫拉特大权后，西汗廷答里巴汗已经不在人世，为了继续夺得全蒙古的控制权，也需要拥立代表自己利益的大汗与以阿岱汗为首的东汗廷对抗，因此，太平找到阿里不哥后裔额色库，拥立他为汗，号斡亦剌歹汗，太平自任太

出土的短刀（摄于内蒙古博物馆）

师。但是，斡亦剌歹汗只不过是一介傀儡，重大事情完全由太平决断，斡亦剌歹汗便成为西汗廷的招牌。

1418年，萨穆尔公主劝说阿岱汗："你救了我的性命封我为哈屯，你把我的儿子指给他人使唤（指脱欢成为阿鲁台的奴仆），如不杀掉，就放他走吧。"阿岱汗出于怜悯之心，放归脱欢返回卫拉特。这一放归，重演了"农夫与蛇"的悲剧，为自己后来杀身之祸埋下了伏笔。脱欢回到卫拉特故地以后，收拢了离散的属民，逐渐使绰罗斯部恢复了元气。在卫拉特内部形成了由脱欢（绰罗斯部首领）、太平（土尔扈特部首领）、把秃孛罗（辉特部首领）三人共掌卫拉特联盟大权的局面，脱欢距离独掌卫拉特权柄又进了一步。斡亦剌歹汗任由脱欢、太平、把秃孛罗三人摆布。在脱欢的淫威下，斡亦剌歹汗封脱欢为太师，脱欢也打着西汗廷斡亦剌歹汗的旗帜与东部蒙古周旋。

1419年（明永乐十七年），北元东汗廷阿岱汗、阿鲁台太师再次出兵攻打卫拉特部，东部蒙古名声一时大振，明朱棣皇帝继续执行以夷制夷的政策，为了扶持卫拉特打击东部蒙古，封脱欢袭其父马哈木之位为"顺宁王"。脱欢和斡亦剌歹联合明朝，打击阿岱汗、阿鲁台等东蒙古势力。1422、1423、1424三年，明军连续征伐阿岱汗和阿鲁台，使东蒙古的形势发生了逆转。面对明廷的北征，尽管阿岱汗、阿鲁台采取了保存实力、避

免与明军交锋的策略，但还是遭到重创。

而此消彼长，阿鲁台在明成祖的追击下疲于奔命的时候，卫拉特则经过了内部的整合和休养生息，其实力大增。继承马哈木衣钵的脱欢不再满足于三位首领共治的局面，在恢复了本部的元气后，于1424年（明永乐二十二年）兼并了太平，这时的脱欢还一时找不到替代斡亦剌歹汗的角色，继续以蒙古西汗廷“斡亦剌歹汗”的名誉与明廷和东汗廷阿岱汗和阿鲁台对抗。

铜鎏金扁壶

1425年，太平所立斡亦剌歹可汗故。终年39岁，在位11年。

脱欢在斡亦剌歹汗卒后，便从明朝迎回了北元益宗次子的孙子脱脱不花，立为“岱总汗”自任太师，也有了正统的元裔为号召。脱欢看到东汗廷在明军的打击下日趋衰落，便频频发兵东征。1434年（明宣德九年）脱欢兼并了把秃孛罗，结束了卫拉特三巨头共掌卫拉特联盟的局面，继乌格齐哈什哈（猛可帖木儿之）后，成了名副其实的“瓦剌王”。阿鲁台早已是强弩之末，面对朝气蓬勃的脱欢，自然屡屡战败，再加天灾不断，所部日益解体。1434年7月，在北元担任太师三十余年，拥立了三位大汗的阿鲁台终于被脱欢攻杀。阿岱汗苦苦支撑了四年，最后于1438年在卫拉特与明朝夹击下失败，阿岱汗被害。

65. 阿鲁台

阿鲁台（？～1434）

阿鲁台（？～1434），北元汗廷太师，阿速特部首领。从1403年后主政蒙古三十多年，先后拥立鬼力赤、本雅失里、阿岱台吉为蒙古大汗，自称北元汗廷太师，专权擅政，多次袭扰明朝边境。1413年（明永乐十一年）与明朝关系和缓，受封“和宁王”，长期与卫拉特部对抗，1434年被卫拉特部脱欢所杀，是15世纪蒙古历史上有重要影响的人物。

15世纪初叶，蒙古社会已明显分裂为两大部分，即西部卫拉特蒙古（瓦剌）和东部蒙古本部（鞑靼）。约1402年，东部蒙古的鬼力赤（窝阔台汗后裔）被拥立为蒙古大汗，鬼力赤称汗后，阿鲁台为其部下，任太保枢密院知院。阿鲁台是阿速部首领，他的祖先是随西征蒙古军东迁的阿速人，阿速特部在当时是蒙古诸部中很有地位和影响的部落。阿鲁台协助鬼力赤征战卫拉特蒙古前后达六年之久。由于鬼力赤是非忽必烈系元裔，在一些问题上与阿鲁台产生分歧，两人逐渐离心离德，其君臣关系不久完全破裂，鬼力赤最终被废杀。

1408年（明永乐六年）冬，本雅失里被拥立为蒙古大汗，阿鲁台为太师。至此，本雅失里、阿鲁台等组成了新的统治集团。阿鲁台拥立本雅失里，原本是想利用其正统

阿鲁台是15世纪蒙古历史上有重要影响的人物

阿鲁台时代的北元社会

元裔地位，获得更多的号召力，振兴蒙古，可这触犯了南方明朝的利益。从明朝建立到元室北迁以来，无论是明太祖朱元璋还是明成祖朱棣，都在担心蒙古人以复兴元朝的名义南侵，阿鲁台此举无疑让明成祖感到威胁。于是，明成祖招抚卫拉特诸部，封马哈木为顺宁王、太平为贤义王、秃孛罗为安乐王，给他们提供大量军械，让他们进攻阿鲁台。同时，还在1409年（明永乐七年）派麾下大将丘福率军十万北伐，欲图一举摧毁蒙古本雅失里汗廷。可是，明成祖小看了本雅失里和阿鲁台，这对君臣精诚合作，设下陷阱，步步为营，一举全歼了丘福所率的北征军，不但十万大军全军覆没，67岁的老将丘福也被俘杀， 这是北元建立以来对明朝战争取得的最大的胜利。

然而好景不长，1410年（明永乐八年）明成祖朱棣御驾亲征，率大军50万北伐而来。刚经过大战的本雅失里和阿鲁台根本没有力量再次迎接一场寡众悬殊的战争，他们只得撤退。在撤退途中君臣二人发生分歧，本雅失里希望向西撤退，联络西域帖木儿帝国徐图发展，而阿鲁台的根据地却是在呼伦贝尔草原，执意东撤。君臣争执不下，最后，二人各领所部分道扬镳。关键时刻的分裂，给了已经有着绝对优势的明成祖绝佳的各个击破的机会。本雅失里所部首先被击溃，只得孤身一人逃亡到卫拉特马哈木处。可卫拉特枭雄马哈木却将本雅

出土的双耳铁罐（摄于科尔沁博物馆）

失里汗处死。本雅失里败亡后。阿鲁台也随之被打败，无奈之下遣使向明朝称臣。

当阿鲁台在明朝的打击下一蹶不振的时候，卫拉特则迅速取得了草原上的优势，卫拉特首领们拥立阿里不哥后裔答力巴为汗，马哈木任太师，率军东进，占领了大片土地。明成祖当初招抚卫拉特，打击东部蒙古，是为了让草原上不再出现足以统一的势力，可当阿鲁台归附之后，卫拉特所主导的新汗廷又成了明朝巨大的威胁，为了保持均势，明成祖又开始扶持阿鲁台，封其为“和宁王”。阿鲁台在受到明朝的支持后，迅速重新崛起，为了表示对卫拉特人拥立的大汗不承认，自己也拥立成吉思二弟哈撒儿七世孙阿岱台吉（本名阿克萨合勒）为汗。这就在蒙古形成了东、西两个汗廷对峙的局面。

1414年（明永乐十二年），明成祖率50万大军第二次北征漠北，兵锋直指卫拉特马哈木控制的西汗廷。答力巴汗、马哈木率精锐三万骑兵在克鲁伦河的忽兰忽施温（红山嘴）迎战。激战的结果，双方“杀伤略相当”，但明成祖损失几万人只是九牛一毛，而卫拉特几万人战死几乎是灭顶之灾，这样的平手，自然是大败。阿鲁台闻讯，立即率东汗廷军连连西征。这使得西汗廷军队全线溃败，大汗答力巴、太师马哈木先后战死。马哈木是卫拉特的灵魂人物，他的死更让西汗廷元气大伤。而马哈木之子脱欢也被阿鲁台俘虏，幸亏其母是额勒伯克汗的女儿萨穆尔公主，身上有着黄金家族的血，阿鲁台没有将他杀害，并于1418年放归，脱欢回去后统领马哈木余部。在脱欢被囚禁期间，卫拉特部的事务都由太平、把秃孛罗主管，他们拥立阿里不哥后裔斡亦剌歹为汗，率残部西迁，等待时局的变化。

阿鲁台是一个思维十分缜密的人物，本来向明朝称臣只是一个权宜之计，作为堂堂的蒙古汗廷太师，一旦有了实力和机会，决不会安心臣服明朝；于是阿鲁台开始频频骚扰明边。明成祖认为其“凶悖之心复萌”，决定再次翻脸。1422、1423、1424年三次亲征攻打东汗廷，阿鲁台虽然以避而不战的方针尽量保存实力，让明成祖到死都没能和他交上手。但物资、人口特别是作为太师的威望损失巨大，在避战转移中迅速衰落。

正当阿鲁台在明成祖的追击下疲于奔命的时候，卫拉特则经过了内部的整合和休养生息，其实力大增。继承马哈木衣钵的脱欢不再满足于三位首领共治的局面，在恢复了本部的元气后，于1424年（明永乐二十二年）兼并了太平；1434年（明宣德九年）兼并了把秃孛罗，结束了卫拉特三巨头的历史，成了名副其实的“瓦剌王”。同时，他从明朝迎回了北元益宗次子的孙子脱脱不花，立为“岱总汗”自任太师，也有了正统的元裔为

铜鎏金马鞍

号召。看到阿鲁台在明军的打击下日趋衰落，便频频发兵东征。

1434年（明宣德九年）3月，卫拉特脱欢所立的脱脱不花汗率部众袭击了阿鲁台的阿速特部，杀掠了他的妻子和部众，阿鲁台只得率残部13000人徙居母纳山、察罕脑包（今内蒙古西部乌拉山一带）等处。同年8月，脱欢率兵给予阿鲁台最后一击，阿鲁台被杀，部署溃散，这位影响蒙古历史三十多年的人物从此走下历史舞台。

蒙元时期铜鎏金熏炉

蒙元时期头盔和铁蒺藜

66. 阿岱汗

阿岱汗（1390～1438，1413～1438年在位）

阿岱汗（1390～1438，1413～1438年在位），孛儿只斤氏，本名阿克萨合勒，号阿岱汗，北元第十一任大汗。对阿岱汗的身世在蒙古史学界有所争论。根据《蒙古源流》《黄金史纲》记载是成吉思汗弟哈撒儿后裔，另根据《突厥系谱》推断是北元鬼力赤汗之子，即成吉思汗子窝阔台后裔。阿岱汗是被北元权臣阿鲁台太师所拥立，而鬼力赤汗正是被阿鲁台在1408年所杀，阿鲁台能拥立有杀父之仇的鬼力赤子为汗吗？阿岱汗被阿鲁台拥立后，君臣配合默契关系比较融洽，这都否定了阿岱汗是鬼力赤汗子之说。另外阿鲁台被明成祖朱棣打败所在的位置正是在兴安岭东面的答兰那土儿哥一带，此地毗邻科尔沁属地，在“元裔已绝”的情况下，

哈撒儿千户封地（根据《中国历史地图集》绘制）

就近拥立同是黄金家族的哈撒儿后裔为汗也是最佳的选择；这都说明了阿岱汗是哈撒儿后裔可信度更高。这一论断被很多历史文献所引用。本文也采用了这一观点。

阿岱汗在阿鲁台太师的支持下，其势力大振

成吉思汗在1206年建立蒙古大帝国之后，将其帝国的东部，分封给了诸弟，史称东道诸王。二弟哈撒儿分得了石勒喀河、额尔古纳河流域和海拉尔河北岸地区（现在的俄罗斯联邦赤塔州和中国的呼伦贝尔地区），组成了哈撒儿的千户。哈撒儿家族传至阿岱台吉时代，正是北元时期蒙古与明朝、蒙古内部斗争最激烈的时期。1410年2月，明成祖朱棣率50万大军亲征蒙古，由于明军强大，本雅失里汗与阿鲁台太师决定避开明军锋芒而撤退，但在撤退方向上发生了分歧，本雅失里汗决定向西退往中亚地区，阿鲁台却决意退往东部蒙古，君臣二人各领所部分道扬镳。5月朱棣追击本雅失里汗到斡难河，明军挥师冲击，北元军大败，本雅失里汗仅以七骑逃往卫拉特地区，可卫拉特枭雄马哈木竟将本雅失里汗处死。6月，朱棣率明军向东追击阿鲁台太师。在兴安岭东面的答兰那土儿哥遇阿鲁台的军队，遂双方激战。朱棣亲率精骑兵冲击，阿鲁台大败。

阿鲁台逃离后收拢溃散的队伍，决定联络科尔沁部，以图重整旗鼓再与明军周旋。地处呼伦贝尔的科尔沁首领阿岱台吉与阿鲁台很快取得了联系。由于他们同属东部蒙古，以前曾经共同抵御过卫拉特部，他们的政治目标相同，两部驻牧地又临近，因此

阿岱汗俘获了马哈木儿子脱欢

很快结成了同盟关系。此时，阿鲁台得知卫拉特首领马哈木杀害本雅失里汗后，拥立阿里不哥后裔答里巴登上北元汗位。为了在政治上与卫拉特抗衡，以“元裔已绝”为理由，阿鲁台决定拥立科尔沁首领阿岱台吉为蒙古大汗，自任太师。这使哈撒儿后裔第一次尝试登上北元大汗之位。

史学界对阿岱汗在1413年至1425年间称汗之事尚未完全认同，因为在本雅失里汗被害后，卫拉特首领们又拥立阿里不哥后裔答里巴和斡亦剌歹先后两人出任北元大汗，直至1425年斡亦剌歹汗卒。在这之后，才正式承认阿岱汗为蒙古北元大汗。但是不容否认的事实是，蒙古从1413年起就出现了东西两个政治中心，史称东西两个汗廷，此后，东西蒙古异姓封建大贵族争夺蒙古高原霸权的斗争愈演愈烈，造成了蒙古内部更大的分裂。

阿岱汗在阿鲁台太师的支持下，其势力很快扩展到兀良哈三卫及蒙古东部地区。这在客观上将哈撒儿家族的势力和影响力覆盖到整个东部蒙古。因此，阿岱汗为科尔沁部的发展壮大做出了突出的贡献，成为日后哈撒儿后裔九部之祖，此九部为：科尔沁、杜尔伯特、郭尔罗斯、扎赉特、阿鲁科尔沁、四子部、茂明安、乌拉特、和硕特。

阿岱汗和阿鲁台太师为了达到

其政治目的，组成了由科尔沁、阿速特、兀良哈三卫的东部蒙古联军。在这之前的1414年（明永乐十二年），明成祖朱棣二次北征漠北，兵锋直指卫拉特马哈木控制的西汗廷。答力巴汗、马哈木率精锐三万骑兵在克鲁伦河的忽兰忽施温（红山嘴）迎战。激战的结果，双方“杀伤略相当”，但明成祖损失几万人只是九牛一毛，卫拉特几万人战死几乎是灭顶之灾，只得举部逃往西部。阿岱汗和阿鲁台闻讯，立即率联军西征。双方激战于哈密以东之扎勒满山附近的孛罗那孩斜坡上，联军猛烈进攻，卫拉特军队再次遭到惨败，一代卫拉特枭雄马哈木被阿岱汗的联军击杀而死，答里巴汗也死于非命。马哈木儿子脱欢被联军俘获，阿鲁台欲杀脱欢斩草除根。可阿岱汗出于怜悯策应之心，劝说阿鲁台放过脱欢，后来阿鲁台不得不放归脱欢返回卫拉特，这为后来阿岱汗和阿鲁台遇害埋下了伏笔。经过这次战争，卫拉特部中衰，失去了在蒙古高原争霸的优势地位。

1422、1423年，明成祖两次出征东蒙古，使阿岱汗为首的东蒙古遭受

蒙元时期铜鎏金渣斗

打击，使蒙古高原两大集团的力量对比发生了有利于卫拉特的变化。1425年，西蒙古的斡亦剌歹死后，阿岱汗成为蒙古唯一的大汗，阿鲁台继续担任太师之职。1430年，势力不断上升的卫拉特，终于取得了对东蒙古战争的决定性胜利。阿岱汗、阿鲁台被卫拉特打败，部众溃散，克鲁伦河、呼伦贝尔一带的根据地被卫拉特占领。

蒙元时期铜鎏金錾花嵌银酒壶

1431年(宣德六年),脱欢又一次攻击阿鲁台,阿鲁台迎战失败，不得已率众南徙,驻于集宁海之西北岸（即今内蒙古察右前旗黄旗海）。1434年2月，脱欢率众至哈海兀良之地，袭击阿鲁台,阿鲁台只剩下13000人马，徙居毋纳山察罕脑剌等处（今内蒙古乌拉特地区）。至此，阿岱汗、阿鲁台完全丧失了其固有的东部统治中心，流徙到漠南西部。脱欢穷追不舍,7月，在察罕脑剌袭杀阿鲁台，阿岱汗百余人逃往阿察秃之地（今内蒙古阿拉善地区）。在这里，阿岱汗所属东蒙古部众与卫拉特顽强抗争，苦苦支撑了四年。最后于1438年在卫拉特与明朝夹击下失败，阿岱汗被害，时年49岁。阿岱汗在蒙古政坛苦苦支撑了近二十六年。至此，阿岱汗、阿鲁台部众大部分被卫拉特征服，蒙古在卫拉特所拥立的元裔大汗脱脱不花的旗帜下形成了短暂的统一。

67. 脱脱不花汗

脱脱不花汗（1416～1452，1433～1452年在位）

脱脱不花汗（1416～1452，1433～1452年在位），孛儿只斤氏，号岱总汗（来自汉文太宗），北元第十三任大汗，忽必烈系后裔，阿寨台吉之子。

脱脱不花的父亲阿寨台吉是哈尔古楚克洪台吉（蒙古中兴大汗达延汗的五世祖）所留下的遗腹子。阿寨出生后被卫拉特盟主乌格齐哈什哈收养，视若己出。1424年，卫拉特内乱，太平被脱欢杀死。脱欢母萨穆尔公主乘机把阿寨台吉父子送回东蒙古。阿寨有三子，长子脱脱不花、次子阿噶巴尔济、幼子满都鲁。1431年，东蒙古大败于卫拉特，

脱脱不花汗展开政治军事攻势，拓展了蒙古人的牧场和空间

阿岱汗、阿鲁台对东蒙古部众的统治崩溃，有大批人马投靠卫拉特。阿寨台吉、脱脱不花父子为了恢复黄金家族的汗位，想借助脱欢的势力，他们再度投靠了卫拉特。当时，脱欢企图自立为汗，却遭到了东西蒙古贵族的强烈反对。无奈之下，1433年脱欢拥立年仅17岁的脱脱不花为汗，并将女儿嫁与脱脱不花，自己则以太师身份把持朝政，脱脱不花的弟弟阿噶巴尔济被封为济农。因为当时东汗廷的阿岱汗尚在位，脱脱不花只能成为西汗廷的大汗。脱欢和脱脱不花怀着各自的政治目的暂时结合在一起，这种政治结合，是北元特定历史条件下的产物。

1434年，脱欢、脱脱不花率兵攻杀阿鲁台，在蒙古政坛活跃了三十多年的太师阿鲁台被杀，其部属溃散，阿岱汗只身带领百余人遁往亦乃集（今阿拉善盟）一带。1438年，明军在兀鲁乃之地遇阿岱汗将其击败，脱欢、脱脱不花得知消息后，在巴丹吉林沙漠将阿岱汗俘杀。这样，结束了

蒙古东西两个汗廷对峙的局面。原东蒙古部众被卫拉特征服，蒙古在卫拉特势力的统治下实现了短暂的统一，结成了东、西蒙古政治联盟。在这个政治联盟中，“元裔”脱脱不花统治其祖先部众，脱欢、也先父子相继任太师，统治卫拉特部众，阿鲁台等北元汗廷旧贵族则失去了把持朝政的权利，将太师官衔让与卫拉特贵族。

与明军作战的蒙古骑兵

1439年脱欢病故，其子也先继任太师、淮王兼中书右丞相职务。从这时起，脱脱不花与也先就“君臣异处，常不相见”，各自统治其部众，分住蒙古高原东、西两处。遇有大事则以会盟形式开会，商议协调对内对外事务。脱脱不花就这样逐渐摆脱昔日的傀儡地位。

1442年，脱脱不花汗尽自己最大努力，以北元大汗的名义和身份，展开政治、军事攻势，联合兀良哈三卫，征讨嫩江、黑龙江、松花江流域的野人（兀者）女真，“收了野人女真大小人口约有四五万，内精壮约有二万”，将他们带回蒙古。嫩江、松花江流域直到明初多是女真人的住地，脱脱不花对这一地区的征讨，最终使这里为蒙古人所有，拓展了蒙古人的牧地和空间。脱脱不花还以大元皇帝的名誉遣使高丽，要高丽称臣纳贡。

1449年脱脱不花汗同也先等人通过会盟决定大举攻击明朝。北元大军分四路人马，脱脱不花汗攻辽东，也先攻大同，阿剌知院攻宣府，阿罗出将军攻陕西。脱脱不花汗指挥的三万军队大部来自科尔沁和兀良哈地区蒙古诸部，在脱脱不花汗率领下迅速到达广宁附近（今辽宁兴城），明朝守军听到北元军来攻，紧闭城门不敢迎战，脱脱不花汗指挥军队攻打广宁城，三昼夜未能攻破，遂退兵十里将广宁卫和辽东卫之间的明军据点和道路破坏殆尽，攻破驿站和屯堡八十余处，掳去官兵13280口，马六千余匹，牛羊和财务无数。其他三路大军捷报频传。明军战败和城池失守的战报接连传入京城，明英宗朱祁镇气急败坏，在宦官王振的怂恿下，不顾群臣劝阻，令皇弟朱祁钰留守，亲率50万大军出征至大同，北元军见到明军后佯退，诱敌深入。王振闻前线战败消息后，才知道形势的严重性，遂决定回师。明军退至土木堡时被也先率军包围，在北元军猛烈攻击下，明军溃不成军，死伤惨重，王振被杀，明英宗被也先俘去，兵部尚书邝野、户部尚书王佐等66名大臣战死，士兵死伤数十万，这就是历史上著名的“土木之变”。此役给明朝以严重的打击，后来为了缓和明蒙矛盾，明英宗被北元军放回明朝。

也先与脱脱不花素有矛盾，明朝则利用他们之间的矛盾，故意加厚对脱脱不花的“赏赐”，离间他们之间的关系，使之互相猜疑。1452年，脱脱不花与也先会盟，商议立皇太子之事。也先主张立脱脱不花与其姊所生也先猛可为皇太子，自己则以舅父身份继续把持朝政。脱脱不花对也先的专横早已不满，欲立别妻所生的儿子。结果使脱脱不花与也先相互“怪恨”，脱脱不花首先发兵攻打也先。

也先十分狡诈，以蒙古大汗之位作诱饵，拉拢脱脱不花弟阿噶巴尔济，阿噶巴尔济被也先的阴谋所迷惑，背叛了其兄脱脱不花汗，带领属下军队投靠了也先，合兵一处攻打脱脱不花。脱脱不花汗最终被也先打败，仅带十余人逃往大兴安岭东，来到科尔沁的郭尔罗斯部首领沙不丹处。沙不丹的女儿原为脱脱不花的王妃，脱欢立脱脱不花为汗后，将自己的女儿嫁给脱脱不花，并立为正宫皇后，沙不丹女被迫休回娘家。至此，脱脱不花来投奔昔日的岳父，被心怀怨恨、心胸狭窄的沙不丹所杀，时年仅37岁，这是北元第六起臣弑君事件。

也先太师与脱脱不花汗的联合，因脱脱不花汗的死亡而结束，这个联盟，给动乱之中的北元带来了十几年相对和平稳定的政治环境，促进了草原经济的恢复和发展。

蒙古人饮奶酒用的壶（摄于科尔沁博物馆）

68. 也先汗

也先汗（1407～1454，1453～1454年在位）

也先（1407～1454，1453～1454），绰罗斯氏，北元时期西蒙古卫拉特部首领。父名脱欢，祖名马哈木。15世纪中叶，他继承祖、父两代人的事业，驰骋蒙古草原，在土木堡擒获明英宗皇帝，并一度统一蒙古各部，自称大元天圣可汗，为北元第十五任大汗，是蒙古历史上唯一的一位非成吉思汗黄金家族出身的蒙古大汗。

明永乐年初，北元正式分裂为东、西两大部。东部蒙古为蒙古本部（明朝称之为鞑靼），西部蒙古为卫拉特部（明朝称之为瓦剌）。在明朝永乐年间两部蒙古，都想借助明朝的力量削弱对手，而明朝采取招抚、拉拢与军事打击的计策，力图使两大部两败俱伤，以减缓来自北方的威胁。明朝充分利用东、西两部蒙古的矛盾，挑拨离间，扶持弱者，打击强者。1418年也先之父脱欢继首领位。1419年东蒙古封建主阿鲁台击溃卫拉特部。脱欢由于东、南两面受东部蒙古与明朝的遏制，便大力向西面扩张。自1418～1428年间，同察合台汗国发生多次征战，将其势力伸展到巴尔喀什湖以南地区。1422～1424年明

也先继承父职，成为蒙古汗廷丞相，把持军政大权

朝派重兵连续三次征讨阿鲁台东部蒙古时，脱欢乘机不断率兵进袭阿鲁台部。1424年脱欢统一卫拉特各部成为盟主。1434年脱欢袭杀阿鲁台父子。1438年脱欢收复了东部蒙古残部，结束了近三十年东、西两大部并强的历史。

1439年脱欢去世，其子也先继承父职，成为蒙古汗廷丞相，把持军政大权。也先不断地率兵南下袭扰明朝边境。1445年前后控制了哈密卫（今新疆哈密）、沙州卫（今甘肃酒泉安西县西南）、罕东卫（今甘肃张掖地区）、赤斤卫（今甘肃玉门西北）等嘉峪关以西诸卫。1447年也先率兵东下，征服了兀良哈（今辽河、老哈河流域）三卫，联络东北女真各部，袭扰明朝东北地区。至此，卫拉特部的势力空前强盛，控制西起中亚，东到辽东，北连西伯利亚，南抵长城的广大地区，成为元朝退出中原以后最大的蒙古贵族政权，严重威胁着明朝的北部安全。在卫拉特部不断向南扩展侵扰时，明朝一再采取姑息退让政策，把军事重镇步步南移。大宁（今辽宁凌源西北）、开平（今内蒙古多伦西北）、东胜（今内蒙古托县）、沙州卫等后撤内迁，使明朝边防越来越空虚。

明蒙连年战争

1436年明英宗朱祁镇登基。不久宦官乘机揽权。司礼太监王振操纵政权，贪赃枉法，朝政日益紊乱，导致社会不宁，盗贼四起，物价飞涨，北边的军事防务松弛，战力削弱。

也先统一蒙古诸部后，经过数年的准备，以明朝限制明蒙贸易、赏赐减少、拒绝联姻等为由，大举进攻明境。其兵力部署：东路由脱脱不花汗率蒙古本部、兀良哈部进攻辽东；

西路以阿罗出将军率部向陕西进袭；中路由阿剌知院率卫拉特军进攻赤城（今河北赤城）、宣府（今河北宣化），而也先率主力进攻大同。企图以主力进攻大同，引诱明军主力西上，寻机歼灭，其余二路作牵制性进攻，待歼灭明军主力后，再进军北京。

1449年7月，卫拉特军四路南下，也先率主力军11日进至猫儿庄（今山西阳高西北），明大同右参将吴浩迎战兵败战死。明廷派出大同守将总督西宁侯宋瑛、镇守大同总兵官武进、左参将石亨等率兵进屯阳和口（今山西阳高西北长城隘口）。7月15日，也先率军大败明军。宋瑛、朱冕战死，石亨逃回大同。

知院阿剌率军自独石口南下，攻马营堡，两城守军弃城逃走，先后攻赤城堡（今河北赤城县）、龙门卫（今河北赤城县境内）、宣府、永宁城（今北京延庆）一直进至京师北郊。

明英宗闻讯后，在太监王振的怂恿下，下招亲征，命其异母兄弟郕王朱祁钰留守北京。次日英宗和王振率大批文武官员等，号称50万大军出征。7月19日过居庸关，23日到达宣府。明军出京以来，连日风雨，军心不安，末至大同，兵已缺粮。此时，也先撤离大同周边，企图引诱明军继续北进，寻机歼灭。8月1日明军经阳和至大同。王振打算向北进军。太监郭敬密报了阳和等处明军惨败状况。王振听后甚为惊恐，于是仓促决定撤军。8月3日，英宗、王振率大军

明英宗皇帝率军出征图

东返。当大军行走40里后，不走紫荆关南路，改道由宣府回京。

也先得知明军由北线撤退，立即率军突入长城，跟踪而来。8月10日，明军到达宣府。英宗派恭顺侯吴克忠、都督吴克勤率兵担任后卫，一战大败，两将皆战死。英宗急调成国公朱勇、永顺伯薛绶率四万兵力援助，到鸡儿岭（今河北宣化东北），也先军伏兵群起攻杀，全军覆没。8月14日，明军退至土木堡（今河北怀来东南），因等候王振的千余辆辎重车，下令就地驻营。也先军迅速进兵，包围了明军。土木堡地势较高，水源奇缺，明军数十万人马被困两日，饥渴难忍。也先军从土木堡西北的麻峪口发动进攻，守口都指挥郭懋激战一夜，也先军越来越多。8月15日，也先主动遣使要求和谈，并佯装退兵。英宗派两名使者去谈判。王振趁此机会急忙下令移营。明军向水源方向南移，也先趁机派骑兵四面冲杀。

明军阵势大乱，丢盔弃甲，四散奔逃，死伤无数。明英宗被俘，王振以下数百名文武官员被击杀，兵士死伤数十万人，也先军缴获大批辎重、武器和军马。这次事件，史称“土木堡之变”，明军精锐损失甚大。一时人心异常恐惧，赤城、怀来、水宁堡（今北京延庆东北）、保安（今河北啄鹿）等处守将皆弃城逃走。

土木堡明蒙作战图

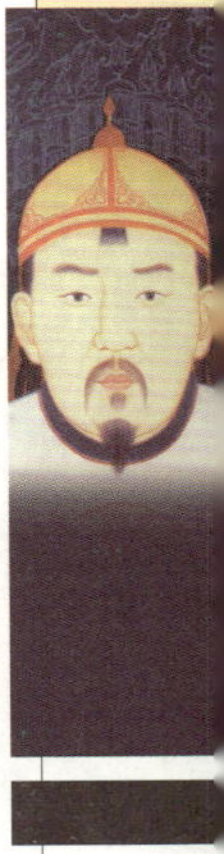

土木堡之役后，也先没有挥师南下，直取北京，而是挟持英宗迫降明朝。9月中旬向宣府、大同守将诱降落空。也先带明英宗撤至威宁海子（今内蒙古黄旗海）、九十九泉（今内蒙古灰腾梁）南北、大黑河地区。也先诱降时，明朝已经另立朱祁钰为皇帝，并安定民心，积极备战，外调兵员粮草，巩固京城的防守力量，准备迎战也先军。经一个多月的部署，明朝的政局基本稳定，于是也先才决定进攻北京。

1449年10月1日，以送回明英宗为名，兵分三路南下，发起了京师之战。其兵力部署：西路由也先率主力七万，经大同南下，穿过太行山迂回京西；中路由阿剌知院率领骑兵五万，扫荡宣府直逼居庸关；东路由脱脱不花率两万骑兵，从古北口人关，企图从东、北、西三面分进合击，一举夺取北京城。

10月3日，也先率主力以送还明英宗为由至大同、阳和两地，守将闭门抗拒。10月9日进至紫荆关与守军展开激战。也先军攻破城，明军都指挥林青和督御史孙伴皆战死。也先军长驱直入，于10月11日兵临北京城下。明军22万兵力分守9门准备决战。也先军前后在西直门、德胜门、彰仪门（今北京广安门西十余里）、宣武门等处展开进攻，明举进行了顽强抵抗。也先军万骑进攻德胜门，为明军伏兵和火器所败，也先弟孛罗、部将卯那孩中炮阵亡。进攻5日无法攻破，恐相持日久，有退路为明援军所断的危险，于10月15日乘夜经良乡（今北京房山东北）、紫荆关，退至塞外。阿剌知院率军进攻居庸关也受挫，于10月15日夜撤退。脱脱不花汗率军逼近古北口，闻西、中路军已败，也立即撤退。由于政治诱降落空，围攻北京失利，也先最终放弃了夺取北京的计划。也先军的失败，主要是贻误了战机。在土木堡大捷之后，没有乘胜立取北京；其次，二路军统帅不和，意见不一，脱脱不花、阿剌知院，已遣使与明朝议和。也先于1450年8月无条件释放明英宗，与明朝媾和，以便对内进行整顿。至此，历时一年的战争告一段落。

1451年，也先挑起内战，进攻脱脱不花汗军，脱脱不花兵败逃入兀良哈。也先前后杀死脱脱不花汗及其弟，统一了蒙古各部。但基础不牢，人心不服，没有真正统一起来。也先自称为大元圣可汗。也先统一蒙古诸部的局面，并没有维持多久。1454年爆发了卫拉特封建主反对也先的内战，也先兵败，被阿剌知院所杀。从此，卫拉特部开始衰落，蒙古本部又复兴起来。蒙古又分裂成许多独立的封建领地，相互争战不休。此时，明朝也无力出征塞外围剿。

也先汗统治北元时期，是北元疆域最大的时期，东部控制着兀良哈三卫和女真各部及朝鲜，西至中亚（今新疆），南至明长城一线，北至贝加尔湖西伯利亚森林地带，囊括了整个蒙古高原，是北元历史上一个全盛时期。

69. 马儿古儿吉思汗

马儿古儿吉思汗（1448～1465，1454～1465年在位）

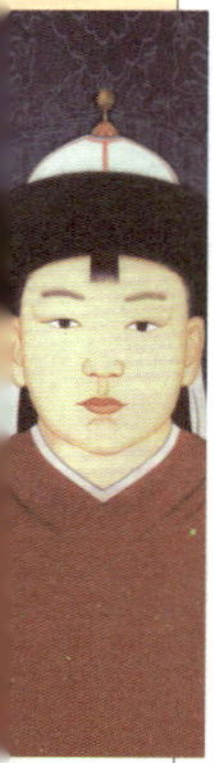

马儿古儿吉思汗（1448～1465，1454～1465年在位），孛儿只斤氏，蒙古汗号乌珂克图汗，为北元第十六任大汗，脱脱不花汗幼子。

1452年，脱脱不花汗长子、卫拉特哈屯（脱欢的女儿、也先的姐姐）所生也先猛可台吉在父亲和舅舅的立储斗争中被迫自杀，次子摩伦台吉的母亲阿勒塔噶勒沁哈屯为科尔沁郭尔罗斯部沙不丹之女，被脱脱不花所休后随母亲出走。到1454年，幼子马儿古儿吉思已经7岁。据蒙古文史书记载，也先死后，脱脱不花汗的妃子萨穆尔在喀喇沁部首领孛赉的支持下，将自己7岁的儿子马儿古儿吉思载于皮柜中，载儿子率兵征伐卫拉特，战于崆奎雅巴罕之地（今蒙古国西部坤桂河、札布汗河），遂拥立年幼的马儿古儿吉思为北元大汗。因此，马儿古儿吉思被称为“皮柜中的小汗”。明人则因马儿古儿吉思年幼即位，称之为“小王子”（即

萨穆尔夫人将自己的儿子马儿古儿吉思拥立为北元大汗

小皇帝）。

在拥立马儿古儿吉思为北元大汗的过程中，蒙古喀剌沁部首领孛赉全力拥戴，孛赉自任太师兼“淮王”。此时孛赉部众已达三万多人，他们的驻牧地相当于今锡林郭勒盟一带并称雄于漠北。马儿古儿吉思即汗位，也得到了成吉思汗弟别里古台后裔、翁牛特（阿巴嘎）部首领“广宁王”毛里孩的支持。

蒙古军征战图

1456年，孛赉借口臣子弑杀也先汗，起兵攻杀卫拉特出身的阿剌知院，任命亲信阿哈剌忽为新任枢密院知院，当时也先长子阿失贴木儿雄踞哈剌和林一带，势力也相当强大。孛赉、阿哈剌忽知院、阿失贴木儿三大势力结为联盟，他们控制着宣府、大同边外，东至兀良哈三卫，西至黄河的蒙古草原，同时不断向东西两侧扩大势力范围。由于“土木堡之役”后，明朝势力全面退出明长城以北的蒙古草原，于是，北元孛赉携马儿古儿吉思汗率部于进入黄河河套。从这时起，蒙古鄂尔多斯部也陆续翻越贺兰山，从亦乃集地区（阿拉善草原）进入黄河河套的宝日陶亥（今鄂尔多斯），把圣主成吉思汗的“八白宫”迁移过来。在明朝文献中，这段历史被称为“北虏入套”。

1457年（明景泰八年）4月，孛赉太师与马儿古儿吉思汗率兵攻打宁夏，明宁夏守将种兴被杀。1458年，孛赉太师又兴兵进犯陕西，明守将安远侯柳溥战败。同年6至11月，孛赉率部屡犯凉州永昌、庄浪、山丹、肃州诸处，明军损失惨重。1460年9月，孛赉分兵三路攻入明雁门、忻、代、朔等地，大肆抢掠。1461年7月，孛赉进攻河西，击败明军。反复多次对明朝的进攻，给明朝以沉重打击。

1460年，黄金家族后裔巴延蒙克台吉在孛赉太师、乌格岱太保、巴延台墨尔根、额则雷太傅四人护送

下，辗转多年并历尽辛苦，来到了其叔父满都鲁台吉在宝日陶亥的驻牧地，满都鲁无子，见到侄孙的到来非常高兴，说："此可续孛儿只斤之嗣矣！"从此以后，宝日陶亥（鄂尔多斯）地区成为蒙古人的牧场和根据地。

1462年（明天顺六年），毛里孩随后也率部进入黄河河套的宝日陶亥地区。孛赉朝贡，毛里孩未曾参与，并不顾孛赉与明朝的和缓，仍在河套入明边抢掠。孛赉、毛里孩之间矛盾逐渐加深，孛赉内部也开始分化。当时马儿古儿吉思汗正年幼，无力主持朝政，辅佐大汗左右的大臣主要有满剌楚王、孛罗乃齐王（科尔沁部首领）、泰宁卫领主兀研帖木儿等人。

孛赉在与明朝博弈中也逐渐感到对明朝的用兵中损失较大，抢掠所获不足以弥补损失，若采用绥靖和互市政策与明朝交往，可能获得更大的利益，因此遂改变了对明朝的政策。1461年（明天顺五年）8月，孛赉通过凉州总兵致书明朝廷，表示"要相和好"。明王朝也因孛赉扰边数年，已感到疲惫，所以很快同意孛赉的示好表示，并派出使节带去礼物，赐孛赉及以下等大小头目阿罗出等十余人。1462年1月，孛赉遣使那哈赤等至北京，7月，孛赉再遣使赴明王朝贡马。孛赉与明王朝独自讲和，与明朝的关系缓和了，但是此举在蒙古内部却没有得到共识，孛赉在蒙古内部日趋孤立。

孛赉太师在派使臣与明朝交往中，处处显示其凌驾于蒙古大汗之势。这引起了小汗王马儿古儿吉思的严重不满。而渐渐长大的马儿古儿吉思汗却逐渐与孛赉离心离德，他们之间的君臣矛盾也进一步深化。这使得马儿古儿吉思汗逐渐依附了毛里孩。最后的结果，造成孛来太师和马儿古儿吉思汗、毛里孩之间发生了严重对抗。孛赉与马儿古儿吉思汗对抗的结果，促使毛里孩太师与卫拉特部封建主扯只八携手，共同对付孛赉太师。据《明实录》记载，1464年（明天顺八年），扯只八率领部众七万人"欲与孛赉仇杀"。孛赉太师也率领六万军队与之对抗。1465年，孛赉竟然在与毛里孩激战中杀死了蒙古大汗马儿古儿吉思汗，这在北元时期，是第八起臣弑杀君事件。马儿古儿吉思汗卒时，年仅18岁，孛来的这一弑君行为，遭到了蒙古汗廷内外的一致谴责。

70. 摩伦汗

摩伦汗（1448～1466，1465～1466年在位）

摩伦汗（1448～1466，1465～1466年在位），孛儿只斤氏，为北元第十七任大汗，本名脱古思猛可，脱脱不花之子，其母为兀良哈沙不丹之女所生。

摩伦台吉是脱脱不花的次子。其父在脱欢的拥戴下称汗，脱欢为了能在日后操纵大汗，将自己的女儿嫁给脱脱不花为妻，并立为正宫汗后，迫使脱脱不花将王妃阿勒塔噶勒沁哈屯休回肯特山兀良哈万户的娘家，她临走时带走了自己三岁的儿子摩伦台吉。阿勒塔噶勒沁哈屯的父亲是兀良哈万户的沙不丹，见女儿被羞辱回娘家，很是恼怒，这在日后酿出杀死昔日女婿的悲剧。沙不丹见到自己的女儿和外孙很是怜悯，将外孙摩伦台吉抚养在身边。十多年后沙不丹故去，摩伦台吉已经成长为16岁的少年，这又引出了一段颇为神秘的故事。故事梗概如下：摩伦台吉由于其悲惨的经历，竟被名为忽巴齐尔的人使役在家中。从此当地的人们“忽发灾眚（眼睛长白翳）”，人们找萨满占卜，萨满说：“无理于孛儿只斤之报也”，意思是说，你们对高贵的黄金家族无理，这是长生天对你们的报复。听到此占卜后，当地百姓都很惊骇。克木齐古特的塔噶惕儿太保、郭尔罗斯的胡博齐尔二人获悉摩伦台吉的“元裔”身份，迅速把他送往北元太师毛里孩的大帐。毛里孩是成吉思汗异母弟别里古台的后裔，

青铜鎏银壶（摄于科尔沁博物馆）

也是翁牛特（阿巴噶）部首领、蒙古本部太师。摩伦台吉来到毛里孩大帐后，客观上使毛里孩手中又掌控了一张王牌。

1465年，孛赉降服兀良哈三卫，用武力逼迫明朝通贡，完全控制了东蒙古朝政。孛赉的专权引起了小汗王马儿古儿吉思和毛里孩的不满。而渐渐长大的马儿古儿吉思汗却逐渐依附了毛里孩。孛来太师和马儿古儿吉思汗、毛里孩之间产生了严重的矛盾，并发生了激烈对抗。同年，在一次激战中，孛赉竟然在与毛里孩激战中杀死了蒙古大汗马儿古儿吉思汗。

马儿古儿吉思汗被孛赉杀害后，汗廷空位，翁牛特的大臣们对毛里孩王说：“也可兀鲁思的时运来了，请你即可汗之位吧。”毛里孩很有自知之明，说道：“我的汗主（成吉思汗）不是没有后裔，（大汗之位）对我及我的子孙皆非所宜”。毛里孩将马儿古儿吉思汗的哥哥，身边17岁的摩伦台吉扶上汗位，摩伦乘奎苏图黄马，加金刚顶于冠，在“朝木朝克”（即八白宫）成吉思汗灵前叩头宣誓即北元大汗位，毛里孩自任太师。此后，毛里孩太师打着摩伦汗的旗号收拢了众多蒙古部众，他的势力进一步壮大。

摩伦汗听信歹人谗言，导致被害

毛里孩与孛赉矛盾很深，他以为前任马儿

古儿吉思大汗报仇的名义，首先把进攻的矛头对准孛赉的部将阿罗出，趁阿罗出率兵到明朝边境抢掠之机，直趋其驻地，袭击其营盘，尽掠其人口牲畜而归。阿罗出见毛里孩大举进攻孛赉，便带其儿子及部将十余人弃营而逃，投奔永谢布领主乩加思兰。此时，蒙古右翼三万户，永谢布万户、土默特万户、鄂尔多斯万户已经形成，卫拉特出身的乩加思兰一时篡夺了右翼盟主的地位。

1466年（明成化二年），摩伦汗即位不久，鄂尔多斯部的蒙哥、哈达不花二人在乩加思兰的指使下，挑拨摩伦汗和毛里孩太师之间的关系。一天，蒙哥、哈达不花二人利用毛里孩太师在摩伦大汗宫帐临近地区行猎的机会，跑到摩伦汗帐前谎称："毛里孩王与其萨满岱夫人起兵讨伐你来了！"摩伦汗不信说："他帮助我登上了汗位，怎么能加害于我呢？"蒙哥、哈达不花二人诱使摩伦汗派出探子前去看个究竟，探子看到远处尘土飞扬，就不分青红皂白回来报告说确实有大军杀过来了，摩伦汗也不加分析轻率领兵迎战。哈达不花又趁隙跑到毛里孩太师处通风报信，说摩伦汗要取你的项上人头，已经领兵杀过来了，毛里孩也不相信这是真事，乘马登高瞭望，果然看到确有一支军队冲杀过来，于是毛里孩仰头长叹，便面向圣主成吉思汗陵寝方向跪下，仰头向长生天撒酒祷告表白：

"长生高天其知之，
圣祖之灵其知之，
我曾助汗之后裔，
而今反加害于我，
金族之摩伦合汗，
贡民之毛里孩王，
请判二者之黑白，
爱憎之旨君其知之。"

这一真诚的表白确实是毛里孩的心里话。然而摩伦汗听信谗言率兵杀过来，毛里孩也无可奈何。毛里孩向长生天和圣主表白心意之后，为了自己的安危，便带领三百多骑兵隐蔽起来。等待摩伦汗的军队杀过来之后，派他的三个弟弟迎战，结果摩伦汗兵败身死。这是北元第九起臣弑君事件。

毛里孩太师最终查明真相后，后悔已经来不及了，对摩伦汗轻信谗言、轻率动兵行为甚感惋惜。对蒙哥、哈达不花二人的行为更是切齿痛恨，遂将二人捉拿归案，"断其舌后杀之"。摩伦汗被杀后，蒙古汗位空虚达十年之久，东蒙古陷入了空前的混乱。

71. 毛里孩

毛里孩（？ ~1466）

毛里孩（？～1466），孛儿只斤氏，也称毛里孩王，成吉思汗弟别里古台第十三世孙，翁牛特（阿巴噶）部首领，蒙古本部太师，曾执掌蒙古汗廷朝政大权，是北元时期较为有影响的重要历史人物。

15世纪中叶，别里古台后裔所属部落以“也可万户”之名出现于蒙文史料中，其领主为毛里孩王。这时候毛里孩王的势力逐渐发展起来，成为东道诸王（成吉思汗弟弟们统称东道诸王）中的强大势力之一，并进入蒙古汗廷政治圈内。与此同时，威震一时的卫拉特部首领也先被属下阿剌知院弑杀后，喀喇沁部首领孛来又兴兵杀败阿剌，卫拉特部开始衰败。这一结果改变了自脱古思贴木儿大汗死后蒙古大汗被卫拉特所控制的局面，黄金家族的复兴出现了转机。这一时期的最大特点是毛里孩王开始在蒙古政治中发挥着越来越大的作用。

毛里孩为别里古台后裔，翁牛特（阿巴噶）部首领，是有影响的重要历史人物

脱脱不花大汗死后，毛里孩在拥立脱脱不花幼子、年仅七岁的马儿古儿吉思为蒙古大汗时起到了重要作用，

喀喇沁部首领孛赉获得了太师称号并开始把持朝政。他降服兀良哈三卫，用武力逼迫明朝通贡，完全控制了东蒙古朝政。孛赉的专权引起了小汗王马儿古儿吉思和毛里孩的不满。而渐渐长大的马儿古儿吉思汗却逐渐依附了毛里孩。孛赉太师和马儿古儿吉思汗、毛里孩之间产生了严重的矛盾并发生了对抗。孛赉与大汗对抗的结果促使毛里孩与卫拉特部封建主扯只八携手组成联军，共同对付孛赉。据《明实录》记载，1464年（明天顺八年），扯只八率领部众七万人“欲与孛赉仇杀”。孛赉太师也率领六万军队与之对抗。1465年（明成化元年），孛赉伙同哈赤温后裔癞太子脱脱罕尽然杀死了马儿古儿吉思汗。

蒙古军护身用的锁子衣

毛里孩联军打着为大汗复仇的旗帜获得了多方支持，最后击败喀喇沁部赉来太师的军队并将其击杀，毛里孩在与孛赉的长期抗衡中取得了最后的胜利。孛赉太师被毛里孩联军杀死后，其霸主地位被毛里孩取代。毛里孩轻而易举地控制了孛赉的势力范围和兀良哈三卫。期间，毛里孩派使臣前往兀良哈三卫，命令三卫人马“分掠开原、抚顺、沈阳、辽阳等处”。毛里孩垄断了与明朝通贡的利益。

在蒙古大汗位空缺之际，根据《黄金史纲》记载，往流（翁牛特）的大臣们对毛里孩王说：“也可兀鲁思的时运来了，请你即可汗之位吧。”毛里孩王拒绝道：“我的汗主（成吉思汗）不是没有后裔，（大汗之位）对我及我的子孙皆非所宜。”最后毛里孩拥立了马儿古儿吉思异母兄摩伦汗为蒙古大汗。这里说明，毛里孩还是能够正确认识自己，并没有发展到夺取蒙古大汗之位的地步，可

见还是有自知之明的。但是毛里孩王在这个时候已经是左右蒙古汗廷的重要势力。

因为新立的摩伦汗不听毛里孩摆布，后受鄂尔多斯人蒙哥、哈答不花挑拨，摩伦汗领兵攻打毛里孩王，转而依靠原孛来部下阿罗出，于是毛里孩在1466年（明成化二年）9月杀死摩伦汗，驱逐了阿罗出。此后，出现了自成吉思汗以来蒙古没有大汗的局面，东蒙古朝政由毛里孩一人把持。1467年（明成化三年），根据《明宪宗实录》记载，毛里孩与明朝“欲求通好”，通报了最近发生的孛赉太师杀死马儿苦儿吉思可汗，毛里孩又杀死孛赉，后又新立摩伦汗，之后阿罗出与毛里孩相互仇杀，毛里孩又杀死摩伦汗一系列事件的经过。这一时期毛里孩势力已达到了鼎盛。但是他的专权和弑杀摩伦汗之事越来越受到了蒙古众臣的反对。

从这之后，事情发生了转折。根据《黄金史纲》记载，身为科尔沁部首领的孛罗乃王闻讯摩伦汗之死一事十分气愤，他向世人表示，其大意为：我的祖上哈撒儿与圣祖成吉思汗、哈赤温、斡赤斤是一奶同胞，苏齐克勒侧妃生了别克帖儿、别里古台二人，当年圣主与我的祖先哈撒儿杀死了别克帖儿。他毛里孩想报此仇这才杀了摩伦汗。摩伦汗没有后代，但作为哈撒儿的后裔，我必须出面进行干预。于是兴兵杀了毛里孩子弟七人，毛里孩在兵败逃跑途中“困渴而死”。毛里孩死后也可万户势力并未遭受太大的削弱。不久，毛里孩之子斡赤来成为也可万户的新领主。

1454年至1468年间，毛里孩一直是左右东蒙古政局的主要人物，他长期把持东蒙古朝政，势力非常强大。其势力范围波及大同边外及河套地区，这为后来蒙古六万户的形成及右翼蒙古活动地区打下了基础。

72. 满都鲁汗

满都鲁汗（1426～1479，1475～1479在位）

满都鲁汗（1426～1479，1475～1479年在位），孛儿只斤氏，为北元第十八任大汗。满都鲁汗是脱脱不花汗的同父异母弟，排行老三，他的父亲是阿寨台吉，祖父是额勒伯克汗的亲弟弟哈尔古楚克洪台吉，曾祖父是元昭宗爱猷识理达腊，因此是正宗忽必烈后裔。

1452年，脱脱不花被害后，满都鲁逃往哈赤温后代领地，投靠哈赤温后裔济南王脱脱罕（也称“瘸太子”），他们在一起共事二十多年，这时的满都鲁在政治上没有更大的作为。1475年，卫拉特哈剌辉特部（即野乜克力）的首领乩加思兰在宝日套亥（黄河河套）地区驻牧期间，通过科尔沁部首领孛罗乃认识了处于政治低谷时期的“元裔”满都鲁台吉和其侄孙巴延蒙克，这使乩加思兰非常高兴，认为这是其实现野心的最好机会。而满都鲁台吉、巴延蒙克也愿意利用乩加思兰的实力恢复黄金家族对蒙古的统治。于是，乩加思兰、满都鲁台吉、巴延蒙克、科尔沁部首领孛罗乃结成了利益联盟。

摩伦汗被弑杀后，北元大汗缺位已

满都鲁汗即位后收复土默特部众，为马儿古儿吉思、摩仑汗复仇

有八年之久。黄金家族满都鲁、巴延蒙克、孛罗乃与乩加思兰等联合后已具备相当的实力，因此众臣商量恢复北元汗廷。乩加思兰的意见是拥立巴延蒙克为大汗，而巴延蒙克则主张立其叔祖父满都鲁，最后统一意见拥立满都鲁为大汗。1475年，年纪已经49岁的满都鲁台吉在“哈撒阑台山坡”即北元大汗位。满都鲁汗封其侄孙巴延蒙克为孛罗忽济农、乩加思兰为太师、猛可为枢密院知院。满都鲁的三位汗后是：大哈屯为卫拉特部伯格埒逊太师之女，二哈屯为乩加思兰的女儿尹克哈巴尔图，小哈屯为出身于汪古部绰罗斯拜特穆尔丞相之女满都海斯琴，满都海斯琴是个女中豪杰，日后成为蒙古中兴的推手和功臣。

在满都鲁执政时期，祭祀成吉思汗英灵的“八白宫”在鄂尔多斯部的护送下，来到了宝日陶亥地区。从此，鄂尔多斯部就一直住牧在这里，这时的鄂尔多斯部由巴延蒙克孛罗忽济农统领。因部落而得名，从此宝日陶亥地区也叫鄂尔多斯。历代蒙古大汗即位，都在成吉思汗“八白宫”前叩头膜拜宣誓就职。满都鲁汗的北元汗廷就设在宝日陶亥，这里一时成了北元的政治军事中心。

苍茫美丽的宝日套亥草原

据《蒙古源流》记载，满都鲁汗即位后先干了两件大事，一是为马儿古儿吉思汗兴兵复仇，杀孛赉之同伙多郭朗台吉，收复七土默特之部众。二是为摩仑汗复仇，出兵征伐毛里孩。蒙古文史籍《宝贝珠》说：“满都鲁同少师脑颜宝力德和好，联兵进攻多郭朗台吉。”科尔沁部齐王孛罗乃及其异母弟兀捏孛罗特，也是满都鲁汗的主要支持者，他在满都鲁汗杀多郭朗台吉的作战中起到主要作用。

满都鲁即汗位不久，掌握汗廷实权的乩加思兰太师把大汗抛在一边我行我素，“始而侵犯河套，继而退居沙漠”。他还率领军队东进兀良哈三卫地区进行抢掠，将兀良哈三卫蒙古诸部的万余骑兵纳入自己的指挥之下。之后，他又兼并了当初投靠他的阿罗出的部众，迫使阿罗出出走。在许多重大问题上，乩加思兰太师完全不顾大汗的旨意，也不把济农和其他汗廷大臣放在眼里。他的专横跋扈、目空一切的行为，激起北元汗廷很多大臣和各部首领的强烈不满和反对。

乩加思兰劣迹斑斑，架空了大汗，造成了汗廷内部的混乱。更有甚者是汗廷又出现了两名奸臣，在满都鲁汗和孛罗忽济农之间挑拨离间，造成同族骨肉互相残杀的局面。事情的原委是这样的：孛罗忽济农身边近臣鸿郭赉，别有用心的向满都鲁汗进谗言，说：“孛罗忽济农欲加害大汗，并想占有尹克哈巴尔图汗后。”满都鲁汗将鸿郭赉的话讲给孛罗忽济农听后，便割掉鸿郭赉的舌头后处死。此事之后，乩加思兰的族弟永谢布部首领亦思马因又到大汗处进谗言，说：“真可惜！鸿郭赉之言属实，却被您误杀。”亦思马因又跑到孛罗忽济农处进一步挑拨，说：“大汗已信鸿郭赉之前言，要加害于你。”满都鲁汗就信以为真。于是，派亦思马因率领军队攻打孛罗忽济农。孛罗忽济农战败出逃，在逃亡途中被亦思马因属下杀死，时年25岁。

孛罗忽济农死后，满都鲁汗兼并了鄂尔多斯部众。不久他又杀死哈赤温后裔济南王脱脱罕，与其部下脱罗干联姻，将女儿嫁给脱罗干子火筛，控制了满官嗔—土默特部众。1479年春，满都鲁汗与亦思马因、脱罗干等联合，击败并杀死乩加思兰。同年夏，满都鲁病故。满都鲁杀死乩加思兰，在北元历史中多次发生的大汗同专权的异姓贵族间的斗争中第一次取得了胜利。这些为他的继任者达延汗的事业打下了基础。

73. 满都海

满都海（1448～？ ）

满都海(1448～?)，蒙古汪古部人，父亲绰罗克特穆尔丞相。满都海初为蒙古大汗满都鲁小哈屯（侧夫人），她自小武艺高强，政治军事才能出众。满都海在丈夫死后，能够力挽狂澜，辅佐达延汗扭转了蒙古近百年的混乱局面，实现了中兴。在蒙古历史上，满都海的功绩可以与成吉思汗的母亲诃额仑相提并论。

1479年，满都鲁大汗不幸去世，也没留下子嗣。在满都海夫人寡居期间，科尔沁部的首领兀捏孛罗特曾向她求婚。聪睿的满都海夫人明白向她求婚是因为自己执掌着蒙古汗廷的大权，如果嫁给他，则依照蒙古“收继婚”的习俗，那么兀捏孛罗特就意味着登上了蒙古大汗的宝座。因此，满都海夫人坚决地拒绝了他，并且直截了当地开导他说：“我大汗的遗产哈撒儿的后裔不能继承，就像哈撒儿的遗产我们不能继承一样。”毅然拒绝嫁给势力强大的科尔沁部首领兀捏孛罗特。

15世纪下半叶，蒙古一度陷入封建割据的局面，各部落之间互相征战。尤其是东蒙古鞑靼部和西蒙古卫拉特两部经常大动

满都海力挽狂澜，辅佐达延汗实现了蒙古中兴

干戈，封建主们为争夺领地和汗位掀起了内战，骨肉相残，给蒙古地区人民带来极大的痛苦，所以蒙古各部人民强烈要求统一，有一个稳定的局面。

在汗统的继承上，由于满都鲁汗病逝无后，满都海夫人看到黄金家族出身的孛罗忽济农（巴延蒙克）遇害后，其妻锡吉尔被权臣太师亦思马因抢走，锡吉尔的儿子巴图蒙克这位成吉思汗黄金家族仅存的嫡裔受尽磨难。这个时候，满都海夫人挺身而出，旗帜鲜明地提出要维护成吉思汗“黄金家族”继承汗位的传统。维护汗权就是维护蒙古的统一，她表示了要为蒙古统一宁愿牺牲一切的决心

为了延续成吉思汗黄金家族的汗统，满都海毅然决定把同族年幼的巴图蒙克接到家里抚养。为了蒙古大业，年方32岁的满都海按照收继婚习惯，嫁与年幼的巴图蒙克，在1480年辅佐他登上汗位，尊号达延汗（大元可汗的转音）。满都海夫人曾陪同达延汗去祭典孛儿帖夫人，她向孛儿帖夫人的灵位洒奠马奶酒发誓：“在花马毛色不易区别的地方，结下良缘；当旁支叔辈为后人纳聘时，舍命来到大汗之前。”

在满都海看来，卫拉持多人篡夺汗廷太师大权乱政，是蒙古黄金家族

新编蒙古族历史晋剧《满都海》剧照

统治的最大威胁。当时，乩加思兰和亦思马因等卫拉持太师，仍然拥有很强的实力，特别是雄踞哈密北山一带的卫拉持部，自脱欢、也先以来，其势力经久不衰，长期占据在哈剌和林的阿失帖木儿虽已去世，但其残余势力又都归附了乩加思兰。满部海夫人一直生活在满都鲁汗的汗廷之中，耳闻目睹了卫拉特部太师专权的危害。特别是乩加思兰对满都鲁汗的迫害，使她永远难以忘怀。

达延汗即位之初，尚年幼。满都海夫人为了消除卫拉特部对汗廷的威胁，她亲自带弓插箭，身先士卒，冲锋陷阵，指挥战斗，把年幼的达延汗放在自己坐骑上的袋囊中，随军征战讨伐卫拉特部。根据《黄金史纲》和《蒙古源流》记载：西征卫拉特的大军出发时，满部海夫人命令步兵和辎重提前三天先行。随后，让克什克腾鄂托克的大臣阿来东为向导，她偕同达延汗率领骑兵随后跟进。满都海夫人指挥蒙古军队在博尔图地方袭击了卫拉特人，然后又率兵追击，同敌军在得格得涅之地厮杀，满都海亲自挥刀上阵，冲杀中头盔都被砍掉，最终“粉碎对方军队，赢得无比的胜利”。经过艰苦卓绝的战斗，终于取得了决定性胜利。1481年，卫拉特兵败投降，满都海代表蒙古汗廷向卫拉特颁布了“房舍不得称殿宇，冠缨长不得过四指，居常许跪不许坐，食肉许啮不许割” 的训令，在彻底降服卫拉特部后，满都海夫人率军凯旋回师。

蒙古国纪念满都海的邮票和《蒙古皇后满都海》电影海报

在出征卫拉特部队胜利归来不久，满都海接下来征讨的敌人是害死达延汗父亲的乩加思兰太师。满都海夫人和达延汗率领察哈尔和土默特两部大军前去征伐。她先派出大

呼和浩特满都海公园景色

将阿克拉忽前往乩加思兰驻地侦察，大军紧跟其后。乩加思兰为人机警，阿克拉忽的突然到来，使他预感到将要大难临头，便急忙召集军队，以防不测。这时，满都海率领大队人马以迅雷不及掩耳之势突袭而来。乩加思兰太师只身逃遁。满都海夫人派军追击。在乞勒扯儿洼地，乩加思兰太师被满都海派出的两位将军击毙。满都海夫人和达延汗消灭了仇敌，接收了乩加思兰的部众，胜利收兵。

满都海最后的敌人就是亦思马因太师，决定性的战斗开始了。《明实录》记载这一仗发生在1483年（成化十九年）。亦思马因被汗廷军队和兀良哈三卫的联军包围，他不敢恋战，慌乱中带着妻子且战且退，向西落荒而逃。他的部下都成了俘虏，几个孩子被兀良哈三卫掠去。他马不停蹄地一直向西奔逃，最后撤退到哈密北部他的老巢野乜克力部才算捡回一条老命。但他贼心不死，同驻牧哈密北山的卫拉特小厄鲁特部封建主结好，共同对付归顺达延汗的卫拉特克舍太师。三年之后的1486年(成化二十二年)，托郭齐少师率军追来，击溃了亦思马因和小厄鲁特的联军，亦思马因被托郭齐少师亲手射死。穷途末路的亦思马因被汗廷属下大将托郭齐少师射杀。这一仗之后，满都海所率领的汗廷军队几乎横扫了东起兀良哈三卫到哈密北山的整个蒙古草原。消灭亦思马因之后，蒙古左翼（蒙古本部）已经牢牢掌握在达延汗之手。而右翼

蒙古也已经臣服。蒙古基本统一在达延汗的统治下。

满都海夫人辅佐达延汗消灭政敌，稳定社会秩序，重新确立成吉思汗黄金家族的统治地位，功劳可谓大矣；她戎马倥偬，历经风霜，镇服了倔强的四万卫拉特，消灭了乩加思兰、亦思马因等人，为达延汗执政统治打下了坚实基础。

由于满都海夫人协助达延汗统一蒙古，使人民休养生息，对蒙古草原发展生产带来极大好处，因此，古今史学家们对她给予高度的评价。蒙古编年史《西拉图吉》赞誉她为“充满智慧和聪明的夫人”。我国当代蒙古史学家戈瓦在其《新译校注〈蒙古源流〉》的序言中，称她为女英雄。她是蒙古历史上绝无仅有、出类拔萃的政治家。

为了纪念满都海夫人的历史功绩，内蒙古首府呼和浩特市，在80年代修建了以满都海命名的公园。

首饰珠宝盒

74. 达延汗

达延汗（1474～1517，1480～1517年在位）

达延汗（1474～1517，1480～1517年在位），孛儿只斤氏，本名巴图孟克，是成吉思汗第十五世孙。父亲为孛罗忽济农巴延孟克，达延汗是北元时期著名蒙古大汗，他统一蒙古六万户，后人称其为蒙古的“中兴之主”。蒙语尊称巴图蒙克达延汗。

1478年，蒙古大汗满都鲁不幸逝世，其夫人满都海摄政。把当时黄金家族唯一子嗣巴图孟克接来抚养，并按照北方民族收继婚习惯，嫁与年幼的巴图蒙克，在1480年辅佐他登上汗位，尊号达延汗。

达延汗主政后，一改历任蒙古大汗受权臣控制的局面，开始铲除擅权的封建领主，废除太师、丞相、知院和御史台等职务，重新恢复了蒙古传统的济农制。济农，相当于副汗，是大汗的助手，其职责是秉承大汗旨意管辖蒙古右翼政务。济农这一职务，一般都由大汗的嫡长子担任。这样做主要是为了确保济农同大汗之间政治上的一致和协同统治。这就确立了黄金家族

达延汗是北元时期著名蒙古大汗，他统一蒙古六万户，为蒙古的“中兴之主”

《达延汗中兴》（吴日金创作）

对蒙古各部的直接统治，为后来蒙古各部落的重新组合和发展奠定了基础。

1483年，亦思马因太师被汗廷军队击败后逃至哈密北山地区，联合小厄鲁特部，在瓜、沙二州地区活动。1486年，达延汗派遣郭尔罗斯之托郭齐少师率兵征讨。亦思马因被托郭齐少师亲手射死。经过三年的艰苦征战，终于将亦思马因势力彻底消灭。

卫拉特出身的大汗也先之孙亦不剌和也里牙思兄弟二人率一万余众东进，占据原属亦思马因的蒙古右翼永谢布部领地，进而又占据右翼鄂尔多斯部的领地。亦不剌兄弟俩同鄂尔多斯部封建主满都赉相互勾结，反对达延汗的社会改革措施。他们不断挑衅闹事，扰乱社会治安，进而调遣军队发动叛乱。刚调任右翼三万户济农的达延汗次子乌鲁斯博罗特在战乱中遇害。右翼三万户驻牧于河套、鄂尔多斯高原、阴山南北及大同、宣府边外地区，这一地区的战略地位十分重要，同时右翼三万户有数十万蒙古百姓，称得上是蒙古半壁江山。右翼发动叛乱及济农遇害的消息传到蒙古汗廷，使达延汗十分震惊。他认识到：右翼三万户的叛乱，是直接关系到统一蒙古事业的成败、汗权能否巩固、蒙古能否振兴的大问题。达延汗不得不倾全力与亦不剌、满都赉等封建主决战。达延汗传令诸部联军平息叛乱，举兵分进合击。

这个时期驻牧在东北方的蒙古科尔沁部是一个比较强大、人口众多的蒙古部落，该部是成吉思汗之弟哈撒儿的后裔，也是成吉思汗黄金家族的成员。达延汗很尊重科尔沁部并与之恪尽兄弟之礼。他们在统一和振兴蒙古事业的目标是一致的，为此科尔沁部积极支持达延汗的事业，派出主力部队参加平息叛乱的联军。达延汗的战斗部署是：以兀良哈、科尔沁部与右翼鄂尔多斯部对阵，以喀尔喀部对抗右翼土默特部，以察哈尔部迎击右翼永谢布部。

1510年，达延汗亲自率兵讨伐右翼。队伍穿过翁衮山（今呼和浩特北大青山蜈蚣坝）峡谷，在土尔根河（今呼和浩特市大黑河）畔扎营。夜间，达拉特部人驱赶着牛群骚扰达延汗营地，达延汗的队伍以为右翼军队攻杀过来，惊慌失措，乱了阵脚，仓皇撤退，第一次进攻以失败告终。

不久，达延汗又组织联军开始了对右翼的第二次征伐。前来帮助达延汗作战的科尔沁部首领鄂尔多固海携其子布尔海组成精锐部队参加了战斗。此时，双方在达兰特哩衮（意

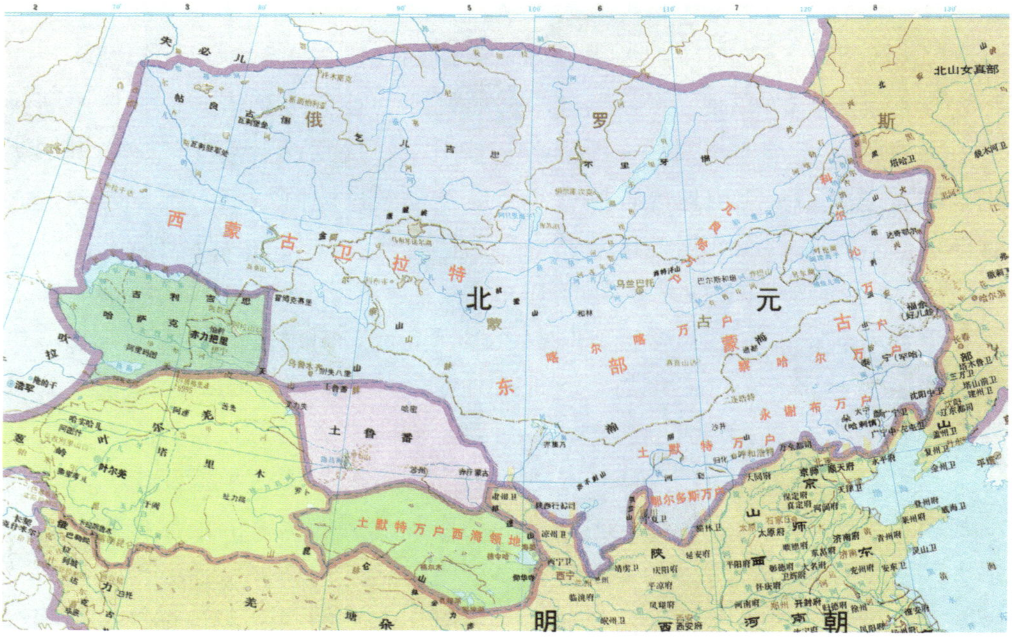

北元时期蒙古六万户分布图（根据《中国历史地图集》绘制）

为“七十个山头”，一说在今呼和浩特北大青山，又说在今鄂尔多斯市鄂托克旗东北境达楞图鲁湖）展开鏖战，双方战斗极为激烈，战斗中，科尔沁部布尔海英勇阵亡。最后联军击败了右翼军队，亦卜剌与满都赉双双逃往青海湖畔，这为以后达延汗之孙阿勒坦汗进军青海埋下了伏笔。在科尔沁部的支持下，达延汗统一了东部蒙古各部。

纯银“千户”令牌（左汉文、右巴思八文、长83mm、宽44mm）

此后，达延汗在八白室（成吉思汗陵）前重新宣布自己的大汗称号，奖赏作战有功人员，真正把东蒙古左右翼置于自己的控制之下，重振了衰微已久的汗权，重新确立了成吉思汗黄金家族对蒙古各部的统治，使蒙古得到了中兴，因此达延汗被称为“中兴之主”。

达延汗在蒙古历史上是一位具有重大影响的大汗。颇有雄才大略，为振兴北元蒙古社会，其权威深入到蒙古各地，能够号令天下蒙古，使分崩离析的北元部众重新得到了统一，使停滞状态的蒙古社会，又得到了发展。达延汗的分封制是利用济农和万户制度，把各个鄂托克和小部落合并为万户，按传统习惯分为左右两翼。左翼三万户为察哈尔、喀尔喀、兀良哈，大汗驻牧于察哈尔万户境内，直接统辖左翼三部。右翼三万户为鄂尔多斯、土默特、永谢布，由大汗派驻于鄂尔斯万户境内的济农行使管辖权。除兀良哈万户外，其余五个万户全部分封给自己的九个儿子。此外，在蒙古西部的卫拉特地区，保留了太师制度，允许其封建主有较大的自主权。保持黄金家族同卫拉特联姻的传统，加强汗廷对四卫拉持的管辖。六万户以东，保留了科尔沁万户，使之同六万户并立。

达延汗即位后最初，与明朝保持了和平关系。为了从中原内地获得草原地区短缺物资，达延汗在1488年（明弘治元年）遣使到北京要求通商，明廷同意他的要求。蒙古每年派出使节到北京，还在明边地区开设马市，同明朝进行贸易。明、蒙之间保持和平互市关系长达13年。但是到了1501年，（明弘治十四年），明孝宗朱佑樘一改前任对蒙政策，封锁边关。达延汗不得不在后来的十数年间，经常领兵出没于明边的固原、宁夏、大同、宣府、榆林等边关重镇。明军一时被打痛了，就会开放一下宁夏、大同、宣府等地的边关贸易。等达延汗的队伍一退回去，明朝立即就恢复了边关的封锁状态。

达延汗对蒙古历史的功劳在于，结束了元亡之后一百多年间异姓领主们在各个领地上专横跋扈称雄称霸的历史。使过去居于统治上层的太师们，由封建主的身份转变成黄金家族台吉领主们的僚属。达延汗的分封制度对后世产生了深远的影响，它形成了漠南、漠北、漠西的各个蒙古部落，并成为清代在蒙古地区设立盟旗制度的基础，这种格局一直保持到今天。也许，没有达延汗，蒙古社会会在无休止的混战中彻底沉沦，消失在历史长河中。

达延汗在位47年，于1517年逝世，终年54岁。有子11人，女1人。

双骆驼嘴酒壶

75. 巴尔斯博罗特汗

巴尔斯博罗特汗（1490～1519，1517～1519年在位）

巴尔斯博罗特汗（1490～1519，1517～1519年在位），孛儿只斤氏，北元第二十一任大汗，号赛音阿拉克汗（明译赛那剌汗），达延汗第三子，他的母亲是满都海哈屯，出生时为龙凤胎，同胎姐姐是达延汗长女图噜勒图公主。

巴尔斯博罗特出生在北元蒙古中兴的达延汗时代。达延汗在北元社会处于即将分崩离析的历史危难之际，英勇果断地挑起拯救北元政局于危亡的重任，力挽狂澜，避免了北元社会的四分五裂，进行了蒙古社会的重大改革。达延汗废除太师制，恢复了蒙古传统的济农制。济农相当于副汗，其职责是秉承大汗旨意管辖右翼政务，也是大汗在右翼的代表。达延汗又重新划分领地，恢复了历史上的万户制。分封诸子，使成吉思汗黄金家族重新统治蒙古左右翼六万户。长子图鲁博罗特，早逝，其子博迪被达延汗认定为大汗继承人，并领有察哈尔万户。次子乌鲁斯博罗特，初封右翼三万户济农，同时受命三子巴尔斯博罗特执掌土默特万户，其他儿子也受封于各万户及领地。

巴尔斯博罗特在担任济农和称汗期间，使蒙古右翼三万户得到了长足的发展

1508年，达延汗的两个儿子乌鲁斯博罗特、巴尔斯博罗特受封右翼三万户后，右翼永谢布领主亦不剌、鄂尔多斯部领主满都赉等为首的大封建主极为不满，看到达延汗的统一事业，妨碍了他们手中的权力，他们联合其他反叛势力竟然举行叛乱，击杀了乌鲁斯博罗特济农。达延汗得知叛乱的消息后，迅速组织力量平息了右翼的大规模叛乱。在评判作战中，巴尔斯博罗特身先士卒英勇参战，协助父亲平息右翼叛乱势力。1512年，达延汗命三子巴尔斯博罗特接任次子乌鲁斯博罗特的职务继任右翼三万户济农，并改派他坐镇鄂尔多斯万户，从此巴尔斯博罗特位高权重，其势力大大增强。

1517年，达延汗因病去世，这时的蒙古汗权继承制度，已经逐渐摈弃了蒙古旧制，即召开忽里台大会推选新汗，而是开始借鉴中原王朝的长子继承制。达延汗长子图鲁博罗特先于其父辞世，应以长孙博迪即汗位，这一点，达延汗在生前已经公布于众。但是，当时博迪年仅14岁。巴尔斯博罗特时任济农职务，统辖右翼三个万户，势力强大，作为博迪的叔父，他竟以博迪年幼为由，在其管辖的右翼大臣支持下，篡权自立为大汗。

巴尔斯博罗特在担任济农和称汗期间，使蒙古右翼鄂尔多斯、土默特、永谢布三个万户得到了长足的发展，并使其子孙在蒙古社会上的地

巴尔斯博罗特将蒙古大汗之位让予博迪，自己也于同年忧郁而卒

位迅速上升。他的后代长期统治着右翼蒙古三万户，这三个万户的人口增加、畜牧业经济发展迅速，右翼三万户日益强大，这为日后右翼在蒙古的强势地位打下了牢固的基础。蒙古右翼势力后来开疆扩土，南征北战，在蒙古历史上演绎了多场引人入胜的大戏。他们西征中亚，一度消除了卫拉特之患，获得西海（青海）牧场，并再度引进藏传佛教；他们北征兀良哈万户，消除了其对大汗领地的威胁，并瓜分了兀良哈万户的人口和财产；他们南征明朝，曾一度攻入明都城北京的安定门，迫使明朝通贡互市，改善了明蒙关系，使边境两侧的蒙汉百姓获利；他们向东部渗透到兀良哈三卫，使其首领举部归附。巴尔斯博罗特的强势，也使他的后代涌现出了许多蒙古族杰出的历史人物。如：巴尔斯博罗特长子衮必里克济农、次子土默特部领主阿勒坦汗和其第四子永谢布部领主巴雅思哈勒。他们在执掌右翼各万户期间叱咤风云，谱写了蒙古中兴后一度闪光的历史。

1519年，巴尔斯博罗特执掌汗权两年之后，随着正统汗位继承人博迪的长大成人，他对叔父巴尔斯博罗特的篡权行为逐渐不满。博迪与其四叔父阿尔苏博罗特（达延汗四子）开始对巴尔斯博罗特兴师问罪，巴尔斯博罗特无奈之下只好将蒙古大汗之位让予博迪。据《黄金史纲》记载：“博迪阿拉克领导左翼三万户参谒八白室，对巴尔斯博罗特说：‘你乘我幼小非法窃据了汗位，而今你若肯奉戴我，便予宽恕！’这样严词斥责的时候，巴尔斯博罗特说：‘谕令我朝拜，我就朝拜吧！’博迪阿拉克说：‘若这样说，你就对了。’”这个记载，不仅记录了巴尔斯博罗特篡权的事实，也记述了当时北元实行长子继承制度后得到了汗廷内外的一致认可，因此对巴尔斯博罗特产生了强大精神压力，同时描述了巴尔斯博罗特篡权后在正统汗位继承人面前所处的被动、尴尬境地。巴尔斯博罗特掌握汗权两年之后，在支持黄金家族正统继承人即位的汗廷大臣、各领主的舆论压力下，只好将大汗位让与其侄博迪，自己也于同年忧郁而卒，时年30岁。

76. 巴布尔

巴布尔（1483～1530）

巴布尔（1483～1530），巴布尔建立了亚洲史上著名的莫卧儿帝国。“莫卧儿”是波斯语“蒙古”的转音，其本意就是蒙古帝国，是突厥化和伊斯兰化的蒙古人在南亚次大陆上建立起来的又一个国家。莫卧儿帝国统治印度长达331年，创建了辉煌的莫卧儿文化。

巴布尔，1483年出生于中亚帖木儿帝国一个蒙古贵族家庭。巴布尔是世界上两个最著名的征服者的后代：他父亲是突厥化的乞颜•巴尔拉斯部蒙古人帖木儿的后代，母亲则是成吉思汗的嫡系后裔。11岁时其父卒，他成功挫败了来自四方的吞并阴谋，成为中亚费尔干那的统治者。巴布尔非常早熟，立志仿效先辈帖木儿大帝，成为一个大帝国的统治者。他驱除了帖木儿的其他后裔，于1497年夺取了帖木儿帝国的首都撒马尔罕。但却与乌兹别克的昔班尼汗发生了冲突。1501年，昔班尼汗在萨里普尔和阿克西两次战役中，打败了年轻的巴布尔，将其驱逐出中亚。1504年，巴布尔在其余众的支持下南进占领阿富汗的喀布尔，1507年占领坎大哈，于是巴布尔在喀布尔称王。

这时候的巴布尔与波斯人结盟，意图恢复在中亚的势力。波斯人同意了他的要求，巴布尔借助波斯军的援助，于1511年10月收复撒马尔罕和布哈拉。但由于巴布

巴布尔占领阿富汗的喀布尔并称王（印度细密画）

尔同波斯的伊斯兰教什叶派结成联盟，得不到中亚河中地区逊尼派人民的拥护，不久就被反攻的乌兹别克人打败。巴布尔再退往喀布尔。这样他就成了一个流浪者。此后三

巴布尔发动的“帕尼帕特战役”

年内的生活，正如他在自传里所说：“像在棋盘上一样，在格子之间移来移去。”

动荡不定的战争生活，锻炼了巴布尔的军事才能，使他特别富有冒险精神。巴布尔在同波斯军联合时学会了使用火器，又在同乌兹别克人的作战中，学会运用侧翼进攻的战术。他组织了一支训练有素的骑兵部队和弓箭队，他本人就是一名出色的射手。这些条件，使他在后来征服印度的战争中始终处于有利地位。在中亚地区的不断失败，使巴布尔放弃了在那里建立帝国的企图，转而征服南亚。1516年至1519年的三年间，巴布尔忙于备战和训练部队，积累作战物资和给养，生产各种兵器，伺机进攻印度。

当时的印度，德里苏丹国的政权已经崩溃，北印度处在阿富汗人建立的洛迪王朝统治之下。伊卜拉欣是该王朝的皇帝。他性情暴虐，杀戮无辜的身边大臣，引起国内强烈愤恨，其统治摇摇欲坠。1519年，巴布尔发动第一次征服印度的战争，翌年又远征旁遮普。原旁遮普总督莱特因不满伊卜拉欣的残暴而归顺巴布尔。巴布尔以帖木儿继承人的名义，占领旁遮普。1524年，巴布尔通过开伯尔山口，横渡杰卢姆河和杰纳布河（在今

巴基斯坦境内），进入拉合尔。在莱特等人的配合下，继续向德里方向推进。后来因莱特倒戈，巴布尔战败，不得不退回喀布尔。

1525年11月，巴布尔仅率领一支1．2万人的军队，再次攻入印度西北部的旁遮普地区，大败莱特的守军。1526年初，率军向德里进军。这时，洛迪王朝皇帝伊卜拉欣亲率大军四万人，从德里出发迎战。1526年4月21日，两军在德里北帕尼帕特地区遭遇，发生了著名的帕尼帕特战役。巴布尔的军队由于人数比敌军少，他发挥了超强的军事才干。首先对部下做好宣传鼓动工作，利用帕尼帕特一带的平坦地形，发挥了自己骑兵的优势，并灵活运用侧翼进攻战术。战斗开始时，密集的洛迪军向巴布尔进攻，为巴布尔的火器提供了极好的射击目标。巴布尔命两个火器专家操纵火器，用一道战车组成前沿防御阵地，把洛迪军牵制在一道漫长的防线上。然后命骑兵迂回到敌军侧翼，出其不意地发动攻击。受过训练的骑兵与火器的有效配合，使巴布尔获得辉煌的胜利。伊卜拉欣战死，德里被巴布尔占领。4月27日在大清真寺前，他自行宣布为莫卧儿皇帝，以德里作为他的新首都，结束了德里苏丹国在印度320年的统治，建立了莫卧儿帝国。帕尼帕特之战是一个转折点，为巴布尔征服整个印度奠定了基础。

正在狩猎的巴布尔（印度细密画）

莫卧儿王朝地域图

攻陷德里后，巴布尔仍需要对付两个方面的敌人，即占据恒河平原的阿富汗人和南方的拉其普特人。巴布尔一面派儿子胡马雍进攻东方，8个月内，势力扩张到比哈尔境内。自己则亲率大军同印度拉贾斯坦境内的拉其普特人作战。拉其普特人信奉印度教，军队骁勇善战。其首领拉那•桑伽身经百战，远远比洛迪军队强大。当他得知巴布尔入侵印度后，立即同阿富汗人结成联盟，并组织一只八万人的军队开赴前线。1527年3月，巴布尔同拉其普特同盟军在阿格拉以西地区进行决战。巴布尔发表了演说，他砸碎了金杯，对自己的部下说：“拥有荣誉，即使我死了，我也感到满足。我的身体既然属于死神，那么请让荣誉属于我。”这次演说使军队振奋起

来，经过十余小时的激烈战斗，拉其普特人抵挡不住巴布尔军的猛烈炮火，饮恨败北。1528年，巴布尔以重大代价夺取拉其普特人堡垒钱德里，尽杀守军。

巴布尔的军队

同年胡马雍在奥德被阿富汗人击败，巴布尔由德里前往奥德支援他。1529年，巴布尔取道阿拉哈巴德、贝拿勒斯（今瓦拉纳西市）、加齐帕尔，向东方进军，占领比哈尔全部。1529年5月6日，巴布尔军队在炮火掩护下，强渡阿格拉河，再次运用侧击战术消灭了盘踞在孟加拉的阿富汗人，赢得了最后一次重大的胜利，接着又回军西进，歼灭阿富汗族的反叛部落。到此时为止，巴布尔已经征服整个印度次大陆，建立了一个庞大的莫卧儿帝国。巴布尔的征服活动为后来统一、强盛的莫卧尔帝国的出现奠定了基础。

巴布尔于1530年12月26日因患疟疾卒于德里。遵照他生前愿望，葬于喀布尔。巴布尔在一生的征战中，占领了东起哥桥拉河、西至阿姆河、南起瓜廖尔、北至喜马拉雅山脉的大片领土。他的一生异常艰辛，从童年时代就天天与天斗、与地斗、与人斗了40年。他每天都在谋算着怎样进行有效的进攻、防御、转移和退却，一辈子苦苦地思索着征服他人保全自己。他利用自己过人的精力和绝顶的智慧奠定了一个庞大的帝国基业。经过一百多年的发展，莫卧儿帝国成为当时世界上最富有的国家之一。

巴布尔有较好的文学修养，能用波斯语和突厥语写很好的文章，生前曾用突厥语写有自传《巴布尔回忆录》，有较高的史料价值和一定的文学价值，1589年后被译成波斯语，1921年被译成英语。

77. 博迪阿剌克汗

博迪阿剌克汗（1520～1557，1547～1557年在位）

博迪阿剌克汗（1504～1547，1519～1547年在位），孛儿只斤氏，为北元第二十二任大汗，尊号库登大汗，达延汗次子兀鲁思孛罗特之长子。

达延汗改革蒙古旧制，借鉴了中原王朝的长子继承制，在生前已经确定了由长孙博迪台吉来继承北元大汗位，但是其三子巴尔斯博罗特利用其济农的强大势力，以博迪台吉年幼为名，篡权自立为汗。1519年（明正德十四年），巴尔斯博罗特掌握汗权两年之后，在支持黄金家族正统继承人即位的汗廷大臣、各领主的舆论压力下，巴尔斯博罗特被迫让出大汗位，博迪台吉16岁时正式即北元大汗位，在成吉思汗“八白宫”前叩头膜拜宣誓就职，夺回了本属于自己的大汗之位。

博迪阿剌克称汗后，其汗廷驻帐地由克鲁伦河流域迁徙到漠南的可可的里速一带，此地也叫大沙窝，在明朝宣府、大同以北。可可的里速的确切地理位置可以确定为今内蒙古锡林浩特以南、苏尼特右旗以东、克什克腾旗以西的广袤沙漠草原地带。博迪阿剌克汗自己直接统辖察哈尔万户。察哈尔万户历来都是北元大汗的直属部落，平时对汗廷提供生产和生活给养，战时则成为作战部队，正所谓“利剑之锋刃”。因此，察哈尔万户就成为北元政治、经济、文化的中心。北元六个万户以及科尔沁、卫拉特、兀良哈三卫地区蒙古诸部，

征讨兀良哈万户叛乱的大汗军队

均接受大汗的统一号令，各部领主定期朝拜大汗、定期向汗廷缴纳规定的贡品，遇有大汗下令各部参加的大规模战争，各部必须提供足够数量的军队及作战物资。

在博迪阿剌克汗统治时期，驻牧于不儿罕山的兀良哈万户领主发动叛乱。兀良哈人分为两部分，一部分兀良哈人按照成吉思汗大札萨的规定，他们世代的神圣职责，就是守护不儿罕山成吉思汗黄金家族的陵寝，他们成为北元时期的兀良哈万户。另有一部分兀良哈人当年被成吉思汗赐给其母亲诃额仑夫人及其幼弟斡赤斤为属民，成为后来的兀良哈三卫，他们没有参加叛乱。不儿罕山兀良哈万户的这种守护陵寝的特殊使命，使他们享有豁免权和各种优厚待遇，在历史发展的过程中逐渐强大起来。因此，不儿罕山兀良哈人往往凭借自己的地位和特权，不服汗廷约束，时常侵扰察哈尔部牧地。从1524年开始，博迪汗下令鄂尔多斯的衮必里克济农、土默特的阿勒坦汗出征兀良哈；同时，博迪汗也亲自统率察哈尔部大军征讨兀良哈万户。通过四次兴兵征讨兀良哈，于1538年终于将兀良哈万户彻底击灭，其属民大部分被瓜分到其他左右翼万户中去，一小部分兀良哈人沿着杭爱山向西和西北迁移，成为今天活动于唐努山、阿尔泰山一带的乌梁海人。因此，经过对兀良哈万户的讨伐战争，蒙古左翼实际上只剩下察哈尔和

博迪阿拉克汗在北元中后期是一位有所作为的一代大汗

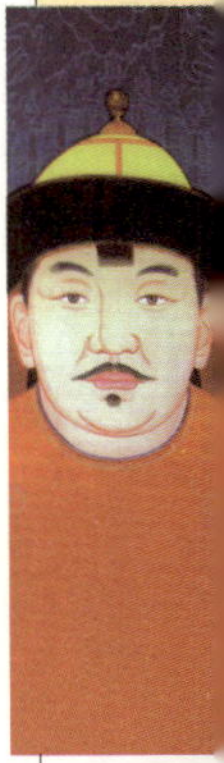

喀尔喀两个万户了，这样，蒙古六个万户只剩下了五个，但蒙古人仍然按照传统的说法自称六万户。这次战争之后，蒙古贵族领主们给博迪汗敬上了“库登大汗”的尊号。

自巴尔斯博罗特执掌右翼以来，右翼三万户势力逐渐发展壮大，大有威胁汗权之势。一次例行汗廷会议上，有大臣提出：鉴于右翼势力做大，提出遣散右翼、并入左翼的想法；博迪汗考虑再三，最终没有采取此策，而是奖惩分明，公平对待属下各部。对于右翼两首领衮必里克和阿勒坦兄弟二人在多次征讨兀良哈万户和卫拉特的战争中屡建功勋，博迪汗为了表彰他们在作战中所做出的贡献，在祭供圣祖成吉思汗的八白宫前，召集各万户领主举行隆重的授封仪式，宣布授予衮必里克“墨尔根汗”之号，授予阿勒坦“索多汗”之号。

北元与明朝积怨很深，博迪阿剌克汗带领军队多次骚扰明边。1527年2月，博迪阿剌克汗率军侵扰宣府，明参将王经战败被杀。3月，博迪阿剌克汗率军再次侵扰宣府，明参将关山战败被杀。8月，博迪阿剌克汗率数万骑兵袭扰宁夏受挫，伤亡三百余人。1528年12月，博迪阿剌克汗派军军侵扰大同，明指挥赵源战败被杀。1532年，北元提出与明朝开展互市贸易，遭到明嘉靖帝的拒绝，博迪阿剌克汗大怒，亲率10万骑兵进犯明边。衮必里克济农和阿勒坦台吉率领右翼军队跟进，至音达嘎口（厂门关）遇明军迎战，北元军三进三出，明军无人能抵挡，大破音达嘎口之明军大阵还营。

从1537年至1547年十年间，博迪阿剌克汗派北元军数十次骚扰明边。其目的之一就是为了解决物资奇缺问题。由于蒙古草原缺乏农耕经济和手工业，经济相对落后；而明朝统治下的中原地区同样是缺少牛马牲畜，农民耕作艰难。博迪阿剌克汗为了解决这一问题，多次派出使臣前往明廷交涉开展互市贸易，但屡屡遭拒。博迪阿剌克汗对明用兵就是用和平与战争两种手段来达到目的。这一目的最后由右翼首领阿勒坦汗实现了。明蒙双方经过数十年战争都损失惨重，最后终于坐下来谈判，达成了展开互市的协议，通贡互市加强了漠南蒙古草原与明朝的经济文化联系，结束了蒙古与明朝长达两百余年的战争局面，使蒙明边界呈现出一派和平繁荣的景象，谱写了蒙汉民族友好的新篇章。

1547年，北元博迪阿拉克汗于珠塔兰温都儿驾崩，年44岁。博迪阿拉克汗在北元中后期也算得上是一位有所作为的一代大汗。

78. 达赉逊汗

达赉逊汗（1520～1557，1547～1557年在位）

达赉逊汗（1520～1557，1547～1557年在位），孛儿只斤氏，北元第二十三任大汗，继承其父“库登”汗号，他是博迪阿剌克汗的长子，1547年即北元大汗位。这时的北元政局又有了很多新的特点，明朝与北元的敌对关系依然如故，但是北元内部各万户的发展态势和游牧地域却出现了戏剧性的变化。

1548年正月，阿勒坦汗的弟弟把都儿进犯辽东广宁，守将阎振战败被杀。8月，阿勒坦汗率部进犯大同，明大同守军指挥顾相等战败被杀。9月，阿勒坦汗率部进犯宣府，深入永宁、怀来、隆庆，明守将鲁承恩等战败被杀。这时，明朝总督三边侍郎曾铣，正准备按照嘉靖皇帝的圣命“欲复套”（抢夺被北元占领的河套地区）时，明朝首辅大臣严嵩向嘉靖皇帝参本弹劾曾铣，提出“掩败不报，克军饷数万”，明军一系列惨败是因为曾铣向北元军挑衅和“复套”带来的后果，嘉靖皇帝也不辨是非，将曾铣斩首。自从严嵩担任明廷的首辅大臣后，对缓和明蒙关系毫无规划。尤其对北元多次提出通贡互市要求置之不

达赉逊汗率领察哈尔部铁骑出征

理，这是北元和明朝发生军事冲突的根源。

达赉逊汗即位前后，蒙古右翼三万户在阿勒坦汗的经营下，其势力迅速发展壮大，整个蒙古高原实际上处于土默特阿勒坦汗的势力控制之下。西部到达青海和卫拉特地区，建立了土默特万户西海领地；土默特另有一部分则向东迁徙，进入到兀良哈三卫地区；北部与漠北喀尔喀接壤；南部隔明长城与明朝交界。土默特部在向东扩展中，已经与察哈尔万户和喀尔喀万户发生接触，右翼的这种发展态势已经与大汗的利益发生矛盾。达赉逊汗即位后就处于这种非常尴尬和矛盾的处境中。他经过再三慎重考虑，认为要制止阿勒坦汗的扩张行为，必然双方发生战争；为了避免蒙古人不必要的牺牲，也给右翼一个自由发展的空间，经过深思熟虑后毅然决定“东徙避之”。东迁之后的察哈尔部来到了辽东的老哈河以东、辽河以西、西拉木伦河流域及其以北的广袤草原地带。

根据史学家分析，达赉逊汗东迁的原因除了避开阿勒坦汗外，还有另外两个原因：其一，察哈尔万户的驻牧地当时在宣府、大同边外的漠南的可可的里速一带，此地就是今锡林郭勒盟浑善达克沙地，这里自然条件相对比较恶劣，不能满足大量畜群的放牧需要，远不如其后来东迁的辽东一带，那里水草丰美物产丰富；其二，辽东地区是兀良哈三卫的牧地，借

达赉逊汗时期，融洽了蒙古左右翼各部的关系，其威望也得到了提高

助兀良哈三卫与明朝的边境贸易关系可以增加供给，满足对汉地农产品、手工业品和各种物资的需求。

为了配合达赉逊汗的迁徙计划，喀尔喀万户左翼在其首领虎喇哈赤的带领下，从漠北哈拉哈河一带翻越大兴安岭向东南方向迁徙，与察哈尔部汇合，他们在这之后被称之为内喀尔喀部。一贯支持蒙古正统汗位的科尔沁部也积极响应达赉逊汗，科尔沁万户左翼首领奎蒙克也率其部随达赉逊汗南移，将统治中心由额尔古纳河流域移向嫩江流域，与北元大汗的势力紧紧靠拢，相辅而行。他们日后被称为嫩科尔沁。在东北的嫩江流域、西辽河流域的辽东地区，形成了察哈尔、内喀尔喀、嫩科尔沁三足鼎立之势。

北元社会实现暂短的“国泰民安，家族和睦”的局面

在北元左翼各部住牧地迁徙的同时，以阿勒坦汗为首的右翼势力也相继进入东部兀良哈三卫蒙古地区。永谢布部首领巴雅思哈勒率部从开平迁徙到今内蒙古赤峰巴力嘎苏台。土默特部阿勒坦汗长子辛爱黄台吉也率部迁徙到兀良哈人的驻牧地宣府边外、独石、蓟州的满套儿一带。右翼的到来，并没有与兀良哈三卫蒙古各部发生不和或冲突，更没有发生战争。兀良哈三卫在其领主恩克率领下举部归附，之后彼此互相联姻，进一步加强和巩固了他们之间的政治关系。蒙古各部在达赉逊汗的指挥下相继迁徙到新的驻牧地，其结果是达到了蒙古左右翼各部新的战略平衡，并且进一步融洽了蒙古左右翼各部的关系，也缓和了达赉逊汗同阿勒坦汗的矛盾。这个时候，北元达赉逊汗的威望也得到了提高。

达赉逊汗于1557年去世，终年38岁，在位10年。其在位期间，北元社会实现短暂的“国泰民安，家族和睦”的局面。

79. 阿勒坦汗

阿勒坦汗（1507～1582）

阿勒坦汗（1507～1582年），孛儿只斤氏，意为“黄金家族汗”，明朝称“俺答汗”。蒙古中兴大汗达延汗第三子巴尔斯博罗特的次子。北元时期蒙古土默特部著名首领、政治家、军事家、藏传佛教二次传入蒙古的倡导者。

1519年，执掌蒙古右翼的首领巴尔斯博罗特对财产和土地又一次进行了分封，阿勒坦分得了土默特万户的大部分领地，成为土默特部的最高首领。阿勒坦在执掌土默特万户以后，北元博迪阿拉克汗刚刚称汗，北方的兀良哈万户逐渐强大起来，他们经常袭击博迪阿拉克汗的领地，对汗权构成严重威胁。博迪阿拉克汗几次派遣阿勒坦等率右翼大军征讨兀良哈万户，最终使兀良哈万户溃败投降。阿勒坦又奉命多次征讨西部蒙古卫拉特部的战争挑衅，屡建功勋。阿勒坦

美岱召阿勒坦汗壁画

阿勒坦汗及部众来到了青海湖及其周围广袤的草原

控制着东起宣化、大同以北，西至河套，北抵戈壁沙漠，南临长城的广大地区。博迪阿拉克汗为了表彰阿勒坦在维护汗权和作战中所做的贡献，宣布授予阿勒坦“索多汗”之号，阿勒坦荣获索多汗封号之后，在蒙古各部众中的威望大大提高。

16世纪中期，阿勒坦汗还曾经四次西征青海，出征青海的初衷是彻底征服被达延汗击败后逃居青海的亦卜剌与满都赉残部，与此同时也收服了散居在青海的蒙古及青海湖周围的其他土著部落。阿勒坦汗看到了美丽富饶的青海湖及其周围广袤的草原，他深深地爱上了这片土地。虽然阿勒坦汗西行之后回到土默特，但他还是把儿子丙兔台吉及部分部众留在了青海，他的侄孙、鄂尔多斯的宾兔台吉则占据了甘肃北部松山地区。从此，以青海湖为中心的广阔草原成为蒙古的新牧场。右翼蒙古人长期留居青海，活跃了七十余年。阿勒坦汗在青海的活动的另一个重要的成果是沟通了蒙古与西藏中断了两百余年的联

仰华寺会晤（任成达创作）

系，为藏传佛教进入蒙古地区打下了基础，同时也揭开了蒙古介入西藏各派政教势力纷争的序幕。

蒙古人与明朝的对立关系长达两多年，积怨甚深。明朝拒绝与蒙古互市，蒙古地区物资奇缺，经济落后；而明朝统治下的中原地区同样是缺少牛马牲畜，农民耕作艰难。阿勒坦汗曾经率领大军多次袭扰中原，成为明朝政府的心头之患。尽管如此，阿勒坦汗早有心愿希望与明朝停战议和，开展互市贸易，以便取得蒙古人所需的各种生活物品。从1543年开始，阿勒坦汗用和平与战争两种手段，不断要求明朝开放关市互通有无。阿勒坦汗曾经连续九年派出使臣进北京议和，却遭到明朝政府的严词拒绝，还有两次使者被杀。阿勒坦汗在无奈之下，于1550年8月率部攻入长城，占领了古北口、密云、怀柔、顺义，自通州包围北京城，并攻入了安定门。明朝嘉靖皇帝大惊失色，蒙古军队威震大明朝首都。阿勒坦汗在军事胜利的情况下，遂释放善意，放掉俘虏，并派使者说明通贸和好之意，在大兵压境之下明朝不得不暂时允诺阿勒坦汗的条件，开关互市；蒙古大军随后撤兵。但是明朝不久又出尔反尔，闭关停市。这段历史史称“庚戌之变”。

1570年（明隆庆四年），阿勒坦

汗的嫡孙把汗那吉因为家庭矛盾激化而投向明朝，明以此为契机，重开明蒙谈判之门，终于达成了开展互市贸易的协议。阿勒坦汗也被明朝隆庆皇帝封为“顺义王”。明蒙双方终于停止对抗，走向合作。明朝在宣府到甘肃一线向蒙古开放11处马市。土默川盛产的牛、羊、马匹、木材、裘皮，换回了内地的布匹、棉花、茶叶、农具和日用百货。从1571年（明隆庆五年）到明末的六七十年间，从蒙古输送到中原地带的马匹就有三百多万匹，其他畜产品不计其数。蒙古地区也得到了需要的农产品和手工业品。自此明蒙边境数十年无大冲突。通贡互市加强了漠南蒙古草原与明朝的经济文化联系，结束了蒙古与明朝长达两百余年的战争局面，使蒙明边界呈现出一派和平繁荣的景象，谱写了蒙汉民族友好的新篇章。

土默特蒙古人最初来到土默川的时候，这里是山青水秀牧草丰美，但人烟稀少，蒙古族人民仍然过着逐水草而居、无固定住所的游牧生活。阿勒坦汗看到了这一点，为恢复、发展土默川的经济，做了大量的工作。首先，为了维护社会稳定，保障生产发展，他制定了《阿勒坦汗法典》，其中许多条文是针对畜牧业生产的。另外，在与明朝通好之前，为了突破明朝的经济封锁，解决单纯游牧经济难以自给自足的问题，阿勒坦汗决定在土默川

蒙明开展互市贸易

发展农业生产。发展农业生产的关键所在是农耕技术问题。蒙古人是马背民族，不通农耕；为了解决这一问题，阿勒坦汗决定引入汉族农民、引进农业技术、开垦耕地，种植黍、糜、谷等作物。明朝末年，山西、陕西、河北的贫苦农民和手工业者，因不堪忍受明朝官吏的压迫和地主豪绅的剥削，背井离乡流落到土默川；另有大批明朝士兵苦于上级官吏虐待，先后发动兵变，许多士兵“北走俺答诸部”；1551年（明嘉靖三十年）以后，被明廷通缉的一些白莲教领袖和教徒，陆续逃亡出塞，在土默川避难；阿勒坦汗丝毫没有歧视他们，也没有担心汉族人的到来会对他的统治

俺答封贡（张玉）

造成威胁和影响，而是给予他们优厚的生活保障和良好待遇，这说明阿勒坦汗收留容纳他们，完全是出于土默川经济发展和社会进步的考虑并显示出蒙古人真诚善良、热情好客的秉性，表现了阿勒坦汗作为一个政治家的博大胸怀和深远谋略。

随着经济的发展，在1572年，阿勒坦汗做出一项重大决策，要在土默川的大青山以南，仿照过去元大都的

坐落在呼和浩特大召寺广场上的阿勒坦汗铜像

风格修建一座草原都市。阿勒坦汗开始了艰苦的建城工程。他大智大勇地派人到明朝边境地区招募大批木工、泥瓦匠、画工、铁匠等工匠，并亲自参加指导工程的设计和监督施工。明朝政府也为了表示友好，在技术人才和建筑材料上也给予很大援助。1575年，经过近四年的建设，草原城市呼和浩特（史书称“库库和屯”意为青色的城）拔地而起，城内车水马龙、人声鼎沸、一派欣欣向荣的景色。1581年，阿勒坦汗还续建了周长20里的呼和浩特外城，并兴办草原手工制造业，使城市人口逐年增多，这座草原城市具备了更大的规模。后来呼和浩特城逐渐成为蒙古草原的政治、经济、军事、文化中心，成为一个闻名塞外的历史名城。

阿勒坦汗西征青海后还重建了蒙藏关系。在元朝，西藏萨迦派佛教首领八思巴担任国师，代表元朝管理西藏。元朝退居漠北后，蒙藏联系基本中断。阿勒坦汗为提高自己的政治地位，谋求与西藏宗教领袖建立密切的联系。1578年，阿勒坦汗率领土默特右翼贵族及部众八万余人来到青海，

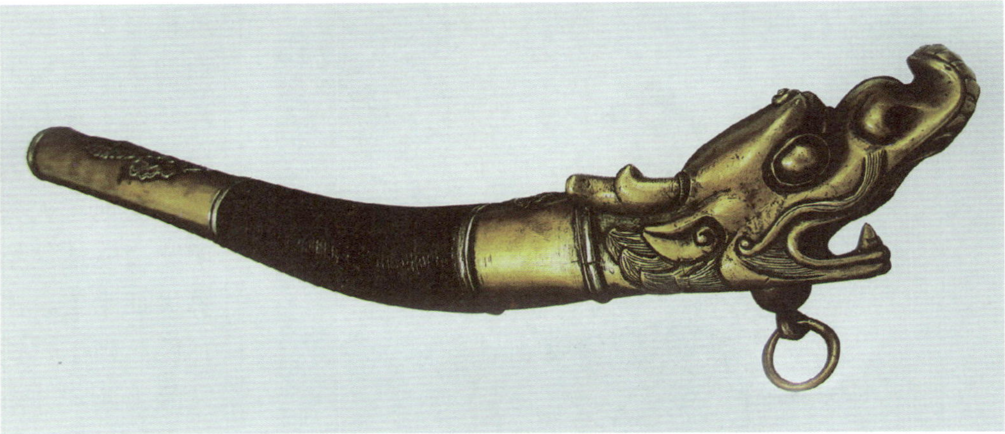

狮子头号角

与格鲁派藏传佛教领袖索南嘉措在青海湖畔的仰华寺举行会谈，阿勒坦汗十分欣赏和崇尚格鲁派藏传佛教教义，带领蒙古部众正式接受了格鲁派藏传佛教，使藏传佛教在蒙古草原得到传播。与此同时，阿勒坦汗赠封索南嘉措“达赖喇嘛”称号，“达赖”是蒙古语大海之意，“喇嘛”是藏语大师之意。索南嘉措非常珍惜“达赖喇嘛”这一封号，往前追认了两世，因而自己就成了达赖三世。从此藏传佛教最高活佛才有了“达赖喇嘛”的称谓。索南嘉措回赠给阿勒坦汗“咱克喇瓦尔第彻辰汗”称号，意为“聪明睿智之汗王”，时隔75年以后，清世祖福临于1653年（清顺治十年），正式册封达赖五世罗桑嘉措为“达赖喇嘛”，承认达赖在西藏的政治和宗教地位。

阿勒坦汗加封“达赖喇嘛”的意义十分重大，从此使西藏地区进一步与蒙古地区和明朝、清朝加强了联系，为以后中国统一的多民族的国家形成创造了条件。也为达赖喇嘛掌领西藏地方政教大权、成为藏传佛教的精神领袖打下了基础。阿勒坦汗带领蒙古右翼信奉佛教以后，土默川地区召庙林立，僧众云集，并逐渐扩展到整个蒙古地区。藏传佛教在蒙古地区广泛传播，使得蒙藏两族文化相互交融，也为蒙古人带来了藏族的绘画、雕刻、建筑、音乐、医药、文学、哲学等艺术门类和知识。

80. 三娘子

三娘子（1550～1612）

三娘子（1550～1612），蒙古名“钟金哈屯”，卫拉特土尔扈特部人。土默特部阿勒坦汗出征卫拉特时，与土尔扈特部联姻，钟金哈屯遂嫁与阿勒坦汗为妻。她多年协助阿勒坦汗，尤其在阿勒坦汗晚年多病时，代替执政。1582年阿勒坦汗去世后，三娘子主政掌兵达三十年之久，保持了与明朝的和平通贡互市关系。

三娘子主政掌兵达30年之久，保持了与明朝的和平通贡互市关系

出生在土尔扈特贵族家庭的三娘子天生丽质、聪慧过人。她饱读诗书，性格豪爽，擅长歌舞骑射。成人后，她能文能武、胸襟开阔、通达事理，深受民众的喜爱。有关史籍记载说她“幼颖捷，善番书，黠而媚，善骑射”。后来，土尔扈特部与阿勒坦汗联姻，20岁芳龄的三娘子嫁给了阿勒坦汗，成为王妃。从此，三娘子被推上了施展才华的广阔舞台。

三娘子出嫁之时，正值明朝政府与塞外蒙古的关系极度紧张时期。由于明蒙多年积怨，双方经常兵戎相见，边境百姓民不聊生。明朝多次拒绝阿勒坦汗有关“通贡互市”的要求，对蒙古实施贸易制裁，又杀死了阿勒坦汗派往明朝的使者。阿勒坦汗在无奈之下，于1550年8月率部攻入长城，占领了古北口、密云、怀柔、顺义，自通州包围北京城，并攻入了安定门。明朝嘉靖皇帝大惊失色，其军队10万人马惧怕应战，蒙古军队威震大明都城。阿勒坦汗在军事胜利的情况下，遂释放善意并放掉俘虏，又

派使者进入北京城内说明通贸和好之意，在大兵压境之下明朝不得不暂时允诺阿勒坦汗的条件，开关互市，蒙古大军随后撤兵。但是明廷不久又出尔反尔，闭关停市，再次挑起战端。经过二十多年连绵不断的战争，双方损兵折将，人民流离失所，农牧业生产萧条。面对这种剑拔弩张的严峻形势，三娘子以其聪明才智力排众议，积极说服阿勒坦汗，主张与明朝政府和好。阿勒坦汗也不得不重新审视与明朝的关系。

1570年，阿勒坦汗的嫡孙把汗那吉因为家庭矛盾激化而投向明朝，明廷授予把汗那吉指挥使官衔，并以此为契机，重开明蒙谈判之门。次年3月，经过阿勒坦汗和三娘子的不懈努力，双方终于宣布休兵罢战，化干戈为玉帛，实现了通贡互市。与明朝政府实现通贡互市之后，塞外草原上的几千里边境地带很快出现了一派祥和、安定、繁荣的景象。史籍中对此评价道：“朝廷无此后顾之忧，戎马无南牧之儆，边民无杀戮之残，师旅无调遣之劳。”此后，三娘子积极维护与明朝的友好和贡市关系，使得蒙汉人民可以自由贸易，蒙古诸部落对她更是口服心服，甘愿受其约束。每当互市时，常常出现两族人民“醉饱讴歌，婆娑忘返”的情景。后来，明朝政府封阿勒坦汗为“顺义王”，封三娘子为“忠顺夫人”。

随着经济的发展，在1572年，阿勒坦汗做出一项重大决策，要在土默川仿照过去元大都（现在的北京城）的风格修建一座草原都市。阿勒坦汗和三娘子共同主持修建一座名叫呼和浩特（史书记载为“库库和屯”）的城池。有记载说，呼和浩特城进入施工阶段后，三娘于是主要的主持者。1575年，城池建成，这座城池模

三娘子主政期间，明蒙互市贸易继续繁盛

美岱召三娘子壁画

仿元大都式样，修建有多座城楼和琉璃金銮殿，明廷赐名为“归化城”。1578年，阿勒坦汗与三娘子来到青海，赠封藏传佛教高僧索南嘉措“达赖喇嘛”称号，并许愿回去后，与三娘子共同主持修建弘慈寺，也就是现在的呼和浩特大召寺。在修建呼和浩特城时，阿勒坦汗已经进入老年，并且疾病缠身，因此，三娘子积极辅佐丈夫处理各种政务。1581年，在三娘子的主持下，又续建了周长20里的呼和浩特外城，使城市人口逐年增多，这座草原城市具备了更大的规模。呼和浩特逐渐成为蒙古草原的政治、经济、军事、文化中心，也成为一座闻名塞外的历史文化名城。由于这座城市的城墙全部用青砖砌成，在北面大青山的映照之下，远远望去一片青色。因此，“青城”之名便由此而来。后世之人为了纪念三娘子，将呼和浩特城也称为“三娘子城”。

1581年，阿勒坦汗去世，三娘子立即将这一消息呈文告知明廷，并送去白马9匹，镀金撒袋各1幅、弓1张、箭15支，以表示继续保持明蒙友好。明廷也立即派遣使者携带厚礼前来祭吊阿勒坦汗，三娘子当时以主人的身份答谢明朝使者。三娘子从此开始执掌兵权。此时，阿勒坦汗的长子辛爱黄台吉依照北方草原传统的收继婚旧俗，想娶继母三娘子为妻。对此，当时已经32岁的三娘子起初强烈反对，并因此率领阿勒坦汗生前赐给她自卫的1万精骑出走。明朝廷深悉此事件的严重性，便急速派大臣郑洛前去劝说三娘子。三娘子为了顾全大局，最终同意与辛爱黄台吉成婚。随后，明朝政府封辛爱黄台吉为“顺义王”，三娘于再次被封为“忠顺夫人”。

1612年三娘子病逝。三娘子的一生以其难以想象的毅力，坚定地执行了阿勒坦汗的各项政策，使他的事业得以延续，维护了土默特部的统一和繁荣。她主政的三十多年，是明朝与蒙古最为安定的三十多年，是长期战乱后人民安居乐业、休养生息的宝贵三十多年。正因为如此，她的名字，她的业绩在蒙、藏、汉各民族中久久传诵，人们敬仰她，怀念她。

81. 图们汗

图们汗（1539～1592，1557～1592年在位）

图们汗（1539～1592，1557～1592年在位），孛儿只斤氏，北元第二十四任大汗，号札萨克图汗，《明史》称土蛮汗，达赉逊汗长子，其汗廷驻于“阿力素”之地（今辽宁松岭山脉之北）。图们汗在北元时期号令严明，政绩卓著，在位时间长达35年，是一位很有作为的大汗。

图们汗即位后，正是其父达赉逊汗率领察哈尔、内喀尔喀、嫩科尔沁迁徙到辽东的辽河、嫩江流域及其以北的广袤草原新牧场之时，他们避开了由于蒙古右翼的发展壮大而对左翼的威胁，使蒙古左右翼都具备了各自生存发展的空间，各部处于新的战略平衡状态，彼此相安无事，各方都得到了长足的发展。其中阿勒坦汗的长子辛爱黄台吉、阿勒坦汗的弟弟永谢布部首领巴雅思哈勒与阿勒坦汗政见不尽相同，他们二人十分尊重图们汗，在很多政治和军事活动中积极配合大汗的行动。但是图们汗作为整个蒙古北元大汗，毕竟由于右翼首领阿勒坦汗的强势，使得北元汗廷对蒙古右翼的影响力相对减弱。

图们汗在北元时期是一位很有作为的大汗

由于明朝和蒙古彼此军事对峙多年，积怨很深，北元为了解决物资的短缺，利用军事手段迫使明朝开放互市贸易。1550年，阿勒坦汗率军在攻入北京的安定门，直接威胁明朝都城，发生了史称“庚戌之变”后，明朝迫于军事压力一度允诺开关互市，但是不久之后又出尔反尔，蒙古大军撤兵后明朝又闭关停市，明朝这种背信弃义的做法遭到了北元大军更强烈的军事攻击，明军又重蹈覆辙，对蒙古进行“捣巢”军事活动。在这种情况下，明蒙双方多次相互用兵。从1560年至1570年10年间，图们汗曾多次率蒙古左翼和嫩科尔沁等部对明朝用兵，给明朝的辽东一带造成了很大的威胁，阿勒坦汗更不甘示弱，数十次抢掠明边，明蒙的战争给双方的百姓造成了极大的损失。

在图们汗的统治下，蒙古曾经呈现出一派和平繁荣的景象

1570年（明隆庆四年）发生了一起改变战争状态的契机，阿勒坦汗的嫡孙把汗那吉因为家庭矛盾激化而投向明朝，迫使明蒙重开谈判之门。经历数十年征战、各自损兵折将的双方，经过诚挚的谈判，终于达成了展开互市贸易的协议。阿勒坦汗也被明朝隆庆皇帝封为“顺义王”。明蒙双方终于停止对抗，走向合作。明朝在宣府到甘肃一线向蒙古开放11处马市。从1571年（明隆庆五年）到明末的六七十年间，从蒙古输送到中原地带的马匹就有三百多万匹，其他畜产品不计其数，蒙古地区也得到了需要的农产品和手工业品。通过互市贸易，加强了漠南蒙古草原与明朝的经济文化联系，使蒙明边界呈现出一派和平繁荣的景象。

1576年，图们汗已经38岁，积累了18年的从政经验。为了加强汗廷对蒙古左右翼各万户的领导，消除各部首领彼此间的不和谐，加强汗廷的统治力度，他果断地对汗廷的领导体制进行了重大改革，决定在汗廷施行内阁制，将祖宗已经施行近四百年的大汗一人决策，变更为由几个万户领主共同组成的内阁集体领导体制。图们汗隆重的组织了六万人参加的忽里勒台（大会），宣布改革措施和内阁成员的任命。图们汗任命察哈尔万户阿穆岱洪台吉、内喀尔喀巴林部首领伟征苏巴海、鄂尔多斯万户库图克台彻辰洪台吉、永谢布万户诺木达喇诺

延、土默特万户扯力克洪台吉为内阁成员。其中，库图克台彻辰洪台吉为“首席札萨克（相当于总理）”。图们汗的这一明智举动，得到了蒙古左右翼的普遍欢迎，因而蒙古各部为图们汗敬上了“札萨克图汗”尊号。这一项重要政治改革，使北元汗廷的面貌焕然一新。

执法虎头大印

与此同时，图们汗还不失时机地进行了财政、税收方面的改革。图们汗对蒙古社会实行多年的纳贡兼摊派的赋税徭役制度进行了改革，决定向归附北元的女真部珠尔齐特、额里古特、达吉忽尔（达斡尔）三个部落征收税赋。还在辽东地区征招汉族农民种地，解决粮食问题。汗廷还颁布了《图们汗法典》，其内容广泛：一、使者、官差事；二、出征、战阵事；三、追捕、逃亡事；四、打架、斗殴、人身伤害、人命事；五、婚姻嫁娶、治奸事；六、埋葬、治盗事；七、遗产分配、财产继承事；八、牧养、涉猎事；九、诺延与平民关系事；十、敬上、禁忌事；十一、听讼、判刑事；十二、证人、设誓、服法事；等等。这是继《成吉思汗大法典》后的又一部重要法律文件，对规范北元蒙古社会的行为准则和稳定社会秩序起到了重要作用。法典颁布后，下达蒙古各部遵照执行。

在图们汗执政期间，蒙古社会又发生了一件影响蒙古历史进程的大事，这就是蒙古族整体皈依藏传佛教。起因是土默特首领阿勒坦汗进入青海后，重建了蒙藏关系。在元朝，西藏佛教领袖八思巴担任元朝国师，忽必烈汗及朝廷上层在其影响下开始信奉佛教，但是在蒙古百姓中没有得到普及。北元后蒙藏联系基本中断，蒙古百姓又恢复古老的信仰“长生天（萨满教）”。1578年，阿勒坦汗率领土默特右翼贵族及部众八万余人来到青海，与藏传佛教格鲁派领袖索南嘉措在青海湖畔的仰华寺举行会谈，阿勒坦汗封索南嘉措为“达赖喇嘛”，他带领部众正式接受了藏传佛教。从此，藏传佛教在蒙古草原迅速传播，在短短的几十年里使蒙古民族成为信奉藏传佛教的民族。

1592年，北元图们札萨克图汗驾崩，在位35年，年54岁。在他统治时期，蒙古大汗权威和社会有了复兴的曙光。

82. 布延汗

布延汗（1556～1604，1592～1604年在位）

布延汗（1556～1604，1592～1604年在位），孛儿只斤氏，北元第二十五任大汗，号彻辰汗，图们汗的长子，汗廷驻帐辽东。在他统治时期，大汗的权威再度衰落，北元又处于新的割据时代。

布延汗即位后，根据《蒙古黄金史》记载，“获得昔日岱总可汗（脱脱不花汗）遗失的玉玺”。布延汗虽然重新获得了在北元战乱中曾经一度丢失的元朝传国玉玺，他又继承了北元汗统，但是却政绩平平，没有太多的作为，只能维持现状。布延汗在位的12年里，蒙古高原和中华大地正处于重大社会变革和改朝换代的前夜。这个时期，各部落集团又面临着重大的政治组合，东蒙古各部又开始处于新的封建割据时代，周边环境也发生了很多重大变化。

努尔哈赤兼并其他女真部落，后金崛起

在图们汗统治时期，科尔沁部控制了松花江、嫩江流域的女真、锡伯、卦尔察、赫哲、达斡尔、鄂温克等少数民族部落，科尔沁部成为这一地区的实际统治者。16世纪末叶，建州女真部在其首领努尔哈赤的多年经营下迅速崛起。布延汗即位后的1593年，努尔哈赤开始兼并其他女真部落。首先攻击的是科尔沁控制下的东海女真扈伦四部，这损害了科尔沁的切身利益。科尔沁首领翁果岱携子奥巴与扈伦四部组成联军，向努尔哈赤发动了“古勒山战役”。由于准备不充分导致联军失败，这次战役改变了辽东地区的政治格局。至此，努尔哈赤在统一女真各部的道路上又前进了一大步。而科尔沁失去了他们所控制的扈伦四部后，其影响力开始减弱。科尔沁为

布延汗出示传国玉玺，试图以此号令诸部，加强大汗权威

了保卫自己的边疆和利益，与努尔哈赤又发生过多次的战争。努尔哈赤历时二十余年征伐，统一了松花江流域和长白山以北的女真诸部。于是，在辽东的女真族由北元时代蒙古的附庸变为蒙古政治和战略上的对手。

由于努尔哈赤取得一系列胜利，其威望逐渐增高，迫使蒙古各部与他开始交往。1594年，科尔沁左翼首领明安及内喀尔喀巴约特部首领老萨首先派遣使臣与努尔哈赤通好。努尔哈赤在十几年与蒙古各部的交往中逐渐认识到蒙古的强悍和巨大的政治影响力，认为用军事力量是不能征服蒙古的，遂采取了政治联姻手段，拉近女真族与蒙古族的关系，积极主动地与蒙古贵族联姻和亲。蒙古台吉们也不得不改变观念，与女真人建立起亲密友善的联姻关系。但是科尔沁、内喀尔喀与努尔哈赤建立关系不过是权宜之计。当他们的重大政治、

经济利益受到损害时，不顾政治婚姻的约束，很快又兵戎相见。布延汗对于科尔沁、内喀尔喀与努尔哈赤的联姻很不悦，因此与科尔沁、内喀尔喀逐渐产生了隔阂，相互关系渐行渐远。

马镫

阿勒坦汗1582年去世，当年与明朝通贡所建立的融洽关系随着年代的久远逐渐疏远，明蒙矛盾有加深的迹象。1594年，鄂尔多斯万户领主博硕克图济农率兵进犯延绥，明延绥总兵官麻贵率兵抵御；同年，内喀尔喀的乌齐叶特部首领炒花，率兵进犯辽东，被明辽东总兵官董一元击退；兀良哈部首领长昂率部犯中后所，攻入小屯台，遭到明副总兵赵梦麟、秦得倚等全力抵御后退却；1595年，地处青海的永谢布部犯西宁，后遭明军抵抗损失部众683人；同年，鄂尔多斯部犯甘肃，遭到明总兵官杨睿的抵御。从上述明蒙双方的战事来看，明显看出北元对明朝的军事出击完全处于无序和缺乏统一指挥状态，这彰显布延汗的权威衰落，蒙古左右翼各部自行其是，处于割据状态。

布延汗在位期间，唯一青史留名的两件事是：布延汗获得了一度丢失的元朝传国玉玺后，为了弘扬大汗的权威，在汗廷召集大臣和蒙古各部首领的大会上，出示国家最高权力象征——传国玉玺，试图以此号令诸部，加强大汗权威。但是，面对新的内外形势和各部的割据势力，仅靠这些措施是收不到明显效果的。另外一件事是1598年，辽东总兵官李如松率兵出境入塞北立功心切。此人在朝鲜战场上曾经大显身手战败日军，在明军统帅中很有名气。布延汗得到信息后，亲率大军在明军进军途中设伏。李如松凭借多年战争经验，骄兵无虑，进入布延汗设的伏击圈，结果兵败被杀。布延汗杀死明辽东巡抚李如松，一度名声大振。

1604年，布延汗驾崩，享年49岁，在位12年。

83. 林丹汗

林丹汗（1592～1634，1604～1634年在位）

林丹汗（1592～1634，1604～1634年在位），孛儿只斤氏，本名林丹巴图鲁，汗号为呼图克图汗，是蒙古第三十五任大汗，也是蒙古末代大汗。布延彻辰汗去世后，13岁的长孙林丹继承汗位。即位后初信黄教，后改宗红教，并兴建了都城察汉浩特（今内蒙古赤峰阿鲁科尔沁旗）。

1604年，14岁的少年林丹踌躇满志地登上了蒙古大汗位。这时，蒙古内部正处于分裂割据、战乱不息的年代，外部则处于女真族崛起，向外扩张的时期。林丹汗目睹时局，立志要继承祖先开创的基业，顺应人心，重新建立一个统一的蒙古。在他继位十年之后，其势力已发展到一定的程度。从1612年开始，林丹汗连年进攻明朝辽东边境，要求建立贸易关系，曾一度攻陷广宁。在战争中他的威望不断提高，被明朝视为蒙古的“名王”。自此，林丹汗声威大震，军事势力越来越强，实实在在成为蒙古各部“共主”，其号召力也日益提高。

1617年，林丹汗在西藏红教沙尔巴呼图克图喇嘛的劝说下，由黄教（格鲁派）改宗红教。此时黄教在蒙古经过数十年的传播，已经根深蒂固，林丹汗突然改宗，无疑加剧了信奉黄教的蒙古诸部对大汗的离心力，对林丹汗统一蒙古的事业产生不小的阻碍。

林丹汗所信奉的红教教祖唐卡

这个时候，东北地区的女

察哈尔蒙古铁骑

真族强盛起来，其首领努尔哈赤统一了女真各部，于1616年称汗，建立“后金”政权，对林丹汗与明朝均构成巨大威胁。努尔哈赤一直在挖蒙古的墙角。努尔哈赤称汗前后，科尔沁、内喀尔喀等部便与努尔哈赤联姻。1618年，努尔哈赤发动侵明战争，辽东岌岌可危。这时，明朝想到了林丹汗。明朝摒弃前嫌，从国库拿出4000两白银（翌年提高为40000两），拉拢林丹汗与其结盟。在与明朝结盟之后，林丹汗于1619年10月遣使携国书出使后金，林丹汗以“四十万蒙古国之主巴图鲁成吉思汗”自居，蔑称努尔哈赤为“水滨三万女真之主”，警告努尔哈赤不得进犯广宁，努尔哈赤斩杀了林丹汗的使节，后金与林丹汗的关系宣告破裂。

1621年春，后金占领了沈阳和辽阳。林丹汗获悉该情报后，曾令大臣锡尔呼台吉率领2000骑兵前往沈阳援助明军，但沈阳已经失陷，担心努尔哈赤的援兵前来增援，虚晃一枪便撤回蒙古本土。努尔哈赤得到了沈阳和辽阳以后，图谋进占广宁。当时明朝广宁巡抚是王化贞，他非常信赖林丹汗，以为林丹汗能出兵40万相助，并对林丹汗许下一万两银子的嘉奖。1622年正月，努尔哈赤大举进攻广宁，王化贞仓皇弃城逃窜。林丹汗先出动一万军队援广宁，还有两万军队因雪阻未至，但此时广宁已经失陷。

广宁之战后，后金对明朝的攻势暂时停止，而蒙古内部矛盾逐渐凸显。内喀尔喀与后金通婚、互相联络密切，引起了林丹汗的疑心。他严厉指责大臣锡尔呼台吉管束不力，甚至怀疑他暗中与努尔哈赤已有联系，准备对锡尔呼台吉和其他诸台吉采取必要的措施。这反而加速了蒙古内部的分化。本来从林丹汗皈依红教后，蒙古诸部已与林丹汗已经貌合神离，开始自行其是了。1622年2月，锡尔呼台吉与林丹汗发生分歧，遂率领三千多户，投奔辽阳城，归顺了努尔哈赤。受其影响，1623年正月，内喀尔喀又有四位台吉也各率所属部众投奔了后金。

面临来自蒙古内部的危机，林丹汗顾不得与后金的交恶，制定了攘外必先安内的方针。他的当务之急是解决蒙古诸部各自为政的问题，完成统一大业。当时，内喀尔喀五部为了自身的利益，游走于林丹汗、后金和明朝之间，努尔哈赤要求内喀尔喀断绝与林丹汗的关系，遭到反对；所以努尔哈赤于1623年4月对内喀尔喀发动惩罚性攻击，杀死了对后金的强硬派——扎鲁特部台吉昂安。内喀尔喀五部盟主卓里克图派人找林丹汗，希望一起报仇，但林丹汗并未响应。这反映了林丹汗不再正面对抗后金、转而致力于“安内”的策略，这使内喀尔喀部众对林丹汗失去了信任。

林丹汗要统一蒙古，不顾同族情谊，却在蒙古内部采取了“服从者

林丹汗兼并蒙古各部的战争

养之，拒敌者被杀”的政策。其中奥巴台吉率领的科尔沁部与林丹汗的关系最为紧张，同时与后金的来往日益密切；到1624年，干脆抛弃林丹汗，与努尔哈赤结盟。因此科尔沁在林丹汗的统一大业中首当其冲。1624年11月，林丹汗率军征讨科尔沁，奥巴不敌，急忙派人向后金告急。努尔哈赤亲率军驰援，林丹汗得到后金出援的消息后，不愿与后金正面交锋，于是匆忙撤退，科尔沁之围遂解。1626年春，后金在宁远之战失败（努尔哈赤在此战中受重伤）后怨恨内喀尔喀暗助明朝，第二次讨伐内喀尔喀，其首领卓里克图败走西拉木伦河时遇到林丹汗，林丹汗严厉责备卓里克图对自己不忠，并趁机兼并了他的余部。1626年8月，努尔哈赤死，皇太极继承后金汗位，当年10月，皇太极第三次讨伐内喀尔喀，林丹汗再度趁火打劫，攻击内喀尔喀残部，内喀尔喀五部在后金和林丹汗的夹击下土崩瓦解，只剩下了巴林部和扎鲁特部。

在青海大草滩病榻中的林丹汗

在科尔沁部已投入后金阵营、内喀尔喀五部覆灭的情况下，皇太极开始向林丹汗的属下渗透。察哈尔部中的奈曼和敖汉鄂托克夹在林丹汗和皇太极势力之间，他们为缓解两者间的对立关系，甘愿充当调停者角色，于1627年初派绰尔济喇嘛去沈阳与皇太极议和。皇太极不仅暗示两鄂托克归顺后金，还要求直接与林丹汗通使。林丹汗知道了自己的两个鄂托克与后金联络的事实后，不但没有理解他们的良苦用心，反而讨伐奈曼、敖汉，

这两个鄂托克不堪林丹汗的压力，于1627年6月弃林丹汗归附后金。

林丹汗在严重的态势下，选择了西迁之路。他的西迁有三个原因：首先是因为他在左翼已众叛亲离，再加上后金兵锋正盛，采用避让策略；其次是利用右翼力量薄弱之机，兼并诸部，恢复他蒙古大汗的共主地位；第三是兼并右翼后，将明朝给右翼的丰厚“市赏”据为己有。1627年10月，林丹汗以多罗特鄂托克留守故地，亲率数万众西迁。

右翼诸部果然不是林丹汗的对手，林丹汗以秋风扫落叶之势击溃了驻牧于宣府边外的喀喇沁部和归化城土默特部，很快在右翼立足。林丹汗在1628年底平定右翼地区，驱逐了土默特部首领俄木布，并废除了济农额璘臣，结果右翼诸部相继归附后金。另一方面，留守于辽河地区的察哈尔部也开始瓦解，不仅奈曼、敖汉两鄂托克投靠后金，浩齐特、乌珠穆沁、苏尼特三鄂托克则北上投奔漠北外喀尔喀。林丹汗仅据有宣府边外以西的河套和土默川一带。

皇太极看到机会已到，决定发动对林丹汗的决战。1632年4月，皇太极远征林丹汗，传令归顺后金的科尔沁、扎鲁特、巴林、奈曼、敖汉、喀喇沁、土默特、阿鲁科尔沁、翁牛特、阿苏特等部的台吉率兵会于西拉木伦河岸，总兵力约十万。此时，镶黄旗两个蒙古人偷马逃出，将大军压境的消息报告给林丹汗。当时林丹汗驻帐于宣府边外，听说后非常震惊，于是率众西奔。皇太极分兵三路穷追林丹汗41天，5月末追至呼和浩特，隔黄河与鄂尔多斯相望。林丹汗在鄂尔多斯成吉思汗陵前举行庄严的仪式，宣称自己为全蒙古的“林丹巴图鲁汗”，遂带领察哈尔和裹胁的部分鄂尔多斯、土默特部众，西渡黄河至大草滩（现甘肃天祝藏族自治县）。林丹汗经此沉重打击，元气大伤，皇太极得知林丹汗已南渡黄河而去，停止追击，经宣府、张家口返回，途中收拢了林丹汗溃散的部众数万人，也编入了蒙古八旗。

林丹汗在大草滩永固城一带驻扎。此时，一向坚决支持林丹汗事业的漠北喀尔喀确图台吉（土谢图汗部），于1634年初，率所部四万之众，直奔大草滩与林丹汗会合。林丹汗和确图台吉通过与红教的关系，与西藏的藏巴汗和西康地区的白利土司建立了联系，以争取到新的盟友，妄图等待时机，重整旗鼓，准备东山再起。然而林丹汗不幸于1634年病逝于青海大草滩，时年仅43岁。林丹汗为维护蒙古民族的独立与统一，坚持抗清斗争近三十年，可以算得上是蒙古民族杰出的英雄。

84. 萨冈彻辰

萨冈彻辰（1604～？）

萨冈彻辰（1604～？），孛儿只斤氏，是蒙古族17世纪著名的历史学家，著有《蒙古源流》。他出身于鄂尔多斯部成吉思汗“黄金家族”。11岁袭曾祖父的彻辰洪台吉尊号。自17岁在鄂尔多斯博硕克图济农手下任执政大臣，此后从政。萨冈彻辰曾积极支持林丹汗安定蒙古内部，一致对外，抗击后金的政策。林丹汗统一蒙古无望，他弃政返乡。30岁以后，开始致力于蒙古历史研究，撰写《蒙古源流》一书。

萨冈彻辰是蒙古中兴之主达延汗后裔，1604年(明万历三十二年)出生于今鄂尔多斯乌审旗沙尔勒克苏木伊克沙布尔台。萨冈彻辰洪台吉很早就开始了他的政治生涯。11岁时，根据世袭制度，被授予洪台吉封号。1621年(明天启元年)，年仅17岁时就进入大臣之列，成为鄂尔多斯万户三代表之一，与土默特万户的代表等共议漠南蒙古政事。是年，蒙古派往明朝榆林的60名谈判代表被明军所杀。为此，鄂尔多斯、土默特等部出兵10万大军，与明朝征战一年多，于1622年(明天启二年)停战。为签订和平谈判协约，蒙古方面又派了萨冈彻辰等六名使臣赴明朝榆林城，与明廷代表谈判。萨冈彻辰积极主张双方停止敌对、安定边民、开展和平互市。萨冈彻辰的作为，使他在鄂尔多斯贵族上层中的影响急剧扩大。

香炉

1627年(明天启七年)，林丹汗率大军西征，沿途兼并蒙古右翼三万户，蒙古内部发生了严重内讧。萨冈彻辰在蒙古黄金家族正统思想支配下，积极拥护林丹汗的举动，并协助平息了右翼三万户。其后，萨冈彻辰又率领所属骑兵，协同林丹汗与侵犯、逼近蒙古的后金

萨冈彻辰在撰写《蒙古源流》

军队征战。因大势所趋，蒙古内部不能团结一致共同对敌，故林丹汗失利，败走于青海大草滩。当林丹汗西撤后，萨冈彻辰也于1634年(明崇祯七年)5月率领部分使臣及其三百多随从，返回了故乡。

1635年(明崇祯八年)，后金（1636年“后金”改国号为“清”）征服蒙古鄂尔多斯部，蒙古北元政权灭亡，萨冈彻辰也失去了政治地位，从蒙古上层人物突变为普通庶民百姓，在故乡乌审闲居后半辈。这时他把注意力转移到了历史方面。他深深地感悟到：自从圣祖成吉思汗率领部众建立大蒙古帝国以来，东征西讨四百多年，建立了史无前例的丰功伟绩，何不通过自己的手笔，把自己民族的光辉历史写出来。于是，他用了二十多年时间，翻阅了大量的文献资料，佛教经典著作，搜集民间传说和神话故事，写成了《蒙古源流》这一历史巨著。这部著作与《蒙古秘史》《蒙古黄金史》齐名，成为蒙古历史三大名著之一，为后世所称颂。

《蒙古源流》内容极其丰富，全书以编年史的形式上溯蒙古部落的崛起及成吉思汗王统的起源，并与印度、西藏诸王世系联系到一起；下述元至清初蒙古族的历史文化及佛教传播，历述元、北元蒙古各汗的事迹，其中有关北元时期蒙古部封建主领主纷争的内容占全书之半。书中对北元达延汗及阿勒坦汗时期政治、经济、宗教、领地划分、各部战争和诸汗世

系、名号、生卒年及人地名称、职官等的叙述，在所有蒙古文史籍中最为详细。全书再现了退入草原的蒙古人经过漫长岁月的洗礼，重新融合、生长成一个剽悍的游牧民族的草原历史。此书还收录了很多蒙古民间传说、诗歌及藏、梵、汉、满等语言文字资料。作者在《蒙古源流》中自称，此书系根据《古昔蒙古汗等源流大黄册》等七种蒙、藏文字资料写成。这一著作不仅是蒙古族古典史诗性巨著之一，也为蒙古民族留下了一笔宝贵的精神财富，成为蒙古民族文明史上的重要篇章。

萨冈彻辰在撰写《蒙古源流》的过程中，在尊重史实的前提下，还

清康熙版蒙古文《蒙古源流》

融进了很多个人感情因素。所以《蒙古源流》的真实感情色彩比较丰富。如书中用大量篇幅叙述北元蒙古内部混战的历史时，用重笔阐述了满都海彻辰夫人统一蒙古各个部落的丰功伟绩，表达了作者反对蒙古分裂、反对内战、向往团结统一、再次振兴民族的理想。书中对林丹汗的事迹，虽所见所闻描述极多，但叙述的却很简略。尤其对1635年至1662年间(后金天聪九年至康熙元年)的很多历史事迹，如1635年(天聪九年)，鄂尔多斯济农仁钦降清；1636年(清崇德元年) 漠南蒙古十六部四十九鄂托克领主在后金

蒙古族鼻烟壶、烟袋和银碗

统治者的示意下，聚会盛京沈阳表示附清；林丹汗的北元政权灭亡经过和林丹汗的封地归于清朝等历史事件；1649年(清顺治六年)清朝在鄂尔多斯设置六个札萨克旗；他都避而不谈，故意保持沉默，用这一消极态度，表示了对林丹汗的同情和对清朝统治的不满情绪，表现出萨冈彻辰爱憎分明、大义凌然的民族情结。

萨冈彻辰的《蒙古源流》在蒙古族地区影响极大，流传极广，出现了各种手抄本。仅在内蒙古呼和浩特就保存着十多种手抄本。1777年(清乾隆四十二年)，《蒙古源流》译为满文，又由满文译为汉文。其后在我国用蒙、汉、满等各种文字出版。1810年(清嘉庆十五年)出版了沈曾植笺证、张尔田校补的《蒙古源流笺证》，开了《蒙古源流》研究的先河，其研究论文和专著不断增多，尤其蒙古族最著名学者道润梯步近年来新译校注的汉译本影响较大，代表了该项研究的最新丰硕成果。很多蒙古编年史和西部地方史，大体都以此书作为主要依据编写，影响极为深远。

《蒙古源流》在国外也有较大影响。自东欧学者什米特于1829年译成德文向欧洲介绍以后，《蒙古源流》

逐步被译成俄、英、日等多种文字，出现了各种类型的外文版本，引起了国外学者们的高度关注，形成了庞大的世界性研究队伍。其学术影响不断得到扩展。

蒙古奶茶壶和奶桶

在萨冈彻辰诞辰400周年的时候，在鄂尔多斯乌审旗召开了《蒙古源流》国际学术研讨会，来自国内外的蒙古史学者齐聚毛乌素沙漠，共同研讨萨冈彻辰和他的《蒙古源流》，专家学者纷纷发言，高度赞扬萨冈彻辰对蒙古历史研究的贡献，并对乌审旗蒙古人延续三百多年来对萨冈彻辰陵寝的守护和祭祀，表示了极大的敬意。

铜鎏金盔顶

85. 固始汗

固始汗（1582～1655）

固始汗（1582～1655），孛儿只斤氏，成吉思汗二弟哈撒儿后裔，本名图鲁拜琥。16世纪末卫拉特蒙古和硕特部首领，以勇武著称，是和硕特汗国创始人。

1629年，图鲁拜琥的长兄拜巴噶斯在卫拉特内乱中战死，图鲁拜琥继承了卫拉特盟主之位，被称为固始汗，他足智多谋，英武有为。但是因为内乱，和硕特部被严重削弱。经过多次内外战争，准噶尔部在巴图尔珲台吉的经营下兵强马壮，日益强盛，对盟主和硕特部已经不再服膺，和硕特部对整个卫拉特部已经难以驾驭。

图鲁拜琥继承了卫拉特盟主之位，被称为固始汗

这时，卫拉特四部之一的土尔扈特部因不满准噶尔部的专横跋扈，同时与其他部落又存在着土地和牧场的矛盾。其首领和鄂尔勒克于1628年率领本部落属民离开故土，向西迁徙到伏尔加河流域开疆扩土，来到了成吉思汗曾经占领过的东欧伏尔加河草原，卫拉特故地只剩下和硕特和准噶尔（杜尔伯特已归附准噶尔）两大部。

当时和硕特部所处的战略态势是这样的：东部有喀尔喀蒙古、西部有哈萨克汗国、南部有东察合台

固实汗率军“如黑色狂风一样”攻入康区

汗国，尤其是北部的俄罗斯都在不停地蚕食卫拉特的土地，而卫拉特各部因为自身的繁衍和畜群的兴旺，牧场本来就日趋紧张，这样的情势下，再想维持原有的格局是不可能的了。摆在固始汗面前有两条路可选择，一是与准噶尔进行彻底的对决，完成卫拉特的统一；二是学习土尔扈特，远迁他乡，自行发展。正在固始汗左右为难时，从西藏远道而来的两位喇嘛信使带来了一封求援信。信是黄教教廷五世达赖和扎什伦布寺法台罗桑确吉坚赞写来的，内容是黄教在西藏和青海遭遇了极大的危机，青海的喀尔喀绰克图洪台吉、康区的白利土司、西藏的藏巴汗和蒙古林丹汗结成了“反黄教联盟”，大肆镇压黄教，其寺院和僧俗岌岌可危，需要信奉黄教的卫拉特诸部前去解救。

固始汗在接到密信后想道：作为虔诚的黄教教徒，能够出兵护教，是极大的功德。而出兵护教使他能够率领和硕特部远离卫拉特的纷争，避免与准噶尔的对决，同时，那青海水草丰美，是丝绸之路的商业通道，有丰厚的商业利润可图。从方方面面来说，出兵都是最好的选择。固始汗立即答应了出兵护教的请求。为了保证出兵顺利，固始汗召集诸卫拉特首领举行“丘尔干”会议。他向各位首领提出了出兵护教的打算，并要求各部协力。准噶尔部巴图尔珲台吉明白，固始汗此举实际上是把天山草原都让给自己，交换条件就是要求准噶尔帮助和硕特攻打青海。于是，丘尔干会议做出了出兵青海解救黄教的决定。

藏传佛教护法头盔

1636年春，固始汗亲自率十名护卫化装成香客，途经青海进入西藏，沿途考察军情民情，对青藏各派势力有了清晰的认识。到达拉萨后，秘密会晤了五世达赖罗桑嘉措和扎什伦布寺法台罗桑确吉坚赞，商定了进军计划。秋末，固始汗率领卫拉特联军从伊犁出发南征青海，卫拉特各部首领几乎全部参加。大军穿越塔里木盆地，进入青海。青海的劲敌为喀尔喀绰克图洪台吉，两军在1637年正月正式交战，固始汗以一万精兵迎战绰克图洪台吉三万人马，战斗惨烈异常，血流成河，尸积如山，后来双方交战的两山山口就被称为大小乌兰和硕（蒙语：大小红山被血所染红）。固始汗以少胜多大败绰克图洪台吉，绰克图洪台吉被俘杀。1638年，固始汗又秘密来到拉萨，面见五世达赖，达赖举行了隆重法会，赐给固始汗“持教法王”称号。

1639年5月，固始汗率军攻入康区，白利土司拼死抵抗，但在没有外援的情况下连战连败， 1640年11月，康区全境被固始汗占领，白利土司顿月多尔济也被俘杀。固始汗释放了白利土司关押的各派僧人，并安抚

百姓，获得各教派僧俗百姓的拥护。接下来，便进军西藏，完成了护教大业。1641年底，固始汗做出从康区返回青海的假象，迷惑藏巴汗，半途中突然改道杀入西藏。毫无准备的藏巴汗丹津旺布被打得大败，一个又一个城堡失守，最后只能退守日喀则。他向扎什伦布寺的法台罗桑确吉坚赞等高僧求告，希望他们从中斡旋，使固始汗罢兵。罗桑确吉坚赞不忍生灵涂

拉萨布达拉宫固始汗持教法王壁画

炭，亲赴固始汗大营进行调解。但是固始汗提出，藏巴汗必须交出政权和军队，才能让他安度晚年。至于划疆而治之类的条件，根本不予考虑。面对这样苛刻的条件，藏巴汗愤而再战。双方在日喀则城下激战数场，藏巴汗军仍然连连失利，只得答应了固始汗的条件，宣布无条件投降。至此，已经61岁的固始汗完成了统一青、藏、康区的大业，成为青藏高原的最高统治者——“全藏三区之王”。他将首城迁到拉萨，在布达拉宫设无畏狮子宝座，作为自己的行政处所，囊括整个青藏高原的和硕特汗国从此建立。

作为持教法王，固始汗请达赖喇嘛从扎什伦布寺搬到布达拉宫，将历史上八思巴所用的法器、西藏13万户的税收以及从日喀则缴获的大量珍宝都奉献给达赖喇嘛，奉达赖喇嘛为藏传佛教最高教主。但同时，为了避免达赖喇嘛一家独大，固始汗也请罗桑确吉坚赞驻扎什伦布寺，把后藏地区划归其管辖，又拜其为师。并于1645年赠以“班禅博克多”尊号，意为“智勇双全的大学者”，罗桑确吉坚赞向上追认三世，自称四世班禅。这是继蒙古土默特部首领阿勒坦汗于1578年赠封“达赖喇嘛”以后，蒙古人又以和硕特汗国的统治者和“持教

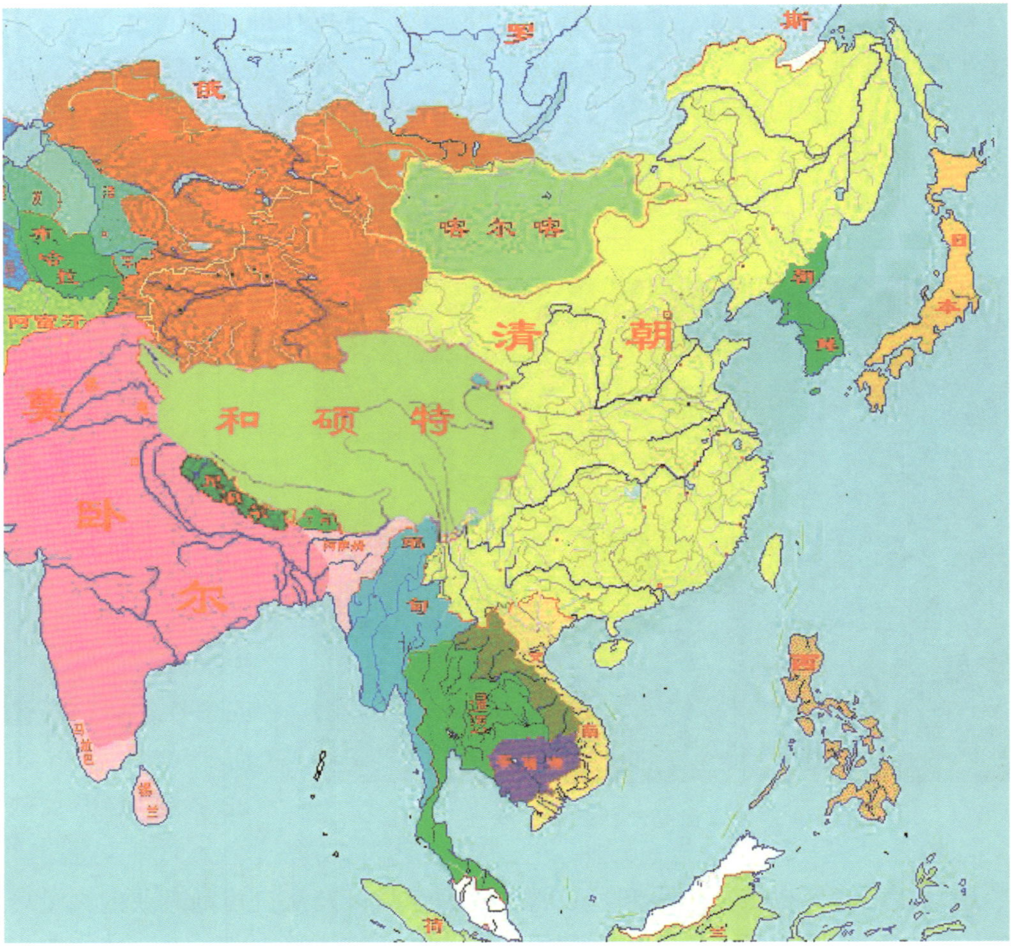

和硕特汗国势力范围示意图

法王”的双重名誉赠封“班禅喇嘛”的封号。这样，藏传佛教在蒙古人的扶持下，便有了达赖、班禅两大活佛系统，为西藏后来的宗教和政治制度奠定了基础。

作为汗国的统治者，固始汗对西藏政治、军事、法制各方面进行了改革。在政权组织方面，固始汗确立了第巴制度。第巴，在藏语中原本是“头人”和“部落酋长”的意思。固始汗封五世达赖喇嘛的大管家索南饶丹为第巴，其职能既要负责汗对于汗国内部的施政，还要辅佐达赖喇嘛处理宗教和行政事务。从此，第巴这一官职便成了几乎与中原朝廷宰相一样的最高行政官。所有政令公文在第巴处理过后，再由固始汗和达赖喇嘛一起签印，才能生效。在法制上，固始汗废除了噶玛政权时期的法条，新制定了十三条法律，将最高法庭设在拉萨大昭寺的拉章宫，并规定死刑判决只能由最高执政者决定。至于军事，鉴于藏军由闲时农耕战时聚集的民兵组成，战斗力极差，于是将麾下的蒙古军作为维护治安和抵御外敌侵略的主力，命长子达延台吉率5000骑兵驻扎在拉萨北面的当雄草原，自己率亲军驻防拉萨。

同时，固始汗攻占青海地区后，他把天山北路的和硕特属民渐次举部移牧到青海，“在青海托里地区定居，被称为卫拉特巴伦噶尔”。于是固始汗令其他八个儿子驻牧青海，由第六子多尔济统领，以“达赖珲台吉”为尊号，这支力量被称为“青海八台吉”，作为自己的坚实后盾。并派拉康巴和巴珠等官员到贡觉、打箭炉等地，清查土地、人口，编制户册，将土地、资源、赋税详细登录，加强对康区经济的管理和赋税的征收，以康区的赋税供养青海的军队。在一番安排之下，和硕特汗廷可谓固若金汤。

和硕特汗国建立后，西藏周边的小国自然要选择其作为自己的靠山，“印度之拉克新王，尼泊尔之雅木布

当年和硕特汗国的政治中心“布达拉宫”

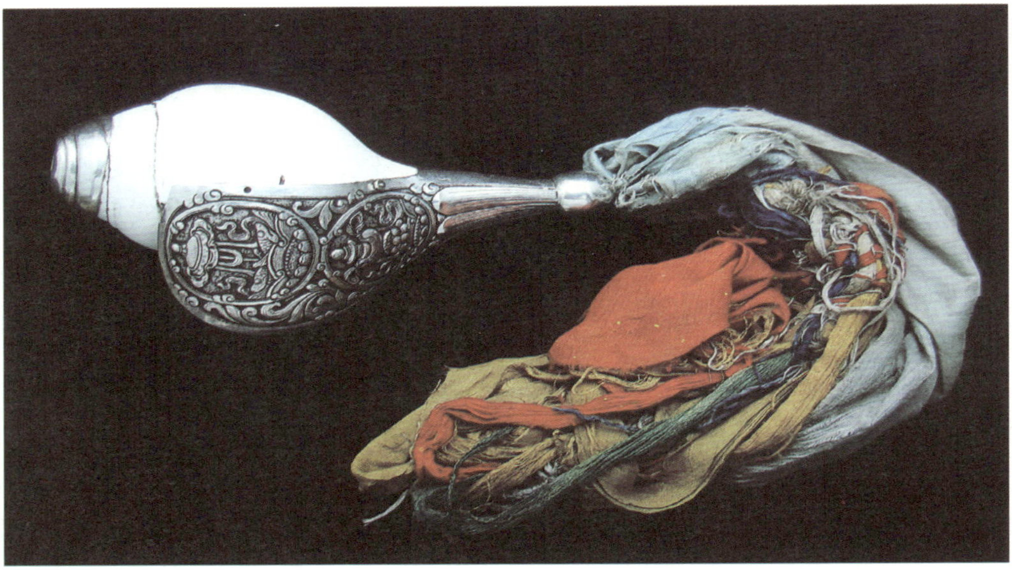

海螺号角

王，阐旦王（拉达克王）等边境小国君长，亦多进方物为贡”，成为汗国的藩属。《哲孟雄王统记》记载，锡金第一代统治者朋素克纳姆扎勒也与汗国建立邦交，成为联盟。为了汗国的长治久安，固始汗必须与未入关的清帝国建立联系。刚刚稳定了青藏局势的固始汗便派出使团前往盛京沈阳，为建立联系献上礼品，受到皇太极赞赏。

1644年，清军入关，顺治皇帝迁都北京，成了中原朝廷新的统治者。随后便遣使西藏，请达赖喇嘛入京，但因为战乱未平，不能成行。1652年，五世达赖喇嘛进京面见顺治皇帝，被封为“西天大善自在佛所领天下释教普通瓦赤喇怛喇达赖喇嘛”，同时让达赖喇嘛携带金册金印入藏，封固始汗为“遵行文义敏慧固始汗”，正式承认了固始汗作为庶邦君长的身份。这就确定了大清帝国对和硕特汗国的宗主国地位。

1655年初，和硕特汗国开国汗王固始汗图鲁拜琥病逝于拉萨，享年73岁。固始汗是元世祖忽必烈、土默特阿勒坦汗之后，第三个得享古稀之龄的汗王，其前半生为卫拉特联盟的生存和安定费尽心力，和硕特自行发展后，又用六年时间平定青藏高原，建立了幅员辽阔的和硕特汗国，他在统治汗国13年中，也使得辖区内的各族百姓安于生计，不受战乱之苦；观其一生，不愧是蒙古民族在17世纪杰出的军事家和政治家。

86. 咱雅班第达

咱雅班第达（1599～1662）

咱雅班第达（1599～1662年），孛儿只斤氏，原名纳木哈嘉木措，蒙古族语言学家、佛学家、翻译家，17世纪卫拉特蒙古著名高僧，一生致力于藏传佛教在蒙古的传播，并积极参与蒙古族各部的政治活动，在老蒙古文基础上创造了“托忒”蒙古文，在卫拉特地区使用至今。一生为沟通蒙藏文化、发展卫拉特蒙古民族历史文化方面做出了重大贡献。

咱雅班第达出身于和硕特贵族家庭，卫拉特四部盟主拜巴噶斯认为义子。1616年16岁时，被派往西藏学习佛教经典，在西藏度过了22个春秋。初到拉萨，便与当时控制西藏地方政权的藏巴汗相交甚密，并做他的随员，后进入佛教寺院学习。他因为“卓识超群”而为众人所惊叹，他深入学习佛典，精通“相学”（显宗），曾在拉萨大昭寺获取“拉让巴格西”（系指取得一等“格西”学位的人）学位。1635年，咱雅斑第达在接受五世达赖喇嘛的比丘戒（指出家受具足戒的男僧）之后，并得到“吉

今日拉萨大昭寺

本”“阿巴”两个喇嘛尊贵称号，从而成为达赖喇嘛的十名亲信达官显贵之一。1638年，西藏达赖喇嘛及宗教界领袖们建议咱雅班第达返回

新疆和静县巴仑台黄庙

故乡，以便在“喀尔喀和卫拉特地区传播黄教，当蒙古人和卫拉特人的喇嘛”，在广大蒙古地区弘扬佛法。离别家乡多年的咱雅班第达也早就思乡心切，于是迅速应允。

1639年秋天，咱雅班第达一路风尘仆仆历尽艰辛返回到了准噶尔地区（今新疆），初在和硕特部鄂齐尔图台吉领地塔尔巴哈台地区执掌佛教。这时的卫拉特形势是：土尔扈特部已经举部迁徙到了欧洲伏尔加河流域草原驻牧，和硕特大部在固始汗率领下以护教名誉迁徙到了青藏高原，留下的和硕特余部实力已经大不如前，而绰罗斯部在巴图尔珲台吉的经营下，其势力不断加强。然而，和硕特部和绰罗斯部首领都在觊觎卫拉特的领导权。咱雅班第达出身于和硕特，在他的力主下，鄂齐尔台吉不久便获得达赖喇嘛赐予的“鄂齐尔彻辰汗”封号。此时，咱雅班第达极力维持卫拉特内部的团结，在他的不懈努力和参与下，双方于1639年举行了会盟，缓和了两部的矛盾。1640年，在塔尔巴哈台，又举行了蒙古、卫拉特大会，会上制定了《蒙古—卫拉特法典》，咱雅班第达是积极的倡导和参与者。1641年初，咱雅班第达前往漠北喀尔喀部去会见札萨克图汗、土谢图汗和车臣汗，他成了喀尔喀三汗最信任的喇嘛。咱雅班第达的所作所为，令人信服地证明，他在很短的时间内就得到了全蒙古的拥戴。至此，他成了蒙古历史上东、西蒙古都信赖的宗教人

物，在蒙古的政治、文化舞台上发挥了重要的作用。

1645年春，咱雅班第达应邀起程前往地处欧洲伏尔加河流域的土尔扈特部（卡尔梅克），该部在首领和鄂尔勒克的领导下，其汗国已初具规模。土尔扈特的诸位台吉、诺颜和大喇嘛们都争先恐后地邀请他到自己那里去作客。于是咱雅班第达在那里弘扬佛法，并深入民众体察民情，同时也目睹了新崛起的沙俄帝国对汗国虎视眈眈的态势。他在那里度过了近一年的时间，咱雅班第达于1646年底回到了东方准噶尔地区。

咱雅班第达返回故土后，目睹了卫拉特内部各部的纷争，严重阻碍

托忒蒙文的创造者——咱雅班第达（1599～1662）

了经济的发展，致使百姓民不聊生。这时的准噶尔地区，昆都仑乌巴什和杜尔伯特其他诺颜之间的斗争已激烈起来。和硕特、绰罗斯、辉特各诺颜均开始卷入冲突，他们支持两个斗争集团中的一方，这对卫拉特的存亡构成了威胁。咱雅班第达急匆匆地过问起这次冲突，他一个接一个地拜访，几乎拜访了冲突各方所有参加者，并于1647年冬初筹备了一次昆都仑与其他诺颜的和解性会晤，从而结束了这次冲突。1648年又发生了一场新的冲突，这次冲突发生在准噶尔真正的汗巴图尔浑台吉和当地一位握有世袭统治权的王公之间。其他一些诺颜又重新卷入冲突之中。咱雅班第达又过问

了这场冲突，及时防止了冲突的激化，从而恢复了和平。

1650年年底，咱雅班第达前往西藏。其目的是协调蒙古、卫拉特、西藏黄教与新崛起大清朝的关系。在当时，蒙古各部领主对业已统治中国的清朝的政策已完全失去了一致性，蒙古各主要集团的统治者所采取的政策各不相同。咱雅班第达看到了这一点，首先摸清各方态度，然后奔走于各部领主之间积极游说，力求统一政策，以便于同清朝接触和发展关系。但由于各方所处的地理位置和政治诉求不尽相同，很难求得一致，这不是一人的能力所能达到的。这种矛盾只有经过严酷的政治和军事斗争，在水到渠成的时候才能得到根本的解决。后来清朝与准噶尔的战争就证明了这一点。但是，对这位热心于蒙古内部团结和共同发展事业的高僧来说，不失为具有先天下之忧而忧，后天下之乐而乐的高贵人格品质。

咱雅班第达对蒙古文化的最大贡献是在回鹘蒙古文的基础上创作了托忒蒙文。回鹘蒙古文是13世纪初成吉思汗命回鹘人塔塔统阿以回鹘文字母为基础而创制的。但至17世纪时，由于蒙古语发生了很大变化，而原来的回鹘式蒙古文常常无法准确地表达蒙古语的全部语音，给语音记录带来了诸多不便，更使佛经翻译工作障碍重重。鉴于这种情况，1648到1649年间，咱雅班第达在回鹘式蒙古文的基础上创制了托忒蒙文。

托忒蒙文，又称卫拉特文，托忒，即明白、清楚之意，因其能较清楚地表达卫拉特地方语音而得名。

用托忒蒙古文字书写的经书

托忒蒙古文字母表包括31个字母。其中，表示元音的7个，表示辅音的24个，自右至左竖行书写。有了托忒蒙古文之后，佛经的翻译、文书的撰写等都更为清楚简洁，为蒙古尤其是卫拉特的文化传承起到了重大作用。咱雅班第达及其弟子用托忒文翻译的藏文经典与著作就达152部之多，除了著名的《金刚经》《大般涅槃经》《金光明经》《贤劫经》《文殊所说最胜名义经》《无量寿经》等佛典之外，还有很多科学、历史、文学、医学等方面的著作。这些著作不仅在当时为广大僧众提供了印藏佛学的重要材料，而且为后世留下了宝贵的宗教历史资

料。而因为托忒文的创立和普及，使很多珍贵史料得以保存和传承，为卫拉特蒙古史学、文学、佛学的传播起到了关键的作用。

1662年夏天，63岁的咱雅班第达再次开始西藏之行，但在途中患病，尚未抵达拉萨，便于同年秋天与世长辞了。咱雅班第达终生在卫拉特各部传播佛教文化，而且还积极参与蒙古族各部的政治活动，在蒙古族各部利用自己的影响，积极调解各部关系，促进卫拉特内部的团结。因而在卫拉特蒙古人民中享有很高的声誉，为后人所敬重和怀念。人们评价他一生的活动，并没有只停留于法坛之间，主持法事，诵经说教，更没有仅仅埋头书案，从事于典籍的译述，而是迈出寺院，奔走于内乱战火之中，斡旋于各部首领牙帐之间，为蒙古和卫拉特各部的安定团结做出了不懈的努力。

藏传佛教贡盘

87. 巴图尔珲台吉

巴图尔珲台吉（？ ~1665）

巴图尔珲台吉（？～1665），卫拉特蒙古准噶尔部的首领，也是历史上准噶尔汗国的奠基者。他大力推崇藏传佛教黄教，是黄教的保护者。他与沙俄侵略者进行了不懈的斗争。1635年，西藏的五世达赖喇嘛赐给他以额尔德尼•巴图尔•珲台吉称号。

1634年，随着蒙古信奉红教的林丹汗被后金皇太极击败，西撤至青海大草滩。为了重整旗鼓，林丹汗与盘踞在青海的喀尔喀绰克图台吉、西藏藏巴汗和康区白利土司结成了“反黄教联盟”，在藏区大肆迫害黄教喇嘛并摧毁其寺院，黄教危机迫在眉睫。1636年，受五世达赖喇嘛的请求，巴图尔珲台吉与蒙古和硕特部首领顾实汗带领卫拉特军队南征青海，击败了“反黄教联盟”的主要成员喀尔喀绰克图台吉，挽救了黄教，完成了护教大业，巴图尔珲台吉也成了保护黄教的功臣。

1640年，由于巴图尔珲台吉在信仰黄教的东西蒙古诸部中威望大增，曾发起召集卫拉特和喀尔喀的蒙古王公，在新疆的塔尔巴哈台召开会议，制订《蒙古—卫拉特法典》。法典共有121条，包括宗教、社会组织、社会经济、日常生活、民

巴图尔珲台吉是卫拉特蒙古准噶尔部的首领，也是历史上准噶尔汗国的奠基者

巴图尔珲台吉奋力反抗沙俄侵略，为保护疆土作出过卓越的贡献

事纠纷、刑事犯罪以及攻防组织等方面的各项内容，法典中还写进了卫拉特和喀尔喀结束内战的善后措施，明文规定了两大部落和各部之间在对外战争中相互支援、共同抵御敌人的条款。《蒙古—卫拉特法典》的制订，对巩固牧区的社会秩序、加强卫拉特和喀尔喀蒙古各部之间的团结和抵御外敌的侵略，都起到了重要作用。

巴图尔珲台吉执政的初期，对沙皇俄国曾有过幻想，力求与俄国友好，甚至在1636年，曾幻想与俄国建立军事协作，以期巩固他在准噶尔的地位。后来，终于被沙皇俄国的侵略政策所震醒。从17世纪40年代开始，他看清了沙皇俄国步步逼近的侵略政策，他的态度越来越强硬。对沙俄的侵略行径作了多次有力的反抗斗争。

1640年10月，巴图尔珲台吉向俄国使者提出抗议说：“你，明索伊（指俄国使节）携带沙皇的货物、礼品来我这里；而另一方面，俄国人却在攻打我的居民。”1641年，他又派遣使者向托博尔斯克的俄国将军指出：1640年春，托木斯克当局袭击了准噶尔属下的吉尔吉斯居民，并抓走了人，要求今后“不再发生类似事件”。1643年，巴图尔珲台吉在与哈萨克的首领杨吉尔交战归来时，又向俄国使臣指出：库兹涅克的哥萨克袭击了他在托木河上游的克萨噶勒鞑靼部落。同年，他亲自率领2000军队驻

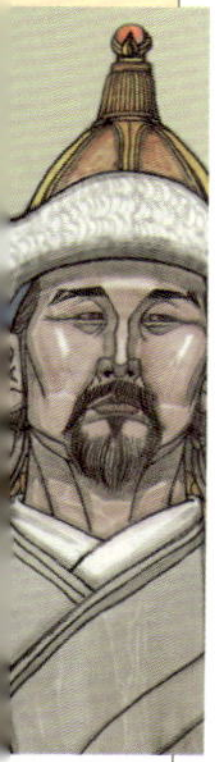

扎在亚梅什湖，打击俄罗斯的“探险队”，并围困塔拉城堡，威胁到原西伯利亚汗国首都秋明城的安全，“以火和剑威胁西伯利亚诸边境城市”。这种强硬态度，迫使在西伯利亚力量还较为薄弱的俄国暂时停下了扩张的脚步，承认吉尔吉斯人对准噶尔有纳贡的义务，并开放秋明城作为对准噶尔的贸易站。

17世纪40年代中期，沙俄在准噶尔边境更加露骨地推行侵路政策。于是巴图尔珲台吉的反抗斗争也更加激烈，由交涉、抗议到武装抵抗。这种武装斗争反映在双方的指责中。例如1645年，准噶尔使臣在给沙皇的一封信中，针对俄方指责吉尔吉斯人攻打俄国一事，答复说：俄国同样攻打了吉尔吉斯人。又如1650年，他针对俄方的抗议指出：“若说色奇勒袭击了俄国臣民，那么，俄国人对珲台吉臣民的袭击也并不少些。”据俄国史书记载，这一时期，巴图尔珲台吉一再向俄国提出中断关系的警告，并终于在1647年从准噶尔方面停止向俄国遣使。巴德利在《俄国、蒙古、中国》一书中也证实：“公元1647年，巴图尔已经用火与剑威胁西伯利亚各边境城了”。由于巴图尔珲台吉的坚决斗争，使沙俄的侵略阴谋始终不能得逞。他拒绝向沙俄殖民者屈服，使准噶尔保持独立。他统一了卫拉特人和喀尔喀人，使准噶尔团结壮大起来。他奋力反抗沙俄侵略势力，为保护疆土做出过卓越的贡献。

巴图尔珲台吉在对卫拉特蒙古族文化上也有突出的贡献。他支持咱雅班第达创立了“托忒文”。外国学者又称之为卡尔梅克文。这种托忒文是在传统回鹘蒙古文的基础上发展起来的，用托忒文拼写的蒙古语发音更加准确，有了托忒蒙文之后，佛经的翻译、文书的撰写等都更为清楚简洁，为蒙古尤其是卫拉特的文化传承起到了重大作用。

巴图尔珲台吉在统治准噶尔汗国的17年中，对内繁衍部众，团结蒙古各部；对外抵抗侵略，扩展领土。是当时非常杰出的卫拉特蒙古领袖人物。

88. 孝庄文皇后

孝庄文皇后（1613～1688）

孝庄文皇后（1613～1688），孛儿只斤氏，本名布木布泰（意为“天降贵人”），蒙古科尔沁部人，成吉思汗二弟哈撒儿后裔。清太宗皇太极的侧福晋（夫人），顺治皇帝福临的生母，康熙皇帝玄烨的祖母。中国历史上杰出的女政治家，一生尽心支持皇太极，竭力培养和辅佐顺治、康熙两代英明君主，被称为清王朝的国母，“康乾盛世”的奠基人。

布木布泰是科尔沁部贝勒寨桑的次女，天质姿丽聪颖，性格坚毅沉稳，从小知书达理，蒙汉文兼通，13岁嫁给皇太极，“赞助内政”，生育三女一儿，受封为永福宫庄妃（即孝庄文皇后）。1643年8月，正值清军入关鏖战正酣时，尚未立储的皇太极突发脑溢血驾崩于盛京（今沈阳），使皇位之争隐藏着巨大的政治危机。清朝伐明征战形势的外部条件、清廷内部各种势力的相互制约和满蒙联盟国策的沿袭等等历史因素的综合作用，使六岁的福临被推上皇位。由睿亲王多尔衮（努尔哈赤第14子）和郑亲王济尔哈朗（努尔哈赤之侄）摄政，改元顺治，同年9月定都燕京（今北京），孝庄被尊为皇太后，从而成为幼小顺治皇帝的保护人和启蒙导师。

《满蒙结盟》（王荣、那顺孟和 创作）

孝庄以自身文化素养潜移默化地影响幼帝，并亲自挑选最有学问的翰林学士作帝师。这期间，战功卓著的多尔衮大权独揽，野心膨胀，排斥异己，甚至将皇帝玺印握在自己手中，废帝自立之心昭然若揭。孝庄以隐忍、退让、委曲求全的态度，一方面不断给多尔衮加封号，由摄政王，到皇叔父摄政王，再到皇父摄政王，并免行御前跪拜礼，满足他的权力欲望，以麻痹多尔衮；另一方面积极联络两黄、两蓝、两红等旗主的力量形成对多尔衮两白旗的牵制势力，不使其废立阴谋得逞。1650年（顺治七年）底，多尔衮出猎古北口外时，坠马跌伤后不治身亡。次年正月，在孝庄的主持下，年仅14岁的顺治提前亲政，二月即诏讨多尔衮“谋篡大位”的罪状，对受多尔衮迫害的大臣冤案平反昭雪；又实行“一切奏章悉进皇帝亲览”的重要举措，以规避另一摄政亲王济尔哈朗重蹈图谋篡位的风险。孝庄特制定“为君守则”教导儿子，顺治皇帝处处以“守则”为座右铭，立志进取，励精图治，勤奋理政。在清朝立国未稳之时，为了尽快平定明朝残余和各地的抗清力量，缓解满汉民族矛盾，顺治皇帝听取孝庄太后的建议，以安抚重于剿灭的方针，实行“招降弥乱”的怀柔政策：任命明朝降将洪承畴经略湖广、两广、云、贵五省，总督军务兼理粮饷；为已经归顺清朝的孔有德、吴三桂、尚可喜、耿仲明等封王进爵。孝庄不但教导顺治要厉行节俭、勤政爱民，还自己率先垂范，拒绝礼仪排场的巨大花费，下令裁减后宫冗员，停建避暑庄园。1656年起连续三年南方大雨成灾，百姓流离失所，北方大旱断雨，飞蝗成灾。孝庄太后降谕旨：要求所有后宫节省开支，分别把宫中节省下来每年的8万

科尔沁部嫁女图（摄于科尔沁博物馆）

出自于清朝宫廷画师的孝庄文皇后画像

两、4万两、3万两银钱用在了这三年的赈灾上。孝庄还对因战乱和天灾而出现的大量弃婴满怀怜悯之心，捐出自己俸禄的一部分，创建收养所，使各地满汉诸臣，闻风仿效。就这样，顺治皇帝在孝庄辅佐下的执政期间，选贤任能，整肃吏治，惩治贪官，减免苛捐杂税，恢复和发展经济，使国库存银从入关时的20万两增加到了顺治十一年的260万两，开创了清王朝开始走向强盛的新局面。

1661年正月初二，顺治帝不幸感染天花病高烧不退，生命垂危。孝庄强忍悲痛，坚持立皇三子玄烨，顺治帝依从了母后，立遗诏由八岁的玄烨继位，同时，避开由皇室亲王辅政而图谋篡位的风险，命索尼、遏必隆、鳌拜、苏克萨哈为辅政大臣。是月初七夜，顺治皇帝驾崩，终年24岁。玄烨继位，改元康熙，尊孝庄为太皇太后。

玄烨十岁时，生母孝康章皇后病故，孝庄眼看着这个未成年就失去双亲的孙儿，心疼至极，全身心投入了对他的抚育和培养。在祖母的影响下，玄烨从小对读书学习产生了浓厚的兴趣，而且这一嗜好伴其终身。孝庄还聘请了德国人汤若望、比利时人南怀人等给玄烨讲授天文、数学、地理、测绘和医学等西方科学文化知识；让自己最信任的贴身侍女、通晓满蒙文的苏麻喇姑照料玄烨的起居生活，并教他说、写满蒙文。孝庄让孙

儿牢记“祖宗骑射开基，武备不可弛（松懈）”，令宫廷侍卫每日教练骑射，使玄烨弓马娴熟，箭不虚发。为了培养孙儿的为君之道，孝庄还亲自给玄烨写出“秉公裁断、端在躬行、宽裕慈仁、慎用威仪”等训言，少年皇

埋葬孝庄文皇太后的昭西陵

帝也立志做“唯愿天下义安，生民乐业”的贤明之君。

1667年（康熙六年），玄烨14岁，大臣们纷纷要求皇帝亲政的奏折，被大权独揽的鳌拜一再扣押，孝庄郑重出面施压，才使康熙得以亲政。但此时，首辅索尼病故，鳌拜更加专横暴戾，甚至在康熙亲政仅10天

孝庄故里孝庄文皇太后坐像

就绞杀了与其作对的另一辅政大臣苏克萨哈，俨然一个摄政王“挟天子、令诸侯”。皇权如此危机，孝庄一方面力劝刚烈尚且幼稚的康熙隐忍伺机，另一方面在宫内安排了一批专练搏克（摔跤）的少年，每天陪康熙比赛、玩耍。就在宫廷上下都习以为常的时候，1669年5月的一天，鳌拜应召入宫，在路旁玩耍的一群搏克少年突然一拥而上，捆绑住这个臂力过人的戎马武将，随即宣读其30条罪状，念其战功较大由死刑改判终身监禁。鳌拜党羽被一一剪除，康熙兵不血刃地夺

回了皇权。此后，孝庄放手让孙儿理政，从不越俎代庖。1673年，三藩（平西王吴三桂据云贵、平南王尚之信据广东、靖南王耿精忠据福建）拥兵自重，掌控税赋，割据一方。康熙动议撤藩，却因不少王公大臣反对而举棋难定。此时孝庄力排众议，坚决支持撤藩，亲自向老臣重官晓之利弊。是年12月，撤藩诏令刚下，吴三桂就起兵云南，耿精忠、尚之信以及他们在四川、陕西的党羽先后起兵响应，叛乱蔓延中国半壁江山，史称“三藩之乱”。康熙在太皇太后的有力支持下，毅然发兵平叛。此间，孝庄又几次用自己的份银和后宫节省下来的银两犒赏三军出征将士。平定“三藩之乱”，历时八年终告完胜，避免了国家、民族的大分裂。在平三藩之乱正酣的第三年，蒙古察哈尔部布尔尼乘清军南下，兴兵造反，威胁京师。康熙按照太皇太后的谕示“图海才略出众，可当其责”，令其秉太皇太后的训诫出征，从而迅速平定了布尔尼之乱。之后，康熙在统一台湾、驱逐沙俄侵扰等战事上，在整顿吏治、治理黄淮水害、废止“圈田令”、鼓励垦荒、轻徭薄赋、地丁合一、废除匠籍制度、开海贸易等等重大为政治国的举措上，都得到太皇太后的鼎力支持。

孝庄在康熙王朝日臻富强时，仍不改变崇尚俭朴的习惯，终生不建一亭一园，生前不修陵寝；宫中床帐、舆轿、器物等多年不让更换；严控宫女数量，仅使用老媪、清扫工百余人；宫中每年筵席膳食花费仅为明朝的12.5%。康熙从小在祖母的影响下，始终坚持节俭的习惯。他对祖母的感恩之情更是史上罕见：每次陪祖母外出，遇到上坡或下雨路滑时，都下马亲自扶车而行；出巡盛京时，每天驰书问候起居，报告自己的行踪，并亲自捕鱼采摘榛果派人送往京城给祖母尝鲜。

1687年（康熙二十六年）9月，孝庄病重。康熙连续一个多月昼夜守候在病榻旁。他还亲自率领王公大臣步行到天坛，祈告上苍，虔诚地请求折损自己生命，以增延祖母寿数。然而，自然规律无法抗拒。1688年初，孝庄走完了她力挽狂澜于危难、扶持三代皇帝、淡泊名利、无愧祖宗的一生，享年75岁。康熙为祖母在孝陵（顺治陵寝）北的昌瑞山下，建“暂安奉殿”祭拜。1725年，雍正皇帝在该处起建陵园，名“昭西陵”，实现了她与顺治父子近地安息的愿望。

89. 噶尔丹

噶尔丹（1644～1697）

噶尔丹（1644～1697），绰罗斯氏，17世纪卫拉特准噶尔部首领，巴图尔珲台吉第六子。早年被五世达赖喇嘛认定为温萨活佛转世，入西藏学佛。1670年，其兄僧格珲台吉在准噶尔贵族内讧中被杀。噶尔丹自西藏返回，击败政敌，成为准噶尔部首领。

噶尔丹从西藏返回卫拉特

噶尔丹的少年时代充满了传奇色彩。1635年，西藏黄教赴准噶尔的温萨活佛曾向巴图尔珲台吉的妻子玉姆夫人许诺，死后将在她的怀里转世。在温萨活佛圆寂后的第二年，玉姆夫人正巧生下了噶尔丹。这为噶尔丹的出生蒙上一层神秘的色彩。在噶尔丹13岁时，被认定为西藏温萨活佛的转世，于是被迎请到了西藏。他先是在札什伦布寺拜四世班禅为师，后到拉萨在达赖喇嘛门下学经。由于他禀性聪颖，很得五世达赖的赏识，五世达赖对他进行了精心培养。

1670年，在争夺准噶尔汗位的斗争中，噶尔丹的哥哥僧格（1653～1670在位）遭到异母兄弟车臣台吉和卓特巴巴图尔的杀害。消息传到西藏，达赖喇嘛立即准许噶尔丹还俗，支持他返回准噶尔掌权，为在卫拉特蒙古中扩大黄教的影响。一年后，噶尔丹从西藏返回准噶尔，并率领僧格旧部与车臣台吉和卓特巴巴图尔联军在阿尔泰山地区展开激战，车臣台吉兵败被杀，卓特巴巴图尔携幼弟达哩及残部逃亡青海。

噶尔丹虽然出身喇嘛，却极具军事才干。凡遇战事，他战略战术得当，指挥果断，无所畏惧，身先士卒，奋力拼杀，所以每战必胜。他还俗的目的不仅仅是为僧格报仇，更在于缔造一个如成吉思汗时期那样的不依附于任何政治势力的统一蒙古帝国。因此，噶尔丹在掌握准噶尔的统治权后接受了臣僚提出的“近攻计”，对卫拉特诸部和邻近部族发动了一系列征服战争，不断壮大实力。

噶尔丹指挥果断，无所畏惧，身先士卒，奋力拼杀，所以每战必胜

噶尔丹将准噶尔的政治中心北迁至额尔齐斯河源头，并以此为根据地，先后打败政敌卓特巴巴图尔联军，又挥戈攻袭和硕特部鄂齐尔图彻辰汗，再败叔父楚琥尔。1678年，噶尔丹终于统一卫拉特诸部。五世达赖赐噶尔丹以“丹津博硕克图汗”的称号，而噶尔丹的政权也开始以“准噶尔汗国”的名字载入史册。随后，噶尔丹实施“近攻计”的第二个步骤，即经营天山以南的回疆和中亚各游牧部落。1679年，噶尔丹领兵三万，占领哈密、吐鲁番，不久又扩张到南疆。两年后，噶尔丹开始西征，夺取了中亚大片土地。1684年，噶尔丹兵抵里海，征服诺盖人地区，又攻占了中亚的费尔干纳盆地。连年的辉煌战绩显示出准噶尔汗国极其强悍的战斗力。这时期准噶尔汗国的游牧地北达阿尔泰山，西抵巴尔喀什湖以南哈萨克草原，东至叶尼塞河上游，还统治了天山以南的广大地区，势力所及达中亚的撒玛尔罕、布哈拉、乌尔根齐地区，成了中亚地区的一大强国。通过一系列的征伐，噶尔丹拓疆千里，解除了中亚西部的军事威胁，期间，为挥戈东进做了充足的物资准备，准噶尔汗国已经成为清王朝的心腹大患。

为实现统一蒙古的事业，噶尔丹必须首先同清朝争夺对喀尔喀蒙古的控制权。在这个过程中，噶尔丹曾使用

外交手段给康熙造成了极大麻烦。1673年，噶尔丹的使者向俄国递交了信函，表明准噶尔与俄国持友好态度，换取了俄国通过贸易方式给予准噶尔大量火器支援，这些火器在作战中给清军带来了不小的伤亡。不久中俄战争爆发，康熙皇帝经过反复权衡，在雅克萨之战取胜的情况下，在《尼布楚条约》中对俄国做了部分让步，以换取俄国不支持噶尔丹。准噶尔为吞并喀尔喀部，1688年，率军三万，越过杭爱山，大举进攻喀尔喀蒙古土谢图汗部。由于噶尔丹事先派遣的千余名喇嘛做内应，土谢图汗仓促迎战失利，噶尔丹的骑兵乘势击溃车臣汗和札萨克图汗两部，使喀尔喀蒙古诸部南下漠南蒙古避难。

清军与准噶尔作战图

也就在噶尔丹如日中天之时，准噶尔发生内乱。噶尔丹试图谋杀汗位的潜在争夺者，即哥哥僧格的儿子策妄阿拉布坦。策妄阿拉布坦率部众5000人逃往额琳哈毕尔噶（今新疆乌苏境内），不久又徙牧至噶尔丹的冬营地博尔塔拉。噶尔丹率兵追击，却在乌兰乌苏被策妄阿拉布坦击溃。而在此时，叔父楚琥尔之子额琳臣也率部归附清朝。这使得噶尔丹兵员锐减，又失去了根据地，只好冒险进入漠南蒙古。

1690年夏天，噶尔丹率骑兵主力由克鲁伦河经乌尔扎河、喀尔喀河南下，进入锡林郭勒草原、科尔沁草原，又在乌珠穆沁盆地击败清军，摆出与清军决战的架势，并派使者要求清政府交出他们的仇人。咄咄逼人的准噶尔铁骑震动朝野，康熙皇帝迅速调动10万大军，由大将军福全率领应敌。1690年秋，清军左翼同两万准噶尔军在乌兰布通（今内蒙古克什克腾旗境内）遭遇。战前，噶尔丹向康熙皇帝提出“圣上君南方，我长北方”的分治建议，遭到拒绝，激战

噶尔丹在亲兵保护下退却到塔米尔河

随后展开。噶尔丹军驻扎在乌兰布通山峰顶，在山峰前布设“驼城”，将骆驼蒙以湿毡，环列如城，军士利用“驼城”做掩体，发射火铳和箭弩来迎战清军。清军集中大炮猛轰“驼城”，继之以步兵冲锋。经过激战，准噶尔军支撑不住，噶尔丹率残兵败退。清军也遭重大损失，国舅佟国纲战死。战后，噶尔丹率残兵千余，以科布多为基地度冬，当时他处境困难，连住的地方都没有，为了填饱肚子，甚至掘草根来吃。为了重整旗鼓，休养生息，噶尔丹命令部众，到乌兰固木、空奎、扎布干、察罕色浑、扎布罕哈萨克图等地从事农牧业生产，以供给物资。经过几年的休整，噶尔丹逐渐恢复部分元气。

1695年，噶尔丹下令部属终止耕种，集结起来向克鲁伦河方向再次东进。康熙皇帝很快得到噶尔丹东移的消息，决定亲自北征。清军分东、西、中三路大军出击，约期夹攻。费扬古率西路军最先在昭莫多与噶尔丹部相遇。昭莫多原是一片大树林，附近有小山，前面有一片开阔地带。费扬古利用地形在小山树林茂密地方设下埋伏，先派先锋400人诱战，边战边退，把准噶尔军引到设伏地，清军居高临下，占据有利地形，从山顶放箭发枪，完全遏制了准噶尔军的骑兵优势。费扬古又派出一支人马袭击对方辎重，前后夹击。双方战斗异常激烈，噶尔丹爱妻阿奴可敦、戴巴图尔宰桑、博罗特和卓等相继阵亡。两军胶着之时，费扬古派兵偷袭噶尔丹后营，准噶尔军大乱，清军趁势追杀，准噶尔溃不成军，战死两千余人，被俘三千余人，损失牛羊六万余。噶尔丹在50名亲兵保护下突围，退到塔米尔河一带休整。经过两次战略决战，噶尔丹丧失了进攻的锐气和有生力量。因连年

征战，四处树敌，他此时的处境十分困难。噶尔丹唯一的选择是投靠西藏的僧俗上层。

长期以来，噶尔丹得到西藏实权人物第巴桑结嘉措的支持。早在准噶尔与喀尔喀战争时期，桑结嘉措就利用藏传佛教的特殊地位，派遣济隆呼图克图作为自己的代表常驻噶尔丹牙帐，名为调解卫拉特与喀尔喀之争，实际处处袒护噶尔丹。乌兰布通战后，济隆呼图克图与噶尔丹共同策划了缓兵之计，使噶尔丹化险为夷。因此，当清政府从俘虏中得悉噶尔丹欲奔西藏的计划后，遣使赴第巴处，要求第巴不得收容噶尔丹，噶尔丹陷入了绝境。

噶尔丹汗为了卫拉特的统一事业付出了自己的一切，在蒙古历史上留下了伟大的名声和荣誉

康熙曾数次招降噶尔丹，但噶尔丹拒绝了。当时有西方人记述：他“绝没有泄气”。不过他已经彻底失去了抵抗的能力。第二年，噶尔丹退居阿察阿木塔台地方。3月初，他开始吃不下东西，到12日开始头疼，13日中午，这位17世纪蒙古草原上的风云人物结束了他传奇的一生，终年53岁。随从火化了他的遗体，并带着他的骨灰，领着他的女儿钟察海和残存的部下归降清朝。根据后来一个俘虏的描述，噶尔丹死时早已经弹尽粮绝，部众只能捕兽为食，每个人都衣衫褴褛，窘迫之极，甚至连战马都瘦弱得摇摇欲坠。

噶尔丹汗也像康熙一样为了大伟大的统一事业付出了自己的一切。不过为此他的部落也遭受了历史空前的大劫难。他在蒙古历史上留下了伟大的名声和荣誉！

90. 蒲松龄

蒲松龄（1640～1715）

蒲松龄（1640～1715），字留仙、剑臣，别号柳泉居士，世称聊斋先生，蒙古族，清代淄川(今山东省淄博市)蒲家庄人。中国古代著名的小说家、文学家。代表作《聊斋志异》被誉为中国文言短篇小说集之冠，19世纪就流传到英国、日本等国家，至今已有二十多种语言、六十多种版本在世界各国发行。另有著作《聊斋文集》《聊斋诗集》《聊斋俚曲》及关于农业、医药等通俗读物，总字数约400万。

蒲松龄的远祖蒲鲁浑和蒲居仁先后为元代般阳路总管。蒲松龄的族属经过近代著名学者、“蒲学研究”奠基人、山东省整理蒲松龄著作编辑委员会副主任路大荒先生查阅史料，查访蒲氏后人等多种方式进行考证，认定蒲松龄为蒙古族。蒲松龄家族世代为书香门第，但到祖父时逐渐没落。父亲蒲盘学识渊博，一度经商弃业后，一面散财“周贫建寺”，一面致力于亲自教授四子一女读书。排行老三的蒲松龄天性聪慧，读书过目了然，深受父亲的偏爱。

蒲松龄是中国古代著名的小说家、文学家

蒲松龄在年少时，正赶上明朝末年李自成、张献忠农民大起义时的社会动乱，后来清军入关，他目睹了改朝换代的动荡不安。到了青年时期，进入清朝顺治、康熙时代，社会

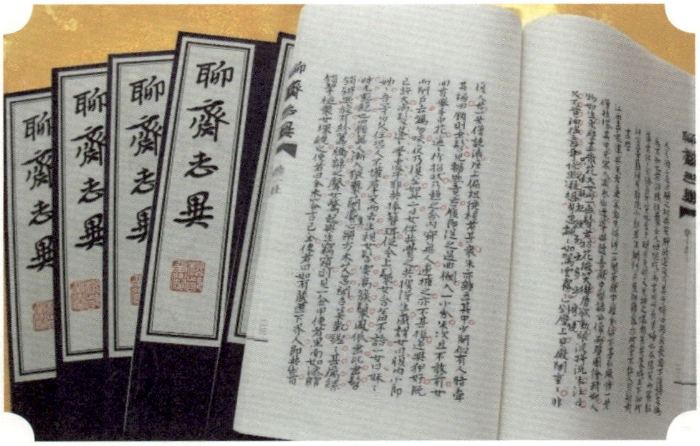

蒲松龄的代表作《聊斋志异》

逐渐安定，蒲松龄才有了考取功名和进行文学创作的机会。他在18岁时与本县书香之女刘氏成亲。到了19岁时参加科举考试，在县、府、道均夺得第一名，考中秀才，受到山东学政施闰章的赞誉。但是21岁参加乡试（省级考试）未中，从此在科举场中极不得志，虽然满腹经纶，可屡屡失败，但是还是持之以恒追求功名，至46岁时方被补为廪膳生（清代由朝廷提供膳食的生员），72岁时被补为贡生（朝廷挑选出成绩优秀或资格老的秀才送入国子监继续深造的学生）。

1660年（清顺治十七年）蒲松龄20岁，与同乡学友李希梅等人结成“郢中诗社”，放怀吟诗，众人志同道合钻研文学。从24岁起，他一面读书，一面对民间传说故事产生了极浓厚的兴趣，他尤其关注社会上的一些奇闻轶事，并进行收集和整理，25岁以后开始撰写传奇类小说，但尚未定名。26岁时，面对窘困家境，弃学到城西王村教授幼童，开始了塾师生涯。31岁时，为了养家糊口，应江苏扬州府宝应县的知县、同乡孙蕙的邀请做幕僚，代拟书启、文告等。这是他一生中唯一的一次离乡远游，体验了南方的秀丽山水、风俗民情，目睹了官场的腐败、人民的痛苦，积累了大量的创作素材，继续着一个又一个短篇小说的创作。32岁时，因思家甚切，辞职返回故乡。之后的七八年间，靠在丰泉乡的宦官之家设私塾馆授徒，以维持生计。虽然如此，但他一刻没有停止民间传说故事的搜集和志怪类短篇小说的创作。期间33岁和36岁时两次再应乡试均未中。40岁时，他在更广泛而深入地吸取民间文学的创作营养，并熔铸进自己生活体验的基础上，初次汇集历年的短篇创作，取名《聊斋志异》，当时的刑部侍郎高珩为之写序，阐述该书的特点和文学价值，以相推奖。同年，蒲松龄应淄川的名门望族毕际有之邀，设家庭私塾馆教授毕家的八个弟子，还兼职家庭文书工作，并参与迎宾送客等，深受东家的信赖。毕家财力富足，宅院宏大，藏书丰富，他与老、少东家融洽相处30年，有了一

蒲松龄纪念馆

个读书、应试、著书创作的安稳环境。这期间，在他48岁、51岁和63岁时三次再应乡试又均未中。虽然科举屡试不第，但他的著述创作之心始终未泯，寒来暑往，日复一日，进行增补、修改以前的创作原稿，终于完成了他的《聊斋志异》巨著。全书集短篇小说490余篇，题材广泛，内容丰富，人物形象性格鲜明生动，故事情节曲折离奇，文章结构严谨巧妙，文笔描述简练细腻，堪称文言短篇小说的巅峰之作。他怀着对社会的深切感悟，以卓越的聪慧学识和非凡的文学才能，在丰富多彩的故事里，褒扬了以淳朴、慷慨、正直、清静、智勇为基本特征的理想人格；宣扬了父慈子孝、兄友弟悌、夫妻恩爱等传统家庭美德观念；推崇了尊师重教、诚信狭义、乐善好施、感恩图报、仁爱待人、廉政爱民、济人之急、救人之危、公平公正等社会行为准则；深刻地揭露了封建社会的黑暗和对人民的剥削压迫；鞭挞了“为官贪暴者”，诅咒他们“贪暴不仁，暴虐于民者，必不得好死。”这些都充分反映了蒲松龄的人生哲学思想、道德观念、个人品格魅力和对各种社会现象的鲜明是非观。

蒲松龄70岁时结束了在毕家的塾师生涯，撤帐归里。自此能心境闲暇，安居斗室，日以抱卷自适，或浇菜，或邀朋友斗酒相会，但仍笔耕不辍，继续诗文杂著的写作。然而好景不长，74岁左右时，先是几个可爱的稚孙因病夭亡，后是一生患难与共的结发妻子不幸病逝，使他痛不欲生。1715年1月，蒲松龄依窗危坐而卒，终年76岁。

蒲松龄故居在山东淄博市淄川区洪山镇蒲家庄，1938年遭日军焚毁，1954年人民政府予以修复。1980年建立“蒲松龄纪念馆”，为全国重点文物保护单位，先后在这里举办了两次全国、两届国际范围的学术研讨会及十余次“蒲学研究会”的年会。1962年，郭沫若先生为蒲松龄纪念馆题写了一副对联：“写鬼写妖高人一等，刺贪刺虐入骨三分”，这是对《聊斋志异》思想特色最精准的概括。

91. 明安图

明安图（1692～1765）

明安图（1692～1765），蒙古族，清代著名科学家，蒙古正镶白旗人，少年时被选拔为"官学生"进入钦天监（负责天文观测、推算历法的朝廷官署）学习，结业即供职于钦天监，历任五官正、监正等职。因他在天文历法学、地理测绘学、数学等方面做出的杰出贡献，国际天文学联合会于2002年将中国国家天文台发现的编号为28242的小行星命名为"明安图星"，以永久纪念这位自然科学领域中的璀璨明星。

一、天文历法

康熙年间，明安图在朝廷组织编撰的天文历法巨著《历象考成》（共42卷）中，参与具体的实测、数据整理和推算工作，历时9年。他的重要贡献是，测定出了黄道面（地球绕太阳公转的轨道平面）与赤道面（地球赤道所在的平面）的交角为23°29′30″，从而比过去一直沿用丹麦古典天文学家第谷"地心说"体系中的交角23°31′30″更为精确。乾隆年间，明安图又在《历

竖立在正镶白旗政府前的明安图纪念雕像

象考成后编》（共10卷）的编撰中担任副总裁，历时5年。其主要功绩是第一次在中国历法推算中正式采用了德国天文学家开普勒证明“日心说”理论之一的行星运动第二定律（即：行星与太阳的连线在相等的时间里于椭圆轨道平面上扫过相等的面积）。之后，明安图又在另一部以星表为主的天文巨著《仪象考成》（共32卷）的编撰中担任实测、数学计算和星表编制的工作，历时8年。该星表中列有300个星座、3083颗星的天体黄道坐标和赤道坐标值以及每颗恒星的赤道“岁差”（回归年与恒星年的时间差）和“星等”（衡量天体光度的量），此星表比英国天文学家弗拉姆斯蒂德1712年公布的《不列颠星表》多217颗星，甚至比之后1818年德国的白塞尔公布的星表还多83颗星，是当时世界上所载星数最多、水平最高的星表。反映该星表的一副蒙古文标注的石刻天文图，现仍保留在呼和浩特五塔寺的照壁上。

《历象考成》

呼和浩特五塔寺用蒙古文标注的天文图

明安图任职期间，每年负责组织编写关于天文历法和农时节气的《时宪书》供朝廷公布，并亲自将其翻译成蒙文和满文，得到乾隆皇帝赠予的“翻译进士出身”荣誉称号。他还负责向朝廷预报每年的日食、月食情况，例如成功地预报了发生于1729年2月14日北京地区的月食以及在其他各省份的初亏、

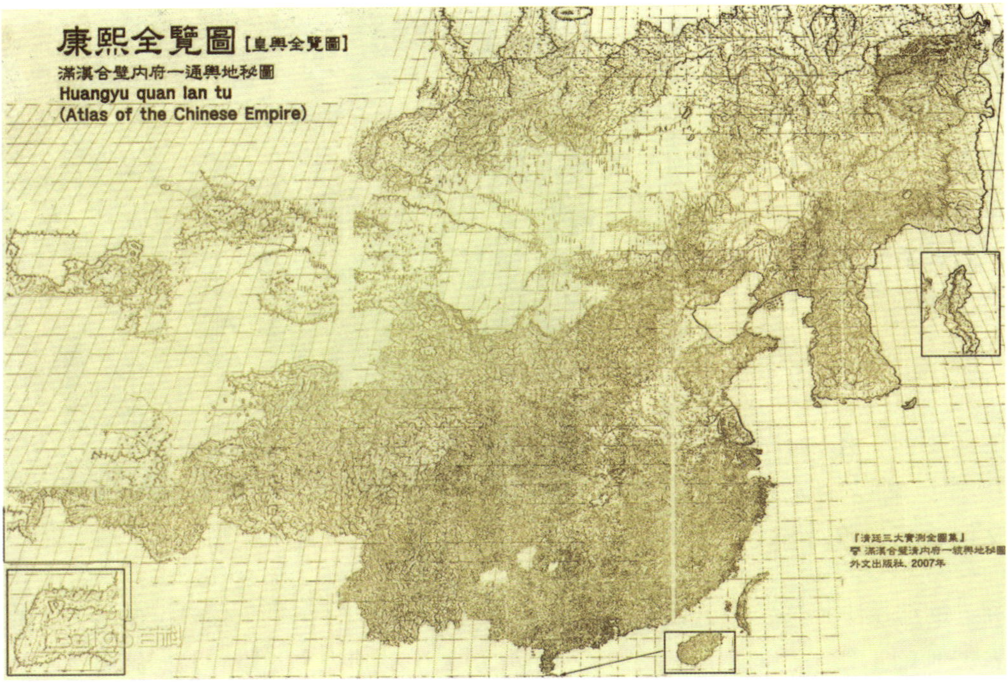

康熙年代，明安图在朝廷组织编制的《皇舆全览图》

复圆时刻，并预先绘制了月食的起复方位图；成功地预报了乾隆皇帝1762年7月～9月在热河逗留期间的日食初亏、复圆时刻。

二、地理测绘

康熙年代，明安图在朝廷组织编制的《皇舆全览图》（中国第一幅绘有经纬网的全国地图）中，参与具体的测量、计算和编绘等工作。为了填补该图的缺失部分，1756年和1759年，他以65岁以上的高龄两次受命前往新疆，分别以技术指导和领队的身份率领勘测队，足迹踏遍天山南北、大漠戈壁和今属俄罗斯、哈萨克斯坦、塔吉克斯坦的一些地点，历时二年多，运用近代科学的“三角测量法”，递推互校，由近及远，返求、复测，对测点进行“经纬度、方向和距离、二十四节气日出日没时刻”的勘测、推算和地形、地名的记录，从而采用梯形投影法补充绘制出了比例为40万分之一的完整的国家版图《乾隆内府舆图》（共104 幅），成为此后相当一段时间内中国编绘地图的蓝本，在中国地图绘制史上做出了划时代意义的贡献。乾隆皇帝在新疆地理勘测队出发和归来之际，分别亲作两首诗《御制丙子春帖子》和《舆图诗》予以表彰和祝贺。

三、数学

康熙末年，法国传教士杜德美根据中国天文观测和地理测绘中数学计算的需求，将欧洲数学家牛顿和格列高里的求三个圆函数（圆径求周、弧背求正弦、弧背求正矢）的无穷级数展开式引入中国，但没有给出证明和推导过程。为了“知其所以然”，明安图孜孜不倦地潜心研究三十余年，创造性地发展魏晋时期数学家刘徽的“割圆术”及其萌芽的“极限”思想，在中国数学史上首用“割圆连比例法”（将圆弧分割成多等分，以多条辅助线构造一系列等腰相似三角形，获一系列对应边的连比例等式），进行反复的推导、求证和繁杂的有时多达38位数的数值计算，从而获得了圆函数无穷幂级数展开式的各项系数并验证了级数的收敛性，不但严谨无懈地证明了上述三个展开式，还发现了与之关联的另外六个圆函数（弧背求通弦、孤背求矢、通弦求弧背、正弦求弧背、正矢求弧背、矢求弧背）的幂级数展开式，同时又推导出当弧度α分别乘2、3、4、5、10、100、1000、10000时的八个正弦函数的幂级数展开式，并于1763年完成了举世瞩目的《割圆密率捷法》（4卷稿）。在上述推导和计算过程中，明安图首次发现并用两种递归方法给出了现代组合数学中广泛应用的重要计数函数—现今所称的“卡特兰数”，不但用它解决了幂级数的展开问题，而且还给出了该数列的四种几何模型。

明安图的《割圆密率捷法》中，关于无穷级数收敛性的研究，在当时的欧洲刚刚由欧拉和哥西开始；他的“形数相生”论即解析法，与法国数学家笛卡尔创立解析几何的思想如出一辙；他的以无穷短密的直线趋近弧线的极限论思想与当时还没有传入中国的西方微积分理论具有相同的意义；他发现的“卡特兰数”比瑞士数学家欧拉早10～20年，比获得命名权的比利时数学家卡特兰早90～100

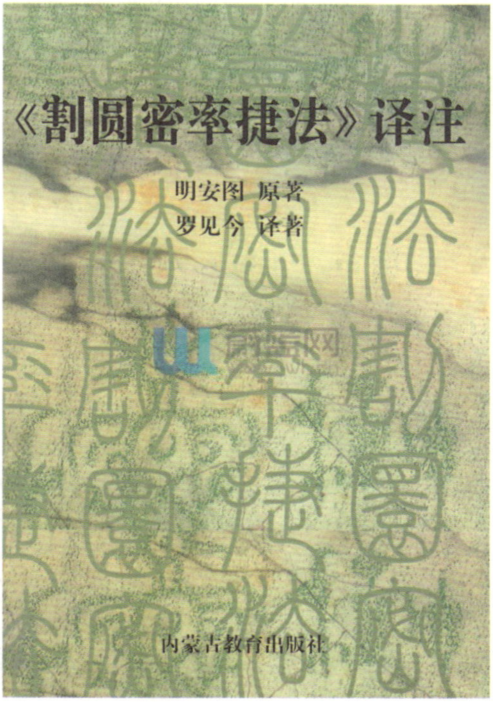

明安图所著《割圆密率捷法》的译著

年。可以说，这部中国数学史上划时代的著作，为中国数学从常量数学到变量数学、从初等数学到高等数学的发展，奠定了重要的思想基础。

明安图在数学上的成就，清代学者们说“可以与古代数学家刘徽和祖冲之相媲美”，并将他的割圆连比例法誉为“明氏新法”。日本数学史家三上义夫和英国的著名中国科技史专家李约瑟博士都曾对明安图的成就做过很高的评价。现代的中国学者李俨、钱宝综、李迪等较早地研究并阐述了明安图及其数学成就；20世纪80年代，数学史研究者罗见今教授发表论文《明安图是卡特兰数的首创者》；近几年，数学教授马欣荣、刘建军等也相继发表了《关于明安图一项数学成就的几点评注》《明安图与Catalan数》等学术论文。法国国家科学研究中心的学者C. Jami于1984年在北京召开的第三次国际中国科学史学术会议上发表了研究明安图数学著作《割圆密率捷法》的论文，分析论述了明安图割圆展开幂级数的方法。随着近几年计算机科学的发展，西方学者再次注意到明安图及其在计数研究中“卡特兰数”的首创和应用，英国Derby大学数学计算机系的P. J. Larcombe博士连续发表五篇文章，对“卡特兰数”的发现历史给予澄清、补充，并再次强调中国清代的明安图是最早发现者。

清代天文观测仪器

清代天文测量仪器

92. 渥巴锡

渥巴锡（1743～1775）

渥巴锡（1743～1775）卫拉特蒙古土尔扈特部首领。1771年，渥巴锡不忍沙皇俄国的欺辱，毅然率领本部17万人东归，回到东方祖先的家园，受到清廷的欢迎，乾隆皇帝册封他为乌讷恩素诛克图旧土尔扈特部卓里克图汗。

渥巴锡的父亲敦罗卜剌什于1761年去世，年仅19岁的幼子渥巴锡即土尔扈特汗国大汗位。这个时候，土尔扈特部已经在欧洲伏尔加河沿岸草原生活了135年。渥巴锡即位后就面临着汗国最艰难的境地。这时的俄国由叶卡捷琳娜二世女皇执政，这个女人穷兵黩武，频频对外用兵。骑术娴熟而善战的土尔扈特人首当其冲。俄国对土尔扈特征兵达32次，青壮年在战争中死者高达八万余人。这已经不仅仅是亡国，而是要灭种。另外俄国频频对汗廷施压，要求按照他们的条件改组“扎尔固”这个汗廷决策组织，并派俄国军官强行参加扎尔固会议，夺取对汗国的管理权；另外，俄国扶持自己的傀儡敦杜克夫家族篡夺汗权，敦杜克夫家族是渥巴锡父亲的政敌，他们皈依东正教后，不但改了姓，还成为沙皇忠实的奴仆。所幸，汗国的贵族们坚决反对异教徒来做大汗，全部站在渥巴锡一边，俄国的计划始终未能实施。所有这些，忍受下去必然是死路一条，而面对俄罗斯这个极其残忍的庞然大物，武装反抗只会加速灭亡，不会求得生机。除了远离俄罗斯远走他乡，已经没有选择。渥巴锡心中有数，“让我们到太阳升起地方去”，也就是回到故乡，回到祖先曾经繁衍生息的地方。

土尔扈特早已经与清朝建立了联系，他们决心回到故土。出于这样的考

土尔扈特汗国大汗和他的子民（郭雨桥摄于俄罗斯卡尔梅克共和国）

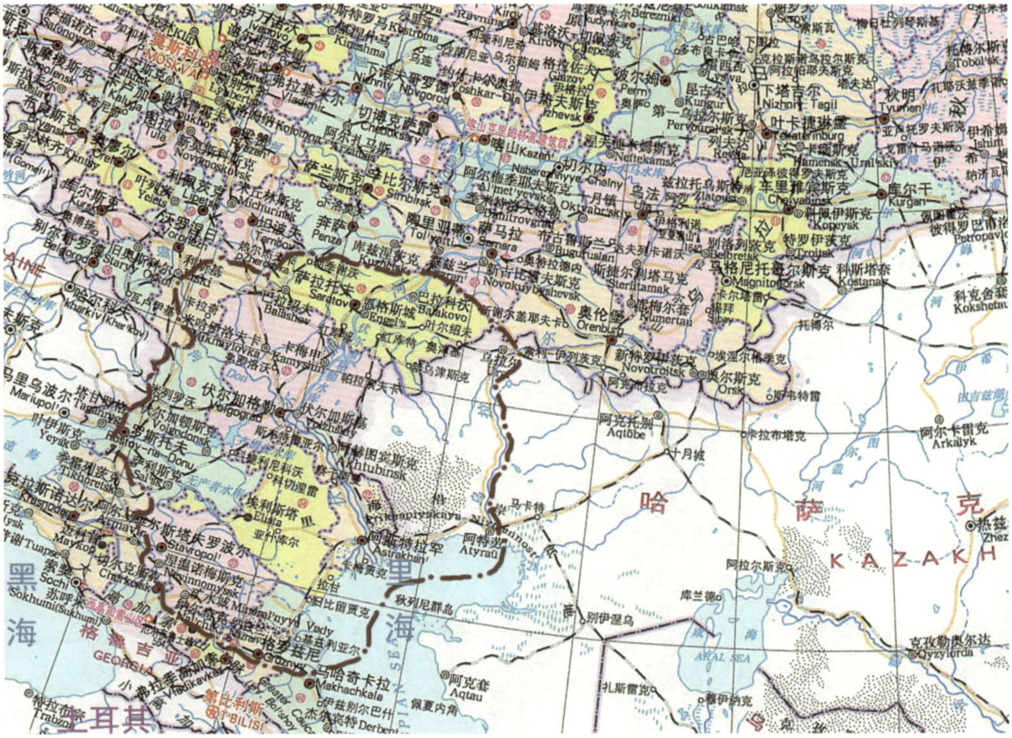

历史上土尔扈特汗国地理范围示意图

虑，1767年，渥巴锡开始积极而秘密地筹备东归事宜。渥巴锡下令，汗国中的青年男女不得婚娶，甚至牲畜都不得交配，这是为了避免弱小的生命过多而耽误迁徙行军的行程。因为他知道，这一次要比祖先的迁徙环境更为险恶。为了组织迁徙东归，也是为了保守秘密，渥巴锡绕开扎尔固，召集了一个包括自己在内的六人集团，进行策划和准备。人员包括：渥巴锡的堂侄策伯尔多尔济，他是扎尔固的首席贵族；还有舍楞，他在准噶尔汗国灭亡后来到土尔扈特，很了解沿途道路和故乡情况；其次还有巴木巴尔、洛桑丹增大喇嘛、达什敦多克三人，他们都是渥巴锡的堂兄，分别负责收集情报、鼓动宣传和物资准备工作。到1771年大迁徙前夕，行军路线计划、鼓动宣传等工作都已经进行完毕，而储存的粮食、奶酪、肉干，制造的战刀、矛、火枪等已经堆积如山。

东迁的计划在紧锣密鼓进行的时候，俄罗斯却被蒙在了鼓里。而渥巴锡则更表现的恭顺服从，1769至1770年，他亲自率领两万军队参加俄国对土耳其的战争。为了迷惑俄国人，渥巴锡于1770年12月26日写信给俄国掌管土尔扈特事务的官员基申斯科夫，告知他自己将要去集结军队，为的是要应对前来袭击土尔扈特人的哈萨克军队。

1771年1月15日，渥巴锡庄严宣布了东返的决定：“为了摆脱俄国的压迫，别无他法，只有回归祖国，才可以‘生活在古老的国教、国语的中国同胞那里，和决定今世来世幸福的崇拜之地，盛满宗教佛法神水的汪洋大海的中国，以及赐大福于万民的活佛身边’。”人们抛弃了所有不方便携带的物品，而渥巴锡则亲手点燃了自己的宫殿。土尔扈特人三万三千户近17万人，以巴木巴尔和舍楞率领的精锐部队为先锋，达什敦多克和洛桑丹增大喇嘛率领的队伍为两翼，渥巴锡和策伯尔多尔济率军殿后，浩浩荡荡的启程了。

土尔扈特人做回归前的准备

1月29日，队伍到达乌拉尔河沿岸。30日和31日，先锋部队烧毁库拉多斯卡亚、卡尔梅科夫、莫达山区和索罗奇科夫等防线的哥萨克据点。2月1日，全部队伍渡过了乌拉尔河，进入了大雪覆盖的哈萨克草原，向恩巴河挺进。

俄罗斯帝国得知土尔扈特的行动后迅速做出了反应。女皇急令奥伦堡总督莱英斯多尔普和军团指挥达维多夫少将出兵截击，接着又派出特鲁本堡将军率领由哥萨克和巴什基尔人组成的骑兵团紧紧尾追。可由于渥巴锡的行动迅速，俄国军队被远远地抛在了后面。女皇的谕旨迅速传达到俄国的藩属哈萨克小帐首领努尔阿里汗的手中，命令他堵截土尔扈特人。土尔扈特汗国在阿玉奇汗时代曾经帮助准噶尔征讨过哈萨克，两家早有深仇。如今看到土尔扈特人在沙皇大军的追击下扶老携幼举族东迁，正好是报仇的良机。努尔阿里汗立即组织军队向土尔扈特人发动了进攻，土尔扈特人猝不及防，为了保护老幼妇孺，不等部队集结起来便与敌接战，这是东归路上第一次也是最为惨烈的激战，九千余

土尔扈特战士倒在了血泊之中。2月中旬，队伍抵达伊什姆河附近的木哥扎雷山口的奥琴峡谷，这里是东进必经之路，但已经被哥萨克骑兵扼守。渥巴锡派一支精悍的队伍绕过山涧峡谷，迂回到敌军背后，两下夹击，全歼守军。队伍虽然得以继续前进，但沿途不断受到哈萨克人的袭击骚扰，人员、牲畜不断损失。当3月间到达巴恩河东岸时，又遭到严寒袭击，冻死饿死的人更是不计其数。惨重的伤亡让队伍人心浮动。渥巴锡为了安定人心，让洛桑丹增大喇嘛向部众传达七世达赖的语言：“1770年至1771年，是土尔扈特回到佛召唤的中国最好的时机。”在信仰的鼓舞下，所有人最终坚定了决心。

1771年4月中旬，经过休整的队伍继续前进，沿途击溃俄国和哈萨克联军，但在作战中再次损失大量人员。为了躲避袭击，土尔扈特人进入了沙腊乌孙大草滩，这里缺乏洁净的饮用水，人和牲畜都不得不饮用草滩里的积水，结果人、畜均染上痢疾，死者颇多，这里的经历成为土尔扈特人心中永远的痛。灾难仍没有结束。6月中旬，当土尔扈特队伍行军到姆英塔湖时，陷入了哈萨克小帐努尔阿里汗与中账阿布赉苏丹五万联军的重围。渥巴锡冷静地分析了形势，迅速派出使者与哈萨克人谈判，并同意送还在押的一千名俘虏，从而争得了三天的喘息时机。在养精蓄锐，调整兵力后，就在第三天的傍晚，猛攻哈萨克联军，经过浴血奋战，成功突围，越过了姆英格地区。在这场残酷的战斗中，留下了遍野的尸体和鲜血。为了避免再遭袭击，土尔扈特人绕巴尔喀什湖西南，走戈壁越过吹河、塔拉斯河一线，沿沙喇伯勒抵达伊犁河流域。经过半年的艰苦跋涉，1771年7月8日，土尔扈特人终于踏上了东方故乡的土地。策伯克多尔济率领的前锋部队在伊犁河流

清朝画家笔下的《土尔扈特东归图》

着清朝官服的渥巴锡汗

域的察林河畔与前来相迎的清军相遇。清军所看到的，是一片凄凉景象，这支启程时17万余人的队伍，仅剩下66073人，几乎所有的财物、牲畜都丢在了路途上，而每一里的道路，就留下了十多个土尔扈特人的亡魂。

渥巴锡回归后立即启程前往伊犁会见清朝官员，要求前往承德避暑山庄拜谒乾隆皇帝。乾隆得知这一情况后深为感动，下令："土尔扈特台吉渥巴锡、策伯克多尔济、舍楞等，和硕特台吉恭格等，因与俄罗斯风气不同，且不时兴兵争夺，不得安生，仰企朕推广黄教，安抚四夷之化，率数万人跋涉远途，不辞劳瘁，归诚效顺，殊属可嘉。自应指地安插，使伊等衣食有裨，并予以滋生牲只，以资久远之计。"从各地调拨牛羊二十余万头，米麦四万多石、茶两万余封，羊裘五万多件，棉布六万多匹，棉花近六万斤以及大量毡庐等物资，使得饥寒交迫的土尔扈特人重新获得生机。而在渥巴锡一行赶往承德的路上，乾隆皇帝要求沿途盛情款待。渥巴锡到达承德后，受到了乾隆皇帝高规格的接待。皇帝亲自接见，并用蒙古语垂询，召集大臣、蒙古王公数百人举行宴会，并与渥巴锡一起围猎。册封渥巴锡为"乌讷恩素诛克图旧土尔扈特部卓里克图汗"，不但一次赏银就达5千两，而且每次宴饮必有赏赐。其余首领也均有厚重封赏，策伯克多尔济被封为亲王，舍楞、巴木巴尔被封为郡王，达什敦多克被封为一等台吉，其余为贝勒、贝子等。

1775年（清乾隆四十年）1月9日，年仅33岁的渥巴锡去世，清廷派人吊唁，并让其子策凌纳木札勒承袭"汗"号。乾隆皇帝为了纪念土尔扈特部归来，特命在仿西藏布达拉宫而建的承德普陀宗乘庙前，竖立《御制土尔扈特全部归顺记》《优恤土尔扈特部众记》两石碑，并以此歌颂清廷的政绩。现在，土尔扈特蒙古东归与渥巴锡民族英雄纪念碑，位于新疆和静县街心公园。

93. 裕谦

裕谦（1793～1841）

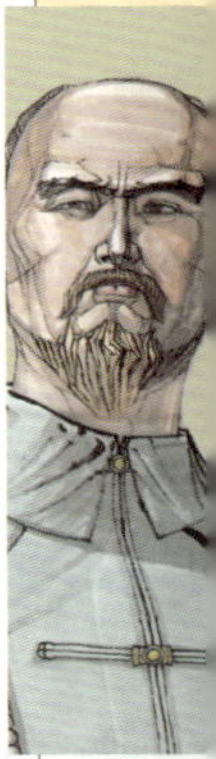

裕谦（1793～1841），孛儿只斤氏，鸦片战争中壮烈殉国的清朝职位最高的官员，蒙古族，孛儿只斤氏，蒙古镶黄旗人，出身于将门世家。历任荆州知府、武昌知府、荆宜施道、江苏按察使、江苏巡抚、两江总督。在国家受到列强侵略、民族生存处于危亡之际，裕谦作为清廷抵抗派的代表人物，与投降派和“弛禁派”（清廷内鼓吹鸦片无害论的政客）进行了不懈的斗争，面对西方列强大军压境，他临危不惧，组织指挥了“血战定海（今舟山市定海区）”“保卫镇海（今宁波市镇海区）”的战役，最后以身殉国。他那浩气凛然的民族气节，不愧为中华民族的民族英雄。

19世纪30年代开始，英国在中国鸦片走私日益猖獗，裕谦对之深恶痛绝。1833年（道光十三年），他任荆宜（今荆州、宜昌）施道时就发布告示，严禁官兵、差役、平民吸食鸦片，并采取各项措施，拿获烟犯和流放吸食者数千人。1834年至1839年（道光十四年至道光十九年），他在任江苏按察使、巡抚期间，通告所属各府、州、县，严厉打击贩卖和吸食鸦片者；广泛张贴文告，限期销烟，若逾期不

裕谦在鸦片战争中表现出浩气凛然的民族气节，不愧为中华民族的民族英雄

遵，从重惩办。对于鸦片走私猖獗的上海，他亲自制定防范细则，采取严禁各种船只走私鸦片的措施，破获了数百起鸦片走私案，缴获烟土数万两。当林则徐在广东禁烟时，裕谦坚决支持虎门销烟，大力配合林则徐，扩大禁烟成果，查办各类烟案，严惩不法官员，使江苏成为仅次于广东的禁烟模范省份。

1840年6月28日，英国政府派遣远征军总司令懿律和谈判代表义律，率领军舰16艘、武装轮船4艘、运输舰28艘、陆军官兵四千余人，封锁广东珠江口海面，挑起了鸦片战争。6月30日，英军以“清政府必须对‘虎门销烟’赔礼道歉、偿还烟款、割让岛屿”为要求，沿海岸线进行第一次北犯，袭扰福建厦门、江苏崇明等地，7月6日攻陷浙江定海，8月9日进泊天津大沽口外。道光皇帝迫于英军的淫威，派遣弛禁派大臣琦善向英方表示：“去年林则徐等查禁烟土，……措置失当。兹（贵方）所求昭雪之冤，……必当逐细查明，重治其罪。”朝廷听信谗言，于9月29日革除了林则徐钦差大臣和邓廷桢两广总督之职，任命琦善为钦差大臣兼两广总督，换取英军南返、到广东与琦善进行“和谈”。但占据定海的英军在另一弛禁派时任两江总督伊里布的妥协纵容下，直到次年2月25日才因需支援广东的英军战事而撤离。

中英定海之战

在此期间，时任江苏巡抚的裕谦，密切注视北犯英军的动向，加强长江入海口的防御，亲临宝山、吴淞、上海、崇明等地查验备战情况。果然，英军来犯，欲在崇明岛登陆。裕谦指挥兵民一齐出击，杀英军数名，落海者无数，缴敌船一只。英军不敢恋战，“扬帆回浙”。与此同时，裕谦对两江总督伊里布有意拖延朝廷收复定海的命令，派家人携带酒肉“犒劳”英军，并庆贺林则徐邓廷桢被革职等媚外卖国的恶劣行径表示异常愤慨。他向道光皇帝上奏收复定海，同时弹劾琦善，提出其五大罪状，揭露琦善和伊里布等妥协投降行径。裕谦这种捍卫民族利益坚决与投降派和当朝权贵斗争的精神，受到爱国人士的热烈赞扬。道光皇帝不得不将伊里布革职，任命裕谦为钦差大臣兼两江总督，赴浙江督办军务。

裕谦临危受命上任后，借鉴林则徐在广东备防的做法，加强定海和镇海的海防。他调派三员总兵王锡朋、郑国鸿与葛云飞共同驻守定海，兵力增至5600人，大炮增至50门，并备火药、铁弹各数百斤；新造大火力的铜炮55门，其中20门拨往定海，35门分设在镇海县城的门户招宝山和金鸡山制高点上；镇海驻防兵力增至四千余人，其中浙江提督余步云率一千余人防守招宝山，狼牙镇总兵谢朝恩率兵1500人防守金鸡山；裕谦的大本营设在镇海县城。

镇海抗英遗留的炮台

裕谦还亲临被英军占领过的定海，声讨英军的残暴罪行，激发军民的爱国义愤，安抚当地难民。对住房被焚毁者由官家出资，自行搭盖；对缺粮者一概给予三个月的口粮；严肃整顿军纪，禁止官兵骚扰民间；推行“杀贼立功者赏、通贼接济者斩”的原则，奖赏了擒获英军少尉安突德的乡民包祖才，把长期为英军效力的三名汉奸斩首示众。这一系列举措，极大地振奋了军民的抗敌热情。

1841年5月初，被贬职为“四品卿衔”的禁烟英雄林则徐，遵照朝廷谕旨来到镇海。裕谦见到素来仰慕的林则徐十分高兴，两人长谈了一整天，然后到沿海察看地形和防务。事后，在林则徐的主持下大力仿制西洋炮船、西式武器。期间，裕谦向道光皇帝奏请起用林

则徐。但是，昏弱的道光皇帝又一次听信妥协投降派的谗言，下令对林则徐革职并发配新疆伊犁。

1841年8月21日，英国政府为扩大鸦片战争，派璞鼎查为全权代表，率领10艘军舰、4艘轮船、22艘运输船搭载4个英国陆军步兵团、2个印度步兵师开始第二次北犯，8月25日攻陷厦门后沿海北上。

临战前，裕谦举行战场盟誓，他言辞慷慨地告诫文武将佐：谁胆敢接受“英夷”劝降信，擅自离开防区一步，必定使用极刑。同时委托幕客（师爷），如果胜利就写布告招式天下，如果失败则代办后事，下定了与城同存亡的决心。

9月26日，英军兵力约一万人在猛烈的舰船炮火掩护下，分左、右两路纵队进攻定海清军阵地，遭到守军约5600人的顽强抵抗，双方反复争夺阵地，激战六天六夜。清军所用的抬炮炮管都烧红，不能装填弹药，将士拼命死战。共击毁英军火轮船一艘、大兵船三艘、舢板多艘，杀死英军数十人。镇海守军因海面被英军多艘大型军舰封锁，加上当时风大浪险无法支援，最终，葛云飞、王锡朋、郑国鸿三位总兵终因武器悬殊，相继阵亡，壮烈殉国，部下将士牺牲一千人以上。定海于10月1日晚第二次失陷。裕谦听到消息后极其愤怒，下令将镇海军民捕获的两名英军凌迟处死。

定海三忠祠

10月10日凌晨，英军登陆部队分为左、中、右三路纵队在七艘大型军舰、四百五十余门舰炮及陆军榴炮、野战炮的掩护下，分别向镇海的门户招宝山和金鸡山的清军阵地进攻。裕谦闻报，登上镇海城墙亲自指挥迎敌作战。英军左路纵队乘舢板登陆，绕到金鸡山侧后进攻，中央纵队在金鸡山东北登岸向金鸡山正面进攻。腹背受敌的守军在英军舰

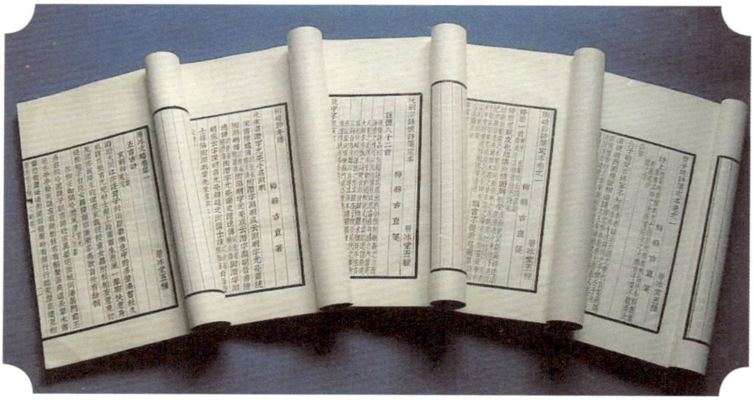

裕谦遗作《裕靖节公遗书》

炮和野战炮猛烈轰击下，顽强抵抗，多次与敌展开激烈肉搏，终因伤亡惨重，总兵谢朝恩中炮阵亡，金鸡山被英军占领。与此同时，英军右路纵队向招宝山清军阵地进攻。守山的浙江提督余步云被敌炮火吓得魂飞胆丧，竟然逃回县城，要求裕谦派代表前往英舰求和，遭裕谦严词拒绝并严厉呵斥后，竟然率部弃阵逃跑。裕谦指挥镇海城守兵鸣炮制止并发炮拦阻，余步云仍率大部守军逃往宁波。未逃的守军在一名旗手带领下拼死抵抗，但山上的火药库发生爆炸，英军乘势占领了招宝山。英军在招宝山炮台上居高临下，排炮俯轰镇海县城。成群的英军步兵在炮火掩护下从城东门用梯攀城，与裕谦指挥下的守军展开搏杀，渐入城内。城内军民已被敌炮火杀伤大部，弹药库也被炸毁，守军力竭，纷纷向西门溃退。裕谦见金鸡山、招宝山相继失守，镇海城破，知大势已去，遂命副将丰申泰保护“钦差关防各印”送交浙江巡抚衙署，自己则怀着失地负国的歉疚，面向西北朝廷的方向叩头谢罪，履行与城同存亡的誓言，投水自尽，壮烈殉国。镇海遂于当日下午陷落。

裕谦殉国后，道光皇帝追赠“太子太保”衔，授予“骑都尉兼云骑尉”世职，把裕谦的牌位移入京师的昭忠祠供奉，在镇海修建专门祠堂祭祀裕谦，道光皇帝谥裕谦“靖节”号，裕谦的灵柩到京后，派遣成郡王载锐负责祭奠事宜。到了咸丰皇帝登基后，为了表彰裕谦的忠烈，特拨银为其修建墓地（在今北京市顺义区后沙峪镇吉祥庄）。

裕谦作为鸦片战争时期坚决抵抗外国侵略的爱国者，对外作战立场坚定，与朝廷妥协投降派斗争态度坚决，在当时满蒙族的封疆大吏中确属凤毛麟角。所以，后人评价他在鸦片战争中的历史地位，仅次于民族英雄林则徐。晚清文学巨匠姚鼐高度评介裕谦，说他简直与屈原大夫丧国自沉如出一辙。裕谦还有不菲的文学功底，著有《勉益斋偶存稿》《勉益斋续存稿》《裕靖节公遗书》等书，现存于世。

94. 僧格林沁

僧格林沁（1811～1865）

僧格林沁（1811～1865），孛儿只斤氏，清朝晚期名将，蒙古族，成吉思汗二弟哈撒儿第二十六代孙，科尔沁左翼后旗人，一生辅佐过道光、咸丰、同治三代皇帝，在满清王朝处于内外交困、风雨飘摇、大厦即将倾倒的危难之际，统率以蒙古铁骑为主力的清军，反抗外国列强的侵略，平定太平天国和捻军等反清运动。他的最大功绩是抗击英法联军，取得了大沽口保卫战的胜利，被清廷“倚为长城”（《清史稿》），但最终在追击捻军余部时阵亡。

僧格林沁出生于1811年，幼年家境贫寒，9岁随生父布和德力格尔为牧主放牧；12岁被送到昌图老城读书；1825年14岁时，过继给堂叔——科尔沁左翼后旗札萨克郡王索特纳木多布斋（嘉庆皇帝三女儿庄敬和硕公主的丈夫）为子。1825年，承袭该旗札萨克郡王爵，俗称“僧王”，并奉清廷之命御前行走，受到清廷的赏识和重用，从此青云直上；1829年，奉命掌管上虞备用处（清室御林军内最高督察组织），后管理火器营；1834年，被任命为御前大臣、后扈大臣（皇帝侍卫长）；从1834年至1850年15年间，先后担任过蒙古镶红旗、满洲镶白旗、满洲正黄旗、满洲正蓝旗、蒙古镶黄旗各旗都统，几乎

僧格林沁几乎执掌过清廷各主要满蒙八旗军，成为清廷的主要将领

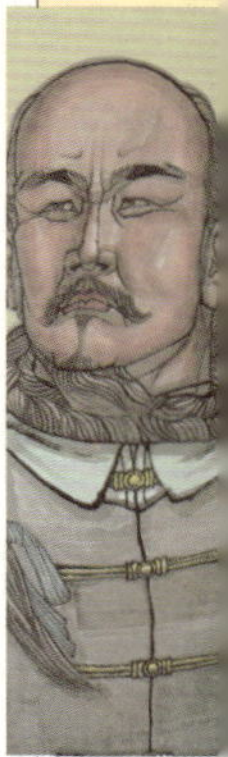

执掌过清廷各主要满蒙八旗军，成为清廷的主要将领。1850年（道光三十年），道光皇帝驾崩，僧格林沁成为顾命大臣之一。

僧格林沁授命以钦差大臣之职督办京津地区的防务

1853年5月，太平天国名将林凤翔、李开芳、吉文元率领25000精兵组成的北伐军，依据洪秀全、杨秀清“师行间道，疾趋燕京，毋贪攻城夺池糜时日”的命令，从扬州出师，长途奔袭，在各地反清捻军的呼应配合下，以凌厉的攻势一路连破皖、豫、晋、直隶四省的数十州县，10月，占领天津西南的静海县及所属独流镇，前锋抵达天津城西10里的稍直口村，直接威逼京城。

清廷上下震动，北京城一片惊恐。1853年10月，咸丰皇帝亲自将清太祖努尔哈赤使用过的宝刀授予僧格林沁，命其率军堵歼。僧格林沁统领健锐营、外火器营、两翼前锋营、八旗护军营、巡捕五营及察哈尔各路步骑兵，并哲里木盟、卓索图盟、昭乌达盟诸王的蒙古骑兵劲旅，设大营于王庆坨（今天津市武清区王庆坨镇），11月，开始围攻静海、独流镇约百余日，重创北伐军；1854年3月，复围南退至阜城的太平军林、李、吉及其余部，击杀吉文元；5月再围东退至连镇的林凤翔及其余部七千余人，挖壕筑墙围困，于1855年1月攻陷城池，生俘北伐军主帅林凤翔；随后合围南退至高唐州的李开芳及其余部六百多人；同年二月追击突围的李开芳部至山东冯官屯，筑墙包围并引运河水倒灌，4月16日全歼北伐军最后余部，生俘李开芳，从此完全消除了太平军对京师的威胁，太平天国运动开始走下坡路。

第二次鸦片战争爆发的第三年，英法联军于1858年5月20日攻陷天津大沽口炮台后，顺白河而上，侵入天津城郊。惊恐的清廷慌忙派遣主和派大臣桂良、花沙纳到天津与英国代表谈判。主战派首领僧格林沁上奏皇帝，要求撤回谈判代表，主张调全国之兵员、倾全国之粮秣，坚决把入侵者赶出国门。但因主和派占上风，清廷还是签署了丧权辱国的《天津条约》，英法联军方撤出天津。

1858年7月，僧格林沁授命以钦差大臣之职督办京津地区的防务。他誓言"重振我大清海防军威"，着手重建大沽口海防：南北两岸炮台增加至六座，安装各种大炮60门，所有炮台周围均坚筑堤墙，墙外开挖壕沟，竖立木桩，又在海口设置三道拦河铁链，配置铁戗，安设木栅，派驻总兵力近4000人守卫。

1859年6月25日，英、法政府以进京换约被拒为由，派英国侵华海军司令何伯少将指挥联合舰队的13艘炮舰和陆战队1200人向大沽口海防发起攻击。僧格林沁立即下令迎击。并以"上申国威，下抒民望"的口号激励官兵，清军上下同仇敌忾、奋勇当先，顷刻之间全部大炮一齐开火。当联军陆战队分乘二十余只帆船、舢板涉滩登陆直逼南岸炮台壕沟时，僧格林沁立即调火器营用抬枪、鸟枪连环轰击，敌人纷纷倒地；战事临近夜幕，当敌陆战队千余人藏匿在芦苇丛中准备进攻时，僧格林沁又命令发射火弹筒（类似照明弹）照亮敌方，随即使用枪炮对准敌人射击，敌陆战队顷刻瓦解、不敢恋战、逃回敌舰。这一仗打了一昼夜之久，大沽口守军奋力堵御、同仇敌忾、军威大振。在战斗中，直隶提督史荣椿、大沽协副将龙汝元壮烈殉国。这次战役共击沉敌舰4艘、重创6艘（完全失去战斗力）、俘虏2艘，毙伤联军464人，英国侵华海军司何伯身负重伤，敌人遭到惨败，其残部一直溃逃到杭州湾。这次大沽口之战，是自第一次鸦片战争以来，中国军队所取得的第一次重大胜利。直

大沽口抗英（作者张可扬、梁瑞、张曼娟）

八里桥之战

隶总督恒福在战后上奏清廷说：“僧格林沁自上年奉旨办理海防以来，昼夜辛勤，殚精竭虑。今年正月又亲至海口驻扎，与士卒誓同甘苦，风雨无间，劳瘁至今，其忠勇朴诚，实为奴才所不及。”无产阶级革命导师马克思在1859年9月发表的《新的对华战争》中，抨击了英法的侵略行径，肯定了僧格林沁指挥的反侵略战争的胜利。

1860年7月26日，英法联军以陆军中将格兰特和孟托班为总司令率17000人分乘舰船206艘复抵大沽口海面，8月1日，分兵陆战队5000人乘30余艘舰艇，在大沽口以北30里处未加设防的北塘附近登陆，随即攻陷北塘镇、新河、塘沽。8月21日，从水、陆两个方向同时进攻大沽北岸炮台。直隶提督乐善指挥北岸守台清军开炮拒敌，不幸阵亡，守军大部牺牲，炮台失陷。本无抗战决心的咸丰皇帝急发手谕给僧格林沁，命令他率南岸守军撤到天津、再移师到通州八里桥一线以保京城安全，同时急派桂良、恒祺到天津与联军代表额尔金谈判议和而未果，9月10日再派载垣、穆荫到通州南的张家湾与联军代表巴夏礼谈判议和，最后谈判破裂。9月17日，巴夏礼一行谈判代表39人被“郁怒多时”的僧格林沁率部擒拿，投入刑部大牢与盗贼和杀人犯同狱关押，至10月163日归还人质时，活着的仅剩18人。

1860年9月21日，僧格林沁统率蒙古骑兵约10000人、步军约15000人，在京城以东30里处的八里桥与英法联军步炮兵近10000人展开决战。由法国人孟托班担任总指挥的英法联军分东路、西路、南路三个方向对八里桥清军阵地发起炮击。僧格林沁身先士卒骑马立于桥头，指挥蒙古骑兵手持长矛、马刀和弓箭，凭着一腔热血齐声大呼杀敌，奋不顾身地向英法联军阵地正面冲去，企图

冲乱和割裂英法联军的战斗队形，一部分骑兵冲至距敌四五十米的地方，有的甚至冲到了联军指挥部的附近，“像他们的祖先一样，远了用弓箭，近了用刀砍，”展开了白刃格斗。但是，联军炮兵使用先进的线膛火炮成排发射榴散弹，以数百支康格列夫火箭齐射，步兵使用先进的快速装弹线膛步枪据壕排射，使得在开阔地上暴露冲锋的蒙古骑兵纷纷中弹落马，马匹惊骇回奔，冲动后面的步队，导致阵势混乱，冲锋失败。随即，英法联军采用大口径火炮向“拼死一战保卫八里桥”的清军狂轰，最终占领了八里桥。桥面弹坑遍布，桥栏弹痕累累，桥上桥下清军尸体堆积如山，鲜血染红了通惠河。

对于这场战斗的惨烈程度，德里松伯爵的《翻译官手记》中这样描述道：“敌人已经两次被打退，却还没有认输，……他们现在又挺身而出。在那里，皇帝的鞑靼禁卫军，帝国军队的精华正聚集在首都的大门口。在桥的正中央，冒着枪林弹雨，他们的一位官长骑着马站在前面；他挥舞着黄旗表示挑战，尽管隆隆的炮声盖过一切，可是他还在高声呼喊着。在这位英勇的官长的周围，桥栏的大理石块四散飞舞，我们的炮弹造成了成批的杀伤。死神一刻也没有歇手，却并没有吓倒这些不灵活，然却勇敢的斗士，他们寸步不退。现在，运河的两边和桥上已堆满了被可怕的杀伤弄得残缺不全的尸体。桥头站着一个身材极为高大的鞑靼人，他看起来像是总司令的旗手。他手执一面写有黑字的大黄旗，并且把这面旗帜不时指向所有的方向。此乃僧王之旗，所有官长的眼睛都注视着它，因为它正在向全体中国军队下达着命令。此刻，敌人已告全面撤退，而且战场上，清军精锐所保卫的那座桥也

北京僧格林沁王府

业已堆满尸体，然而这个鞑靼人尽管已孑然一身，却仍挺立在那里，可能正在传达僧王的最后命令。子弹、炮弹在他的周围呼呼作响，飞啸而过，而他却依然镇静不动。孟托班将军情不自禁地说，在我看来，这个人确有过人之勇。有几个士兵冲向前去，想把他活捉。而在这时候，好像为了使我们有时间能把这英勇身影留在脑海里而有半小时没去碰他的炮弹，却正打中了他，把他击倒在地。于是大旗也向一旁倒去，随着它的旗杆而去的是一只紧紧抓住旗杆的痉挛的手……”

僧格林沁坐像

僧格林沁统帅指挥的八里桥决战以清军伤亡大半、阵地失守而告失败。咸丰皇帝9月22日离京迁住热河避暑山庄。英法联军10月13日从安定门攻入北京，10月18日抢劫并纵火焚毁圆明园。10月24、25日，英法联军迫使清廷签订了更加苛刻的《中英北京条约》《中法北京条约》。战后，主和派大臣指责僧格林沁“触怒了洋人”，咸丰皇帝对僧格林沁削职革爵，但仍保留了钦差大臣职。

此时，内外交困的满清王朝又面临着北方各省捻军反清运动的危机。1860年2月21日，以张乐行为“盟主”的捻军攻掠江苏北部京杭大运河畔的商业重镇清江浦，夺取了清廷户部皇仓的粮食后，纵火焚毁清江浦20里长的街市以及户部的皇仓和属于工部的四大船厂；随即进军豫、鲁，攻打开封和济宁，同时，直隶、山东及河间府一带捻军呼应四起。惶恐中的清廷于该年11月急诏僧格林沁，恢复他的郡王爵，令其率蒙古骑兵并统一节制调遣直、鲁、豫、鄂、皖五省兵马，全权督办攻捻军战事。

1861年1月开始，僧格林沁首先分兵两路，一路在山东巨野县的羊山狙击北上的捻军，一路由他本人亲率从东翼包超围剿，击溃了捻军；到1862年，与捻军主力周旋激战七个月，互有胜负，挫败了捻军调集所属五大旗（黄、黑、白、蓝、红）主力北上袭扰直隶与北京的战略企图；同年在鄂东霍山黑石渡收降捻军十几万人、打散十几万人；1863年3月，围攻捻军“大本营”皖北的雉河集（今安徽涡阳县），击溃“背肥水决一死战”的20万捻军，生俘张乐行；1864年4月，将捻军余部张宗禹、陈得才和太平军余部赖文光击溃于鄂皖边界，陈得才自杀，张宗禹与赖文光突围。1865年3月5日起两个多月时间里，僧格林沁亲督骑兵部队，命令将士背着干粮边走边餐，穷追不舍张宗禹部，从豫西到豫中，再到豫东，转豫南，再折返豫北，一直追到山东，行程数千里，所部被拖得精疲力竭，“将士死亡者数百，军中多怨言”，僧格林沁自己也因几十天不离马鞍而被拖得疲惫不堪。清廷曾告诫他不能“一意跟追”，但刚愎自用的僧格林沁仍独断孤行、督军冒进，5月18日在山东菏泽的高楼寨陷入张宗禹部预先诱设的伏击圈，激战到当夜三更，突围至菏泽西北15里的吴家店，遇捻军追兵再战时阵亡，享年54岁。

曾格林沁墓碑

僧格林沁战死疆场，令清廷上下一片震惊，皆以失去“国之柱石”而惋惜。清廷以亲王规格为他举行了葬礼，同治皇帝和慈禧太后亲临祭奠，赐谥号“忠”，配享太庙，在北京、山东、河南、盛京等地建“昭忠祠”；在科尔沁左翼后旗吉尔嘎朗博王府东建祠堂庙一座供奉僧格林沁画像；在额布力尔协日嘎地方另建僧格林沁塑像祠一座。同年7月，清廷派员护送僧格林沁的灵柩北上，安葬在科尔沁左翼世袭旗陵（今辽宁省法库县四家子乡公主陵村）。

95. 尹湛纳希

尹湛纳希（1837～1892）

尹湛纳希（1837～1892），孛儿只斤氏，清代著名文学家、史学家、思想家、翻译家、画家和诗人。蒙古族，成吉思汗第二十八代孙，出生于卓索图盟土默特右旗“忠信府”（今辽宁省北票市下府乡）。主要著作有：长篇小说《一层楼》《泣红亭》《红云泪》《青史演义》等，杂文《石枕的批评》《龙文鞭影》《释者的虚伪》《勿忘祖先》，蒙古译文《红楼梦》《中庸》《通鉴纲目》等。他为发展蒙古民族语言文字的艺术表现力，丰富蒙古民族的史料和文学宝库，促进蒙、汉文化的交流，作出了巨大贡献，在蒙古民族文学史上占有里程碑式的地位。

尹湛纳希自幼系统地学习历史和文化知识，他博览群书、饱读诗文，熟练地掌握了蒙、汉、满、藏语言文字，对蒙、汉文化传统有了深入的研究和理解。他擅长绘画，刀枪骑射样样精通，经常游历名山大川，交际学者名流，广泛接触社会底层，从而使文学创作活动有了厚重的生活积累和铺垫。他在家排行老七，当地百姓广为传颂“七哥”的故事：有一个大灾之年他出去收租子，走

尹湛纳希在蒙古民族文学史上占有里程碑式的地位

尹湛纳希所遗留下的文学巨著

一路救济一路，租子没收到一份，连身上的盘缠都散光了，还当众烧掉了租据；他救济街头落难乞讨的老者，送钱给缺衣少穿的孩子，释放为生活所迫偷盗他家的穷人，送钱给下人为其母治病等等许多慈善之举。尹湛纳希的曾祖父端都布，曾经随乾隆皇帝出征准噶尔有功，其宅邸被封为“忠信府”。府内有三座藏书楼，藏书万卷，堪称稀世，为他后来的文学创作提供了大量的文史资料。父亲旺钦巴勒，在清道光十年以前，就担任了土默特右旗协理台吉（协助旗札萨克掌管军务）之职，他文武兼备且精通历史和文学，鸦片战争第二年，受命率本旗蒙古骑兵赴渤海营口抗敌获胜，得到朝廷嘉奖。母亲满优什併，出身名门，知书达理又通晓蒙、汉文，倾心尽力地相夫教子。

尹湛纳希处在清廷统治走向没落、官场吏治异常腐败、外国列强入侵掠夺、社会矛盾剧烈冲突的动荡年代，他的一家也遭遇厄运，先是正值壮年的父亲离世，后是满腹才华的大哥在29岁时去世，之后又是擅长诗文的五哥在35岁时去世，只留下他和六哥支撑着败落的家道，在举步维艰中苦苦挣扎。尹湛纳希自己也几次蒙受不幸，未婚妻和爱妻先后病亡。后来，他违逆世俗，续娶了妻子的贴身丫鬟白玉兰，没过几年，再次遭遇丧妻之痛。承受着累累精神创伤的尹湛纳希，目睹社会政治的黑暗、下层农牧民的饥寒交迫和有志青年的思想迷茫，忧心思虑民族的前途和命运，决然奋笔躬耕于文学创作、翻译经典的漫漫征途上，在写作中深刻揭露社会现实的种种弊端，宣扬“从天子到乞丐都是一样的人”的平等思想，提出“惩贪官，铲污吏，节约用度，爱抚民众”的

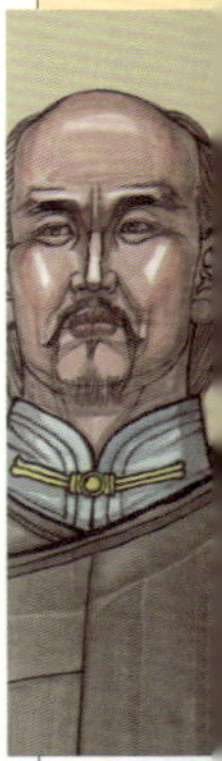

辽宁省北票尹湛纳希纪念园

劝政主张。

尹湛纳希从18岁翻译《红楼梦》，开始勤奋写作。他受《红楼梦》深刻主题的影响，以自身命运的悲剧性经历引发的灵感为创作源泉，以当时蒙古封建贵族的社会现实生活为题材，创作长篇小说《一层楼》，故事沿着贵族公子璞玉与炉梅、琴默、圣如的爱情线索展开，以璞玉之父为攀附权贵，给璞玉娶了节度使之女苏姬为妻，三个姑娘星流云散的悲剧告终；姊妹篇《泣红亭》以璞玉寻访炉梅、琴默、圣如的踪迹开始，分别描绘了三个姑娘的悲剧命运，以三人经过数番波折最终都和璞玉团聚的喜剧结束。他创作的被称为“活化了的蒙元正史”《青史演义》，以蒙、汉文的文字史料和口口相传的蒙古族英雄史诗为依托，用文学创作的生动笔法刻画了成吉思汗睿智、宽厚、仁爱、贤德、高瞻远瞩的鲜明性格和博大胸怀，栩栩如生地塑造了一群诚信、勇敢、智慧的文武将领形象，在广阔的社会背景上展现出了12、13世纪蒙古草原的历史风貌；在这部书的序言中，他批驳了当时关于国家、民族、宗教、习俗、历史观、世界观等方面的错误思想和做法，批评了满清政府的时政和整个蒙古民族过度沉迷于佛教，导致人口锐减、生产凋敝、文化萎缩的倾向。另外，尹湛纳希深深的感恩之情呈现在诗文《忆母亲》中："拜别了慈母的双膝，穿过千山万水到天涯，……但愿腋下生双翼，腾空飞回我的家，亲亲地叫一声妈妈。"他慈悲怜悯之心也体现在诗文《悯农歌》中："齿落唇塌一老翁，清晨枵（空）腹站路旁，衣衫褴褛颜如鬼，……目睹难禁我心伤，先给车上五升米，再问为何这寒怆（悲）？"凡此种种，尹湛纳希孜孜不倦地翻译、创作的辛勤笔耕，直到生命终止，一刻都没有中断过。

1891年，当地发生以"杀尽蒙古人"为口号的邪教组织"金丹道"暴乱，暴徒纵火焚毁了"忠信府"。尹湛纳希携家人逃到锦州，不久身染重病，贫病交加，于1892年2月25日在惨受祖辈几代收集的万卷藏书被毁的致命精神打击下，带着《青史演义》创作未竟的遗憾（计划120回，仅发现69回），悲怆地离开了人世，年仅55周岁。

1986年10月，由当地政府建设的"尹湛纳希纪念馆"在惠宁寺内落成，国家副主席乌兰夫欣然亲笔题书馆名。1993年6月，在国家民委、国家文物局、中国作家协会、辽宁省文化厅以及内蒙古自治区各盟旗，青海、新疆、吉林、黑龙江各省蒙古族自治州、县的支持和资助下，"尹湛纳希纪念馆"迁建至北票南山的工程顺利竣工，具有占地9000平方米、建筑面积1200平方米、房

尹湛纳希墓

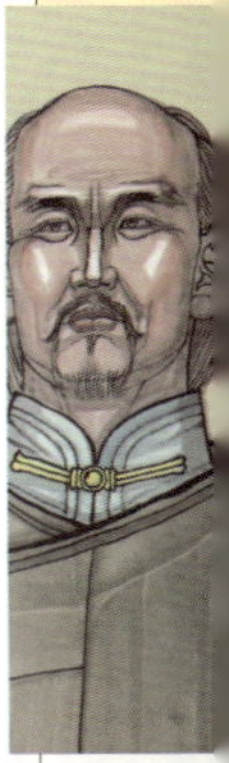

屋39间的纪念馆全面展示了尹湛纳希的一生。

尹湛纳希及其杰出的文学创作成就，在蒙古族文学史和中国文学史上都占有重要的历史地位，他的许多著作被译为英、日、俄等多种文字在国外出版。国内很多学者从20世纪50年代开始系统地研究尹湛纳希的家世、生平、作品、译文、创作历程等，形成了学术上的“尹学”研究学派，发表了众多有影响的学术著作。

96. 苏赫·巴托尔

苏赫·巴托尔（1893～1923）

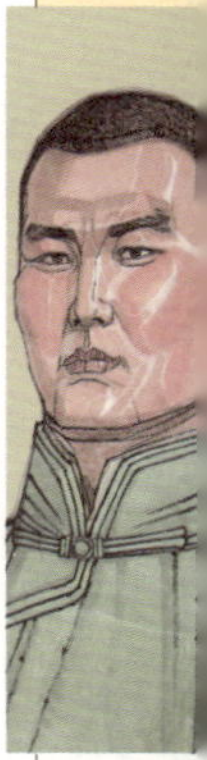

苏赫·巴托尔(1893~1923)，原名苏赫，因作战有功荣获“巴托尔”（勇士）称号，被称为“苏赫·巴托尔”，蒙古族，出生于中国清代外蒙古的买卖城(今蒙古国阿勒坦布拉格)。蒙古人民党（1925~2010年曾改名为蒙古人民革命党）的创始人，蒙古人民军的缔造者，蒙古人民共和国（今蒙古国）的创建人。

苏赫·巴托尔出身于贫苦的牧民家庭。父亲达木丁是个老实忠厚的下层牧民，为生活所迫，1890年举家迁到买卖城，1898年又迁到库伦（今蒙古国乌兰巴托），依靠做零工和在监狱里打杂的微薄收入维持全家生活；母亲汉德是个吃苦耐劳的善良妇女；苏赫的一个妹妹因家庭贫困，刚出生就送给了别人，这给全家造成无法弥补的心理伤痛。苏赫儿童时期，曾在父亲的苦苦努力下，被送入一所官办学校，刻苦学习，每次考试成绩都是优秀。为分担家境的贫困，苏赫14岁就到库伦至恰克图（沙俄边境商镇）的驿道上当了一名劳苦艰辛的马夫，干着成年人的活儿，还经常遭到

清朝末年时期的库伦（今蒙古国乌兰巴托）

蒙古革命时期的苏赫·巴托尔

雇主的打骂。青少年时期的苏赫，目睹了清廷官吏、蒙古封建主和上层喇嘛腐化糜烂、穷奢极欲的生活；亲眼看到了因交不起捐税或还不起王爷债的贫穷牧民，被投入监狱受到非人折磨甚至致死的惨状；亲身感受到了下层贫苦牧民受到的残酷剥削和压迫。这在他的心灵里点燃了对封建统治者的仇恨火焰，唤起了朴素的寻求解放、争取平等生存权利的强烈愿望。

1912年，19岁的苏赫应征入伍，在“自治军”里先做炊事和勤杂，后调入作战部队，在同巴布扎布匪帮（日本军部扶持的武装）的多次战斗中，表现勇敢和机智，逐步提升为机枪连长，并获得了几枚奖章和“巴托尔”的称号。俄国十月革命前后，苏赫•巴托尔经常从“自治军”里几个同情革命、同情苏维埃政权的俄国教官和顾问那里了解俄国十月革命发生的背景和革命前后的真实情况，对列宁领导受压迫的无产阶级推翻沙皇残暴统治的革命行动非常赞赏。他经常给士兵讲解世界大事，传播当兵吃粮不是为了给封建主及其利益代表的政府卖命，而是为了将来穷苦人不受剥削和压迫的启蒙思想。他视穷苦出身的士兵为兄弟，被亲切地称为“巴格希”（老师），而不是“达尔嘎”（长官）。“自治军”的统领对苏赫•巴托尔在军队中的影响深感不安，以急需懂得蒙文的人去排印法典为借口，调他到库伦的印刷所当排字工。在这里，苏赫•巴托尔很快就结识了一批侨居外蒙古的俄国社会主义革命者，比较系统地接触了列宁的无产阶级革命思想和马克思主义理

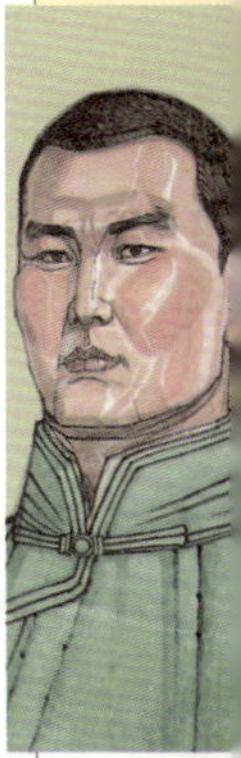

论，同时，身边也聚集了一批穷苦知识青年，探讨命运的不公，揭露社会时政的腐败和残暴，寻求下层贫苦牧民解放的道路。在这个基础上，苏赫•巴托尔于1918年建立了外蒙古第一个秘密的革命小组。与此同时，另一位贫苦牧民出身的霍尔洛•乔巴山，在库伦也建立了一个以宣传俄国十月革命、反抗封建压迫为宗旨的地下革命小组。1919年秋，苏赫•巴托尔与乔巴山取得了联系，开始了亲密的合作。

1920年春天，列宁领导的共产国际派遣苏尔果阔夫到外蒙古，在库伦与苏赫•巴托尔取得了联系，了解当地革命活动进展情况，帮助建立统一的革命组织。1920年6月25日，两个革命小组召开联席会议，决定合并成立“蒙古人民党”，苏赫•巴托尔在会上作了关于党的未来奋斗目标及当前任务的报告。会议决定扩大组织，吸收党员，通过了《党员誓词》。在苏赫•巴托尔倡议下，会议决定组织革命者代表团赴苏维埃俄国请求援助。会后苏赫•巴托尔和乔巴山在苏俄的伊尔库茨克红军学校学习和深造军事技术，同时还在边境一带的贫苦牧民中开展宣传工作，着手组建游击队。

蒙古人民革命党党旗

1920年8月开始，苏俄内战中绰号“血腥男爵”的沙俄白匪温甘伦•冯•施特恩贝格（恩琴），配合日本武装干涉军统帅部建立反苏维埃战争基地的行动，率白卫军（骑兵约10000人、步兵200人、火炮21门、机枪37挺）侵入中国的外蒙古，烧杀淫掠，无恶不作，于1921年2月4日击溃中国北洋军阀政府派遣的驻军，占领了库伦。随即，扶植傀儡第八世哲布尊丹巴活佛，举行所谓“重登汗位的典礼”，组成军事独裁统治的“独立政府”，野蛮地大肆屠杀十月革命支持者、进步人士和犹太人及其家属，强征苛捐杂税，摊派各种劳役，以供养其军队和进行反苏维埃战争的需求。蒙古族劳动人民苦不堪言，生活在水深火热之中。

1921年3月1日，在共产国际的帮

苏赫·巴托尔石雕像

助下，苏赫·巴托尔主持在苏俄境内的恰克图召开了蒙古人民党第一次代表大会，代表共26人。“一大”宣布蒙古人民党正式成立，通过了“进行反帝反封建的人民革命，解放民族，把政权移交给人民大众，进而改造社会生活”的第一个奋斗纲领，发布《蒙古人民党告全体人民书》。大会决定将游击队改编为人民军，苏赫·巴托尔被任命为总司令，乔巴山被任命为政委。针对温甘伦的“独立政府”，3月13日，在苏俄境内的特罗伊茨克萨夫斯克市举行了有外蒙古边境苏木(亦称旗)劳动人民代表、人民军代表和党组织代表参加的会议，选举产生了临时人民政府。苏赫·巴托尔被选为军事部长兼武装部队总司令。临时人民政府于4月10日向苏维埃俄国政府请求军事援助，要求共同消灭温甘伦白匪。俄共(布)中央政治局决定，派遣红军第5集团军司令马季亚谢维奇，率军统一领导与温甘伦匪帮进行的武装斗争。5月，苏赫·巴托尔率领的人民军主力骑兵团击溃了一支正向恰克图、特罗伊茨科萨夫斯克迂回的白卫军庞大支队。6月，红军主力与人民军沿买卖城—库伦的大道实施进攻，7月6日解放了库伦，推翻了温甘伦的“独立政府”，8月22日生俘温甘伦并于9月5日经苏维埃西伯利亚革命法庭判决，执行了对他的死刑。

1921年7月11日，蒙古人民革命政府宣告成立。鉴于当时的特殊形势，

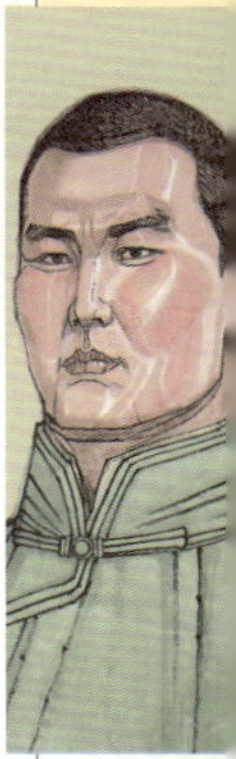

保留以哲布尊丹巴为首的君主立宪政体，规定哲布尊丹巴只管理喇嘛教教务，不涉事政务。苏赫•巴托尔当选为实际最高领袖并兼任军事部长。10月，苏赫•巴托尔率领人民革命政府代表团赴苏俄，受到列宁的亲自接见。列宁肯定了蒙古人民革命的意义，主张蒙古人民党应继续以群众性政党的面貌把民主革命进行到底，希望蒙古人民在“非资本主义道路”上取得经验和成绩，他说：“我早已听到你们蒙古的消息，我感到很高兴。蒙古革命发展得很快，欧洲一些伟大革命家所未能办到的事情，你们蒙古人在短时间(一年)内办到了。蒙古人民依靠俄国革命的无产阶级，在几个月里就完成了其他国家在数百年内所做的工作。”

蒙古人民共和国时期“苏赫•巴托尔”勋章

1922年，蒙古人民革命政府颁布法律，彻底废除奴隶制，取消封建主的一切特权，从而使广大贫苦牧民获得解放。对此，反动封建主和上层喇嘛极端仇视新生的人民政权，他们勾结日本武装干涉军和残余的白俄匪军，继续在各地叛乱，在受到人民军的有力镇压后，仍不甘心失去封建没落的奢靡天堂，于1923年2月22日，乘苏赫•巴托尔患病之机，用毒药杀害了这位年仅30周岁的人民革命领袖。

苏联政府曾授予苏赫•巴托尔“红旗勋章”，蒙古人民革命政府曾授予苏赫•巴托尔“卓力克图-巴托尔”（勇敢的英雄）称号。蒙古人民为了永远纪念这位人民革命的领袖，在首都乌兰巴托市中心修建了“苏赫•巴托尔广场”，广场中心立有他骑马英姿的铜像。1940年，将色楞格省首府命名为苏赫•巴托尔市。1943年4月20日，为纪念苏赫•巴托尔牺牲20周年，将扎布赫朗特沙尔嘎省更名为苏赫•巴托尔省。

97. 嘎达梅林

嘎达梅林（1892～1931）

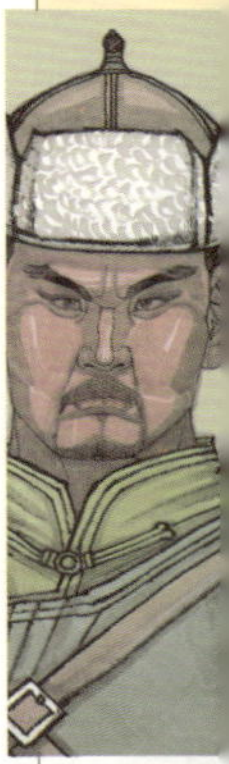

嘎达梅林（1892～1931），莫勒特图氏，蒙古族，本名那达木德，汉名孟青山。曾担任达尔罕旗（今科尔沁左翼中旗）王府的“梅林”（总兵），因家中排行最小（俗称嘎达），被称为“嘎达梅林”。他是以武装起义，反抗反动军阀和封建王爷的压迫与剥削、为捍卫蒙古族人民生存权利而牺牲的人民英雄。

嘎达梅林7岁起读私塾，9岁进学堂学习蒙汉文，曾作为第一批学生进入同盟会老战士云灯阿在科尔沁地区创办的学校，受到进步思想的影响。18岁到旗卫队里当兵，同时兼任翻译。由于他为人正直诚信、办事公平果断，得到士兵的拥护和王爷的赏识，在卫队里任扎兰（参领）、昆都（骁骑校）等职，29岁被任命为军务梅林，统率全旗蒙古骑兵及各“努图克”（乡）的保甲兵。他对属下要求严格，凡事以身作则。任职期间应百姓的诉求，裁办了王族近亲赛兴嘎、那木海霸占草牧场的事件。还亲手及时救下了一位因被军阀企图霸占女儿，而被迫上吊自杀将要气绝的汉族佃农孔祥。嘎达梅林的人格魅力深受当地蒙、汉族百姓的交口称赞。这期间，他目睹奉系军阀勾结旗王爷武装开垦科尔沁草原的步伐愈演愈烈，水草丰美的全旗牧场已经开垦四分之三，蒙古族牧民的生存危机愈加严重，多次找旗王爷和军阀“垦务局”呼吁停止开垦，均遭拒绝并被免了职。

“放垦蒙地”是满清王朝行将崩溃时最腐败的行为之一。1901年，清政府与入侵

嘎达梅林是为捍卫蒙古族人民生存权利而战的人民英雄

北京的八国联军签订了鸦片战争以来赔款数额最大、主权丧失最严重、精神屈辱最深的《辛丑条约》，赔款价息合计9.8亿两白银（分39年还清）。而内忧外患，国库空虚的清政府当时全部税收尚不足0.3亿两白银，慈禧太后为此采取各种措施，加重对全国人民的残酷剥削，其中之一就是强行实施官办的“放垦蒙地”，收取巨额的“押荒银”和“租银”，达到其“聚敛蒙财，以充帑银（库银）”之目的。辛亥革命后的袁世凯北洋军阀政府为了博得外国列强的承认，继续承担《辛丑条约》的巨额赔款，全盘承袭“放垦蒙地”的政策，其规模比清政府有过之而无不及。统治东北地区（包括内蒙古东部）的奉系军阀为了扩军筹饷、支付两次直奉战争和参加1930年军阀中原大战的巨额开支，甚至先后设置数个“垦务局”，派军队武装进行蒙地开垦，疯狂地剥夺蒙古族牧民赖以生存的土地。奉系军阀、蒙古封建王公、内地的官绅奸商趁机大肆“炒作地皮”，从中投机渔利。

嘎达梅林起义（郑毓敏、莫大林、李大芸 创作）

1929年7月初，上万名被剥夺土地而流离失所、丧失生存权利的牧民群众，推举嘎达梅林等四人率领60名代表组成的请愿团赴奉天（今沈阳市），向常住那里的达尔罕旗王爷和奉系军阀政府递交万人签名的请愿书，郑重提出停止开垦牧场、保障牧民生存权利的要求，并以“不达目的，誓不罢休！”的坚决态度表示了决心。7月26日夜，军阀政府的大批警察宪兵突然包围了请愿代表团的住处，逮捕了嘎达梅林等四名为首的代表，押送回本旗监牢，又将其他60名代表强行遣散回旗。嘎达梅林的妻子牡丹探得王爷的福晋（夫人）预谋秘密处死嘎达梅林的消息后，于11月13日率领九名勇士劫狱救出了嘎达梅林。从此，嘎达梅林振臂高呼，举旗造反起义，走上了武装抗垦、捍卫蒙古族人民生存权利的道路。起义军作战于当时的哲里木盟和昭乌达盟数个旗县，袭击军阀的垦荒部队，打击“垦务局”，赶走丈量土地的测量队，拔掉测量旗帜，毁掉地界牌子，烧毁地主恶霸、放高利贷

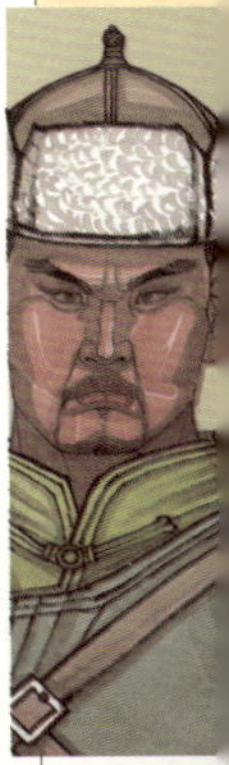

奸商的账簿、契约，没收他们的不义之财。由于起义军抗垦目标明确，从不掠扰百姓，所到之处受到群众的热烈欢迎。有主动前来送情报的，有自愿捐助枪弹、马匹的，有积极报名参加起义军的，还有老太太献出自己珍藏的“查克萨”（护身佛），要佛爷来保佑起义军。一位富有正义感的名叫白龙的汉族人，率领一支被反动军阀和地主奸商逼得背井离乡、走投无路的贫苦佃农组成的起义队伍，也慕名前来投奔嘎达梅林，声势日益壮大的起义军人马发展到了一千多人。

嘎达梅林纪念碑

1930年底，穷凶极恶的军阀政府调集洮南、白城子、郑家屯、通辽、开鲁等地的驻军及旗卫队四千余人，在优势装备和有现代炮火的支援下，对嘎达梅林起义军进行疯狂的围剿。起义军奋起抵抗，历经大小战斗三十余次，牺牲了大部分骨干人员，在弹尽粮绝、仅剩三十余人极其严峻的情况下，仍然顽强地坚持战斗，最终于1931年4月5日在达尔罕旗舍伯勒图附近新开河（今乌力吉木仁河）畔的红格尔敖包屯渡口被敌军重重包围，嘎达梅林在激烈的战斗中壮烈牺牲，年仅39岁。军阀的骑兵团长李守信（后投降日本成为大蒙奸）残忍地割下嘎达梅林的头颅悬挂示众，社会上的正义之士以及穷苦的蒙、汉族牧民和佃农无不低头默默地流下了热泪。

嘎达梅林的英雄事迹，成为蒙古民族近代革命斗争史中的重要一页。他的英雄壮举和悲怆故事，在老百姓中广为流传。民歌《嘎达梅林》成为蒙古族最振奋人心的歌曲之一，作曲家辛沪光把这首民歌改编成气势磅礴的交响乐《嘎达梅林》，震动了国内外乐坛。嘎达梅林及其事迹已经成为近代史学界关注的一个研究课题。1990年8月，科尔沁左翼中旗政府在嘎达梅林牺牲地建起了一座“嘎达梅林纪念陵园”，树起了高大的纪念碑，每年都有很多人慕名前去瞻仰。

98. 锡尼喇嘛

锡尼喇嘛（1866～1929）

锡尼喇嘛（1866～1929），原名乌力吉杰日嘎拉，蒙古族，伊克昭盟（今鄂尔多斯市）乌审旗人，著名的“独贵龙”运动领袖，曾任内蒙古人民革命党中央执行委员，是内蒙古地区武装进行反封建、反军阀斗争的民族民主革命先驱。

乌力吉杰日嘎拉出身贫寒，7岁就给牧主放牧，15岁被抓到乌审旗王爷府服差役，饱受疾苦。他性格刚强、勤奋好学，晚上向旗王爷府“笔帖式”（文书）学习文化，白天一有空就以柳枝为笔在沙丘上练习写字，几年工夫下来，蒙古文读写能力达到了相当的水平。20岁时，被破格录用为乌审旗王爷府“笔贴式”，继而升为“京肯笔帖式”（文书长），有机会参与处理政事，曾多次主张改善旗政。1901年，他被旗王府派至西安，作为慈禧太后避难回京的随驾侍从到了北京。此时，清廷与八国联军签订的《辛丑条约》赔款价息合计9.8亿两白银，慈禧太后为此大力推行官办的“放垦蒙地”政策，收取巨额的“押荒银”和地租，疯狂地剥夺蒙古族牧民赖以生存的土地，残酷地压榨汉族农民辛苦劳

锡尼喇嘛是内蒙古地区武装进行反封建、反军阀斗争的民族民主革命先驱

动的血汗。腐败的清廷地方官僚、蒙古封建王公趁机大肆从中渔利。乌力吉杰日嘎拉在京几年的亲历和目睹，进一步认清了满清王朝对外丧权辱国、对内横征暴敛的腐朽没落本质。

独贵龙运动（胡日查、乌吉斯古楞 创作）

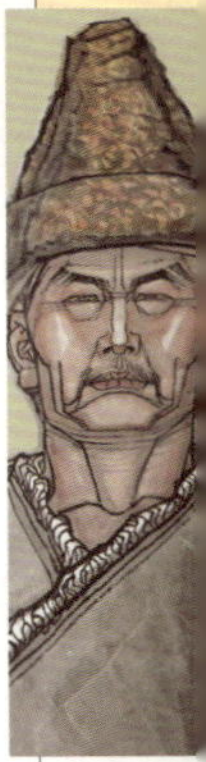

1905年，乌力吉杰日嘎拉回乡后，愤然离开旗王府，以出家当喇嘛为掩护进行抗垦斗争，被称为锡尼喇嘛（意为新式喇嘛）。他凭借自己丰富的文化知识、见多识广的经历和在各阶层中的威信及知名度，积极动员和号召广大下层人民参加以抗垦为宗旨的“独贵龙”组织活动。“独贵”在蒙语中系“圆”之意，凡参加“独贵龙”的人到指定地点，围成圆圈形，共商抗垦斗争大计。他们在表决通过的决议或上书的呈文上签字，均呈圆圈形，表示参加成员地位平等，“独贵龙”一词即由此而来。

辛亥革命后，袁世凯的北洋政府全盘继承了“放垦蒙地”的政策，其规模比清政府有过之而无不及。1912年，锡尼喇嘛以六十多个“安答”（结拜兄弟）为核心，在乌审旗组织了11个“独贵龙”，提出“严惩主使拍卖旗地的官吏臣佐；不得以蒙民唯一赖以生存的土地抵偿旗政所欠新旧债务；严肃整顿旗政，惩办贪官；制定公正法规，不得额外摊派，逢荒年饥馑减免课税。”等12条要求，展开请愿、示威、上书等形式的抗争。至1915年，锡尼喇嘛领导的“独贵龙”运动达到高潮，除少数上层贵族官员外，全旗僧俗民众和中下层官员几乎都参加了进来，使旗王府政权几乎陷于瘫痪。1916年，北洋政府派宁夏护军使马福祥率军镇压，“独贵龙”运动进入武装抗争阶段。1917年5月，锡尼喇嘛带领 “独贵龙”枪毙了操纵旗政、卖地渔利、欺压旗民、民愤极大的

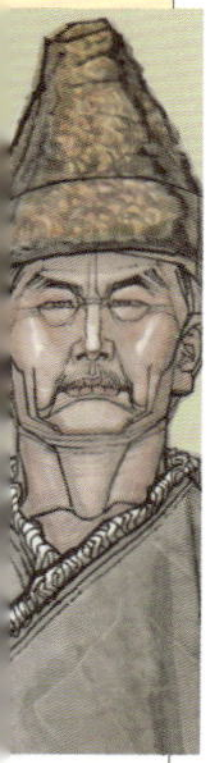

旗王爷福晋（夫人）娜仁格日勒。1919年6月，锡尼喇嘛被伊克昭盟盟长逊布尔巴图和乌审旗封建王公阴谋设计诱捕，受尽酷刑拷打，英勇不屈，被戴上80斤枷号关押。1920年冬，在“独贵龙”的全力营救下，锡尼喇嘛逃出监狱，躲过层层追捕，避居于北京的雍和宫。

1921～1923年，锡尼喇嘛接受孙中山先生的民主革命思想，并参加各种宣传和组织发动工作；结识了李大钊先生和一批内蒙古的革命青年，学习《新青年》等进步刊物，开始接触马列主义，了解俄国和外蒙古革命的意义；同时秘密与软禁于北京的伊克昭盟札萨克旗“独贵龙”运动领袖旺丹尼玛取得了联系，共商今后的革命大计。1924年秋，赴蒙古人民共和国，入党校学习，并参加军事训练，写有《乌审旗升起了革命的曙光》等文章（已散失）。1925年10月，锡尼喇嘛回国，赴张家口参加了在共产国际与中国共产党支持下的内蒙古人民革命党成立大会，当选为中央执行委员。1926年春，他回到家乡积极宣传反帝、反封建、反对民族压迫的革命纲领，建立了内蒙古人民革命党乌审旗党部，设立下属17个党支部，发展了七百余名党员，重新点燃了“独贵龙”运动的火焰；次年，在共产国际和中共帮助下组建内蒙古人民革命军第12团，任团长。1927年8月，锡尼喇嘛率领12团占领乌审旗王府，推翻了封建王公政权，建立了第一个由蒙古族人民当家做主的政权——“公众委员会”，简称“公会”。革命政权宣布：保障各族人民的利益和各项政治权利，废除各种苛捐摊派和奸商的债务；创办学校，学习蒙汉文；派干部参加国民革命军的培训；实行男女平等，妇女有权入党；实行婚姻自由；喇嘛可以还俗。这些施政纲领受到广大农牧民的热

独贵龙运动部分成员合影

烈拥护。1927年9月至1929年1月，乌审旗的蒙古封建王公勾结陕北军阀井岳秀，进行疯狂反扑。锡尼喇嘛率领12团在广大农牧民的支持、配合下，与数倍于己的强敌进行机智勇敢的战斗，交战三十多次，除两次战斗失利外，均给敌人以重创，共歼敌三百余名，保卫了新生的革命政权。

1929年2月11日深夜，正在熟睡中的锡尼喇嘛，遭到敌人暗中重金收买的革命军内部叛徒值班排长布仁吉尔格勒和值夜岗哨额尔克木达赖的残酷杀害，时年63周岁。随后，新生政权及革命军也遭到围剿而失败。

中华人民共和国成立后，国家民政部向其家人颁发了《革命烈士证书》。证书写道：“锡尼喇嘛同志在第二次国内革命战争中壮烈牺牲，现核准为革命烈士，特发此证，以资褒扬。”当今，锡尼喇嘛故居纪念馆坐落于鄂尔多斯市乌审旗嘎鲁图镇，占地面积324平方米，1964年被列为内蒙古自治区第一批文物保护单位，2006年被国务院确定为全国第六批文物保护单位。锡尼喇嘛纪念塔坐落于乌审旗达布察克镇西侧，塔身上刻有全国人民代表大会常务委员会副委员长布赫的亲笔题词，塔的背面刻着蒙古文，塔基座占地30平方米，塔高近15米，塔的主体以圆形筑成，塔腰圆盘上的11个圆孔代表锡尼喇嘛最初领导的11个独贵龙组织。

锡尼喇嘛故居

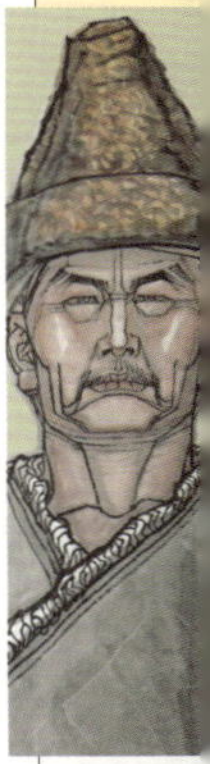

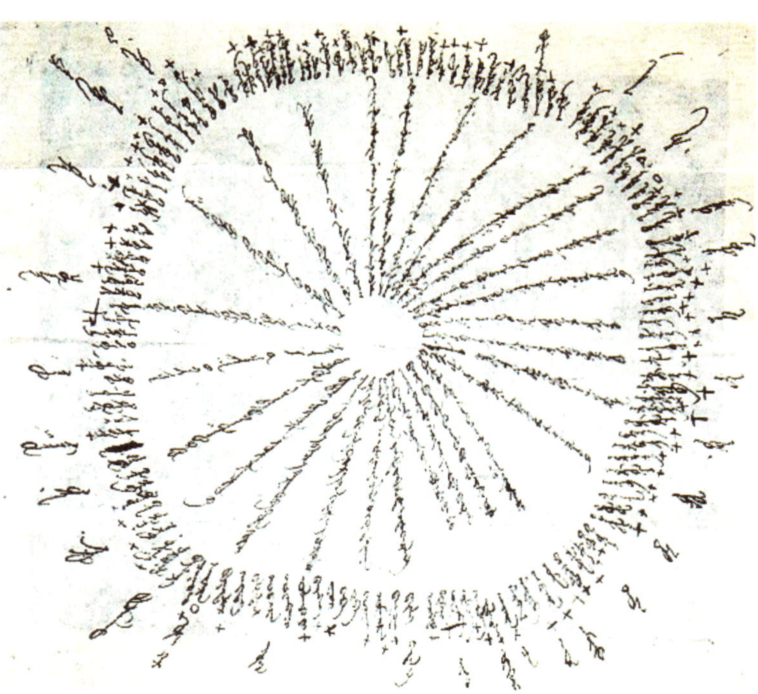

独贵龙运动组织名单

独贵龙运动群雕

99. 艾思奇

艾思奇（1910～1966）

艾思奇（1910～1966），原名李生萱，蒙古族，云南腾冲人，是元世祖忽必烈率大军南征大理国（今云南）时，镇守腾冲的将领“黑斯波”的第18代后裔。中国著名的马克思主义哲学家、教育家和革命家。一生致力于马克思主义哲学大众化、中国化、现实化的宣传与实践，主要著作有《大众哲学》《哲学与生活》《实践与理论》《新哲学论集》《思想方法论》《辩证唯物主义和历史唯物主义》等等。

艾思奇于1927～1930年留学日本，1931年“九•一八”事变后，面对日本帝国主义侵略中国的野蛮行径，义愤填膺，毅然弃学回国，参加了中国共产党领导下的“上海反帝大同盟”，写标语，散发传单，搞群众集会，号召民众抗日救国。1935年加入中国共产党，1935年至1936年任上海《读书杂志》编辑。1937年到延安，历任抗日军政大学主任教员、中央研究院文化思想研究室主任、中共中央文委秘书长、《解放日报》副总编辑。中华人民共和国成立后，任中共中央高级党校哲学教研室主任、副校长，中国哲学学会副会长、中国科学院哲学社会科学部学部委员。他的主要成就和贡献有：

艾思奇夫妇

1. 马克思主义哲学大众化在中国的最早践行者。日本帝国主义发动“九•一八”事变以后，全国抗日救亡运动蓬勃兴起，广大人民群众迫切需要找到一条挽救国家、挽救民族、挽救个人的道路。在这样的形势下，艾思奇满腔热情地投入实践活动，陆续发表了24篇通俗易懂、短小生动的哲学文章，以人们日常生活中的具体事例，用人民群众的语言来讲述抽象的哲学概念，介绍马克思主义哲学的世界观、认识论和方法论，受到广大读者的欢迎，引起了强烈的社会反响，1934年汇编成《大众哲学》出版，到1948年发行了32版。他在这本书里，用《果树林里找桃树》的故事，向人们解释“哲学是什么”的问题；用照相机做比喻说明唯物主义反映论的原理；借助卓别林和希特勒具有相同外表的胡子，却有本质不同的内心，来说明唯物主义认识论中现象和本质的区别，感性认识同理性认识的矛盾；通过《雷峰塔的倒塌》说明唯物辩证法中量变引起质变的规律；在《岳飞是怎样死的》中，通过岳飞内心“杀敌”和“忠君”的矛盾，说明万事万物都是对立面的统一的唯物辩证法原理；用《在劫者难逃》的故事，说明唯物辩证法中偶然性和必然性的关系；以《猫是为吃老鼠而生的》的实例，阐述可能性和现实性的辩证统一关系等等。可以说，这本书影响了一代人，当时千千万万个热血知识青年，唱着“一首歌”（田汉词、聂耳曲的《义勇军进行曲》），拿着“一本书”（艾思奇的《大众哲学》），投入到了艰苦卓绝的抗日斗争烽火中去，其中有一位青年，后来成长为朝鲜战场上的营教导员，在上甘岭战斗中英勇牺牲时，身上就带着《大众哲学》。当艾思奇1937年奉调到达延安时，毛泽东热情地说道：“噢！搞《大众哲学》的艾思奇来了！你的《大众哲学》我读过好几遍了，最近有新的著作吗？”毛泽东称《大众哲学》是“通俗而有价值的著作”，还对理论战线的同志说：“艾思奇是好哲学家，好就好在老实忠厚，诚心诚意做学问。”1984年，曾是蒋介石高级幕僚的马壁证实，蒋介石多次在台湾军政要员会议上训斥：“我们同共产党的较量，不仅是输在军事上，乃是人心上的失败。一本《大众哲学》搞垮了我们的思想战线！这样的东西，你们怎么就写不出来？！”

艾思奇早年出版的两个版本的《大众哲学》

2．为马克思主义哲学中国化做出了杰出的贡献。艾思奇于1938年4月发表了《哲学的现状和任务》，旗帜鲜明地提出了马克思主义哲学中国化的主张，这与毛泽东于同年10月提出的“马克思主义必须和中国的具体特点相结合并通过一定的民族形式才能实现”理论是一致的。艾思奇在1939年3月发表的《关于形式论理学和辩证法》一文中，指出了马克思主义哲学中国化的重要途径：一是要与中国传统的哲学思想和表

艾思奇故居

现形式结合，吸取其合理的有用的东西；二是与现实的抗战的实践经验和教训结合，及时消化吸收新鲜养料，才能实现马克思主义哲学的中国化。1961年，艾思奇受中共中央书记处委托主编的《辩证唯物主义和历史唯物主义》，紧密联系中国革命和建设的历史经验，充分吸取毛泽东哲学思想，反映了马克思主义哲学在中国的新发展、新成果，阐述了马克思主义哲学与中国传统哲学的联系，是马克思主义哲学中国化的精典著作，代表了中国马克思主义哲学教学与研究的最高水准，成为中国普通高等院校以及各级党校的哲学教材。

3．马克思主义哲学现实化的践行楷模。艾思奇认为，马克思主义哲学现实化的精髓就是在实践中坚持实事求是的基本原则。早在1943年延安整风时期的审干“抢救运动”中，艾思奇就重证据，反对“逼供信”，被指责为“抓不出特务的白点”，打成“包庇特务的小宗派”受到批判，还被撤销了职务。1958～1959年，艾思奇被定为“中右”下放到河南登封劳动锻炼期间，在对河南的干部讲话中，指出大跃进的缺点错误“首先就是违背了唯物主义的原则，冲天干劲没有跟具体的分析、科学的精神结合起来”。他批评了“人有多大胆，地有多大产”的荒谬口号。回到北京后，在总结下放工作经验时指出：“下面刮‘五风’（共产风、浮夸风、命令风、干部特殊风、对生产瞎指挥风），问题很严重，如果不认真纠正，农民就要打扁担。”他深有感触地说：“我们的唯物主义是不彻底的。”以上事例，充分体现了艾思奇在马克思主义哲学现实化的实践中，始终坚持实事求是原则的严肃作风。

1966年3月22日，艾思奇因心脏病突发而逝世，享年56岁。毛泽东在中共中央党校报审的艾思奇悼词中“人民的哲学家”的后面，加上了一句“党的理论战线上的忠诚战士”。近年，艾思奇的直系亲属将世代祖居的院落捐献给国家，腾冲县政府拨款加以维修后建立“艾思奇纪念馆”，院内矗立一尊艾思奇先生的立身铜像，故居的西楼和厅楼上陈列着展示艾思奇生平事迹的图片和相关文字介绍，供参观者了解艾思奇的一生。

100. 李四光

李四光（1889～1971）

李四光（1889～1971），字仲拱，蒙古族，湖北黄冈人。著名的科学家、地质学家、教育家，中国现代地质事业的开拓者，对中国的石油工业和核能工业的起步、发展做出了重大贡献，是新中国的元勋科学家之一。代表著作有《中国地质学》《地质力学概论》《新华夏海的起源》《地震地质》等等。被毛泽东主席、周恩来总理称赞为中国知识分子的“一面旗帜”。

李四光的原名叫李仲揆。在14岁时，为报考学堂，买了一张表格填写，慌张中把“十四”写在了姓名栏里，按规定不得涂改，再买表格要花钱，于是就把十字改成李，四字不好改，正好看到墙上一块匾“光被四春”，就加了个光字，于是就成了现在的名字李四光。李四光的祖籍在蒙古草原，姓“库里”氏，至曾祖父时家境贫寒，不得已从蒙古草原一路讨饭流落至湖北黄冈。来到汉地以后，取蒙古姓氏“库里”第二字的谐音“李”为姓，祖上四代居住在黄冈，因此李四光的出生地是湖北黄冈。

李四光是中国现代地质事业的开拓者

李四光自幼就读于其父李卓侯执教的私塾。1904年官派留学日本，1905年参加孙中山领导的同盟会，成为年龄最小的创始会员，受到孙中山鼓励：“努力向学，蔚为国用。”1913年进入英国伯明翰大学学习地质学，1918年获该大学硕士学位。1920年回国任北京大学地质

大庆油田

系教授、系主任，为国家培养了一大批地质人才。1928年任民国中央研究院地质研究所所长。1931年获伯明翰大学博士学位。1934年赴英国讲学，在剑桥、牛津等八所大学举办“中国地质学”讲座。1947年获挪威奥斯陆大学荣誉博士学位。1948年当选中央研究院院士，同年代表中国出席在英国伦敦举行的第18届国际地质大会，会后在英国治病期间，受周恩来邀请，长途辗转，于1950年5月6日到达北京。先后任中国科学院副院长、全国地质工作计划指导委员会主任委员、地质部部长、第一届全国政协委员、第二届和第三届全国政协副主席、中国地质学会理事长、中国科学技术协会主席、全国地层委员会主任、中国科学院地质研究所所长和古生物研究所所长、中华自然科学专门学会联合会主席、中国第四纪研究委员会主任、中国原子能委员会副主任、地质部地质力学研究所所长、中央地震领导小组组长、中国科学院地震委员会主任等职务。1955年当选中国科学院学部委员。1958年加入中国共产党，同年当选为苏联科学院外籍院士，次年被该院授予“卡尔宾斯基金质奖章”。1969年当选中国共产党第九届中央委员会委员。20世纪50年代中期，任世界科学工作者协会执行委员会副主席。他的主要成就和贡献是：

1．在国际地质学界，创立“地质力学”学科。李四光以力学的观点研究地壳运动现象，探索地质运动与矿产分布、地震地质之间的规律，创立了“新

华夏构造体系”的理论。据此，在分析中国地质构造特点的基础上，推测中国的地质构造具有广阔的石油储藏远景，同时，在归纳总结国内许多优秀地质学家关于“陆相生油”等理论、建议和实际经验后，李四光于1955年向国务院提出“中国东部，特别是东北松辽盆地具有良好的储油地质条件”的判断，建议进行地质普查勘探。几年内先后发现并探明了大庆、胜利、大港、华北、江汉等大型油田，彻底推翻了西方世界“中国贫油”的论断。

2．以地质力学理论为指导，为国家寻找核能原料矿藏。李四光从英国回国时，克服重重困难，带回来一台“伽玛仪”（测定放射线的仪器），在找矿过程中发挥了重要作用。1955年1月15日，毛泽东主持召开专门会议，研究制定我国发展原子能事业的决策。应邀参会的李四光，根据1954年地质专家南延宗先生在南方采集到的矿石标本分析数据，以地质力学的理论进行分析，提出了中国南部具备核能矿藏规模储量成矿条件的判断。会议之后，李四光多次听取地质部门的汇报，做了很多重要指示，终于发现了一系列高品位核能矿床，保证了中国核能工业持续发展的需要。

3．第一位研究蜓科化石的中国人。李四光从1920年起，陆续采集大量

第四纪冰川遗迹——内蒙古克什克腾哈斯哈图国家地质公园

李四光纪念馆

化石标本，系统地、独创性地研究生存于石炭—二叠纪（距今3.5亿年～2.7亿年以前）古代海洋原生动物的化石，取名为“蜓”，科学地建立了它的分类标准与鉴定方法，被中外古生物学家至今普遍采用。蜓科化石是地球历史珍藏下来的宝贵遗物之一，对于研究地质构造和普查找矿具有重要的意义。

4．发现了中国第四纪冰川的存在。20世纪二三十年代，李四光多次赴太行山东麓、庐山、黄山等地实地考察并采集样本，发表了论文《安徽黄山之第四纪冰川现象》，以无可辩驳的事实推翻了外国人“中国没有第四纪冰川”的论断，证明中国第四纪冰川的存在，得到了国际学术界的公认。这个里程碑式的发现，对于中国地质地层的划分，气候演变的研究，地下矿产资源的调查等等都具有重要意义。

5．对地震预测首创提出结合地应力监测的新思路。河北邢台1966年发生强烈地震后，李四光在参加周恩来总理召集的地震预报会议上提出，虽然地震预报是一个世界性难题，但是，只要通过对地质断裂带的研究，设置必要的测量网站对地应力进行监测，同时参考有

毛泽东主席亲切接见李四光

关地震资料，研究地震的活动规律，是可以对地震做出科学预报的。为了能够探索地震预报的规律，他不顾近80岁的高龄，深入邢台震区实地考察研究，开创了活动构造应力场分析与地应力观测相结合的地震预报研究途径。之后，李四光曾对辽宁营口等地的地震做出了准确的预测，虽然还没来得及作更深入的研究就与世长辞，但他的研究成果已享誉海内外。

1971年4月29日，为中国地质事业贡献了一生的李四光先生，因病在北京逝世，享年82周岁。直到弥留之际，他都念念不忘地震预报事业，嘱咐同行们进行区域地壳稳定性的研究，努力探索地震预报的途径，为国家建设和老百姓的安全寻找“安全岛”。“李四光纪念馆”于1989年10月在湖北省黄冈市竣工落成，时任中共中央总书记胡耀邦亲自题写馆名，成为青少年爱国教育基地。2009年9月10日，在中央宣传部、全国总工会等11个国家部门联合组织的“英雄模范和感动中国双百人物”评选活动中，李四光被评为“100位新中国成立以来感动中国人物”。国际天文学会2009年10月4日发布第67219号公报，将中国发现的第137039号小行星永久命名为“李四光星”。

参考文献

《新译简注〈蒙古秘史〉》，道润梯步著，内蒙古人民出版社，1978年。

《新泽校注〈蒙古源流〉》，道润梯步译校，内蒙古人民出版社，2007年。

《蒙古源流研究》，乌兰著，辽宁民族出版社，2000年。

《蒙古黄金史》【清】罗桑丹津著，色道尔吉译，蒙古学出版社，1993年。

《汉译蒙古黄金史纲》，朱风著，贾敬颜译，内蒙古人民出版社，1985年。

《蒙古世系》，高文德、蔡志纯编著，中国社会科学出版社，1979年。

《蒙古大汗传略》，编写组，内蒙古教育出版社，2007年。

《世界征服者史》（上册），【伊朗】志费尼，内蒙古人民出版社，1980年。

《世界征服者史》（下册），【伊朗】志费尼，内蒙古人民出版社，1980年。

《史集》，【波斯】拉施特著，余大钧、周建奇译，商务印书馆，1985年。

《蒙古帝国征欧年表》，李月安，《世界博览》，2004年第11期。

《拉施特史集》，余大钧、周建奇，商务印书馆，1995年。

《多桑蒙古史》，【瑞典】，多桑著，冯承钧译，中华书局，2004年。

《蒙古民族简史》，编写组，内蒙古人民出版社，1985年。

《蒙古民族通史》，编委会，内蒙古大学出版社，1991年。

《元史》，【明】宋濂著，中华书局，2008年版。

《新元史》，【民国】柯劭文编著，天津古籍出版社，1998年。

《元朝秘史》，鲍思陶点校，齐鲁书社，2005年。

《北元史》，兀特日·额日德穆·巴雅尔（吴德喜）编著，中国作家出版社，2012年。

《蒙元帝国》，朱耀廷著，人民出版社，2010年。

《明史》，【清】，张廷玉等撰，中华书局，1974年。

《土默特史》，晓克主编，内蒙古教育出版社，2008年。

《蒙古族古代名将录》，业喜编著，辽宁民族出版社，2004年。

《明代民族史》，莫俊卿著，四川民族出版社，1996年。

《蒙古通史简编》，吴德喜、海纯良编著，辽宁民族出版社，2015年。

《卫拉特蒙古史纲》，马大正，成崇德编著，新疆人民出版社，2006年。

《圣武记》，【清】魏源著，中华书局，1984年版。

《清代蒙古志》，金海等著，内蒙古人民出版社，2009年。

《蒙古回部王公表传》，包文汉、齐·朝克图整理，内蒙古大学出版社，1998年。

《中国历代少数民族英才传》，郭卿友主编，甘肃人民出版社，2000年。

后 记

由我主持编撰的《中国蒙古族系列丛书》已经陆续出版了5册。该《丛书》出版后，得到了广大专家学者和读者的肯定，起到了普及蒙古历史文化的作用，产生了一定的社会反响。但是，前五集基本是以时间脉络来介绍蒙古族在世界和中国的分布及其历史，主要突出了历史事件，缺乏对历史人物的系统介绍。由于历史是英雄和人民共同创造的，没有他们，历史将无从谈起。很多朋友和读者在与我交流中，都表示出渴望系统了解蒙古历史人物的愿望，读者的愿望和我的灵感产生了共鸣，因此萌生了撰写蒙古历史人物的想法，书名定为《蒙古历史一百名人》。这一想法在与内蒙古人民出版社民族历史文化出版中心主任、《丛书》责任编辑王世喜先生沟通后，得到了他的鼎力支持，并很快纳入到内蒙古人民出版社的出版计划。为了试探出版《蒙古历史一百名人》这部书的社会反响度，我在2015年前半年，分别将20个人物的定稿陆续投于《北方新报》连载，算是投石问路，结果获得了广大读者的好评，因此也就坚定了出版这部书的决心。

蒙古族创造的辉煌历史，不但改变了中国历史的进程，也改变了世界历史的轨迹，这其中涌现出了众多的英雄历史人物，很有必要给他们树碑立传，但由于篇幅所限，不能全部纳入书中，只能遴选出对蒙古历史有重要影响和突出贡献的一百名历史人物加以介绍。我们划定的人物选择的范围覆盖全部蒙古历史。因此，在蒙古历史的各个时间段中都有代表人物入选，包括远古、古代、近代和现代各个时间段；涵盖政治、经济、文化、科技、军事各个领域。1206年成吉思汗建立大蒙古帝国后经历了蒙古帝国、大元王朝、北元王朝到清朝建立前的1636年间，蒙古政权延续了430年，这在世界历史和中国历史上也是不多见的；这期间产生了38位蒙古大汗（皇帝），他们的全部入选，使人们可以集中了解和认识这些曾经对蒙古历史的演进产生过主要影响的风云人物。蒙古历史不仅仅是蒙古族创造和谱写出来的，也有很多其他民族的人物做出了突出贡献，使得蒙古历史更加光辉灿烂，如契丹族的耶律楚材、汉族的丘处机、藏族的八思巴、意大利人马可·波罗等等，他们都是蒙古历史的共同创造者，对他们加以宣传也体现了蒙古历史的多元化；蒙古圣主成吉思汗东征西讨，建立了一个横跨欧亚大陆的蒙古大帝国，从此改写了世界历史，我们也选择了少量在国外创造辉煌历史的代表人物，如拔都、旭烈兀、帖木儿、巴布尔等等。

写作中，力求站在历史唯物主义立场上，尽量准确地还原历史人物的真实经历，客观评价他们的历史贡献。在收集前人历史资料的基础上，又加入了近年来史学界对历史研究的新成果。如以前撰写的蒙古历史，对元朝的评价大多参考明朝人撰写的《元史》和其他汉文资料及零散的蒙古文资料。明军进入元大都、元上都、哈剌和林以后，烧毁了几乎全部元朝的文书档案，明人在撰写《元史》时又带有很强的政治偏见，很多所谓的民族压迫记录，实际上是牵强附会，甚至子虚乌有，经不起推敲。根据现代历史学者的深入研究，元朝是中国历史上最开放、对百姓宽容程度最高的封建王朝，充分体现在促进东西方科学文化的交流，对各种宗教的平等对待，创造空前宽松的政治、经济和社会环境上，因此也涌现出了如郭守敬、关汉卿、赵孟頫等一大批汉族科技文化的大家。蒙古帝国和元朝政府的财政收入主要靠商业税收和对外贸易盈余获取，蒙古帝国和元朝时期是中国历史上丝绸之路的鼎盛时期，蒙古人建立了当时世界上最繁荣的商业王国，国家通过商业贸易所获颇丰，因此只对民间农业、手工业收取象征性的低税赋。学者根据实际统计计算，元朝百姓的税赋量只有明朝的十分之一，因此现代学者给元代冠以“蒙古自由主义”来形容元朝的社会形态。有学者认为元朝统治之所以在短短的98年里退出中原的主要原因，是当时席卷全球的极端气候灾害和由此蔓延的瘟疫，如果没有这种天灾，中国的历史可能是另一种写法。

《蒙古历史一百名人》这部书主要是以文字叙述的形式刻画人物形象，但是为了保持《丛书》图文并茂的特点，特邀请蒙古族著名画家包·巴雅尔先生为蒙古历史人物作画，对每个历史人物配以肖像，以充分展现他们的风采。这一点在美术创作中是很困难的，因为这些历史人物大多都没有留下肖像，已经有的画像也风格各异，很难在人物传记书籍中使用。因此，包·巴雅尔先生在教学和工作百忙中抽出时间为本书作画，实属难能可贵，这是他对蒙古历史人物形象感悟的升华，也是对蒙古民族美术的巨大贡献，他对蒙古历史人物肖像的创作，可谓达到了创造出蒙古历史人物标准形象的程度。

为了扩大我们民族文化写作创作队伍，我邀请我的发小、中学同学牧人先生参加我们的《丛书》撰写工作。他虽然从事工程技术工作，但具有文学写作天赋，对本民族怀有深厚的民族感情，利用业余时间创作出很多精彩作品，在网络和同学中广为流传，我看到他这一特点后邀请他参加我们的创作团队，他欣然同意，并为本书撰写了约20人的写作初稿，作出了很大的贡献，在这里深表感谢。我的女儿苏日娜为《丛书》写作收集了大量的原始资料，并参加了书籍的实际撰写工作和对全书的校对工作，这对她创作写作功底的提高是很有益处的，也为她今后的创作道路打下了基础。

本书虽然是人物传记，但是涉及领域广泛，且内容多元化。由于本人能力、知识所限，难免有很多不足或错误之处，衷心希望得到各位专家学者和广大读者的批评、指正。

书中插入了大量绘画和摄影资料，主要绘画和摄影资料为本书作者绘制和摄制，但也有部分资料来源于其他渠道，由于客观条件所限，无法与原作者取得联系，在此感谢并致以歉意，若对个别图片资料的知识产权有争议，请与作者联系，本人电子邮箱地址是sh299500@126.com。

孛儿只斤·苏和

2016年5月1日于呼和浩特